HISTORIÆ Rizzoli

LUIGI PANELLA

NEL NOME DI DIO

Le cronache dell'Inquisitore

Rizzoli

Pubblicato per

Rizzoli

da Mondadori Libri S.p.A.

ISBN 978-88-17-15896-1

Prima edizione Historiae Rizzoli: giugno 2021

Realizzazione editoriale: Studio editoriale Littera, Rescaldina (MI)

NEL NOME DI DIO

A mia moglie

Le date cristiane medievali si riferiscono al calendario giuliano, utilizzato fino al 1582, in ritardo di circa dieci giorni rispetto all'attuale calendario gregoriano.

Human kind cannot bear very much reality.

T.S. ELIOT

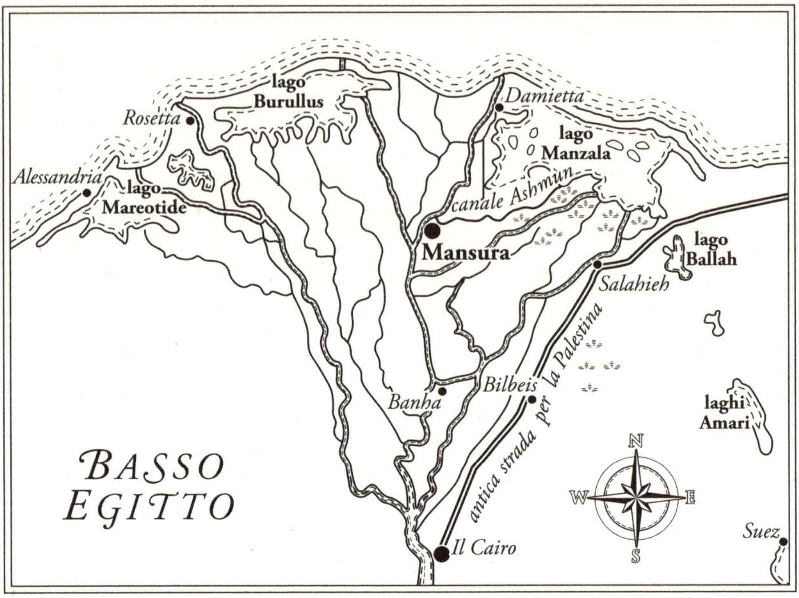

lago
Burullus
Rosetta
Damietta
lago
Manzala
Alessandria
lago
Mareotide
canale Ashmùn
Mansura
lago
Ballah
Salahieh
antica strada per la Palestina
Bilbeis
Banha
laghi
Amari
BASSO
EGITTO
N
W
E
S
Suez
Il Cairo

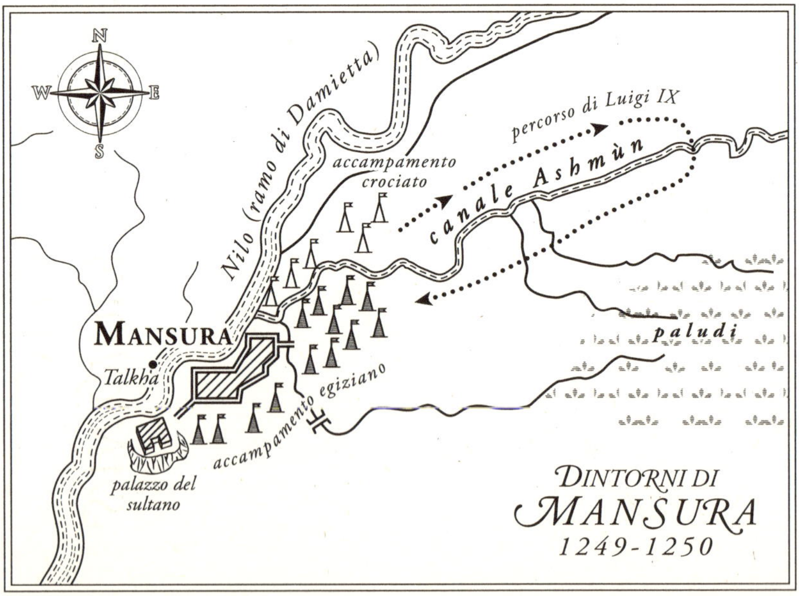

N
W
E
S
Nilo (ramo di Damietta)
percorso di Luigi IX
accampamento
crociato
canale Ashmùn
paludi
MANSURA
Talkha
accampamento egiziano
palazzo del
sultano
DINTORNI DI
MANSURA
1249-1250

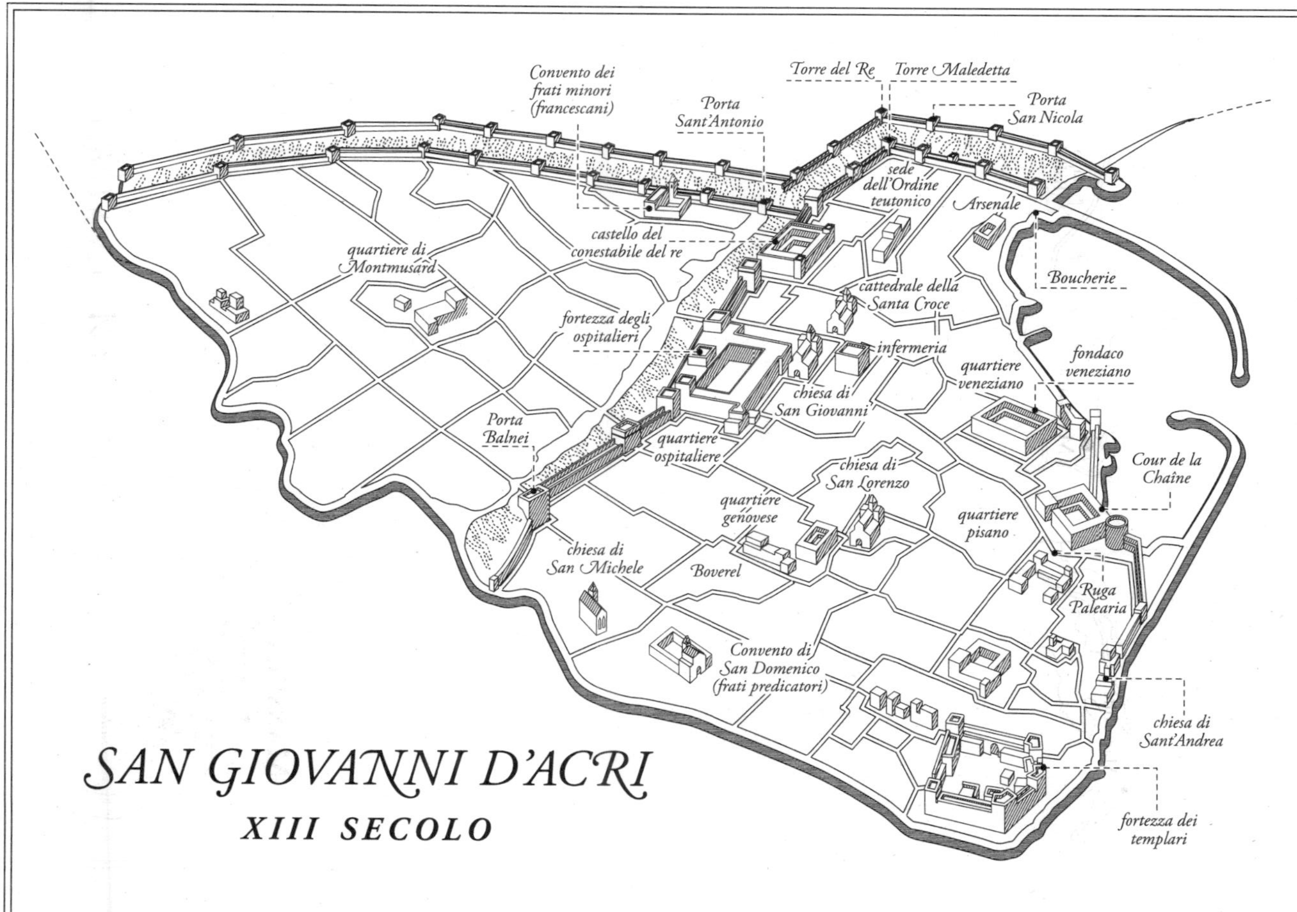

Convento dei frati minori (francescani)
Porta Sant'Antonio
Torre del Re
Torre Maledetta
Porta San Nicola
sede dell'Ordine teutonico
Arsenale
castello del conestabile del re
quartiere di Montmusard
Boucherie
cattedrale della Santa Croce
fortezza degli ospitalieri
infermeria
quartiere veneziano
fondaco veneziano
chiesa di San Giovanni
Porta Balnei
quartiere ospitaliere
Cour de la Chaîne
chiesa di San Lorenzo
quartiere genovese
quartiere pisano
chiesa di San Michele
Boverel
Ruga Palearia
Convento di San Domenico (frati predicatori)
chiesa di Sant'Andrea
fortezza dei templari
SAN GIOVANNI D'ACRI
XIII SECOLO

Prologo

Il legionario con la torcia procedeva nella notte in leggera discesa, tra pietre e alberi di ulivo. Alcune ombre lo seguivano. Il centurione primipilo e altri quindici uomini della terza coorte della dodicesima legione *Fulminata* si tenevano fuori dal fascio di luce, ma la luna piena non li rendeva invisibili.

La terra era nera e accidentata sotto i loro piedi. Qualcuno incespicò e imprecò. Il centurione si fermò. Fu un sussurro, ma lo sentirono tutti: «Zitti, per Ercole!».

I bagliori della città erano ormai scomparsi alle loro spalle. C'erano tuttavia ancora molti fuochi accesi. Gente accampata intorno, soprattutto a ridosso del grande cimitero. Era escluso che potessero lasciarlo lì e non potevano nemmeno bruciarlo. La pira sarebbe stata notata a grande distanza e non c'era comunque possibilità di raccogliere la legna necessaria, dopo il forte temporale della sera. Le grotte invece non mancavano.

Il suo uomo si arrestò. Forse ne aveva trovata una. Prima ancora di vederla, il centurione decise che sarebbe andata bene. Aveva fretta di liberarsi di quel fardello. Superstizioso come tutti i soldati, era convinto che ciò che stava facendo gli avrebbe portato sfortuna, ma in ventiquattro anni di legione non aveva mai discusso un ordine.

Obbedienza assoluta.

Era anche questa la grandezza di Roma.

San Giovanni d'Acri, 18 maggio 1291

Il vecchio frate aprì gli occhi. Il rullo dei tamburi lo aveva svegliato. Il rombo minaccioso e incombente sovrastava il rumore delle onde che s'infrangevano sulle mura.

Era rimasto solo nello *scriptorium* del convento di San Domenico. Si era appisolato e i suoi confratelli non avevano osato disturbarlo. Così, la visione che lo perseguitava da tanto tempo era tornata, anche se quella volta sarebbe stata l'ultima.

I tamburi degli assedianti annunciavano all'ultima capitale di Outremer* che, dopo due secoli, il suo tempo era finito.

L'uomo si alzò con fatica e si avvicinò lentamente alla finestra. La città si stava animando, dalla strada salivano voci concitate e grida. Un formicaio che stava per essere sommerso: cavalieri, mercanti, preti e puttane.

Da qualche giorno era apparso chiaro come l'ultimo assalto fosse ormai imminente. Prima la conquista di ciò che restava della Torre del Re. Poi l'attacco alla Porta Sant'Antonio, respinto a stento da templari e ospitalieri, fianco a fianco nonostante cent'anni di rivalità. Infine, l'ordine a donne e bambini di chiudersi in casa.

Il prossimo obiettivo sarebbe stato la Torre Maledetta, chiave della cinta di mura interna. Con l'assottigliarsi del numero dei difensori, i saraceni non avrebbero tardato a penetrare in città e sarebbe iniziata la strage. Nessuno si aspettava pietà. Del resto, gli eserciti della croce non ne avevano mai avuta.

Poco lontano, alla luce livida dell'alba, si stagliava la massiccia mole del Templum, la fortezza templare, con i leoni dorati sui quattro angoli della torre d'ingresso. Sulla sommità della torre ardeva un fuoco. Segnali luminosi alla flotta cristiana, che continuava a tenersi lontana dalla riva per evitare il tiro dei mangani nemici.

Dietro la fortezza, le campane della chiesa di Sant'Andrea iniziarono a suonare, quasi a voler rispondere ai tamburi, raccogliere l'ultima sfida.

In strada, alcuni templari con lo stendardo bianco e nero

dell'Ordine si affrettavano verso le mura. Alla loro testa, il frate riconobbe il maestro, Guillaume de Beaujeu. Si muoveva ancora agilmente, nonostante i quasi sessant'anni. Come al solito, aveva indossato un'armatura leggera, senza lo scudo. Per un attimo, se lo rivide davanti giovane, lo stesso passo deciso.

«Stavolta stai andando a morire, Guillaume. Che Dio abbia pietà anche di te.»

Gli restava poco tempo. Si allontanò dalla finestra e, appoggiandosi al bastone, si diresse verso l'interno del convento. Non c'era nessuno.

Dal basso si sentiva cantare. *Veni Creator Spiritus.*

I trenta domenicani di Acri erano nella cappella, dove avevano trascorso la notte in preghiera con i fratelli francescani. All'inizio dell'assedio, oltre un mese prima, i frati minori avevano dovuto abbandonare il loro convento di Montmusard, troppo vicino alle mura. Negli ultimi giorni, anche numerosi civili si erano rifugiati nella casa dei predicatori.

Proseguì con andatura incerta fino alla porta che dava accesso al dormitorio. La grande stanza era ancora immersa nella penombra, ma non aveva bisogno di molta luce per trovare la sua cella. Era l'unico privilegio che i *fratres praedicatores* gli avevano riservato, una stanzetta tutta per sé, laddove la Regola domenicana prescriveva che, eccettuato il maestro dell'Ordine, nessuno potesse avere un luogo speciale per dormire, a meno che non gli fosse stato dato per custodire qualcosa. Non potevano saperlo, ma era proprio il suo caso. L'arredamento era costituito solo da un pagliericcio, un baule, una sedia di legno, un tavolino con una candela ancora accesa e un piccolo crocifisso di legno intagliato. Il frate sollevò il coperchio del baule e tirò fuori uno scrigno d'avorio con incisioni in arabo. Conosceva bene il loro significato: «Non c'è altro Dio che Dio». Lo posò sul tavolino e restò a fissarlo. Era stato costruito per custodire il Corano. Il suo contenuto era tuttavia qualcosa di ben più terribile, destinato a restare segreto per sempre.

Erano passati quarant'anni ed era arrivato alla fine.

Un rumore. Alle sue spalle c'era qualcuno.

1

Il mercante

Isola di Rawda, 14 muharram dell'anno 646 dall'Egira (Il Cairo, Egitto, 9 maggio 1248)

Sarebbe stato una preda facile, pensò Ahmed. Lo stavano seguendo da quando era sbarcato da una feluca attraccata nel pomeriggio alle banchine dell'isola di Rawda, sul Bahr,* il grande fiume che gli egiziani chiamavano mare. Tenevano d'occhio l'imbarcazione come facevano con tutte, ma stranamente non c'era stato alcun movimento di persone o merci. L'unica informazione che avevano avuto dagli addetti all'ormeggio era che la barca proveniva da al-Iskandariyya,* sulla costa.

L'uomo aveva aspettato che facesse buio per scendere e si era infilato veloce tra i vicoli deserti e maleodoranti. Uno straniero, giovane e ben vestito. Ahmed ne aveva intravisto il volto barbuto prima che il cappuccio del mantello lo nascondesse. Probabilmente un mercante italiano, che non sapeva quanto fosse pericoloso girare da solo di notte ad al-Qahira.* Eppure doveva conoscere bene il borgo dei pescatori, si muoveva sicuro tra i vicoli illuminati solo dal chiarore della luna piena.

Ahmed sentì passi leggeri alle sue spalle e si voltò. Yussuf lo aveva raggiunto. Anche Omar e Rashid sbucarono in fondo al vicolo, davanti allo straniero. Dovevano aver corso a perdifiato per aggirarlo. Ahmed fece loro un cenno. Avrebbero agito lì, prima che l'uomo arrivasse troppo vicino alla residenza del sultano.

Lo straniero si fermò di colpo. Aveva visto Omar e Rashid

avanzare verso di lui impugnando lunghi coltelli affilati. Ahmed e Yussuf accelerarono il passo, sfoderando anche loro le armi. L'uomo avvertì i loro passi e si voltò. Era in trappola. "Strilla pure" pensò Ahmed, "nessuno oserà uscire per aiutarti."

Il mercante, tuttavia, non urlò. Si spostò lentamente sul lato del vicolo, in modo da avere le spalle coperte dal muro di una casa. Ad Ahmed non piacque come si muoveva, ricordava un felino. Poi lo straniero parlò, in arabo ma con un accento che gli egiziani non riconobbero.

«Avete sbagliato persona. Andatevene.»

Il tono pacato dell'uomo accrebbe l'inquietudine di Ahmed. Forse sarebbe stato meglio lasciar perdere, ma ormai era tardi. Omar era partito all'attacco.

La luna illuminò una lama, si udì un grido strozzato e Omar si portò la mano alla gola squarciata. L'egiziano non era ancora caduto a terra che la corta scimitarra apparsa come per magia nella mano destra dello straniero aveva aperto la pancia di Rashid. Mentre il secondo assalitore cadeva in ginocchio, un fendente tagliava in due la faccia di Yussuf. Ahmed era rimasto solo. Fu assalito dal terrore, ma non fece in tempo a voltarsi per scappare. Guardò il suo petto, da cui sporgeva l'elsa della scimitarra. Lo straniero la estrasse con un gesto naturale.

Il silenzio fu rotto da rumori di passi sul selciato. Uomini con delle torce, mamelucchi. Vedendo i corpi a terra e l'uomo armato, sguainarono le spade. Quello che li guidava, una specie di gigante, gridò: «Non ti muovere!».

Lo straniero non ne aveva alcuna intenzione. Ripose con calma la lama nel fodero e si rivolse al gigante: «*Marhaba, Bunduqdari*».[1]

«Tu!»

La mattina dopo

Il Pilastro della Fede *al-Malik** al-Salih Ayyub alzò gli occhi dalla pergamena con il sigillo di Federico, imperatore dei romani, re di Sicilia e di Gerusalemme, e li posò sul messaggero di fronte a lui, vestito di un leggero abito verde con una fascia gialla alla vita, il mantello ripiegato su un braccio. Il capo supremo dell'esercito, l'*atabak al-asakir** Fakhr al-Din, glielo aveva condotto di buon mattino dopo essere stato svegliato in piena notte da uno *Jamdar** dei mamelucchi della *Bahriyya*,* il reparto della guardia acquartierato a Rawda.

Il tono del sultano d'Egitto fu mesto.

«Questa volta porti brutte notizie, ser Berto.»

Il messo imperiale pensò che per Ayyub sarebbe rimasto per sempre «ser Berto». Non era la prima volta che Federico gli affidava messaggi da recapitare al «nipote» egiziano, figlio del grande *al-Malik* al-Kamil, il sultano della pace che lo Svevo aveva considerato come un fratello, nonostante l'ostilità del papa, dei templari e dei baroni di Outremer, come i franchi chiamavano i territori da loro occupati centocinquant'anni prima in Palestina e Siria, la Bilad al-Sham* per i musulmani. Quella missione tuttavia era diversa dalle altre. Nessuno avrebbe dovuto sapere che era giunto un uomo della *familia*, la guardia del corpo dell'imperatore.

Umberto di Fondi, barone di Acquaviva, si era imbarcato a Gaeta e grazie ai venti favorevoli la navigazione era durata soltanto venti giorni, senza alcuno scalo. Al largo di Ischia, il mercantile era stato affiancato da due galere da guerra della flotta imperiale, che lo avevano scortato lungo l'Italia meridionale e la Sicilia, invertendo la rotta solo quando all'orizzonte si erano stagliate le coste nordafricane. Per le torri di avvistamento di Ifriqiyya,* era stata solo una nave mercantile siciliana come tante altre e, anche da vicino, sarebbe stato difficile cogliere anomalie. Forse un osservatore attento avrebbe potuto notare il numero insolitamente elevato degli uomini dell'equipaggio, ma non avrebbe mai potuto immaginare che ciò fosse dovuto alla presenza a bordo di trenta arcieri saraceni di Lucera.

Umberto era sbarcato ad al-Iskandariyya tre giorni prima e con una feluca aveva risalito il Nilo fino a Rawda. L'emiro al comando degli arcieri, Mohamed, si era offerto di accompagnarlo, ma l'inviato imperiale aveva deciso di sbarcare di notte e da solo, evitando le banchine dove erano ancorate le navi della flotta egiziana e attraversando invece il borgo di pescatori davanti ad al-Fustat, l'antico nucleo della capitale egiziana. Si era considerevolmente ingrandito rispetto alla sua ultima visita, due anni prima. Il trasferimento del sultano sull'isola aveva evidentemente attirato un mucchio di gente, non tutta animata da buone intenzioni, come i quattro ladruncoli che avevano tragicamente sbagliato bersaglio.

Ora la missione era compiuta. La pergamena era nelle mani di Ayyub, che la porse a Fakhr al-Din.

«Stanno venendo qui.»

Il vecchio generale prese il foglio e scorse velocemente i caratteri arabi del messaggio: «Un giorno, il re di Francia è arrivato nelle mie terre con un vasto seguito... Mio signore, Pilastro della Fede, devi fare buona guardia e devi sapere che l'intenzione di chi ti attaccherà è prendere Gerusalemme e, per raggiungere questo scopo, conquistare prima l'Egitto... Il re di Francia è convinto di poterlo soggiogare in poco tempo. Quel principe è il più potente tra i principi dell'Occidente ed è animato da una fede gelosa: l'importanza delle sue azioni come cristiano e il suo attaccamento alla religione lo portano a mettersi contro chiunque... Nipote mio, invano mi sono opposto ai suoi piani e ho cercato di avvertirlo del pericolo che corre, attaccandoti. Per scuoterlo, ho insistito sul numero e la forza dei musulmani e sull'impossibilità di prendere Gerusalemme senza ridurre prima la potenza dell'Egitto, il che non è tuttavia fattibile. Gli ho anche ricordato come quasi vent'anni fa, giunto per la guerra, trovai in tuo padre un uomo di pace, giusto e ragionevole. Il francese non ha condiviso il mio punto di vista. Il numero di coloro che lo seguono sta crescendo. Sono in tutto più di sessantamila e nel corso di quest'anno sbarcheranno a Cipro».

Il sultano e l'*atabak* si guardarono. Umberto comprese che le loro spie avevano certamente già colto la grande mobilitazione francese, ma che la lettera dell'imperatore aveva fatto chiarezza sulla strategia e sulla destinazione di re Luigi. Non ne avrebbero comunque discusso davanti a lui. Il tono di Ayyub fu come sempre cortese: «Ser Berto, ringrazia l'imperatore per il messaggio. Egli sa che avremo modo di esprimergli la nostra gratitudine. Sarà un onore averti nostro ospite per tutto il tempo che desideri».

«Grazie, mio signore, l'onore sarebbe mio, ma preferirei ripartire subito. Non è opportuno che la mia presenza sia notata.»

«Certo, hai ragione. Tu non sei mai venuto... *Atabak*, fai in modo che non corra altri rischi.»

Fakhr al-Din s'inchinò per nascondere il sorriso. Non pensava che l'inviato dell'imperatore avesse mai corso alcun rischio.

«Udire è obbedire, mio signore.»

L'anziano comandante accompagnò Umberto fuori dal salone. Nel vasto atrio non c'era la consueta folla di cortigiani. Erano state date disposizioni affinché nessun occhio indiscreto si posasse sul visitatore e i mamelucchi bloccavano l'accesso alle stanze del sultano. Solo un uomo era lì ad attenderli, Baybars, il giovane emiro della *Bahriyya* che era intervenuto la sera prima. Umberto lo aveva conosciuto in occasione del viaggio precedente e averlo incontrato gli aveva evitato di dover fornire spiegazioni. Era un uomo di poche parole, il Balestriere. Si era subito reso conto della situazione, e lo aveva condotto direttamente negli appartamenti di Fakhr al-Din. Entrambi sapevano che l'oro dei templari e degli ospitalieri riempiva molte tasche, persino ai vertici del potere, e che la notizia dell'arrivo di un messaggero dell'imperatore sarebbe stata di grande valore per le spie.

Umberto guardò gli occhi azzurri che spiccavano nel volto abbronzato. Come tutti i mamelucchi, Baybars da ragazzo era stato uno schiavo, catturato forse nelle grandi pianure del nord. L'imponenza fisica e una piccola macchia bianca in uno degli occhi, come la cruna di un ago, gli conferivano un aspetto poco rassicurante. Era stata proprio quella macchia a segnare la sua vita. Una volta gli aveva raccontato che il suo primo padrone, un mercante siriano di Hama dal quale era stato comprato a soli quattordici anni, lo aveva rivenduto pensando che ci fosse qualcosa di malvagio nel suo occhio. L'acquirente era stato l'emiro Aydakin al-Bunduqdar, da cui aveva preso il soprannome di *Bunduqdari*. Il patrimonio di Aydakin era poi stato confiscato dal sultano Ayyub e il giovane era finito tra i mamelucchi della *Bahriyya*. Era stata la sua fortuna, pensava Umberto, anche se l'altro diceva che era stato il volere di Allah.

Il gigante s'inchinò all'*atabak*. Fakhr al-Din rispose con un cenno della mano e si rivolse a Umberto: «Signore, Baybars ti condurrà al fiume. Che Allah guidi il tuo viaggio e ci dia la possibilità di incontrarci di nuovo. Ti prego di voler confermare all'imperatore il mio fraterno affetto».

«Ti ringrazio, mio signore. L'imperatore ricambia il tuo affetto e mi ha consegnato un omaggio per te.»

Umberto sciolse la fascia gialla che portava alla vita e la dispiegò, mostrando al centro l'aquila nera degli Hohenstaufen. Non c'era bisogno di dire nulla. L'*atabak* conosceva bene lo stendardo imperiale. Era stato ordinato cavaliere da Federico e aveva lo stemma con l'aquila sulla propria bandiera.

«Signore, puoi dirgli che lo considero un dono più prezioso di un diamante.»

Umberto s'inchinò.

«*Salam alaykum,* mio signore.»

«*Alaykum salam*, ser Berto.»

Baybars indicò la porticina sul lato del corridoio di cui si erano già serviti al loro arrivo.

«Da questa parte.»

Scesero una scala a chiocciola e imboccarono un lungo corridoio dal pavimento di pietra.

Il mamelucco sovrastava di quasi tutta la testa Umberto, che pure non era basso.

«Uscirai prima tu. Io ti seguirò fino alla barca. Tra poco saremo nel cortile della *Bahriyya*. Copriti e resta al mio fianco.»

«Ti ringrazio, ma puoi anche evitare di seguirmi. Di giorno non dovrebbero esserci problemi.»

«Dalle case molti occhi hanno visto quello che hai fatto questa notte. Le notizie girano veloci a Rawda. Ti seguirò, è il desiderio dell'*atabak*.» Si girò verso di lui, un lampo di ironia nello sguardo dalla macchia bianca, e proseguì: «E i problemi ci sono sempre, ser Berto, lo sai meglio di me. Piccoli o grandi. Credo che la tua presenza qui significhi per noi problemi grandi».

«Sono convinto che nessun problema sarà abbastanza grande per te... Comunque abbi cura di te, Balestriere.»

«Sarà fatta la volontà di Allah, come sempre.»

Prima di uscire all'aperto, Umberto indossò il mantello con il cappuccio, nonostante il caldo. Attraversarono insieme il cortile assolato e si salutarono. L'inviato imperiale uscì dalla cittadella e si incamminò verso il borgo a oriente. Subito dopo, una ronda di mamelucchi si avviò nella stessa direzione.

✠ ✠ ✠

Congedato ser Berto, Fakhr al-Din era tornato nel salone. Ayyub era con una ragazza alta e bruna, dagli occhi nerissimi, vestita di un abito di lino celeste leggero, quasi trasparente. La schiava armena dell'harem diventata moglie preferita del sultano, Shajar al-Durr, foresta di perle, non doveva attraversare alcun cordone di mamelucchi per raggiungere il marito. Anche la nuova residenza era dotata di passaggi riservati che collegavano le stanze del sovrano con quelle delle mogli.

L'*atabak* si accarezzò la barba rossa tinta di henné e s'inchinò. La ragazza sorrise, restituì l'inchino e si voltò per uscire, ma un cenno di Ayyub la fermò.

Shajar gli si avvicinò e si sedette ai suoi piedi. Il sultano le passò le dita tra i capelli, pensieroso.

«Sta per succedere ancora...»

Ventisette anni prima, un esercito cristiano era sbarcato nel delta del Bahr, aveva conquistato la cittadina di Dimyat* e Ayyub, appena sedicenne, era stato preso in ostaggio dai miscredenti. Suo padre, il sultano al-Kamil, aveva a sua volta catturato Jean de Brienne, uno dei capi nemici, e la vicenda si era conclusa con uno scambio di prigionieri e la ritirata degli invasori, ma il Pilastro della Fede non lo aveva dimenticato.

Guardò con aria triste Fakhr al-Din, da pochi giorni rientrato dalla Siria per riferirgli dell'andamento delle operazioni contro la cricca di al-Nasir Yusuf, il signore di Aleppo, ayyubide anche lui, che nonostante le sconfitte subite in passato aveva rialzato la testa, attaccando Homs e tramando con gli infedeli che occupavano la Bilad al-Sham.

L'*atabak* ostentò sicurezza: «Li batteremo ancora, mio signore. Si trattava solo di sapere dove attaccheranno e ora lo sappiamo. Saremo pronti».

«Dobbiamo prima sistemare la Siria. Quel cane di Yusuf è certamente d'accordo con loro e ne approfitterà per cercare di prendersi Dimashq.[*] Quanto tempo abbiamo?»

«Sappiamo che i miscredenti della Bilad al-Sham stanno raccogliendo le forze ad Acri e l'imperatore scrive che nel corso di quest'anno il re dei franchi sbarcherà a Cipro. Evidentemente si raduneranno tutti lì per poi attaccarci. Abbiamo un anno, forse meno, mio signore.»

«Allora devi rientrare subito a Dimashq e sistemare Yusuf. Ti servono altri uomini?»

Buona parte dell'esercito ayyubide, compresa la *halqa al-sultaniyya*,[*] la guardia del sultano, era già in Siria. L'*atabak* era rientrato quasi in incognito, accompagnato da una piccola scorta di cavalleria.

«Mio signore, per risolvere velocemente la partita, servirebbero altri uomini e servirebbe soprattutto la tua presenza. È ciò che ero venuto a chiederti e che ti prego di valutare con attenzione, anche alla luce del messaggio dell'imperatore. Tu conosci meglio di me quelle terre e tuo cugino al-Nasir Yusuf. Un conto è avere di fronte tuo figlio Turanshah o me, un altro è affrontare il Pilastro della Fede.»

Il sultano restò silenzioso. Non pensava alla Siria, ma all'Egitto.

«Dobbiamo difendere la costa, al-Iskandariyya e Dimyat. Rinforzare le mura e inviare truppe...»

«Certo, mio signore. Provvedo subito. E per quanto riguarda la Siria?»

«La Siria? Il tuo consiglio è come sempre saggio, amico mio. Verrò io con altre forze, il tempo di organizzarle. Tu intanto rientra subito a Dimashq. Spazzeremo via Yusuf una volta per tutte e rientreremo in tempo per accogliere il re dei franchi con gli onori che merita... E se poi Dimyat dovesse cadere di nuovo, li fermeremo ad al-Mansura.»

2

La fine di un sultano

Al-Mansura, mattina del 13 sha'ban 647 (21 novembre 1249)

Fakhr al-Din attraversò a passo veloce i saloni deserti del palazzo che il padre di Ayyub aveva fatto costruire all'epoca della prima invasione dei franchi e raggiunse la stanza del sultano, davanti alla quale sostavano due *asakir** della *halqa*. Vedendolo, uno di loro entrò e poco dopo uscì con Fath al-Din Ibn Jamal, il miglior medico egiziano. Appariva prostrato, il volto solcato da profonde occhiaie, segno della lunga veglia al fianco del malato. L'*atabak* lesse nei suoi occhi che non c'era più nulla da fare.

Pensò che Allah avesse deciso di metterlo alla prova nel momento più grave. Gli infedeli annunciati da ser Berto erano arrivati e Dimyat era caduta senza combattere, con il bazar ancora pieno di merce e il ponte sul Bahr intatto.

L'*atabak* sapeva che la responsabilità era stata sua, ma nessuno avrebbe osato dirlo, nemmeno il sultano. Ayyub aveva ordinato che gli ufficiali delle truppe scelte della *Kinaniyya* che avevano abbandonato Dimyat fossero impiccati, ma non aveva mosso alcuna critica al comandante dell'esercito. Del resto, anche la spedizione del sultano in Siria si era risolta in un insuccesso. Ayyub aveva dovuto rinunciare all'assedio di Homs, piazzaforte di al-Nasir Yusuf. La ragione ufficiale era stata l'arrivo di un inviato del califfo di Baghdad per una tregua tra i due contendenti; quella vera, il manifestarsi del male.

Fakhr al-Din era convinto che a salvargli la vita fosse stata la malattia del suo signore. Con il nemico sul suolo egiziano, decapitare l'esercito sarebbe stato da stupidi e Ayyub non lo era, altrimenti non sarebbe riuscito a regnare per oltre nove anni tra spietati parenti. Il sultano era invece consapevole che in quella situazione nessuno avrebbe eseguito l'ordine di un moribondo.

Il medico fece un inchino.

«*Salam alaykum, atabak*. Grazie di essere venuto. Ti vuole vedere da solo.»

Fakhr al-Din fece un cenno di assenso ed entrò.

Nonostante i fumi di incenso e le candele profumate, l'odore nella stanza era nauseabondo, un misto di urina e carne putrefatta.

Il Pilastro della Fede era su un giaciglio coperto di cuscini, indossava una tunica leggera di lino e aveva la testa scoperta, i pochi capelli rasati, il volto scavato, sudato e di un colore livido. La gamba destra in cancrena era coperta di fasce. Vedendo l'*atabak*, sollevò leggermente la mano in un saluto. La voce era debole, il respiro affannoso.

Fakhr al-Din s'inchinò.

«*Salam alaykum*, mio signore.»

«Che... fanno?»

«Sono ancora intorno a Dimyat, ma stanno per muoversi.»

«Verso al-Qahira o verso... al-Iskandariyya?»

«Non è ancora chiaro, mio signore. Al-Qahira, probabilmente. Iniziano a inviare pattuglie verso sud.»

«Sì, al-Qahira... Hanno già Dimyat... non serve un altro porto... Li fermeremo qui.»

«Udire è obbedire, mio signore.»

«Ti ho fatto chiamare... per dirti che... oggi Fath al-Din mi taglierà la gamba... Devo esserci per... la battaglia.»

«Potrebbe non essere una buona idea, mio signore, sei ancora molto debole.»

«No. Devo provarci... Il tempo delle nostre vite è determinato da Allah... Non volevo presentarmi senza una gamba... nel Giorno della Resurrezione... ma devo farlo, per resistere ancora un po' e... guidare il *jihad*... come ha fatto mio padre.»

Iniziò a tossire sputando sangue.

L'*atabak* ripensò all'espressione del medico e comprese che l'amputazione lo avrebbe ucciso. Non c'era tempo da perdere.

S'inchinò per congedarsi, ma Ayyub lo trattenne con un gesto.

«Notizie dall'imperatore?»

«Ancora no, mio signore. Il messaggio dovrebbe essergli giunto e ser Berto sarà già in viaggio. Dovrà fare attenzione a non farsi prendere dai franchi.»

Il sultano fece una smorfia. L'*atabak* capì che era un tentativo di sorridere.

«Sono i franchi... che dovranno fare attenzione.»

Fakhr al-Din sorrise a sua volta. Il Pilastro della Fede proseguì, indicando l'armadio alla sua destra.

«È ancora lì... Con una gamba sola non potrò venire... Lo accompagnerai tu ad al-Quds...* quando li avremo battuti.»

Damietta, la sera dello stesso giorno

Nel grande padiglione rosso, re Luigi di Francia era rimasto solo. Si inginocchiò davanti al crocifisso di legno al fianco dell'insegna di Saint Denis e iniziò a pregare. La santa impresa per cui Dio lo aveva risparmiato cinque anni prima era arrivata alla fase più difficile. La mattina dopo, l'esercito cristiano avrebbe cominciato l'avanzata verso Babilonia,* la capitale egiziana.

Un rumore lo distolse dalla preghiera. Il sovrano si voltò. Godefroy de Sargines, uno degli otto «buoni cavalieri» della scorta reale, aveva scostato la tenda che copriva l'ingresso del padiglione.

«Perdonatemi, sire. Il *magister* è arrivato.»

Il re si alzò.

«Vi ringrazio. Fatelo passare.»

Il cavaliere fece un inchino e uscì. Poco dopo entrò un frate domenicano. Non molto alto, magro, barba rossa ed efelidi. Aveva trentasei anni, ma sembrava più giovane del re che ne aveva uno in meno, anche se la chierica era ormai dovuta alla natura e non alla tonsura e gli occhi verdi erano circondati da piccole rughe.

Yves le Breton, *iudex a domino papa contra haereticos in regno Franciae delegatus*, accennò un inchino.

«*Pax vobiscum*, sire.»

«*Et cum spiritu vestro, magister*. Non siete arrivato in tempo per partecipare alla riunione, ma la decisione è presa: andremo a Babilonia.»

Yves annuì, senza manifestare alcuna sorpresa. Il re proseguì: «Il vecchio Mauclerc[1] e la maggior parte dei baroni avrebbero voluto attaccare prima Alessandria per impossessarsi del porto, indebolire la flotta egiziana e garantire il flusso dei rifornimenti. Secondo loro, la laguna di Damietta non consente l'attracco alle navi più grandi e non è sicuro lasciarle in mare aperto, come dimostrato dalla recente tempesta che ha danneggiato oltre duecento imbarcazioni all'ancora, facendone anche affondare parecchie. Sembrava ragionevole, certo».

«Ma il conte di Artois non era d'accordo...»

«Già. Mio fratello e io non abbiamo dimenticato che vent'anni fa molti di quei baroni si sono alleati con gli inglesi contro nostra madre, per impedirmi di salire al trono. Non sono animati dalla vera fede, come noi. Roberto ha risposto che è inutile continuare ad attendere, con il rischio di fallire, come è accaduto a Jean de Brienne trent'anni fa, e che non avrebbe accettato altro che un'avanzata su Babilonia. È la loro capitale. Per uccidere un serpente bisogna schiacciargli la testa.»

L'inquisitore immaginò la scena. Il tono del conte doveva essere stato quello di chi ha già preso una decisione e non ammette repliche. Era il solo a poterlo usare con il re. Nemmeno gli altri fratelli, Alfonso, conte di Poitiers, e Carlo, conte di Angiò, osavano parlargli in quel modo. Yves le Breton sapeva che invece Roberto lo aveva sempre fatto, fin da quando erano ragazzi. In fondo, tra loro c'erano solo due anni di differenza e il suo ruolo non era mai stato quello del secondogenito. Alto, robusto, capelli rossi, sembrava incarnare l'ideale del prode cavaliere molto più dell'ascetico sovrano. Era il vero campione della croce, famoso in tutto l'esercito per il coraggio, che secondo alcuni sconfinava nell'avventatezza. Il re, al contrario, il volto largo emaciato e la schiena già leggermente curva, non era mai stato abile con la spada. Tuttavia, chi lo conosceva bene, come Yves, sapeva che l'apparente fragilità fisica celava una volontà ferrea quasi quanto la sua fede.

Luigi continuò: «Roberto ha ragione. Ho dato il mio assenso e nessuno ha più osato aprire bocca. Prenderemo Babilonia e riconquisteremo Gerusalemme. Del resto, questo era il piano fin dall'inizio, attaccare la sede del potere del sultano: battuti qui i saraceni, sarà agevole riconquistare il Santo Sepolcro. Lascerò comunque a Damietta la regina, con una forte guarnigione. Voi che notizie avete avuto?».

«Il sultano sta morendo, sire. Cercano di tenere nascosta la cosa, ma pare che non ci siano speranze di guarigione.»

L'interrogatorio dell'emiro mamelucco catturato quella mattina da uno squadrone di ospitalieri in esplorazione, dopo un breve scontro in cui gli altri infedeli che erano con lui erano stati uccisi, si era concluso da poco e il prigioniero aveva detto quello che il frate voleva sapere.

«E l'infedele?»

«È morto, sire.»

«Che rango aveva?»

«Emiro da cento uomini della *Bahriyya*, la guardia mamelucca di Ayyub.»

«Abbiamo loro di fronte.»

«Sì, sire. Sono intorno a Mansura. C'è anche il comandante dell'esercito Fakhr al-Din, che i nostri chiamano Scecedin.»

«Il cavaliere dell'imperatore.»

«Sì, sire.»

Il re apprezzò che il domenicano non si lanciasse nella solita precisazione che molti chierici avvertivano il dovere di fare quando nominava l'imperatore. Suonava più o meno così: «Federico è stato deposto e scomunicato dal papa e non è più imperatore, ma solo il precursore dell'Anticristo, la bestia che sale dal mare». L'inquisitore non glielo aveva ricordato, consapevole che Luigi, in fondo, considerasse lo Svevo una risorsa nella lotta contro gli infedeli. Pochi mesi prima, a Cipro, era stato proprio Yves a scrivere la lettera con cui il re pregava il papa di concedere l'assoluzione a Federico. Ma il pontefice non aveva risposto: dal suo rifugio di Lione, Innocenzo IV era impegnato in una feroce lotta con l'imperatore, culminata cinque anni prima nella solenne scomunica. L'inquisitore sapeva anche che il papa non condivideva il fervore con cui il re di Francia si era preparato alla spedizione in Terrasanta. Avrebbe preferito una spedizione per conquistare Roma, tuttavia non poteva sconfessare apertamente il suo protettore e aveva quindi confermato i voti per la *expeditio crucis*.

Il frate aveva immaginato le parole di fuoco che il papa doveva aver pronunciato alla lettura della missiva. Certamente non aveva risparmiato chi l'aveva scritta, ma non se ne era preoccupato. Era in buona compagnia. Il maestro generale del suo Ordine, Giovanni di Wildeshausen, era amico personale dell'imperatore e l'obbedienza alla sede di Pietro lo aveva indotto a troncare solo i rapporti ufficiali, non quelli privati. Yves conosceva da tempo Giovanni e ne aveva grande stima. Erano stati entrambi allievi di Mathieu de Bourbon, uno dei più insigni inquisitori dell'Ordine dei predicatori, priore del convento di San Giacomo a Parigi e soprattutto coetaneo e amico di san Domenico, fin dai tempi della predicazione nella Francia del Sud infestata dall'eresia catara. Del resto, persino il legato del papa che accompagnava la spedizione, il cardinale Eudes de Châteauroux, non gli aveva celato le sue perplessità sull'ossessione di Innocenzo nei confronti dell'imperatore e il prelato era per Yves un uomo di fede. Celebre per i suoi sermoni, aveva fatto bruciare tutte le copie del Talmud ebraico in Francia, atto doveroso nei confronti del popolo che si era macchiato di deicidio.

«Quanti sono?» chiese re Luigi.

«Non lo ha detto, sire... È morto prima, ma se ci sono Ayyub, la *Bahriyya* e Fakhr al-Din, ci sarà tutto il loro esercito.»

«Ci stanno aspettando a Mansura, quindi.»

«Sì, sire.»

«Bene, *magister*, mi avete fornito una ragione in più per puntare direttamente su Babilonia. Se Ayyub muore, il serpente resterà senza testa e noi, con l'aiuto di Dio, saremo lì, pronti a colpirlo con tutte le nostre forze. Li uccideremo tutti, poi andremo a Gerusalemme e voi sarete con me nel Santo Sepolcro, quando adempirò al mio voto.»

«Sarà un grande onore, sire.»

Yves aveva parlato con poca convinzione. Era turbato, ma il sovrano non se ne accorse. Mentre Luigi continuava a descrivere il loro futuro ingresso trionfale a Gerusalemme e la visita ai luoghi santi, l'inquisitore ripensò a come fosse finito nella *peregrinatio crucis*. Tutta colpa della malaria, la malattia che aveva colpito cinque anni prima il sovrano. Pensando di essere prossimo alla morte, il re aveva promesso che se fosse sopravvissuto avrebbe preso la croce per riconquistare Gerusalemme, persa dalla Cristianità pochi mesi prima. La chiesa del Santo Sepolcro era stata data alle fiamme dai turchi, i preti erano stati uccisi e le tombe dei re latini profanate. Come se non bastasse, a La Forbie, vicino Gaza, i turchi e un contingente egiziano avevano annientato in poche ore l'esercito di Outremer e i suoi alleati siriani. Un disastro, l'ora più buia dalla sconfitta di Hattin, sessant'anni prima. Ma Dio lo aveva risparmiato e da quel momento era iniziata la mobilitazione di tutte le risorse del regno.

Yves aveva vissuto i preparativi per la spedizione, durati oltre tre anni. Le tasse straordinarie non avevano risparmiato neppure il clero e ogni cavaliere era stato esortato a prendere la croce, mentre i frati francescani e domenicani avevano attraversato il regno predicando la liberazione del Santo Sepolcro.

Re Luigi lo aveva scelto personalmente come confessore, dicendo che nessuno sarebbe stato più degno di lui, il brillante allievo che frate Mathieu aveva designato come suo successore, da poco insignito con il titolo di *magister* dall'Università di Parigi. Anche il cardinale de Châteauroux aveva approvato la nomina. Yves si era preparato con cura alla *expeditio crucis*, studiando persino l'arabo con l'aiuto di confratelli fatti giungere appositamente dal convento dei predicatori di Acri.

Nell'agosto dell'anno prima era salito con il re a bordo della nave ammiraglia *Montjoie*, salpata da Aigues-Mortes con la più imponente spedizione che il regno di Francia avesse mai approntato: centinaia di navi, duemila cavalieri e quasi ventimila uomini d'arme, raggiunti a Cipro dalle forze che Outremer era riuscito a raccogliere, altri ottocento cavalieri e cinquemila uomini d'arme. Tra di loro, i formidabili contingenti templari e ospitalieri, ricostituiti dopo La Forbie grazie ai rinforzi giunti dalla Cristianità. Circa trecento cavalieri per ciascun Ordine, guidati rispettivamente da due uomini di fede: il maestro del Tempio, Guillaume de Sonnac, e il prevosto dell'Ospedale, Jean de Ronay.

Luigi si era intanto accorto che il suo interlocutore non lo stava più seguendo.

«Vi vedo stanco, *magister*. Vi prego, ora confessatemi perché oggi ho molto peccato.»

✠ ✠ ✠

Era ormai buio quando l'inquisitore uscì dal padiglione reale. Il suo confratello e allievo, Nicola di Hanapes, che lo attendeva seduto a terra accanto ai cavalieri di guardia, si alzò velocemente, pulendosi la tonaca con le mani. Era un giovane delle Ardenne di poco più di vent'anni, alto e bruno, figlio del barone di Hanapes. Novizio di Yves le Breton al convento di San Giacomo, conclusi gli studi teologici aveva affiancato il suo maestro nella gravosa missione affidata dal successore di Pietro all'Ordine dei predicatori, l'*officium* inquisitoriale.

Il grande accampamento illuminato dai fuochi era in piena attività. La partenza era prevista all'alba; alcune tende erano state smontate e gli scudieri caricavano casse sui carri. Uno squadrone di cavalieri templari sfilava al passo diretto a sud, il *beauceant** ancora arrotolato. Andava a caccia degli incursori saraceni che ogni notte s'infiltravano nel campo e uccidevano qualcuno nel sonno, o forse era già l'inizio dell'avanzata. Per antica prerogativa, spettava a loro formare l'avanguardia.

L'inquisitore guardò il cielo stellato pensando a Mathieu de Bourbon, il maestro che era stato per lui come un padre. Certamente lo stava osservando da lassù e forse era preoccupato. Non poteva infatti essergli sfuggita la sua esitazione quando poco prima, nelle carceri di quello che era stato il palazzo del sultano a Damietta, aveva ordinato di torturare il prigioniero che, benché ferito, provava a resistere alle *quaestiones*. Domande... Yves aveva sempre pensato che fosse uno strano modo per chiamare la tortura.

Era stato necessario ricorrere ai *bernicles*, fauci di legno con denti acuminati in cui venivano stritolate le gambe degli interrogati.

«Perdona la mia debolezza, *magister*» sussurrò.

Secondo frate Mathieu, in un inquisitore era proprio quello il peccato più grave: essere deboli verso gli eretici e soprattutto verso se stessi. No, non poteva mostrare segni di cedimento, doveva essere degno del suo maestro, ora che l'*officium* ricadeva sulle sue spalle.

Quando l'emiro era stato catturato, il re aveva chiesto a lui di interrogarlo in arabo. Si chiamava Ibrahim, Abramo. Un infedele, certo, ma non un eretico; anzi, a suo modo, una persona devota, catturata mentre difendeva la propria terra. Era quella la differenza rispetto alle altre volte, in Francia, dove si trattava solo di eretici. Alla fine, comunque, lui aveva trovato la verità, l'altro la morte, com'era normale. Non era stata invece normale la sua esitazione. Di quella, doveva chiedere perdono a Dio e al maestro nelle sue preghiere.

Yves abbassò gli occhi dalle stelle e li posò su Nicola. Gli ricordava se stesso, quando era allievo di padre Mathieu. Per l'entusiasmo, talvolta per il candore. Si chiese se il giovane avesse colto la sua esitazione e se un giorno, quando fosse toccato a lui ordinare i *bernicles*, avrebbe esitato.

Al-Mansura, la notte del giorno dopo

La salma del sultano era stata lavata e vestita con abiti regali. Come era prevedibile, l'amputazione della gamba lo aveva ucciso. Era morto solo. Nell'ultima fase dell'agonia, medici e servitori erano stati allontanati per evitare che si diffondesse la notizia del decesso e la guardia aveva avuto l'ordine di non far entrare nessuno. Solo a sera era stato chiamato il medico capo per lavare il cadavere.

La grande stanza immersa nella penombra era stata areata e profumata, ma Fakhr al-Din sentiva ancora nelle narici l'odore della putrefazione. L'*atabak* non riusciva a staccare gli occhi da Shajar al-Durr, vestita di bianco in segno di lutto, pallida, più bella che mai.

Ora il potere era nelle loro mani, e non intendevano lasciarlo.

Nel primo pomeriggio, il potente emiro Izz al-Din Aybak al-Turkmani, già comandante delle truppe mamelucche e ora *Jashnkir** e *Khawanja** del sultano, li aveva raggiunti comunicando l'avvenuto decesso. Lo stesso Aybak e il comandante della cavalleria avevano chiesto a Fakhr al-Din di affiancare Shajar come reggente, vista l'invasione in corso. Il vecchio aveva accettato con aria grave e solenne, a beneficio degli altri emiri presenti. In realtà, tutto era stato concordato nei giorni precedenti, quando Shajar era giunta ad al-Mansura da al-Qahira e si era incontrata con lui, per tutta la notte.

La prima decisione dei reggenti era stata di tenere segreta la notizia della morte del sultano per non demoralizzare l'esercito, già scosso dalla perdita di Dimyat. Neppure il viceré d'Egitto, Husam al-Din, sarebbe stato informato e gli emiri presenti nel palazzo erano stati chiamati a giurare di mantenere il segreto.

Il giorno successivo, un messaggio con l'*alama*, la sigla reale di Ayyub, sarebbe stato inviato ad al-Qahira affinché fosse letto nella grande moschea di al-Azhar. Lo avevano fatto redigere dal segretario del sultano, in modo che il testo fosse simile agli altri. Il Pilastro della Fede comunicava che i franchi si erano mossi con tutte le loro forze contro l'Egitto e i territori musulmani per conquistarli ed esortava tutti a combattere gli infedeli: «Uscite in campo e combattete per la causa di Allah, con i vostri beni e le vostre persone. Ciò sarà meglio per voi!».

La seconda decisione era stata un tradimento.

Il defunto sovrano considerava il suo terzogenito Turanshah un incapace e lo aveva sempre tenuto lontano, a Hisn Kayfa in Mesopotamia. Quando Allah aveva chiamato a sé i fratelli maggiori, l'effimero sogno di Ayyub era stato quello di lasciare il trono al figlio che gli aveva dato Shajar, ma anche il piccolo Khalil era morto troppo presto. Così, negli ultimi tempi, con il manifestarsi della cancrena, la richiesta da lui rivolta a Fakhr al-Din e a Shajar era stata quella di trasferire alla sua morte il potere al califfo abbaside a Baghdad, per far risorgere l'antico Califfato e riunire tutti i credenti.

Il vecchio *atabak* e la giovane vedova avevano tuttavia deciso di ignorare quel desiderio. Meglio richiamare in Egitto l'inesperto e vanesio Turanshah: sarebbe stato molto meno pericoloso del califfo di Baghdad. Il comandante della *Bahriyya*, Faris al-Din Aqtay, era quindi partito alla testa di uno squadrone verso Hisn Kayfa, per informare il giovane che era diventato sultano d'Egitto. Il giorno dopo sarebbero stati convocati ad al-Mansura tutti gli ufficiali dell'esercito per giurare fedeltà ad Ayyub, a suo figlio e a Fakhr al-Din, incaricato di curare gli affari dello Stato. Per suggellare l'alleanza, Aybak avrebbe assunto l'incarico di vicecomandante. A quel punto, il viceré avrebbe capito, ma sarebbe stato troppo tardi per ostacolare i reggenti e anche lui si sarebbe sottomesso. La bara del sultano sarebbe stata caricata nella notte su una galera e trasferita in una cittadella sul Bahr, in attesa di essere solennemente trasportata ad al-Qahira quando i tempi fossero stati maturi.

Fakhr al-Din aveva anche preso un'altra decisione: all'annuncio della morte di Ayyub, la sua richiesta alle guardie e agli emiri presenti era stata di poter pregare da solo per il sovrano, dopo tanti anni al servizio suo e del padre. Un *askari** mamelucco era già pronto e gli consegnò un'elegante custodia del Corano in avorio. Una volta entrato nella stanza, aveva atteso che la porta si chiudesse alle sue spalle, poi, trattenendo il respiro e senza neppure guardare la salma, aveva aperto l'armadio utilizzando la chiave realizzata da un abile artigiano per forzare ogni serratura. Poco dopo era uscito in lacrime, tenendo sotto braccio la custodia, sotto gli sguardi affranti degli emiri e quelli perplessi di Shajar e del giovane *amir** che comandava la *Bahriyya* in assenza di Aqtay, Baybars il Balestriere.

3

Il guado del beduino

Mansura, mattina dell'8 febbraio 1250 (4 dhu l-qa'da 647)

Il guado si era rivelato più difficile di come lo aveva descritto il beduino. I cavalli avevano dovuto nuotare e solo in mezzo al canale erano riusciti a toccare fondo. Il conte Jean d'Orleans e altri erano caduti in acqua, annegando sotto il peso della cotta di maglia e delle armi. Gli argini, poi, erano diventati fangosi a causa del passaggio di tanti destrieri e alcuni erano scivolati rovinosamente. In ogni modo, erano riusciti a passare dall'altro lato e ora, alla luce dei primi raggi di sole, potevano scorgere a circa mezza lega* verso occidente il grande accampamento nemico davanti alle mura di Mansura.

Era tutto tranquillo: la sorpresa sembrava riuscita.

Un cavaliere dalla cotta d'armi con i gigli su fondo azzurro, molto simile a quella del re, si tolse l'elmo pesante per guardare meglio.

Roberto d'Artois avvertiva l'emozione di essere al comando di una forza formidabile. Trecento cavalieri tra i migliori di Francia, seicento *servientes* e balestrieri a cavallo, il contingente templare di trecento cavalieri e duecento cavalieri inglesi.

Il piccolo canale appena guadato, chiamato Ashmùn dai nativi e Tanis dai franchi, aveva sbarrato per sei settimane il percorso dell'esercito cristiano lungo il ramo del Nilo che da Damietta arrivava fino alla capitale egiziana. Ora l'ostacolo era finalmente superato.

Roberto sorrise al conte Raoul de Coucy che lo affiancava e ripensò alla riunione nel padiglione reale che si era tenuta due giorni prima, dopo la messa mattutina celebrata dal legato papale. Intorno al tavolo, abitualmente utilizzato per il pranzo, c'erano il re, i suoi fratelli, il legato papale, i capi dei templari e degli ospitalieri, i principali signori e frate Yves le Breton.

Luigi sembrava scosso da un tremito, anche la sua voce era insicura: «Signori, ho ordinato a Jocelyn de Cornant di sospendere i lavori del terrapieno per superare il canale. Non riusciamo ad avanzare e come sapete il fuoco greco degli infedeli ha già incendiato due dei nostri mangani. Volevo consultarvi prima di decidere il da farsi».

Aveva le lacrime agli occhi. Il conte di Artois conosceva bene il fratello, al punto da potergli leggere nella mente: stava per annunciare la ritirata, il fallimento della grande impresa, e piangeva perché era convinto che non avrebbe liberato il Santo Sepolcro, non questa volta almeno. Il re aveva proseguito mormorando: «Forse è stato un errore attaccare l'Egitto, invece di sbarcare ad Acri e puntare direttamente su Gerusalemme».

A quel punto, Roberto era intervenuto. Certi atteggiamenti pusillanimi andavano stroncati sul nascere e quella mattina c'era stata una novità importante, di cui il fratello non era ancora stato informato.

«Sire, ormai è troppo tardi per porre rimedio a questo. Ora si può solo andare avanti. Siamo tutti d'accordo sul fatto che il terrapieno per superare il canale non può essere realizzato. Dobbiamo pensare ad altro.»

Il conte aveva lanciato un'occhiata al conestabile Humbert de Beaujeu, suo fedele amico. L'ufficiale di corte si era schiarito la voce e si era rivolto al re: «Sire, questa mattina si è presentato al campo un beduino che ha dichiarato di conoscere un guado, abbastanza profondo, ma praticabile. Vuole cinquecento bisanti, cioè duecentocinquanta lire, per rivelarci dov'è».

Un mormorio si era diffuso nella tenda e qualcuno aveva esclamato: «È un segnale divino!».

Luigi era rimasto in silenzio per qualche istante. Poi aveva risposto: «Un guado? Se dice il vero e ce lo mostra, gli daremo i cinquecento bisanti. Dov'è ora?».

«Qui fuori, sire.»

«Andate a dirglielo.»

Il conestabile era uscito. Il beduino che aspettava fuori tra le guardie non era degno di parlare direttamente con il re di Francia.

Poco dopo, Humbert era rientrato, visibilmente imbarazzato.

«Non ci porta al guado se non gli diamo i cinquecento bisanti in anticipo.»

Roberto era sbottato: «È un affronto! Portiamolo al guado a bastonate, così impara a non fidarsi della parola del re!».

Luigi aveva lanciato uno sguardo a frate Yves e a Roberto era parso che il domenicano annuisse in modo impercettibile. Il sovrano si era quindi espresso: «Quel guado, se esiste, è l'unica speranza che abbiamo di arrivare a Gerusalemme. Non possiamo correre rischi per orgoglio. Conestabile, dategli i cinquecento bisanti e fatevi condurre al guado. Se ha mentito, uccidetelo».

Il guado si trovava effettivamente a circa una lega a est dell'accampamento, in corrispondenza di un piccolo villaggio basso e polveroso sulla riva opposta del canale.

A quel punto era stato deciso un attacco a sorpresa, pianificato per la vigilia della Quaresima, martedì grasso.

Il duca di Borgogna e i baroni di Outremer avrebbero sorvegliato l'accampamento cristiano, mentre il grosso dell'esercito avrebbe attraversato all'alba il guado per piombare sul nemico. A Roberto era toccato l'onore di guidare l'avanguardia. La seconda schiera, con i cavalieri di Provenza e della Champagne, era stata affidata al conte d'Angiò. La terza era quella del re, con la fanteria e gli ospitalieri di retroguardia.

Luigi aveva impartito ordini rigorosi. Nessun cavaliere si sarebbe dovuto allontanare dal suo reparto e le tre schiere avrebbero attaccato insieme dopo aver superato il guado. In particolare, l'avanguardia non avrebbe dovuto avanzare fino a quando lui non l'avesse raggiunta sull'altra sponda.

Il morale era alto. Dio aveva voluto offrire al suo esercito l'opportunità di annientare gli infedeli e di chiudere la guerra in modo definitivo. Quella che sarebbe passata alla storia come la battaglia di Mansura stava per iniziare.

✠ ✠ ✠

Poco lontano, con il cavallo ancora grondante, anche *frère* Hugues de Jouy dell'Ordine del Tempio si era tolto l'elmo scoprendo il volto bruciato dal sole, incorniciato da una barba bionda insolitamente curata: un piccolo strappo alla rigida regola che prescriveva barbe incolte, un peccato di vanità, ma il cavaliere era certo che il Signore lo avrebbe perdonato. Guardò la distesa variopinta delle tende nemiche in lontananza. Alla sua destra, il siniscalco *frère* Amaury de Troyes si tolse un ciuffo d'erba bagnata dalla cotta di maglia con un moto d'insofferenza. La barba bianca e una certa adiposità lo facevano sembrare già vecchio a poco più di quarant'anni. Non era mai stato un guerriero, ma l'abilità nel gestire le immense risorse economiche dell'Ordine gli aveva consentito di raggiungere una delle più alte cariche del Tempio. Poco più indietro, i cavalieri bianchi erano già schierati dietro il *beauceant*, abitualmente custodito dal siniscalco e ora impugnato dal sottomaresciallo, che lo avrebbe consegnato al maresciallo al momento della carica. Da dietro sopraggiunse proprio Renaud de Vichiers, il maresciallo del Tempio, e affiancò il cavallo a quello di Hugues. L'elmo gli copriva la testa lasciando intravedere solo gli occhi celesti. La voce suonò metallica: «Riesci a scorgerla?».

Hugues rispose: «No, siamo ancora troppo lontani. Non preoccupatevi, *magister*, la troverò».

Ostentava sicurezza. Non voleva che il suo maestro percepisse l'inconfessabile inquietudine che gli provocava l'importanza della missione che gli era stata affidata. Si girò per accertarsi che i dieci fratelli cavalieri che dovevano scortarlo avessero attraversato il guado. Erano tutti lì, zuppi, ma pronti. Scudi bicolori neri e bianchi, lancia e due spade ciascuno, una alla cintura, l'altra appesa alla sella. Indistinguibili l'uno dall'altro per gli elmi pesanti. Avevano ricevuto un solo ordine: seguire e proteggere *frère* Hugues a costo della vita, qualunque cosa avesse fatto.

✠ ✠ ✠

Un manipolo di cavalieri si fece largo tra le schiere dalle insegne multicolori. Roberto d'Artois fece una smorfia riconoscendo il maestro del Tempio, Guillaume de Sonnac, e il comandante degli inglesi, William Longsword, conte di Salisbury; dietro di loro, i templari della scorta. Il conte di Artois sapeva che il re gli aveva affidato l'avanguardia confidando nel fatto che con lui ci sarebbe stato *magister* Guillaume, valoroso e pio cavaliere che aveva trascorso la vita in Terrasanta. Sarebbero stati i templari a muovere per primi e Roberto avrebbe dovuto seguirli.

Suo fratello era tuttavia sull'altra sponda e lui aveva con sé i migliori cavalieri del mondo. Se avessero attaccato subito, Luigi lo avrebbe ringraziato e il vecchio templare non sarebbe stato un ostacolo.

Guillaume de Sonnac fermò il cavallo davanti a Roberto, che lo accolse con un sorriso trionfante.

«*Magister*, li abbiamo colti di sorpresa!»

Indicò con un cenno lo spazio aperto e le tende egiziane. Il templare replicò con calma, guardando alle spalle del conte: «A quanto pare, non del tutto».

Dalle schiere cristiane si levarono numerose grida. Un folto manipolo di cavalieri saraceni era sbucato dal vicino villaggio, un reparto in ricognizione o rinforzi diretti a Mansura. Si fermarono subito, evidentemente sorpresi di trovarsi di fronte la cavalleria franca su quella sponda del canale.

Roberto si voltò, li vide e non esitò. Era proprio quello che ci voleva. Un altro segno della volontà di Dio.

«Ormai ci hanno visto. Dobbiamo attaccare prima che diano l'allarme!»

S'infilò l'elmo, spronò il cavallo aggirando la pattuglia templare e lanciò il grido di battaglia dei cavalieri francesi: «*Montjoie!*».

Centinaia di voci gli fecero eco.

«*Montjoie!*»

Guillaume tentò di richiamarlo alzando la voce: «Conte, l'ordine del re...».

Ma Roberto era già avanti e non sentì. O finse di non sentire.

William Longsword si rivolse al maestro del Tempio: «Non possiamo lasciarli soli. Dio lo vuole» e si avviò dietro il conte, alzando il braccio per segnalare ai suoi uomini di seguirlo.

Tutto lo schieramento dei cavalieri cristiani iniziò ad avanzare verso l'accampamento egiziano.

Il maestro del Tempio era furibondo, ma di fronte all'insubordinazione del conte sapeva di non avere scelta. Il conte di Salisbury aveva ragione: non poteva abbandonare il fratello del re e soprattutto non poteva permettere ai cavalieri di Roberto di fare irruzione per primi nel campo nemico. Guillaume si diresse verso la schiera ancora immobile dei confratelli. Davanti a tutti, Renaud de Vichiers, Amaury de Troyes e Hugues de Jouy. Senza arrestare la corsa del cavallo, il maestro tracciò velocemente nell'aria una croce di benedizione con la mano destra, poi la alzò in alto per ordinare la carica.

Renaud de Vichiers fece un cenno al sottomaresciallo che si fece avanti con il *beauceant* per consegnarglielo, come prescriveva la Regola, e si voltò verso il suo allievo che si stava infilando l'elmo.

«Ci siamo, *Dominus tecum*.»

Hugues rispose a voce bassa: «*Amen*».

Il maresciallo aveva un'ultima raccomandazione: «Non farti precedere da nessuno... a qualsiasi costo!».

Hugues fece un cenno di assenso. Il *magister* gli stava ricordando che avrebbe dovuto uccidere chiunque avesse trovato nella tenda, amico o nemico che fosse. Un colpo di sprone e il cavallo scattò in avanti. La sua scorta lo seguì.

Renaud iniziò a sua volta ad avanzare. Dietro di lui si posizionarono i sei cavalieri che avrebbero protetto la bandiera e il commendatore dei cavalieri con un altro gonfalone arrotolato, da dispiegare ove il primo fosse stato perduto. La Regola prevedeva anche come condurre una carica di cavalleria. Il maresciallo gridò: «*Non nobis!*».

Quasi trecento voci risposero all'unisono: «*Non nobis Domine, sed nomini tuo da gloriam!*».[1]

I templari avanzarono compatti per squadroni. Non erano però in testa allo schieramento cristiano, come avrebbero dovuto.

✠ ✠ ✠

Intanto, l'emiro al comando dei cento cavalieri egiziani usciti dal villaggio di Sanhar, superata la sorpresa di trovarsi di fronte l'avanguardia nemica, aveva deciso che il guado era ormai perso e che una resistenza sarebbe stata inutile. Doveva allertare l'esercito e la *Bahriyya* ad al-Mansura del pericolo incombente. Si rivolse a uno dei suoi: «Alì, avverti il Balestriere».

«Udire è obbedire.»

L'*askari* puntò a sud, alla volta di al-Mansura. Lo squadrone, invece, a un ordine secco dell'emiro, si lanciò al galoppo in direzione della distesa di tende. Erano armati in modo più leggero dei franchi e guadagnarono rapidamente terreno rispetto alla cavalleria nemica che iniziava ad aprirsi a ventaglio.

✠ ✠ ✠

L'accampamento ayyubide di fronte ad al-Mansura era ancora tranquillo. Alcune delle numerose donne al seguito dell'esercito si avviavano verso il canale per prendere acqua, sorreggendo piccole conche sulla testa, coperte dai tradizionali veli. Alcuni bambini correvano tra le tende, mentre gli *asakir*, quasi tutti disarmati, iniziavano a raccogliersi intorno ai fuochi dove veniva preparato il tè.

Nel padiglione circolare sormontato dalla bandiera donatagli dall'imperatore, Fakhr al-Din si era svegliato da poco. Il suo servo Ahmed gli stava tingendo la barba con l'henné. Per quanto il suo fisico fosse ancora muscoloso e asciutto a sessant'anni, l'*atabak* non accettava l'idea di avere la barba bianca. Quello a cui stava pensando era comunque altro. Non gli piaceva modificare i suoi piani e non riusciva a vedere soluzioni a portata di mano. Aveva appena ricevuto un messaggio del comandante della *Bahriyya* Aqtay che stava rientrando in Egitto con Turanshah. Il suo uomo riferiva che, nonostante le loro precauzioni di segretezza, quel vecchio volpone del viceré Husam al-Din era venuto a sapere che Ayyub era morto e aveva a sua volta inviato dei messaggeri a Turanshah. Inoltre, l'eunuco al-Sabih, definito da Aqtay l'anima nera del figlio di Ayyub, sollecitava il giovane ad affrettarsi insinuando che Fakhr al-Din e Shajar al-Durr volessero assumere il potere. Insinuazioni che avevano trovato terreno fertile nel sospettoso Turanshah, il quale aveva accolto il comandante della *Bahriyya* con una cortesia che poteva celare qualunque cosa, arrivando persino a promettergli la nomina a comandante della *halqa*. Fakhr al-Din sapeva che il mamelucco non avrebbe ceduto a quella lusinga, ma era comunque necessario parlarne al più presto con Shajar. Pensò per un attimo alla ragazza, bellissima e sfuggente. Avrebbe forse dovuto dimostrare presto anche a lei chi era il padrone.

In ogni caso, Turanshah stava per entrare nella zona di guerra e sarebbe potuto facilmente restare vittima di qualche insidia. Ecco, poteva essere quella la soluzione. Per il resto, il viaggio ad al-Quds di cui aveva parlato proprio la sera prima con il *qadi** della Città Santa, al-Salih, avrebbe dovuto attendere. Strano che ser Berto non fosse ancora arrivato.

Grida confuse, un cavallo al galoppo fuori dal padiglione e qualcuno che urlava a gran voce «All'armi!» lo distolsero dai suoi pensieri. Stava succedendo qualcosa di grave.

Uno dei mamelucchi della *Jandariyya** di guardia fece irruzione nel padiglione.

«Ci attaccano, mio signore. I miscredenti!»

Come avevano fatto ad attraversare il canale? Probabilmente un piccolo contingente aveva utilizzato delle barche. L'emiro corse verso l'ingresso e uscì senza neppure coprirsi. La confusione era totale. Intravide tra le tende cavalieri nemici intenti a colpire chiunque capitasse loro davanti. Altro che piccolo contingente: dovevano aver trovato un guado e li avevano colti di sorpresa.

Il suo destriero era fuori, tenuto da un servo per il morso, non ancora sellato. Doveva organizzare in fretta una difesa.

«Fatemi salire e datemi una spada!»

Un *askari* si dispose prono al fianco del cavallo per offrirgli un appoggio. Erano ormai passati i tempi in cui riusciva a montare con un balzo. Una volta in groppa, prese le redini e impugnò con l'altra mano la scimitarra sguainata che un mamelucco gli porgeva. Poi alzò gli occhi e capì che era troppo tardi. Un manipolo di templari puntava dritto su di lui al galoppo. Cercò di incitare il cavallo, ma gli furono addosso in un lampo. Una lancia si conficcò nel suo fianco nudo da cui eruppe un fiotto di sangue, mentre un colpo di spada gli spezzava la schiena. Cadendo a terra, l'ultima cosa che vide fu la testa di uno dei suoi uomini rotolare nella polvere.

✠ ✠ ✠

Hugues de Jouy dedicò appena uno sguardo al corpo del vecchio a terra. Doveva essere proprio Scecedin. Aveva ucciso il comandante dell'esercito nemico, ma non era quella la sua missione. Smontò e uno dei suoi confratelli si affrettò a prendere le redini del suo destriero; gli altri circondarono il padiglione. Tutt'intorno, uomini, donne e bambini correvano terrorizzati verso Mansura. Hugues sapeva che quel giorno la cavalleria cristiana non avrebbe fatto prigionieri: sarebbe stato un massacro più che una battaglia. Entrò nell'ampia tenda seguito da *frère* Jocelyn de Tours, entrambi con le spade sguainate. Nessuno. L'arredo era sontuoso, tappeti di seta, armi di ogni tipo, lucerne in argento, vari bauli, di cui uno più grande vicino al giaciglio. Poteva iniziare da lì.

✠ ✠ ✠

Ahmed cercava di non respirare. Non aveva seguito Fakhr al-Din fuori dal padiglione e si era prudentemente nascosto sotto alcuni drappeggi non utilizzati. Per giustificarsi con se stesso, si era detto che non era un guerriero e che non avrebbe potuto aiutare in alcun modo il suo padrone. Ora sentiva dei rumori. Qualcuno stava frugando nelle casse dell'emiro.

✠ ✠ ✠

In un altro settore dell'accampamento, anche Abu Sayef al-Muluk si ripeteva che non era un guerriero. Era solo il segretario del potente *qadi* Yussuf al-Salih, governatore di al-Quds e nipote del sultano, che ora giaceva riverso nel sangue davanti alla sua tenda, con la testa sfondata dal colpo di mazza di un cavaliere franco. Abu Sayef aveva osservato la scena ed era uscito cautamente solo quando tutti i nemici erano passati oltre. Si avvicinò al corpo del suo signore cercando di non guardare la materia cerebrale a terra e gli occhi fuori dalle orbite che sembravano fissarlo. Fingendo di abbracciarlo, gli staccò dal collo la catenina d'oro con la chiave. Si sporcò di sangue, ma pensò che fosse meglio così. Rientrò nella tenda. Sapeva già dove cercare: nel baule più piccolo. Lo aprì, prese la borsa del *qadi*, controllò che ci fosse tutto e se la mise a tracolla. Diede un'occhiata fuori e tirò subito la testa indietro. Alcuni cavalieri nemici passarono al galoppo senza fermarsi. Si affacciò di nuovo. L'accampamento era ormai in mano agli infedeli, molti civili correvano disperati in cerca di salvezza mentre i franchi continuavano a uccidere. Sgattaiolò fuori con cautela, cercando di ragionare. Al-Mansura andava evitata. L'esercito era in rotta e la città sarebbe stata presto conquistata. Doveva fuggire verso al-Qahira: un ponte sul canale di irrigazione forse era ancora libero. Nella capitale avrebbe trovato asilo in qualche moschea, facendosi passare per un *alim** scampato alla strage. Poi avrebbe pensato a come costruirsi una nuova vita. Ormai era un uomo ricco.

4

Al-Mansura

Al-Mansura, 4 dhu l-qa'da 647 (8 febbraio 1250)

La porta sulla strada per al-Qahira era stata aperta all'alba. L'*askari* la infilò al galoppo senza rallentare gridando alle guardie: «Arrivano gli infedeli!».

Arrestò il cavallo facendolo impennare nel cortile del palazzo del sultano sulle rive del Bahr, saltò giù e chiese trafelato a uno degli uomini che erano accorsi e cercavano di afferrare le redini: «Dov'è il Balestriere?».

«Eccolo, soldato.»

L'*askari* si voltò. Baybars era lì, vestito di tutto punto con la cotta d'armi blu e oro della *Bahriyya*. Lo guardava con l'aria di chi si aspettava che ci fosse una valida ragione per giustificare quell'entrata così poco convenzionale.

L'uomo s'inchinò.

«*Salam alaykum*, *amir*, sono Alì al-Raisuni, dello squadrone di Mohamed al-Shaik. Gli infedeli hanno guadato l'Ashmùn di fronte a Sanhar e stanno attaccando l'accampamento!»

«Quanti sono?»

«Tanti, mio signore. Forse più di mille, tutti a cavallo.»

«Il tuo squadrone li ha attaccati?»

«No, mio signore. Erano troppi. Venendo qui, ho visto che l'emiro ha cercato di precederli per dare l'allarme all'accampamento.»

«Bastava un uomo solo per allertare l'accampamento, come hai fatto tu con noi.»

L'*askari* non sapeva che rispondere. Si inginocchiò prostrandosi a terra. Il Balestriere aveva ragione: se l'emiro avesse attaccato gli infedeli con i suoi cento cavalieri, lo squadrone sarebbe stato annientato, ma avrebbe trattenuto il nemico per il tempo necessario a evitare che l'esercito fosse colto di sorpresa. Si augurò che il suo comandante cadesse in combattimento e soprattutto che Baybars non sfogasse il suo disappunto tagliandogli immediatamente la testa. Attese con gli occhi chiusi, a lungo, il rumore di una scimitarra sguainata, ma non accadde nulla. Quando osò riaprirli, di fronte a lui non c'era più nessuno.

Poco dopo, da una torre del palazzo del sultano due piccioni viaggiatori vennero liberati e iniziarono a volare verso sud. Avrebbero annunciato ad al-Qahira e al vicecomandante dell'esercito Aybak che i franchi erano riusciti a guadare l'Ashmùn e avevano attaccato di sorpresa.

Baybars seguì il volo degli uccelli fino a quando non sparirono in lontananza. Non si faceva illusioni: sarebbero arrivati troppo tardi e nessuno li avrebbe soccorsi. Tra i miscredenti e la vittoria c'erano comunque ancora lui e la *Bahriyya*.

✠ ✠ ✠

Roberto d'Artois si fermò e ripose nel fodero la spada insanguinata, mentre uno dei suoi cavalieri, Fourcaut de Merle, gli teneva il morso del destriero. Al suo fianco, Raoul de Coucy aveva un'espressione trionfante sul volto: l'accampamento egiziano era distrutto e cosparso di cadaveri. Alcune tende erano in fiamme e i superstiti in fuga disordinata verso Mansura. I suoi uomini avevano già attraversato i ponti di legno sui canali di irrigazione paralleli al Tanis. La sorpresa era stata completa e la cavalleria crociata aveva fatto strage degli infedeli.

«La guerra è questa» si giustificò con se stesso Roberto guardando un ragazzino a terra con il cranio sfondato. Si girò verso Raoul e disse: «Dobbiamo entrare in città, prima che si riorganizzino!».

Il conte di Coucy annuì, ma prima che potesse parlare il rumore di zoccoli al galoppo li fece voltare.

Ancora i templari, *magister* Guillaume e la sua scorta, anche lui con la spada insanguinata. La ripose nel fodero della sella e parlò di getto, senza nemmeno togliersi l'elmo pesante: «Messere, è una grave offesa per il Tempio che voi ci abbiate preceduto. Vi ricordo gli ordini. Dobbiamo aspettare il re!».

Neppure Luigi aveva mai osato rivolgersi a Roberto in quel modo. «Guardatevi intorno, è stata la più grande vittoria della Cristianità contro gli infedeli da cento anni!» sibilò il conte. «Se avessimo perso tempo per aspettare il re, non li avremmo colti di sorpresa. Ora dobbiamo inseguirli e ucciderli tutti, uno per uno. È questo il desiderio di mio fratello e, se fosse qui, si unirebbe a noi. Non possiamo perdere l'occasione di distruggere il loro esercito. O forse voi preferite che si riorganizzino? Preferite una guerra senza fine per giustificare l'esistenza del vostro Ordine? Io no. Se avete paura di seguirmi, non preoccupatevi, ho abbastanza prodi per vincere».

Guillaume rispose gelido: «Né io, né i miei fratelli conosciamo la paura e l'Ordine del Tempio deve giustificare la sua esistenza solo a Dio, non certo a voi. Non resteremo indietro, ma lasciate che vi dica una cosa: nessuno si aspetti di uscire da quella trappola».

A quel punto Fourcaut de Merle, forse per la sordità da cui era affetto o per evitare al suo signore l'aperta insubordinazione, iniziò a gridare a squarciagola: «Diamo loro addosso! Diamo loro addosso! *Montjoie!*».

Raoul de Coucy e gli altri cavalieri intorno a Roberto gli fecero eco: «*Montjoie!*».

I francesi, udendo quelle grida, iniziarono a muovere verso Mansura. Il fratello del re lanciò un ultimo sguardo indignato al maestro, prese le redini e spronò verso la cittadina gridando a sua volta: «*Montjoie!*». Raoul e gli altri lo seguirono.

Per la seconda volta, Guillaume de Sonnac capì di non avere scelta. Non poteva restare indietro. Si voltò verso oriente, cercando di scorgere le altre schiere cristiane alle loro spalle. Niente, dovevano essere ancora al guado. Poco lontano, Renaud de Vichiers e Amaury de Troyes sostavano con il *beauceant*, intorno a cui si andavano raccogliendo i cavalieri bianchi, come prescriveva la Regola. Li raggiunse e Renaud lo accolse soddisfatto. «Una grande vittoria, Guillaume. Tutto è andato secondo i piani.»

Il maestro comprese che la soddisfazione del maresciallo non si riferiva solo alla distruzione dell'accampamento nemico. Almeno una buona notizia. Ma sarebbe stata l'ultima.

«Bene, Renaud. *Non nobis Domine*... Ora però ci tocca morire. Quell'imbecille sta entrando a Mansura e non possiamo restare fuori.»

«In questo modo, perderemo il vantaggio dei cavalli e la guardia del sultano è ancora lì dentro.»

«È impossibile farlo ragionare. Il re non avrebbe dovuto mandare avanti quell'esaltato. Comunque non possiamo lasciarlo solo. Ne va del nostro onore. Restiamo uniti e che nessuno perda di vista il *beauceant*.»

✠ ✠ ✠

Dall'alto della cinta muraria, Baybars ebbe subito chiara la situazione. La sorpresa era stata totale. L'accampamento era stato distrutto: il terreno era punteggiato di morti e molte tende bruciavano. Anche la porta settentrionale della città era perduta. Nessuno aveva avuto la prontezza e il coraggio di chiuderla lasciando fuori i fuggiaschi, e un gruppo di cavalieri nemici se ne era impossessato. Ora erano smontati e aspettavano gli altri, che si avvicinavano veloci. Al punto in cui erano le cose, forse era meglio così. Doveva essere solo l'avanguardia. Cavalleria e templari. Non vedeva il resto dell'esercito nemico, ma in lontananza c'era movimento. Erano ancora al guado di Sanhar e avrebbero impiegato tempo ad arrivare. Avevano commesso l'errore di dividere le forze. Sarebbe stato difficile, ma forse c'era qualche possibilità di evitare il disastro. Si voltò verso i tre *asakir* della *Bahriyya* che lo avevano seguito fin lì, in una disperata corsa dal palazzo alle mura. Ne aveva altri ottocento di quegli uomini, addestrati e pronti a tutto. Poteva contare anche sulla *halqa* del sultano, composta da duecento uomini scelti, e su ciò che restava della *Jandariyya*, l'altro reparto mamelucco presente ad al-Mansura. Purtroppo quest'ultima formazione era con Fakhr al-Din e, per buona parte, giaceva ora tra le tende. In esecuzione dei suoi ordini, gli *asakir* si stavano dislocando sui tetti delle case o costruivano barricate nei vicoli, cercando anche di fermare e riorganizzare i fuggitivi. Il dedalo di stradine che aveva appena attraversato correndo sarebbe stato il suo migliore alleato. Dopo Allah, ovviamente.

Prima di scendere, lanciò un'ultima occhiata al nemico che avanzava e qualcosa attirò la sua attenzione. Uno dei cavalieri alla testa del manipolo, ormai quasi alla porta della città, indossava una cotta d'armi con fiori gialli. Era quella del re di Francia: non doveva lasciarlo scappare.

✠ ✠ ✠

Roberto d'Artois ringraziò Dio per avergli fatto vincere la guerra. I suoi cavalieri si riversavano come una marea nei vicoli di Mansura attraverso la porta settentrionale, occupata da Humbert de Beaujeu con un pugno di valorosi. Anche i templari li stavano seguendo. Il conte non aveva avuto dubbi al riguardo: Guillaume de Sonnac era solo invidioso della sua vittoria e non avrebbe mai rinunciato a una parte della gloria.

Roberto imboccò la strada centrale, più larga delle altre. Il suo obiettivo era il palazzo del sultano, situato all'estremità meridionale dell'abitato. Lo spazio non era molto e i cavalieri avanzavano al passo, affiancati per tre. All'altezza di una strettoia, si trovarono di fronte una barricata. Carri rovesciati, travi e suppellettili di ogni genere. Era la prima manifestazione di una resistenza organizzata da quando quella mattina era iniziato l'attacco. "Potevate fare di meglio" pensò il conte d'Artois. Alcuni dei suoi smontarono per demolire l'ostacolo.

I primi tre che si avvicinarono alla barricata caddero insieme, trafitti da quadrelle di balestra che perforarono le loro cotte di maglia. Nell'aria risuonò il grido «*Allah u'akbar*» e la colonna di cavalieri fu investita da una pioggia di frecce, sassi e mattoni di fango secco proveniente dai terrazzi. Molti uomini caddero, i cavalli s'imbizzarrirono. Proprio al fianco di Roberto, il conte Érard de

Brienne fu disarcionato, colpito sull'elmo da una grossa pietra; prima che potesse rialzarsi, finì sotto gli zoccoli del destriero, imbizzarritosi a causa di una quadrella di balestra nel collo.

In pochi istanti, la confusione fu totale. Grida, uomini a terra, cavalli che s'impennavano calpestando i caduti. Era impossibile qualunque manovra. I *servientes* tirarono fuori le balestre dalle tasche delle selle e cercarono di rispondere mentre alcuni cavalieri smontarono per sfondare le porte delle case. Quelli che ci riuscirono caddero sulla soglia, trafitti da dardi lanciati dall'interno. Tutte le abitazioni erano state trasformate in piccole fortezze. Alcuni saraceni uscirono in strada: scudi, scimitarre, elmi a punta, insegne blu e oro. Roberto si accorse solo in quel momento che nell'accampamento nemico non aveva visto quei colori. Li stavano attendendo lì, dove i cavalli erano solo un ostacolo. Una maledetta trappola, proprio come aveva detto il templare.

Il conte imprecò e si guardò intorno alla ricerca di una via d'uscita. Poco lontano, sulla destra, si apriva un vicolo. Forse da lì avrebbero potuto aggirare l'ostacolo. Coprendosi con lo scudo, riuscì a girare il cavallo e a infilarsi nello stretto passaggio, seguito da Raoul de Coucy, Humbert de Beaujeu e un pugno di cavalieri.

✠ ✠ ✠

Poco lontano, i templari erano riusciti a raggiungere la piccola piazza davanti alla moschea della Vittoria, la principale della città, non lontana dal Nilo. Anche la loro colonna era stata colpita e aveva subito gravi perdite. Approfittando dello spazio aperto, erano smontati e cercavano di riparare i cavalli al centro. Dalle case sovrastanti, li bersagliavano con dardi e sassi. L'uscita della piazza verso il fiume era chiusa da una barricata che alcuni di loro cercavano di rimuovere, mentre il budello appena percorso era ostruito da cadaveri di uomini e animali.

Il volto di Guillaume de Sonnac era una maschera di sangue. Per avere una visuale migliore, si era tolto l'elmo e un colpo di fionda lo aveva colpito proprio all'occhio sinistro, riducendolo a una poltiglia sanguinolenta. Uno dei suoi confratelli lo aveva bendato alla meglio con un lembo strappato al mantello.

Renaud de Vichiers raggiunse il maestro di corsa. «Guillaume, ci massacrano. Dobbiamo uscire da qui!»

«Lasciamo i cavalli e proviamo a tornare indietro, oppure sfondiamo il portone della moschea e asserragliamoci dentro.»

In quel momento, grida più forti si levarono dalla barricata. Un manipolo di templari guidato dal siniscalco Amaury de Troyes era riuscito ad aprire un varco, ma era stato affrontato dai saraceni. Pochi istanti dopo, altri avversari fecero irruzione nella piazza. Renaud pensò che almeno ora avrebbero potuto guardare il nemico negli occhi. Lasciò il maestro e corse verso il *beauceant* per organizzare il contrattacco.

✠ ✠ ✠

Fourcaut de Merle cadde da cavallo colpito da una quadrella di balestra al volto. Roberto d'Artois maledisse il fatto che molti dei suoi uomini avessero indossato gli elmi aperti e brandì la spada, ma gli avversari erano fuori dalla sua portata, sui tetti delle case che fiancheggiavano il vicolo in cui si erano infilati. «Battetevi da uomini, vigliacchi!» urlò.

Non comprendevano la sua lingua, e gli risposero con un nuovo lancio di dardi e calcinacci che disarcionò altri quattro cavalieri.

Il conte prese allora due decisioni. La prima fu quella di asserragliarsi.

«A terra! Entriamo in questa casa! Sfondate la porta!»

La seconda gli costò molto. Si rivolse a Humbert de Beaujeu. «Torna indietro e avvisa il re. Servono rinforzi. Aspetteremo qui.»

✠ ✠ ✠

Baybars vide sbucare la cavalleria cristiana dall'abitato, proprio di fronte al palazzo del sultano. Al passo, affiancati per due. All'inizio, pensò che si trattasse del grosso dei nemici e che i suoi uomini non fossero riusciti a fermarlo. Poi si accorse che non erano più di cinquanta o sessanta, con uno stendardo rosso. Uno squadrone che aveva trovato vicoli non ancora adeguatamente difesi o che era riuscito a sfondare le barricate.

Proprio in quello spiazzo, i mamelucchi stavano raccogliendo e riarmando gli *asakir* di Fakhr al-Din che si erano rifugiati in città dopo l'attacco. Gli altri, quelli che erano scappati più veloci di fronte agli infedeli, sarebbero stati radunati nei campi a sud della città.

Lo squadrone avversario si era schierato e sostava come interdetto alla vista di quella moltitudine. A Baybars parve di leggere nel pensiero del comandante nemico e mormorò: «Non ti aspettavi di trovarci qui. Ora devi decidere se ritirarti o morire». Gli rispose un grido di guerra. Il cristiano aveva deciso di morire.

✠ ✠ ✠

William Longsword, conte di Salisbury, sapeva benissimo che non avrebbero potuto farcela, in cinquanta contro mille, ma era anche consapevole che nei vicoli dietro di loro era in corso un massacro. La cavalleria francese e i templari venivano sterminati senza quasi potersi difendere. Non ci sarebbero stati prigionieri. Gli inglesi erano riusciti a passare solo grazie agli arcieri a cavallo che avevano tempestato di frecce i tetti delle case, dando modo agli altri di demolire le barricate e ucciderne i difensori. Le perdite erano state comunque gravissime e l'unica speranza di salvezza passava attraverso i nemici che avevano di fronte.

Al segnale di carica, il grido di guerra «*Saint George!*» risuonò per l'ultima volta in quella mattina egiziana. La formazione penetrò nella fanteria saracena come un coltello nella carne, facendola sanguinare. Ma i nemici erano troppi. Gli inglesi furono isolati, disarcionati e uccisi a uno a uno. Il cavallo del conte fu sventrato da un colpo di lancia e stramazzò al suolo. William, stordito e appesantito dalla cotta di maglia, cercò di rialzarsi, ma tre avversari gli furono addosso. Mentre due lo immobilizzavano, il terzo gli infilò la scimitarra nella fessura dell'elmo pesante, da cui zampillò sangue.

Non ci furono superstiti.

✠ ✠ ✠

«Largo, lasciate passare!»

L'*askari* si fece spazio tra la folla di guerrieri vittoriosi che circondava Baybars e lo raggiunse mentre questi raccoglieva da terra lo stendardo rosso con i leoni rampanti degli infedeli. Non ne aveva mai visto uno simile. Sentendo le grida del nuovo venuto, l'emiro lo guardò con rimprovero. Il messaggero sembrava molto agitato e a lui non piacevano le persone che perdevano la calma, soprattutto nel mezzo di una battaglia.

«*Amir*, il re dei franchi è intrappolato in una casa della Medina!»

✠ ✠ ✠

Scendendo perfettamente asciutto con Nicola di Hanapes e alcuni balestrieri francesi dalla chiatta, Yves le Breton colse l'animazione nel gruppo di cavalieri che circondava il re. Luigi e la sua scorta avevano appena raggiunto la seconda schiera sulla sponda meridionale. Dietro la macchia di canne, Carlo d'Angiò non aveva trovato ad attenderlo l'avanguardia, ma solo le orme e lo sterco dei suoi millequattrocento cavalli. Il conte aveva fatto subito avvisare il re e questi, già molto inquieto, si era lanciato in acqua a cavallo, seguito dal portastendardo con la bandiera di Saint Denis. I due domenicani avevano invece utilizzato la prima chiatta utile. La terza schiera, composta da quasi tutta la fanteria dell'esercito, attendeva ancora di attraversare il canale, mentre il contingente degli ospitalieri si avvicinava al guado.

Yves e Nicola raggiunsero il re: pallido, bagnato e scosso da brividi, sembrava molto più piccolo di Carlo, l'ultimo dei suoi fratelli, dodici anni più giovane, massiccio e dal naso prominente.

Il fumo saliva dall'accampamento nemico, da cui rientravano uomini a piedi. Molti incespicavano, come feriti. Ciò confermò i peggiori timori del re, che esclamò: «Non possiamo attendere oltre. Dobbiamo avanzare». E, vedendo Yves, soggiunse: «*Magister*, attendete qui gli ospitalieri e il conte di Poitiers. Dite loro di seguirci subito a Mansura... E benediteci, in nome di Dio».

Il frate tracciò nell'aria una croce in segno di benedizione. Il re e i cavalieri si segnarono. Poi Luigi indossò l'elmo dorato e sguainò la sua spada di acciaio tedesco, sollevandola in alto. Sembrava aver perso improvvisamente tutta la sua fragilità. Risuonò allora forte il grido «*Montjoie!*» e la schiera si avviò verso Mansura.

I due domenicani rimasero soli. Yves seguì con gli occhi lo stendardo di Saint Denis nella nuvola di polvere e notò che erano ancora troppo pochi. Si voltò, la sponda opposta brulicava di cavalieri. Mantelli neri e cavalli dalle gualdrappe rosse. Gli ospitalieri stavano approcciando il guado. Alla loro testa, già semimmerso nell'acqua, poco davanti allo stendardo rosso dalla croce bianca, riconobbe il prevosto Jean de Ronay. Tradizionalmente gli ospitalieri costituivano la retroguardia degli eserciti cristiani, ma ormai era chiaro a tutti che a Mansura, quel giorno, le tradizioni non avevano valore.

✠ ✠ ✠

Mentre la seconda schiera avanzava, dai campi a sinistra apparve un folto gruppo di avversari e il conte d'Angiò lanciò un grido ai cavalieri della scorta reale: «Difendete il re! Gli altri con me! *Montjoie!*».

Quasi tutti lo seguirono incontro al nemico, mentre un cavaliere proveniente da Mansura si avvicinava al galoppo allo stendardo di Saint Denis. Attraverso la fessura dell'elmo, Luigi cercò di capire chi fosse, ma fu Godefroy de Sargines a riconoscerlo per primo.

«È Humbert de Beaujeu.»

Il conestabile di Francia rientrava, lacero e insanguinato, su un cavallo dalla bardatura saracena. Si fermò davanti al re. Non c'era tempo per le spiegazioni. Era fin troppo chiaro ciò che era accaduto.

«Sire, il conte di Artois si sta difendendo in una casa di Mansura e mi ha inviato a cercare rinforzi. Dobbiamo soccorrerlo!»

«Aprite la via, conestabile, io vi seguirò.»

Humbert voltò il cavallo e spronò. Sei cavalieri guidati dal siniscalco Joceran de Brançon scattarono dietro di lui, seguiti dal re e dalla sua piccola scorta. Il movimento non sfuggì tuttavia ad alcuni cavalieri saraceni, che piombarono sul gruppo del sovrano. Humbert e i cavalieri di testa non furono invece attaccati e proseguirono al galoppo. Per evitare un altro nucleo nemico, piegarono verso sinistra, superando un ponticello. Poco dopo, tuttavia, il cavallo del conestabile stramazzò a terra trascinandolo nella polvere. Humbert si rialzò e, zoppicando, cercò di proseguire a piedi. Due cavalieri nemici furono su di lui, ma il siniscalco ne abbattè uno con un colpo di mazza e mise in fuga l'altro. Erano comunque isolati. Non molto lontano da loro, i cavalieri del conte d'Angiò erano impegnati dalla fanteria nemica e sembravano in difficoltà. Joceran si rivolse al conestabile: «Monsignore, il re è rimasto indietro, non possiamo proseguire!».

Humbert cadde in ginocchio e lanciò un grido disperato. La sua corsa verso Mansura era finita.

✠ ✠ ✠

La porta cedette nonostante l'armadio che la bloccava e i due francesi che cercavano di sostenerlo. I saraceni avevano usato una trave come ariete. Un istante dopo, una quadrella di balestra si conficcò nel collo del primo mamelucco che si era infilato dentro. Gli altri lasciarono cadere la trave, sguainarono le scimitarre e fecero irruzione nella stanza gridando: «*Allah u'akbar*». Il conte Raoul de Coucy gettò a sua volta la balestra, estrasse la spada e colpì al volto uno degli avversari, mentre gli altri cavalieri cristiani venivano immobilizzati e sgozzati. Il conte ripiegò allora nel piccolo cortile interno, dove si scontrò con Roberto d'Artois, il quale, insanguinato e a capo scoperto, balzava a terra con la spada in pugno dall'ultimo gradino della scala che conduceva al piano superiore. Proprio in quel momento, uno dei cavalieri rimasti sul terrazzo si sfracellò ai loro piedi. Raoul lo interrogò con gli occhi e Roberto, ansimante, scosse la testa. Erano rimasti soli. I mamelucchi dilagarono nel cortile e si fermarono davanti a loro, balestre pronte.

Silenzio. Poi le guardie del sultano si scostarono per fare largo a una specie di gigante che impugnava una scimitarra. Il loro capo, a giudicare dalla deferenza che gli tributavano. Roberto notò gli occhi chiari, freddi come il ghiaccio. Non poteva essere un egiziano. L'uomo indicò le spade dei francesi e fece loro cenno di buttarle a terra. Roberto e Raoul si scambiarono uno sguardo di intesa.

«Ci vedremo in Paradiso, Raoul. Ma prima dobbiamo mandare lui all'Inferno.»

L'altro gridò: «*Montjoie!*».

I due balzarono insieme verso il comandante nemico che rimase immobile, la lama abbassata e un'espressione delusa. Non lo raggiunsero. Un nugolo di dardi di balestra li trafisse.

5

Amaury de Troyes

Mansura, 8 febbraio 1250

Alcuni saraceni armati di scimitarre si incunearono nella mischia puntando decisi verso il re. Avevano riconosciuto in quel cavaliere dall'elmo dorato, circondato da trombe e timpani, il comandante nemico. Gli uomini della scorta reale cercarono di fermarli e ne uccisero alcuni, ma tre di loro riuscirono a raggiungere Luigi e uno afferrò il morso del suo cavallo, iniziando a trascinarlo. Un colpo della spada di acciaio tedesco si abbatté tuttavia sul suo collo. Un altro aggressore fu travolto dal cavallo del conte di Courtenay e il terzo fu ucciso da un colpo di mazza del barone di Seignelay, accorsi in aiuto del sovrano. Luigi rivolse un cenno di ringraziamento ai due cavalieri e si guardò intorno. La situazione era difficile e il numero dei nemici aumentava. Anche sul ponticello del canale d'irrigazione era in corso un duro scontro. Joceran de Brançon e un pugno di uomini lo tenevano aperto per i cavalieri in ritirata.

Il caldo iniziava a farsi sentire e tutti erano esausti. Molti francesi si erano gettati nel canale per raggiungere a nuoto l'accampamento cristiano, ma solo in pochi ce l'avevano fatta e il corso d'acqua era coperto di cadaveri, scudi, carcasse di cavalli e uomini che annaspavano.

Luigi guardò verso il guado e ciò che vide lo indusse a mormorare: «Signore, ti ringrazio».

Gli ospitalieri si avvicinavano e dietro di loro si scorgeva anche la schiera del conte di Poitiers. Non era stato il solo a vederli. I suoi uomini rinnovarono gli sforzi e i saraceni iniziarono a ripiegare su Mansura. Il nemico non intendeva rischiare lo scontro in campo aperto con l'esercito cristiano.

✠ ✠ ✠

Renaud de Vichiers era l'ultimo della fila. Si voltò indietro cercando altri confratelli, ma non vide alcun mantello bianco. Il contingente templare, ormai appiedato, si era aperto la strada combattendo per i vicoli insanguinati. Aveva espugnato la porta settentrionale, dopo un selvaggio corpo a corpo con i mamelucchi che l'avevano rioccupata. I templari erano quindi sbucati nella piana e si erano trovati nel mezzo dello scontro tra i saraceni e il conte di Angiò. Ne era seguito un altro combattimento che aveva ulteriormente assottigliato il loro numero, fino a quando non erano riusciti a raggiungere uno squadrone di ospitalieri. Era la Regola dell'Ordine: qualora il *beauceant* non fosse stato più visibile nella battaglia, il templare doveva dirigersi verso la bandiera dell'Ospedale.

Gli ospitalieri li avevano soccorsi, prendendosi cura in particolare di Guillaume de Sonnac, che si era battuto con un occhio solo, e di Amaury de Troyes, che perdeva molto sangue dalla mano, quasi mozzata da un colpo di scimitarra e fasciata in modo sommario. I due furono issati con fatica sui cavalli e avviati verso il guado, in cerca di un medico che potesse occuparsi di loro.

Soltanto allora Renaud si rese conto che erano rimasti in cinque. Cinque, di duecentonovanta.

✠ ✠ ✠

Jean de Ronay, prevosto degli Ospitalieri, scese da cavallo e baciò la mano del re coperta da un guanto di camoscio. Luigi chiese subito ciò che gli stava più a cuore: «*Magister*, cosa sapete di mio fratello?».

«Sire, purtroppo sono certo che vostro fratello sia ormai in

Paradiso. Siatene comunque confortato, perché mai re di Francia ebbe un così grande onore come quello che voi avete avuto oggi. Per combattere i vostri nemici avete passato un fiume a nuoto, li avete sconfitti e avete conquistato le catapulte e le loro tende, dove dormirete questa notte.»

Luigi sentì un groppo alla gola.

«Adoro Dio per tutto quello che mi ha donato.»

Non riuscì a proseguire. Le lacrime iniziarono a riempirgli gli occhi e a solcargli il volto.

✠ ✠ ✠

«Il papa, voglio parlare con il papa.»

Il templare dalla barba bianca delirava, pallido e coperto di sangue. Era stato adagiato a terra sotto uno dei tendoni eretti nei pressi del guado, tra i tanti feriti di quel giorno. Per ora, gli unici ripari possibili erano quelli dal sole e dalla sete, con l'acqua prelevata nel canale, dove cadaveri e carcasse di cavalli galleggiavano sempre più numerosi. Non c'erano medici, ma solo alcuni frati francescani e domenicani che cercavano di fornire il conforto della preghiera ai moribondi. Le grida strazianti si mescolavano così ai salmi e l'odore dolciastro del sangue riempiva l'aria.

«*Pax tecum, fratre.*»

«Santità, siete voi... Sia resa lode al Signore... Vedo il Paradiso, è bellissimo, ma è lontano... Devo raggiungerlo e non riesco a muovermi... Ho molto peccato, Santità... La superbia dell'Ordine... ha osato sfidare Dio.»

«Cerca di stare tranquillo, fratello, libera pure il tuo cuore e ci arriverai. Io sono qui, vicino a te, con tutta la forza di Dio.»

«Il sigillo di Satana... sta per essere rimosso... La spia di Babilonia... Scecedin... Hugues lo ha ucciso e lo ha preso... Assolvetemi.»

«Che cosa ha preso?»

«Non vedo più nulla... La bestia che sale dall'abisso è tra noi... Gerusalemme... Assolvetemi...»

«Che cosa ha preso? In nome di Dio?... Dimmelo, maledizione!»

Yves le Breton scosse con forza il corpo di Amaury de Troyes. Inutile, era morto. Alzò la testa e guardò verso la piana, dove ormai si intravedevano solo bandiere cristiane. Gli sembrò improvvisamente tutto scuro ed ebbe un capogiro. Un brivido gli attraversò la schiena nonostante il caldo.

«*Magister*, vi sentite bene?»

Nicola, inginocchiato poco distante a confortare un altro moribondo, si era avvicinato avendo sentito il maestro alzare la voce.

«No. Non credo...»

✠ ✠ ✠

Il sole stava tramontando e la battaglia era cessata. I saraceni si erano asserragliati dentro le mura di Mansura e l'esercito cristiano era rimasto padrone di una pianura piena di morte.

Il re aveva appena ascoltato il resoconto dell'anziano Mauclerc, duca di Bretagna. Tra i pochi scampati dell'avanguardia, era rientrato senza la spada e con una ferita di scimitarra sul volto dalla quale usciva ancora sangue. Non era stato in grado di raccontare la fine di Roberto, ma era sicuro che fosse morto. Era stato tra gli ultimi a uscire da quei vicoli maledetti, e dietro di lui aveva visto solo infedeli.

Luigi aveva annuito senza dire nulla, congedandolo con un gesto. Poi si era diretto verso la macchia di canne sulla sponda del canale, da solo; non voleva che i suoi uomini lo vedessero ancora piangere. A rispettosa distanza, Yves lo osservava. Inutile nasconderselo: il re era riuscito ad attraversare il canale e a occupare l'accampamento egiziano, ma l'esercito nemico non era stato annientato e le terribili perdite subite quel giorno dalla cavalleria potevano rappresentare l'inizio della fine della *expeditio crucis*. Luigi sembrava inoltre stroncato dalla morte del fratello, considerato da tutti l'artefice del disastro, anche se nessuno osava dirlo.

L'inquisitore era tuttavia convinto che il turbamento del sovrano non fosse dovuto soltanto a quella dolorosa perdita, ma anche alla consapevolezza di essere proprio lui il vero responsabile di ciò che era accaduto. Aveva affidato a Roberto l'avanguardia, ben conoscendone il carattere impulsivo e confidando troppo nella presenza al suo fianco del maestro del Tempio, che invece non era riuscito a frenarlo e si era fatto trascinare in una sconfitta senza precedenti.

Il sovrano gli fece cenno di avvicinarsi e il frate lo raggiunse. Luigi aveva gli occhi lucidi.

«Dove ho peccato, *magister*? Perché Dio ha consentito tutto questo? Mio fratello e centinaia di devoti cavalieri sono morti sotto i colpi degli infedeli. Eppure siamo qui per liberare Gerusalemme. Perché Dio non ci ha consentito di schiacciare i suoi nemici una volta per tutte? È una prova alla quale vuole sottopormi perché non ho abbastanza fede? Oppure sono stato punito perché non ero in prima fila imbracciando la croce? Non lo capisco e sono smarrito, *magister*. Dio non può aver voluto il male...»

«Sire, in questo momento vostro fratello e i suoi prodi cavalieri hanno già raggiunto la Gerusalemme celeste. Dio oggi li ha voluti al suo fianco. Come diceva sant'Agostino, il male non esiste, tutto fa parte del disegno benefico di Dio che talvolta può apparirci incomprensibile, ma che si svelerà infine ai nostri occhi ciechi. Anche Nostro Signore ha sofferto sulla croce, ma poi è risorto... Per risorgere bisogna morire. È questa la nostra fede e la nostra forza.»

L'inquisitore fissò il re e proseguì: «"Vidi la bestia e i re della terra e i loro eserciti raccolti insieme per dare battaglia a chi cavalcava il destriero e al suo esercito... Alla fine la bestia e i suoi seguaci furono gettati vivi nell'abisso di fuoco, dove brucia lo zolfo e i rimanenti furono uccisi con la spada."[1] La nostra battaglia è solo un riflesso di quella, sire. "Ora vediamo le cose attraverso uno specchio, per enigmi, ma un giorno le vedremo dal vivo."[2] Dobbiamo essere forti e affrontare le prove alle quali il Signore ci sottopone per temprare le nostre anime».

«Avete ragione, *magister*. Come sempre... E io ho peccato. Per un momento non ho considerato che tutto quanto ci accade è solo la volontà di Dio e che sarà lui a farci trionfare. La mia anima ha ancora bisogno di essere temprata... Vi ringrazio.»

Yves chinò la testa in segno di ringraziamento. Il re soggiunse:

«Sapete, mentre parlavate mi avete ricordato *magister* Mathieu. Ho avvertito in voi la stessa forza del vostro maestro».

«Egli è ora con il conte di Artois, sire. Ci guardano dall'alto e benedicono la vostra impresa.»

Luigi alzò la testa verso il cielo che diventava scuro, come cercando il fratello tra le stelle. Yves, intanto, si chiedeva quello che avrebbe fatto il suo maestro, se avesse sentito le ultime parole del siniscalco del Tempio. Immaginò la bestia dell'Apocalisse che saliva dall'abisso e si rispose che non avrebbe perso tempo.

«Sire, c'è un'altra questione di cui vorrei parlarvi. Da informazioni che ho raccolto, Scecedin potrebbe essere stato ucciso questa mattina dai templari. Nell'accampamento nemico dovrebbe esserci il suo padiglione, ricorderete, quello con la bandiera dell'imperatore di cui parlavano le nostre spie. Sarebbe utile perquisirlo subito, prima che i beduini lo saccheggino. Potrei andare io.»

Il re distolse gli occhi dal firmamento e lo guardò come stranito. Il frate lo stava riportando sulla terra.

«Sì... Avete ragione, *magister*. Il padiglione di Scecedin... Non possiamo aspettare domani. Ma può essere pericoloso. Vi accompagneranno Sargines e Seignelay. Oggi sono già morte troppe persone a me care.»

6

Il padiglione di Fakhr al-Din

Mansura, notte tra l'8 e il 9 febbraio 1250

La luna era appena uno spicchio nel cielo stellato. Tra ciò che restava dell'accampamento egiziano, qualcuno sembrava muoversi furtivo, dileguandosi al bagliore incerto della piccola lucerna impugnata da Godefroy de Sargines. Beduini intenti al saccheggio o sciacalli. Il re aveva ordinato che fossero presidiate solo le catapulte abbandonate dal nemico nei pressi del canale e che fossero infissi a terra dei lunghi pali di legno per impedire attacchi della cavalleria saracena. Non aveva abbastanza uomini per occupare e controllare la distesa abbandonata di tende, ma il giorno dopo sarebbe iniziata la costruzione di un ponte di chiatte per collegare le due sponde e consentire il trasferimento dell'esercito e delle macchine d'assedio. Dopo il colloquio con il domenicano, era determinato a prendere Mansura e a vendicare suo fratello.

Dietro Sargines, Yves e Nicola, intralciati dalle tonache, procedevano con difficoltà tra cadaveri e rottami. Li seguivano in silenzio il barone de Seignelay, il più alto e muscoloso tra i cavalieri del re, e sei *servientes*.

L'inquisitore aggirò il corpo di un saraceno con la testa fracassata, poi quello di un ragazzino finito sotto gli zoccoli di un cavallo. Senza fermarsi, descrisse velocemente nell'aria una croce per benedire il secondo. Nicola, intanto, continuava a pregare sottovoce, come faceva da quando avevano lasciato l'accampamento cristiano. Il giovane non aveva osato discutere gli ordini del *magi-*

ster, ma quell'incursione notturna nell'accampamento disseminato di morti non gli era sembrata una buona idea. Oltretutto, anche se non avevano acceso torce, la fiamma della lucerna poteva essere notata dalle mura di Mansura, attirando su di loro la curiosità, e le scimitarre, degli infedeli. Lo aveva fatto presente al *magister*, ma questi gli aveva seraficamente risposto che non c'era abbastanza luna e che non potevano procedere al buio a causa degli ostacoli sul terreno. Avrebbero dovuto correre qualche rischio e pregare che la fiammella non venisse notata o fosse attribuita a qualche beduino. Da quel momento, Nicola non aveva smesso di recitare i salmi.

Un sussurro di Sargines ruppe il silenzio, mentre il cavaliere sguainava lentamente la spada: «Eccolo, ma c'è qualcuno».

I resti del padiglione erano davanti a loro. Un grande relitto sventrato, circondato da alcuni cadaveri. Da dentro filtrava un bagliore. Una lucerna, che si spense subito. Li avevano sentiti. O forse li avevano addirittura visti.

Anche gli altri francesi sguainarono le spade. Sargines posò a terra la lucerna e fece cenno di circondare la tenda. Seignelay e due *servientes* andarono verso destra, altri due verso sinistra.

Yves parlò in arabo: «Uscite, non vogliamo farvi del male».

Silenzio. Poi due figure scure balzarono fuori da uno squarcio e corsero veloci verso di loro gridando: «*Allah u'akbar!*».

Elmi a punta e scimitarre: mamelucchi che puntarono dritti sui frati. In un attimo, Yves se ne vide uno addosso, la barba scura, lo sguardo torvo. L'inquisitore alzò istintivamente il braccio per proteggersi dal fendente di scimitarra in arrivo, ma la lama saracena incontrò l'acciaio della spada di Sargines, che parò il colpo e si rovesciò in un unico movimento sulla testa dell'assalitore, staccandola quasi dal busto in un getto di sangue. Contemporaneamente, l'altro mamelucco cadeva ai piedi di Nicola con il cranio fracassato dalla mazza di ferro di un servente. Il tutto era durato appena qualche istante. Ma non era finita. Dietro il padiglione, sulla destra, qualcuno stava lottando. Cozzare di lame, grida soffocate, passi di corsa, e infine silenzio.

Accorsero, ma trovarono solo Seignelay e i due *servientes* a terra. Sargines si inginocchiò vicino al barone, che emise un grugnito: «Prendete quel bastardo...». Aveva la faccia coperta da un liquido scuro, ma non sembrava ferito gravemente. Solo una botta sul naso, da cui sgorgava sangue. Ai due *servientes* era andata molto peggio. Rantolavano, entrambi con la gola squarciata da fendenti di scimitarra talmente violenti da aver lacerato le cotte di maglia.

Tra le sagome nere delle tende non si vedeva nessuno. Sargines aiutò Seignelay a rialzarsi.

«Era uno solo?»

«Sì, un mamelucco... una specie di gigante... veloce e addestrato. Non ne avevo mai incontrato uno così. L'ho colpito a un fianco, ma non gli ho fatto niente. Forse aveva una corazza.»

Yves intervenne: «O una borsa di cuoio, da cui è caduto qualcosa».

Il frate si curvò a raccogliere un foglio stropicciato e alcuni piccoli oggetti metallici sparpagliati a terra.

«Ci serve la lucerna.»

Uno dei *servientes* corse a prenderla. Gli altri si disposero a difesa, spade in pugno, mentre Nicola si inginocchiò a pregare accanto ai due moribondi.

Sargines guardò preoccupato in direzione delle mura di Mansura e si rivolse a Yves, che nell'oscurità cercava di capire che cosa aveva raccolto: «*Magister*, non abbiamo molto tempo. Quel tizio potrebbe tornare con altri turchi».

«Lo so, monsignore, cercheremo di fare presto, anche perché qualcosa mi dice che nel padiglione di Scecedin non c'è più nulla di utile. Vorrei comunque dare un'occhiata. Quanto tempo abbiamo?»

«Il tempo che il nostro uomo arrivi a Mansura e raccolga un gruppo di amici, sperando che non li trovi a cavallo.»

«Ho capito. Solo una visita veloce.»

Intanto il servente con la lucerna li aveva raggiunti e la fiammella illuminò gli oggetti: due monete d'oro sconosciute e un foglio di papiro con caratteri arabi. Solo Yves era in grado di capire il significato di quei piccoli segni. Sembrava una lettera. Lesse il nome del destinatario e l'arrotolò velocemente, riponendola con cura nella tasca della tonaca insieme alle monete. Poi prese la lucerna e ispezionò il suolo intriso del sangue dei *servientes*. Erano morti entrambi. Nicola si era nel frattempo alzato. L'inquisitore raccolse un'altra moneta d'oro. Guardò ancora in basso, curvandosi e smuovendo la terra con il piede. Non c'era altro, solo i corpi senza vita. Si voltò verso Sargines, che cercava di tamponare il naso di Seignelay infilandogli nelle narici un pezzetto di stoffa.

«Spostateli.»

«Non possiamo portarli con noi, *magister*, torneremo domani a prenderli.»

«Non ho detto di portarli via, solo di spostarli per vedere sotto.»

Il cavaliere lo guardò perplesso, come se fosse una perdita di tempo, ma l'inquisitore sostenne il suo sguardo e ripeté con decisione: «Bisogna spostarli».

Sargines annuì e si rivolse ai *servientes*: «Fate come chiede il *magister*».

Quando il suo ordine fu eseguito, Yves illuminò il terreno e, in un punto non intriso dal sangue, raccolse un piccolo oggetto rettangolare di metallo scuro, una vecchia fibula in bronzo. La sfregò sul saio per ripulirla dalla polvere. Vi erano incise l'immagine di quello che sembrava un quadrupede, un toro probabilmente, e alcune lettere dell'alfabeto latino, gli parvero IECVI. Ripose anche quella nella tasca della tonaca. Restava da controllare il padiglione.

«Entriamo.»

Sargines lanciò ancora un'occhiata verso Mansura.

«Vi accompagno. Voi restate qui. Avvisateci al minimo movimento.»

Yves si era già avviato con la lucerna verso il varco da cui era uscito il mamelucco che aveva abbattuto Seignelay con un colpo solo.

La tenda era stata devastata da almeno due saccheggi. Prima i cristiani, poi i mamelucchi. La branda del generalissimo era stata rovesciata e il paglericcio sparso a terra, due grossi bauli pieni di suppellettili e di vestiti erano stati ribaltati e svuotati, i tappeti che coprivano il terreno erano stati sollevati e accantonati per cercare eventuali buche che potessero nascondere qualcosa. Le armi, la cotta di maglia e l'elmo a punta dell'emiro erano invece ancora al loro posto. Il cavaliere indicò un pesante forziere colmo di *dirhams** rovesciato, il contenuto sparso a terra e osservò: «Qualunque cosa stessero cercando, non erano i soldi».

Yves annuì.

«Già. Cercavano altro, altrimenti per recuperare un forziere così pesante non sarebbero venuti solo in tre e a piedi.»

«Strano che anche i nostri questa mattina non lo abbiano svuotato. Forse non lo hanno visto o la prosecuzione dell'attacco verso Mansura glielo ha impedito.»

«Oppure anche i nostri cercavano altro.»

«Come, *magister*? Non capisco.»

«Nemmeno io, monsignore, nemmeno io. Comunque qui non c'è più nulla che possa interessarci. Possiamo andare.»

✠ ✠ ✠

Nell'accampamento cristiano, i frati si separarono dalla scorta ed entrarono nella piccola tenda allestita per loro, poco lontana da quella del sovrano. All'interno c'erano solo due paglericci, un tappeto saraceno, un secchio e una lucerna a olio già accesa dai servi del re. I loro bauli erano rimasti sull'altra sponda del canale. Nicola crollò esausto su un giaciglio, ma vedendo il maestro prendere la lucerna, sedersi sul tappeto e tirare fuori dalla tonaca gli oggetti raccolti, si alzò e si sedette di fronte a lui.

L'inquisitore iniziò dal foglio di papiro con le scritte in arabo. Lo dispiegò e cominciò a leggere. Nicola restò in silenzio. Dopo un po', il giovane si stese su un fianco e si addormentò, iniziando a russare leggermente. Yves sollevò la testa e nonostante l'orrore di quella giornata le labbra gli si piegarono in un accenno di sorriso.

Una lettera, o meglio, la minuta di una lettera inviata da Fakhr al-Din all'imperatore Federico per conto del sultano. Dopo i lunghi convenevoli di rito e il ringraziamento per le «preziose informazioni ricevute», il generalissimo scriveva: «Il mio signore è venuto in possesso di un documento di straordinaria importanza per la Cristianità e l'Islam rinvenuto ad al-Quds. Il mio signore ti prega quindi di inviare al più presto una persona di tua fiducia». Il testo recava una correzione: «persona di tua fiducia» era cancellato con un segno e al suo posto c'era scritto «ser Berto». Mancava la data. Quando era stata scritta il sultano era ancora vivo, quindi risaliva ad almeno tre mesi prima, forse di più. «Ser Berto» poteva essere già a Mansura.

Esaminò le tre piccole monete d'oro. Recavano tutte su un lato lo stesso volto di profilo, un uomo dal collo taurino, il mento sporgente e gli occhi incavati, con una ghirlanda sulla testa; sui bordi era scritto: NERO CAES AUG IMP. Il retro variava: su due monete vi era una figura femminile dalla lunga veste, sulla terza un portone con rinforzi orizzontali. Lesse la scritta solo su una, PONTIF MAX TR P VIIII COS IIII PP EX SC. Le monete sembravano appena coniate, anche se avevano più di mille anni.

Nerone. A Yves tornarono in mente le letture di Orosio e di Gregorio di Tours nel convento di San Giacomo. Sotto i suoi occhi c'era il volto del pazzo debosciato che aveva martirizzato san Pietro di croce e san Paolo di spada. Il primo persecutore dei cristiani. Appoggiò sul tappeto le monete e prese la fibula. Era molto vecchia, in bronzo, ma era stata ripulita con cura. La scritta poteva anche essere LECVI o LEGVI. *Legio sexta*. Sesta legione.

Yves avvertì un peso alla bocca dello stomaco. Doveva respirare. Si alzò in piedi e uscì, lanciando uno sguardo a Nicola addormentato. Intorno a un fuoco, alcuni uomini della scorta reale si alzarono vedendo l'inquisitore. Yves fece loro segno di restare seduti e si fece avvolgere dal freddo che precedeva l'alba. Verso oriente, il cielo iniziava a schiarirsi. Doveva mettere in ordine i pochi tasselli che il Signore aveva voluto offrirgli e cercare di indovinare la figura del mosaico, come diceva il suo maestro. Il fatto che avessero trovato tre guardie del sultano nel padiglione di Fakhr al-Din e che due di loro si fossero fatte uccidere per consentire alla terza di scappare non poteva essere una coincidenza rispetto al delirio di Amaury de Troyes. Il documento di cui Fakhr al-Din aveva scritto all'imperatore aveva un legame con le monete e la fibula, risalenti all'epoca di Nerone o a una non di molto successiva. Un documento romano sulla Cristianità e l'Islam? No, non poteva essere, l'Islam era arrivato secoli dopo Roma. Eppure, secondo la lettera esisteva ed era stato rinvenuto ad al-Quds.

Gerusalemme, il Luogo di tutti i luoghi, dove tutto si era compiuto.

I templari dovevano comunque saperne molto di più. Risentì nella sua mente le parole di Amaury: la superbia dell'Ordine ha osato sfidare Dio... la spia di Babilonia... Scecedin... Hugues lo ha ucciso e lo ha preso... la bestia che sale dall'abisso... Gerusalemme.

Erano tornati in pochi da Mansura, ma Guillaume de Sonnac si era salvato. Rivolse la sua preghiera a padre Mathieu in cielo e, come sempre, gli chiese di fornirgli una guida.

I

Il tribuno

Rhandeia, ottavo giorno prima delle Idi di marzo, anno del consolato di Gaio Lecanio e di Marco Licinio, ottocentodiciassettesimo dalla fondazione di Roma (8 marzo 64 d.C.)

Non c'erano nuvole in cielo, ma la pianura era sferzata da un vento gelido che arrivava dal nord, dove le montagne armene erano ancora bianche di neve.

Gneo Domizio Corbulone, comandante delle legioni d'oriente, si mise sulle spalle il mantello di pelle di lupo che copriva la lorica* e pensò che neppure nelle selve germaniche aveva sentito tanto freddo o forse, allora, era solo più giovane.

I due eserciti erano schierati l'uno di fronte all'altro. Da un lato, quattro legioni romane, la terza, la quinta, la sesta e la quindicesima, con truppe ausiliarie provenienti dall'Illirico e dai regni alleati di Sofene, Commagene e Osroene. Sui fianchi, le ali della cavalleria alleata. In tutto, oltre venticinquemila uomini. Al centro, proprio dietro Corbulone e i legati delle legioni, risplendevano al sole mattutino le quattro aquile d'oro, le insegne e le statue degli dei, allineate come nel tempio di Marte Ultore a Roma.

Dall'altro lato della pianura, nei pressi del fiume Arsania, si stendeva la lunga linea della cavalleria partica divisa per squadroni, i catafratti coperti di ferro, gli arcieri, gli armeni e gli adiabeni. Erano gli stessi guerrieri che nell'autunno di due anni prima, proprio in quel luogo, avevano costretto a un'ignominiosa ritirata il legato Lucio Cesennio Peto con la quarta e la dodicesima legione, dopo un assedio che stava per trasformarsi in un massacro.

Tra i due schieramenti era stata eretta una tribuna di legno con la sedia curule in avorio del legato, sulla quale era stato collocato un busto bronzeo di Nerone. Poco lontano, alcuni armeni tenevano fermo un grosso toro, steso a terra con le zampe legate.

A un segnale, le file dei parti si aprirono per lasciare passare un catafratto in sella a un magnifico stallone nero. Il re di Armenia Tiridate, fratello del re dei re partico Vologese, avanzò al passo sotto gli occhi dei due eserciti più potenti del mondo. Si fermò nei pressi del toro e scese agilmente da cavallo nonostante la pesante armatura. Gli uomini lasciarono di colpo l'animale, che cercò disperatamente di rialzarsi, come consapevole della sorte che lo attendeva. Tiridate sguainò una spada sottile e affilata, più lunga della tradizionale acinace, si avvicinò alla bestia e gliela immerse nel petto, spaccandole il cuore. Poi sollevò in alto l'arma grondante sangue e la ripose con studiata lentezza nel fodero. Si avvicinò quindi alla tribuna, salì i quattro gradini di legno, si tolse il diadema e lo depose ai piedi della statua di Cesare.

Nelle file romane il silenzio era rotto solo dal vento. Corbulone chiuse gli occhi e fece un lungo respiro. Era finita.

La sua strategia si era rivelata vincente. Aveva preparato con cura l'invasione dell'Armenia per vendicare la sconfitta di Peto, raccogliendo forze da tutto l'Impero. A tal fine, gli era stata conferita da Nerone la *potestas proconsulare* e il comando supremo in Oriente. Le operazioni erano iniziate in inverno, con la distruzione di alcune posizioni nemiche sul confine. Nello stesso tempo, tuttavia, aveva inviato dei centurioni a Tiridate e a Vologese, proponendo la pace in cambio della sottomissione dell'Armenia.

Più che il contenuto dei messaggi, ciò che aveva indotto i parti ad accettare tali proposte erano stati l'imponenza dello schieramento romano e il prestigio di chi le inviava. Tutto il contrario di quel Peto, che si era arreso pur potendo ancora resistere e che a Roma era stato oggetto dello scherno di Nerone. L'imperatore aveva dichiarato di perdonarlo subito per evitare che, spaventato com'era, si ammalasse a causa della paura di una punizione.

Corbulone, ormai vicino ai sessant'anni, quasi tutti passati in guerra, era consapevole di essere considerato il migliore anche dai suoi nemici. Amava ostentare l'inflessibile rigore degli antichi generali della Repubblica, anche se apparteneva a una famiglia solo di recente assurta al rango senatorio e che aveva scalato i gradini del potere grazie soprattutto all'abilità nell'organizzare matrimoni di sua madre, Vestilia. Così il giovane Domizio aveva sposato la figlia del potente senatore Cassio Longino e sua sorella, Milonia Cesonia, era stata addirittura la moglie dell'imperatore Gaio Cesare, detto Caligola, condividendone la tragica sorte. Era stata trucidata dai pretoriani con il marito e la figlioletta nel giorno in cui, più o meno fortuitamente, era asceso al potere lo zio dell'imperatore ucciso, Claudio. Durante il principato di quest'ultimo e del suo successore Nerone, figlio di una sorella di Caligola, la stella di Corbulone non aveva mai smesso di brillare. Alla testa delle legioni della Germania Inferiore aveva dato sicurezza alla frontiera, punendo severamente i cauci per le loro incursioni in Gallia. Infine, sei anni prima, era stato destinato al fronte più difficile, quello orientale, dove l'Impero partico era rimasto l'unica potenza al mondo a sfidare Roma.

Ora la sua missione stava per concludersi.

Una tregua al confine della Siria era stata concessa dai parti, mentre Tiridate gli aveva chiesto un incontro, proponendo come luogo la città di Rhandeia, dove le legioni di Peto erano state assediate, a monito delle possibili conseguenze di una nuova invasione. Corbulone aveva accettato senza esitazioni, proprio per segnalare la radicale differenza con il passato. Due coorti erano state quindi inviate in esplorazione con l'ordine di cancellare tutte le tracce di quella infausta battaglia, resti dei caduti compresi.

Il giorno stabilito, con soli venti cavalieri di scorta per ciascuno, Corbulone e Tiridate si erano incontrati. Il parto era smontato da cavallo per primo, subito seguito dall'anziano generale e i due si erano stretti il braccio. Era la prima volta che ciò avveniva tra un arsacide e un condottiero romano.

Le condizioni della pace erano semplici: Roma avrebbe accettato la sovranità di Tiridate sull'Armenia e il re si sarebbe sottomesso a Cesare. In sostanza, l'Armenia restava ai parti, ma questi si sottomettevano formalmente a Roma. Tiridate avrebbe dovuto riconoscere la sovranità dell'imperatore dapprima di fronte ai due eserciti schierati a Rhandeia, poi direttamente a Roma.

Il sovrano di Armenia, d'accordo con il fratello, aveva accettato, chiedendo tuttavia un anno per organizzare il viaggio. Nel frattempo, avrebbe inviato a Roma un ostaggio.

Sua figlia, Anahita.

✠ ✠ ✠

Quella sera, al termine del banchetto, Corbulone e Tiridate rimasero soli nella tenda pretoria al centro dell'accampamento romano, seduti l'uno di fronte all'altro nella luce tremolante delle lampade a olio. Entrambi avevano avuto cura di non toccare il vino che era scorso a fiumi. Dovevano restare lucidi. Il greco, lingua franca dell'ecumene orientale, rendeva inutili gli interpreti. Fu Tiridate a toccare l'argomento Roma: «Egemone, verrai anche tu da Cesare?».

Corbulone notò che il parto lo chiamava egemone, comandante. Un segno di rispetto e deferenza da parte di un re, forse persino di fiducia.

«No, io resterò qui con le legioni.»

Il messaggio era chiaro: se i parti avessero voluto giocare qualche brutto tiro alle province orientali approfittando del viaggio di Tiridate, avrebbero trovato pane per i loro denti.

«E Anahita, quando la invierai a Roma?»

«Nei prossimi giorni partirà per il porto di Augusta,* dove la attende la mia liburna. Nel giro di un paio di mesi dovrebbe essere a Roma, mare permettendo» rispose Corbulone.

«Chi hai scelto per vegliare su di lei?»

«Due uomini di mia assoluta fiducia. Il primo è Gaio Sallustio Crispo, un tribuno di nobile famiglia, nipote di Ummidio Quadrato.»

Tiridate aveva conosciuto Ummidio, morto da quattro anni, governatore della Siria prima di Corbulone.

«Quindi è un ragazzo.»

Corbulone colse la preoccupazione che si annidava in quelle parole. Il suo interlocutore sarebbe stato rassicurato dal sapere che il giovane conosceva personalmente l'imperatore? Il nonno era stato Gaio Sallustio Passieno Crispo, uno degli uomini più ricchi dell'Urbe, secondo marito di Agrippina, la madre di Nerone. Decise di non parlarne. Il discorso avrebbe rischiato di complicarsi.

«Non è un ragazzo. Ha ventisei anni ed è in Siria da quando ne aveva sedici. L'altro è un centurione primipilo che conosci bene anche tu, Marco Casperio.»

L'arsacide apparve sollevato. Il nome del centurione era famoso in tutta l'Armenia. Aveva difeso con un pugno di uomini la fortezza di Gornea, capitolata non appena si era allontanato da solo attraverso le linee nemiche per chiedere aiuto, ed era stato spesso utilizzato da Corbulone come messaggero presso i parti. La sua scelta confermava che l'egemone aveva deciso di affidare Anahita ai suoi uomini migliori. Il legato continuò: «Resteranno con tua figlia e ti aspetteranno a Roma. Sarà ospite di Cesare. Vedrai, la città le piacerà e piacerà anche a te».

Ospite di Cesare. Il re di Armenia non sembrava ancora rassicurato.

«Com'è Nerone? È anche lui un uomo valoroso come te?»

Una domanda apparentemente ingenua, che tuttavia imbarazzò il romano. Le spie partiche a Roma dovevano essere bene informate sul carattere eccentrico del signore del mondo, e forse non solo su quello. Non mancavano infatti senatori segretamente insofferenti al principe citaredo e che ritenevano invece lui, Corbulone, *capax imperii*, cioè in grado di ascendere al sommo potere, rimproverandogli solo la fedeltà a Nerone. Il legato era infastidito e preoccupato da ciò: sapeva bene che a causa della *novitas* della sua famiglia, estranea al patriziato da secoli padrone dell'Urbe, non aveva alcuna possibilità di diventare imperatore, se non attraverso una devastante guerra civile. Sapeva anche che nella tragica stagione delle lotte fratricide le legioni d'oriente non avevano mai prevalso su quelle d'occidente. Se comunque fossero arrivate alle orecchie di Nerone voci di una sua disaffezione, per lui sarebbe stata la fine. Nessuno, nemmeno Augusto, avrebbe potuto permettersi di lasciare otto legioni, un terzo dell'esercito imperiale, nelle mani di un legato dalla fede incerta e Nerone non era certo Augusto. La fedeltà assoluta era pertanto una sua precisa scelta di vita. La risposta fu attenta: «Cesare è un uomo molto intelligente, che discende da una famiglia nobilissima. Tra i suoi avi ci sono grandi condottieri, come Marco Antonio».

Il riferimento al triumviro, da cui Nerone discendeva attraverso Antonia maggiore, madre di suo nonno Germanico, non era casuale. Lo sfortunato generale di Cesare e rivale di Ottaviano aveva invaso la Parthia quasi un secolo prima alla testa di ben dieci legioni. Era stato respinto solo grazie alla distruzione delle macchine d'assedio lasciate nelle retrovie, ma non era stato sconfitto in campo aperto. Mai nessun romano era riuscito a penetrare così in profondità nel regno arsacide e i parti non lo avevano dimenticato.

Tiridate sembrò comprendere. Lo fissò serio negli occhi.

«Cesare ha in te un buon servitore, egemone, ma bada a mia figlia...»

Al largo delle coste del Peloponneso, un mese dopo

La liburna si impennò sull'onda e ripiombò in basso facendo scricchiolare il fasciame tra le grida dei rematori sottocoperta. Aggrappato a una cima e zuppo di acqua, Gaio Sallustio Crispo pensò che quella botta fosse stata più forte delle altre e guardò preoccupato il comandante della nave. L'uomo era tuttavia tranquillo, come un domatore di cavalli alle prese con un puledro riottoso. Accorgendosi di essere osservato, gli sorrise e lo rassicurò: «Tranquillo, tribuno. Ne usciremo».

Nuvoloni neri gonfi di pioggia li avevano sorpresi prima che potessero rifugiarsi in qualche porto o insenatura. Il comandante aveva ammainato la vela e fatto ricoverare sottocoperta tutte le persone non indispensabili, tra cui i legionari. Anche il centurione

Casperio si era ritirato, scortando la principessa e le due ancelle nella cabina del legato che era stata loro riservata. Sallustio era invece rimasto, convinto che il dovere di un tribuno di rango senatorio fosse quello di restare sul ponte e affrontare l'ira di Nettuno.

Se ne era pentito. Il mare non era mai stato il suo elemento e ne aveva sottovalutata la violenza. Stringendo la cima, il volto sferzato dalla pioggia, cercò di pensare ad altro. Iniziò da Roma. Stava tornando a casa dopo dieci anni in Oriente, al seguito del nonno materno e poi di Corbulone. Sei mesi prima, la morte di suo padre aveva reso il fratello maggiore Publio *pater familias* e senatore di Roma. Non era ansioso di rivederlo: già normalmente arrogante, ora sarebbe stato addirittura insopportabile. Era invece felice di poter riabbracciare la madre, Ummidia Quadratilla, nella grande villa di Tusculum. Si era ritirata lì, lasciando al senatore la *domus* cittadina sull'Aventino appartenuta alla famiglia degli Ummidi ed eletta a dimora dei Sallustii da quando Agrippina aveva fatto in modo di ereditare la splendida casa tra gli Horti Sallustiani, alla morte del nonno paterno. Prima, però, doveva portare a termine la missione affidatagli dal legato: consegnare Anahita a Domizio e attendere a Roma l'arrivo del padre.

Cesare, non Domizio. Doveva starci attento. Nel salutarlo, Corbulone lo aveva avvisato con la sua solita aria che non lasciava capire fino a che punto scherzasse o facesse sul serio: «So che lo hai conosciuto come Domizio, ma ora è Cesare per tutti, anche per te».

Sallustio ricordava bene l'inseparabile compagno di giochi, Lucio Domizio Enobarbo, il figlio della giovane e bellissima moglie di suo nonno. Un bambino grassottello, timido e impacciato, schiacciato dalla prorompente personalità della madre. Agrippina certamente già allora aveva per lui i grandi progetti che era poi riuscita ad attuare, salvo l'ultimo, che le era costato la vita: quello di governare l'Impero per suo tramite.

La missione fino a quel momento non era stata difficile, anche se la consistenza della scorta, un'intera centuria, e la presenza di Casperio gli avevano fatto pensare di dover affrontare chissà quali insidie. Avevano navigato lungo le coste dell'Asia e della Grecia, spinti da una brezza da oriente che rendeva inutile il ricorso ai rematori. L'unico enigma era proprio lei. Anahita. Dopo quasi un mese, non aveva ancora visto il volto della ragazza. Era rimasta sempre velata e in disparte con le sue ancelle. Il tribuno aveva tentato di scambiare qualche parola in greco, ottenendo per risposta solo monosillabi o brevi frasi di circostanza.

La giovane sapeva di essere un ostaggio, non un'ospite.

Roma, diciassettesimo giorno prima delle calende di giugno (16 maggio 64 d.C.)

Sallustio aveva indossato sulla tunica con il laticlavio* la lorica, il pettorale decorato e l'elmo dalle piume scarlatte. Marco Casperio era al suo fianco e si guardava intorno, visibilmente a disagio in quell'ambiente: originario di Abellinum, non era mai stato a Roma in vita sua. Erano in un'ala della nuova *domus* che stava sorgendo sul Palatino orientale, in un ninfeo coperto da un porticato sorretto da colonne di marmo rosso e costellato da delfini di bronzo che versavano acqua limpida in strette vasche laterali, simili a ruscelli. Il pavimento di marmo chiaro era tirato a lucido e aveva venature verdi che sembravano fili d'erba. All'esterno, le grandi arcate offrivano la prospettiva del Circo Massimo e del colle Aventino illuminati dal sole.

Dietro di loro, una piccola figura avvolta da capo a piedi in un abito verde di seta, tessuto raro a Roma, ma degno di ricoprire la figlia del re dell'Armenia e la nipote del re dei re della Parthia. A rispettosa distanza, le ancelle che l'avevano accompagnata nel lungo viaggio fino all'Urbe.

Due pretoriani sostavano ai lati di un grande arco, incuriositi dalla principessa orientale. Indossavano la toga, come prescritto per la coorte di turno nel palazzo imperiale. Sotto il tessuto bianco si intravedevano comunque le fodere dei gladi, mentre il tribuno e il centurione avevano dovuto consegnare le loro armi all'ingresso. Nessuno poteva avvicinarsi armato all'imperatore.

Una voce querula alle loro spalle: «Ave, Gaio».

Si voltarono di scatto. Il tribuno lo riconobbe subito. Avanzava verso di loro un giovane di media statura dalle gambe gracili e il ventre prominente, i capelli biondi che iniziavano a diradarsi e gli occhi azzurri un po' acquosi nel largo volto ombreggiato da una rada barba rossiccia. Vestiva un leggero chitone bianco con ricami in oro.

Erano al cospetto del padrone del mondo, Nerone Claudio Cesare Augusto Germanico. Lo seguivano due uomini. Il tribuno conosceva il più anziano, alto, calvo e magro come un chiodo, il naso a punta. Lucio Fenio Rufo, un nobilastro che in passato aveva avuto un contenzioso con suo padre per alcuni terreni e che era poi assurto al rango di prefetto del Pretorio grazie al favore di Agrippina. L'altro era un tribuno di coorte pretoria dai capelli rossi e con una cicatrice sul viso, l'aria da duro.

Sallustio e Casperio scattarono all'unisono nel saluto militare.

«Ave, Cesare!»

«Sono contento di vederti. È passato tanto tempo...»

L'imperatore si avvicinò sorridendo al tribuno e lo abbracciò. Il centurione Casperio, che cento battaglie non avevano reso facile allo stupore, si sforzò di restare impassibile. Anche il tribuno dei pretoriani apparve sorpreso. Fenio Rufo, invece, era pensieroso. Come Corbulone, sapeva che quel giovane era uno dei pochi che Nerone considerasse amici. L'imperatore si staccò dall'abbraccio.

«Ti trovo in gran forma, Gaio. L'aria dell'Oriente ti ha fatto bene. Mi sei mancato, in questi anni. A proposito, mi è dispiaciuto per tuo padre.»

«Ti ringrazio, Cesare. È stata una grave perdita.» Fece un cenno al prefetto: «Ave, Rufo».

L'uomo abbozzò un sorriso e chinò leggermente il capo in segno di saluto, mentre l'imperatore proseguiva: «Sì, so quanto era affezionato a te, a tua madre e a tuo fratello. Purtroppo gli dei ce l'hanno tolto troppo presto. Come tuo nonno, in Siria. Se ci fosse stato lui al posto di quell'incapace di Peto non avremmo avuto tutti quei problemi in Armenia. Per fortuna Corbulone ha sistemato tutto. Sai, all'inizio di quest'anno stavo per partire. Avrei voluto raggiungere la Grecia per partecipare a un agone canoro e anche Corbulone avrebbe potuto assistere alla mia esibizione a Corinto. Avevo addirittura pensato di dedicargliela per ricompensarlo dei suoi servigi. Poi ho avuto un problema e ho dovuto rinviare. Ma ci sarà occasione. Sono certo che gli piacerà».

Tutti conoscevano la passione dell'imperatore per il canto. Nerone non esitava a esibirsi come citaredo ed era convinto di essere un grande artista. Sallustio immaginò l'austero legato che assisteva all'esibizione canora di Domizio a lui dedicata e sorrise. L'imperatore lo interpretò come un assenso all'idea e con un ampio gesto della mano gli mostrò il ninfeo: «Hai visto? È ancora in costruzione. L'ho chiamata *domus transitoria* perché collegherà il Palatino ai giardini di Mecenate sull'Esquilino. Sto raccogliendo qui le opere d'arte più importanti di Roma e delle province. Quando sarà finita, sarà la casa più bella del mondo».

Sallustio si guardò intorno.

«È veramente magnifica, Cesare. Lascia senza parole.» Indicò quindi Casperio: «Ti presento il centurione primipilo Marco Casperio, un prode che si è distinto nella guerra contro i parti, rischiando più volte la vita».

«Bene. Bravo...»

L'imperatore era distratto. Il centurione non lo interessava. Dopo il canto e la nuova *domus*, la sua attenzione era sulla figura velata.

«Il legato ti invia la principessa Anahita, figlia del re di Armenia e nipote del re dei parti. Resterà qui fino all'arrivo di suo padre, che verrà tra circa un anno a sottomettersi alla tua persona, come ha già fatto alla tua effigie davanti alle legioni schierate.»

Nerone le si rivolse in greco: «Sono onorato di riceverti, Anahita».

La ragazza sollevò il velo. Il gesto scoprì un volto dai lineamenti perfetti. Aveva grandi occhi neri, penetranti e fieri, che brillavano sotto ciglia lunghe, scurissime; il naso dritto, la bocca piccola e carnosa, l'espressione altera.

Era bellissima.

S'inchinò all'imperatore. Poi rispose: «È mio l'onore, Cesare.

Ti porto l'ossequio di mio padre Tiridate e il saluto del re dei re Vologese. Possano la pace e la prosperità allietare il futuro dei nostri popoli».

L'espressione della principessa esprimeva tuttavia altro. Al tribuno tornarono in mente le montagne innevate dell'Armenia e gli scheletri dei legionari di Peto che aveva seppellito a Rhandeia. Quegli occhi dicevano che non ci sarebbe mai stata pace tra Roma e i parti. Solo tregue. L'imperatore distolse lo sguardo. Sallustio pensò che Domizio non fosse cambiato: nonostante il potere supremo, non riusciva ancora a sopportare una sfida aperta. Nerone osservò, con una punta di stizza: «La pace di Roma garantirà la prosperità dell'Armenia. Sono ansioso di ricevere l'omaggio di sottomissione di tuo padre. Nel frattempo, sarai mia ospite e avrai modo di scoprire e di apprezzare la nostra città. Ti troverò una sistemazione adeguata. Gaio, che ne diresti della *domus Augusti*?».

La casa privata del divo Augusto era sul Palatino, dietro il tempio di Apollo, tra la nuova *domus* e quella *tiberiana*, attuale residenza imperiale. Non era ovviamente una richiesta di parere, ma una decisione già presa. Il tribuno rispose prontamente: «Come desideri, Cesare».

«Bene.» L'imperatore indicò il pretoriano con la cicatrice: «Subrio Flavo l'accompagnerà subito con il tuo centurione e farà in modo che tutto sia di suo gradimento. Tu resta qui. Devi raccontarmi la vittoria di Corbulone in Oriente e tante altre cose. A presto, Anahita».

La principessa s'inchinò ancora. Flavo si rivolse a Casperio: «Da questa parte».

Sallustio seguì con gli occhi la ragazza che si allontanava. Domizio non la voleva sotto il suo stesso tetto.

Quattordicesimo giorno prima delle calende di sestile (notte tra il 18 e il 19 luglio 64 d.C.)

Era nascosto dietro una roccia, attento a non fare rumore. Il cavaliere partico era proprio sotto di lui, con l'arco pronto. Avrebbe potuto farcela. Sguainò lentamente il gladio e si preparò a saltare. Lo avrebbe disarcionato e colpito alla testa.

«Gaio! Svegliati...»

Si svegliò nel *cubiculum** della *domus* di Tusculum. Era ancora notte, anche se una strana luminosità filtrava dalla porta aperta sul *peristilium*, il cortile interno. Fiaccole accese. A scuoterlo con in mano un piccolo lume a olio era Lisia, l'anziano liberto di sua madre.

«Gaio, Roma brucia!»

«Eh?»

«Un incendio!»

Un istante dopo, un uomo irruppe nella piccola stanza coperto solo dal *subligaculum*.* Il corpo muscoloso era segnato dalle cicatrici di cento battaglie. Come al solito, il tono di Casperio non era quello di chi si rivolge a un superiore: «Tribuno, un incendio!».

Il giovane balzò giù dal letto, uscì nel *peristilium* e seguito dal centurione corse veloce verso il giardino da cui si poteva dominare la valle del Tevere. Sull'orlo della prima terrazza, dietro un piccolo tempietto votivo della dea Cerere, alcuni schiavi sostavano immobili guardando la pianura. Nessuno di loro fece caso ai due uomini seminudi che li affiancarono.

Il tribuno restò impietrito. In lontananza, l'Urbe sembrava ferita da una striscia di fuoco e il cielo notturno riluceva di un colore rossastro.

Il giovane capì subito che bruciava l'area del Circo Massimo, non lontano dalla *domus* urbana degli Ummidi sull'Aventino. Sua madre era comunque al sicuro nella casa alle loro spalle. Qualcun altro era invece in grave pericolo: la *domus Augusti* era proprio sulla linea del fuoco. Si voltò verso il centurione e gli disse: «Dobbiamo tirarla fuori, Marco. L'imperatore è ad Anzio, il palazzo potrebbe essere raggiunto dal fuoco e nessuno si preoccuperà di lei. Gli uomini?».

«Al tuo comando, tribuno. Li ho già svegliati.»

Sallustio annuì. Dai tempi delle guerre civili, nell'Urbe non potevano entrare legionari armati. Presto ci sarebbe stata un'eccezione.

«Bene, andiamo a prenderla.»

Nel voltarsi per rientrare in casa, la sua attenzione cadde sulla piccola statua di Cerere, nel tempietto dove si era nascosto tante volte da bambino. Avrebbe dovuto propiziare i raccolti nelle campagne di Casinum,* possedute da secoli dalla famiglia di sua madre, ed era raffigurata con le caratteristiche spighe di grano e una fiaccola nelle mani. Una fiaccola. Il tribuno si chiese quale dea avesse scatenato quella tempesta di fuoco sulla città più grande del mondo.

Poco dopo, ottanta legionari in assetto di guerra della sesta legione *Ferrata* uscirono dalla *domus*, diretti verso le fiamme.

La mattina dopo

A passo celere intervallato da quello di corsa, non avevano impiegato molto tempo a raggiungere Roma. Entrarono in colonna per due dalla Porta Asinaria e proseguirono verso la Porta Querquetulana delle vecchie mura serviane che cingevano il Celio. Oltre non si poteva andare. L'odore di fumo diventava sempre più forte e le strade erano intasate da fuggiaschi e carri abbandonati. Per evitare il traffico, un editto risalente ai tempi di Giulio Cesare stabiliva che i rifornimenti dell'Urbe dovessero avvenire nelle ore notturne e la città era percorsa ogni notte da migliaia di carri di varia foggia, trainati da buoi o da asini. Era sufficiente che uno solo si arrestasse per intrappolare quelli che lo seguivano e bloccare la strada. Proprio ciò che si era verificato. La massa di gente in fuga aveva precluso ogni manovra e i conducenti, perlopiù schiavi, avevano abbandonato i mezzi. Sotto il cielo bianco di fumo, gli animali aggiogati sembravano impazziti.

Sallustio si guardò intorno.

«Da questa parte non arriveremo mai. Dobbiamo aggirare il Monte Oppio, raggiungere il clivus suburanus, e passare per la Suburra e il Foro.»

Il centurione non aveva idea di dove fossero quei luoghi e andò al nocciolo della questione: «Abbiamo il fuoco davanti e a sinistra. Ci resta solo la destra».

«Sì, bruciano il Circo Massimo e la collina del Celio. Andremo a destra.»

«Secondo te i palazzi imperiali bruciano?»

«No.»

In realtà, il tribuno non ne era sicuro, ma doveva salvare Anahita, che era proprio lì, dove il cielo era quasi rosso. Lo capì anche Casperio, che tacque.

A un segnale, la piccola colonna piegò verso destra e come un serpente iniziò a tagliare il fiume urlante di donne atterrite, vecchi smarriti, bambini abbandonati. Non era certo il primo incendio che devastava Roma, ma Sallustio non ne ricordava uno simile. Gli venne da pensare come, paradossalmente, l'Urbe fosse la città meno romana di tutto l'Impero. Nelle province, le città erano organizzate secondo lo schema razionale dell'accampamento della legione, intorno a due strade principali, il cardo e il decumano. Il milione di abitanti della capitale viveva invece quasi tutto stipato in *insulae** a più piani, erette con materiali scadenti da speculatori senza scrupoli, in strade sempre più anguste e maleodoranti. Sallustio si augurò che almeno gli spazi intorno ai templi del centro potessero arginare le fiamme.

Improvvisamente, dall'umanità che procedeva in senso contrario si staccò un vecchio dagli occhi arrossati, i capelli bianchi scarmigliati e una tunica grigia strappata. Afferrò Sallustio per un braccio e ansimò trafelato: «Tribuno, fermali! Appiccano il fuoco!».

Lui si divincolò e notò l'anello patrizio alla mano dell'uomo.

«Che stai dicendo?»

«Più avanti, alle pendici del Celio, ci sono uomini con bastoni e fiaccole che tengono indietro chi vuole spegnere il fuoco... Sono gli stessi che lo hanno appiccato stanotte. Fermali!»

Sallustio non rispose e si avviò oltre. Non era quella la sua missione. Un grido lo arrestò: «*Consiste!*».[1]

Era un comando militare. Si voltò e il vecchio era ancora lì, come uno scoglio nella marea di gente. Sospirò. In fondo non aveva bisogno di un'intera centuria. Ci avrebbe pensato Casperio. Si avvicinò al vecchio.

«Come ti chiami?»

«Publio Cecina Severo. Sono stato legato della ventesima legione, in Germania.»

«Ave. Sono Gaio Sallustio Crispo, sesta legione. Ho un'altra missione, ma il centurione verrà con te. Non è mai stato a Roma e dovrai fargli da guida. Ci vedremo sotto la scalinata del tempio di Marte Ultore. Vi raggiungerò lì.» Si rivolse a Casperio: «Marco, prendi tre *contubernia*[*] e vai con lui. Se ci sono persone che appiccano il fuoco, arrestale. Prendile vive».

Il centurione annuì. Sallustio gli strinse il braccio e mormorò: «Stai attento. Questa storia non mi piace».

Quello rispose con un cenno e si voltò verso i suoi uomini: «Tre *contubernia* con me!».

Poco dopo, Cecina e Casperio si allontanarono con ventiquattro legionari. Sallustio proseguì con gli altri.

Raggiunto il clivus suburanus, attraversarono la Suburra fino all'incrocio con il vicus patricius e imboccarono l'argiletum, la stretta via che collegava il quartiere più malfamato di Roma con i Fori di Augusto e di Cesare. In quella zona, le fiamme non erano arrivate, ma la gente era per strada e fuggiva verso il colle Viminale. Ciascuno portava un fagotto con quello che aveva di più prezioso. Non si vedevano vigili, eppure Sallustio ricordava che la caserma di una delle loro coorti non era lontana.

In fondo all'argiletum, furono di nuovo bloccati dalla folla che vi si riversava attraverso gli archi dell'alto muro che separava la Suburra dai Fori. Da com'erano vestiti, molti erano schiavi in fuga dalle *domus* del Palatino e questo non era un buon segno.

Il tribuno gridò per farsi sentire dai suoi uomini: «Dobbiamo farci largo e passare dall'altra parte. *Ad cuneum sine pila*!».

I legionari formarono un cuneo con gli scudi tenendo le lance in posizione verticale e avanzarono fendendo la massa. Quelli che non riuscirono a scansarsi furono buttati a terra. Poco dopo, la formazione varcò l'arco di sinistra e giunse compatta sotto il tempio di Marte Ultore, di fronte alla statua di Augusto in piedi su una quadriga trionfale. Sullo sfondo, dietro il Foro di Cesare, il colle Palatino era avvolto dal fumo. Sallustio impartì un nuovo ordine: «Avanti, di corsa!».

Attraversarono il porticato meridionale del Foro di Cesare e la via Sacra, passarono sotto l'ara del divo Giulio, lasciandosi a destra le colonne corinzie del tempio di Castore e Polluce e a sinistra l'atrio di Vesta. Salirono attraverso la stretta Porta Romanula verso lo spiazzo dove sorgeva la *domus tiberiana* e percorsero il vicolo della Fortuna sotto le sue mura. La grande dimora appariva deserta. Giunti sul retro dei templi affiancati della *Magna Mater* e della *Victoria*, svoltarono a sinistra trovandosi di fronte la *domus Augusti*. Il Padre della Patria era famoso per il suo stile di vita frugale e la sua abitazione privata, pur spaziosa, sembrava piccola e quasi schiacciata dal marmo dei templi e delle *domus* circostanti. L'ingresso era fiancheggiato da allori e trofei ed era sovrastato dalla corona di quercia con l'iscrizione PP, *Patri Patriae*. Il *vestibulum*, retto da colonne, ospitava le statue di Venere e di Marte con Eros. Alla sua destra, nel muro perimetrale, si apriva una fontana a cinque vasche, con al centro una nicchia che ospitava un rilievo di Bacco e ai lati erme di Dioniso, giovane e vecchio.

Sallustio si tolse il fazzoletto rosso che aveva al collo, lo immerse nell'acqua di una delle vasche e se lo avvolse intorno alla bocca e al naso per respirare meglio. I legionari lo imitarono. Il tribuno varcò le *fauces** spalancate e sbucò nell'atrio sorretto da pilastri in travertino, sempre seguito dai suoi uomini. Nessuno. Solo un caldo soffocante e il fumo al posto dell'aria. Lanciò un grido: «Anahita!».

Iniziò a tossire. Le tre stanze di fronte, il *tablinum** al centro e le due ali laterali, decorate con pavimenti a mosaico e affreschi raffiguranti scene mitologiche, erano deserte. Vuoto anche il *triclinium** a destra.

«Anahita!»

Nessuna risposta.

Una porticina alla sinistra del *triclinium* dava accesso a uno stretto corridoio invaso dal fumo. Il tribuno lo percorse correndo, poi girò a sinistra raggiungendo un altro cortile, con al centro una vasca. Da lì si aprivano alcuni *cubicula*.*

«Anahita!»

La porta di una delle stanze si spalancò e uscirono tre piccole figure avvolte in vesti bianche, i volti coperti da panni bagnati: Anahita e le sue ancelle. Sallustio sospirò di sollievo mentre la giovane si toglieva il panno dal volto, apparentemente tranquilla.

«Ti stavo aspettando. Sapevo che Mitra ti avrebbe mandato.»

«Veramente non è stato Mitra. Comunque l'importante è averti trovata. E gli altri?»

«Sono scappati tutti quando l'incendio si è avvicinato. Nessuno si è curato di noi. Ho deciso di restare qui, non avrei saputo dove andare... Abbiamo bagnato spesso dei panni nella vasca per respirare.»

«Hai agito nel modo migliore. Ora dobbiamo andare, vieni.»

Si diresse verso l'uscita più vicina, seguito dalle ancelle e dai legionari. Era stata lasciata aperta anche quella. Sbucarono sullo spiazzo retrostante il tempio di Apollo. Il tribuno gridò: «Aspettatemi qui. Torno subito!».

Corse da solo verso destra. Doveva avere una visione più chiara della situazione e il pronao del tempio di Apollo sarebbe stato l'ideale. Salì veloce i gradini e giunto in cima si voltò, ritrovandosi sopra la distesa di fumo e di fiamme. Da quello che riuscì a capire, oltre al Circo e al Celio, stava bruciando l'Aventino. La *domus* della sua famiglia era probabilmente già cenere. In ogni caso, inutile preoccuparsi per suo fratello. Pauroso com'era, a quell'ora Publio aveva già raggiunto Tusculum o addirittura Casinum. L'incendio in quel momento stava inghiottendo l'ara massima di Ercole, la *domus* dei Massimi e le *insulae* intorno al Velabro, verso il Campidoglio. Il Palatino era protetto dal dislivello, ma faville incandescenti roteavano nell'aria e prima o poi qualcuna avrebbe attecchito. Davanti a lui, il portico delle Danaidi era deserto. Solo un cagnolino bianco e nero si aggirava con un rametto fumante in bocca sotto l'imponente statua di Apollo, nei pressi dell'edicola quadrata dell'*Auguratorium*, eretta nel luogo in cui Romolo aveva preso gli auspici per la fondazione della città. A quel punto, non gli restava che tornare al tempio di Marte, recuperare Caeperio e portare Anahita al sicuro a Tusculum. Raggiunse correndo il gruppo che lo attendeva e a un suo comando la formazione si rimise in movimento verso i Fori. Passarono sotto l'arco eretto da Augusto a suo padre Gaio Ottavio, sormontato dal gruppo statuario con Apollo e Diana a bordo di una quadriga, quasi a suggerire che il dio fosse il vero padre dell'imperatore. Poco oltre, dei movimenti furtivi intorno alla *domus tiberiana* attirarono l'attenzione del tribuno. Gli parve di vedere due figure entrare di corsa nella residenza imperiale. Sicuramente ladri che cercavano di cogliere l'occasione della vita, senza sapere che si sarebbe trasformata in quella della morte. Con Anahita al sicuro, poteva ora occuparsi di Roma. Alzò la mano per ordinare la sosta e sguainò il gladio.

«Un *contubernium** con me. Gli altri proteggano la *kyria.*»

Otto legionari lo seguirono, mentre un quadrato di scudi si formava intorno ad Anahita e alle sue ancelle.

Le *fauces* erano aperte. La *domus* era stata abbandonata in fretta e molte delle sue preziose suppellettili erano rovesciate. Già in precedenza a Sallustio era parso strano che la coorte pretoria di turno non fosse presente, ma preoccupato per Anahita non si era soffermato a pensarci. Ora lo attribuì all'assenza di Nerone dalla città. I legionari entrarono e percorsero circospetti l'ampio *peristilium* con una grande vasca al centro. Da una delle stanze che vi si aprivano, giungeva il rumore di oggetti metallici buttati a terra. Il giovane si avvicinò in silenzio, poi irruppe gridando: «Fermi!».

All'interno c'erano solo due persone. Il tribuno Subrio Flavo e Nerone. Appena il pretoriano riconobbe Sallustio, rinfoderò il suo gladio con calma. Cesare era in ginocchio, intento a frugare in un baule. Sollevò la testa di scatto e, vedendo il suo vecchio compagno di giochi, apparve sollevato.

«Oh, Gaio. Sei tu. Hai fatto bene a venire...» disse, tuffandosi di nuovo nel baule.

Sallustio non rispose. Abbassò il gladio, ma non staccò gli occhi da Flavo. Il tribuno abbozzò un sorriso. L'imperatore si rialzò brandendo una cetra.

«Eccola, finalmente!»

Tentò un accordo, poi la accarezzò come una persona cara e si rivolse a Sallustio: «È la mia preferita. Non potevo lasciare che bruciasse. Hai visto che disastro? Non appena un messaggero mi ha avvisato dell'incendio, sono partito da Anzio al galoppo, con Flavo e una mezza *turma** di germani.[2] Nelle stazioni di posta non c'erano abbastanza cavalli e il nostro numero è via via diminuito. All'ultima stazione, i cavalli freschi erano solo due. Grazie agli dei, siamo riusciti ad arrivare». Uscì dalla stanza con la cetra sotto braccio e Sallustio ordinò ai suoi uomini il saluto a Cesare. Soltanto allora i legionari compresero che quel giovane era l'imperatore.

Uscirono dalla *domus* e Nerone guardò il cielo bianco. Sembrava eccitato, più che preoccupato. Mormorò: «È terribile. Ma la ricostruiremo più bella di prima».

Sallustio fece cenno ai suoi uomini di raggiungerli. Quando il principe vide Anahita chiese: «Sei venuto per lei?».

«Sì, Cesare. L'avevano lasciata sola. Dalla casa di Augusto sono scappati tutti.»

«Una banda di vigliacchi. Pagheranno per questo. Portala via. Io provo a raggiungere la *domus transitoria* per verificare la situazione laggiù.»

Sallustio rispose: «Consentimi di darti una scorta, Cesare. Non è prudente girare da soli in questo momento, anche se tutti conoscono il valore del tribuno».

Un lampo passò negli occhi del pretoriano. L'imperatore annuì.

«Hai ragione. Quanti uomini hai?»

«Una centuria, tra qui e il tempio di Marte. Al tuo comando.»

«Mi bastano un paio di *contubernia*. Tu porta in salvo la principessa. Conducila fuori Roma, a casa di tua madre. Poi torna qui. Dobbiamo cercare di fermare il fuoco e spostare la gente verso il Campo di Marte e i monumenti di Agrippa.»

«Ai tuoi ordini, Cesare.»

Appena Nerone, Flavo e i legionari si furono allontanati, Sallustio e gli altri scesero dal Palatino e raggiunsero il tempio di Marte. Casperio era nei pressi dei gradini di pietra con i suoi uomini e il vecchio Cecina, tutti neri di fuliggine e di cenere. Avevano un prigioniero. Un giovane bruno sui vent'anni, alto e robusto. Indossava una tunica di lino che un tempo doveva essere stata bianca e che ora era grigia di cenere e rossa del sangue che gli usciva dal naso.

Il tribuno guardò Casperio con aria interrogativa.

«Lo abbiamo trovato con altri due. Armati di bastoni, tenevano indietro quelli che cercavano di tornare verso le *insulae* abbandonate alla ricerca di parenti o per recuperare qualcosa. Uno dei nostri l'ha colpito con lo scudo al volto. Gli altri sono scappati, li abbiamo inseguiti, ma sono finiti sotto un'*insula** in fiamme che è crollata seppellendoli» spiegò il centurione.

Cecina intervenne indicando il prigioniero: «Questa notte ce ne erano molti come lui. Li ho anche visti appiccare il fuoco».

Sallustio notò il collare indossato dal giovane.

«Di chi è schiavo?» chiese. In genere, al collare era appeso un ciondolo con l'indicazione del padrone, per la riconsegna in caso di fuga. Non erano più molti a Roma gli schiavi che lo indossavano.

«Di Cesare, tribuno» rispose Casperio.

«Come?»

Sallustio si avvicinò al presunto incendiario. Era alto quasi quanto lui. Afferrò il collare e lo tirò bruscamente a sé. Il ciondolo recava una scritta. TENE ME NE FUGIAM ET REVOCA ME AD DOMINUM MEUM NERONEM CAES AUG.

«Che stavi facendo?»

«Quello che dovevo fare.»

Sallustio gli strinse forte il collo con la destra.

«Non osare fare il furbo con me, schiavo. Ti ho chiesto che cosa stavi facendo.»

Lo schiavo divenne paonazzo. Cercò di afferrare la mano del tribuno, ma non riuscì ad allentare la presa che lo stava strangolando. Sallustio si disse che gli serviva vivo. Lo lasciò e, con una spinta, lo rovesciò a terra sotto il primo gradino del tempio. Sguainò il gladio e glielo appoggiò sulla guancia.

«Allora?»

Il giovane gli lanciò uno sguardo di sfida. Il tribuno sollevò leggermente l'arma per consentirgli di parlare e quello si espresse in greco: «Il giorno del Signore verrà come un ladro; allora i cieli spariranno in un grande boato, gli elementi consumati dal calore si dissolveranno e la terra con tutte le sue opere sarà distrutta... Noi aspettiamo i cieli nuovi e la terra nuova che ci ha promesso».

Sallustio era stupefatto. Chiese nella stessa lingua: «Chi ve li ha promessi?».

«Nostro Signore Gesù Cristo.»

«Chi?»

Fu la voce di Anahita a rispondere, alle sue spalle: «È un cristiano».

Il tribuno si voltò verso la ragazza. Pur avendo sentito parlare della setta dei cristiani in Siria, non ne aveva mai visto uno. Anahita proseguì: «Ce ne erano altri tra gli schiavi dell'imperatore, nella casa dove eravamo. Il loro dio è un predicatore che è stato ucciso dai romani in Giudea e che sarebbe risorto dai morti».

Il tribuno fece una smorfia. Avevano di fronte un fanatico religioso. Anahita soggiunse: «Credono che tutti gli uomini siano uguali, anche gli schiavi».

A quelle parole, Sallustio avvertì un nodo allo stomaco. Erano passati più di cento anni, ma l'Urbe non aveva dimenticato la terribile rivolta di Spartaco, con decine di migliaia di schiavi in armi. In un sistema che si reggeva sulla schiavitù, la rivolta servile costituiva il peggiore degli incubi, l'eversione assoluta.

Il vecchio Cecina diede voce a questi pensieri: «Non è un incendio. Gli schiavi stanno bruciando Roma... Nemmeno Spartaco c'era riuscito».

7

Il ritorno di Umberto

Al-Mansura, 5 dhu l-qa'da 647 (9 febbraio 1250)

La cotta d'armi era impolverata e sporca di sangue, ma i fiori gialli e il fondo azzurro erano ancora ben visibili. Dal minareto della moschea della Vittoria, Baybars la sollevò con la mano sinistra, l'altra gli faceva ancora male per il colpo preso nella notte. La folla di mamelucchi, *asakir* e gente comune che gremiva la piazza dove erano stati sconfitti i templari ammutolì. Tutti guardavano con rispetto e devozione l'*amir* che, guidato da Allah, aveva trasformato la sconfitta in un trionfo.

Il Balestriere attese qualche istante e parlò. La sua voce risuonò forte come quella del *mu'adhdhin** che chiamava alla preghiera da quel minareto cinque volte al giorno: «Sia lode ad Allah potente e misericordioso. Guardate: è la tunica del re dei franchi. È morto ieri con i suoi migliori cavalieri. Ve la mostro perché non bisogna temere un corpo senza testa, né un popolo senza re. Quindi, se piace ad Allah, li attaccheremo dopodomani, venerdì, e li uccideremo tutti, ora che hanno perso il loro capo... *Allah u'akbar!*».

Mille voci gli risposero: «*Allah u'akbar!*».

✠ ✠ ✠

«Bel discorso.»

Baybars colse la punta di ironia nella voce e si voltò verso Umberto di Fondi, un paio di passi dietro di lui, all'ombra. Sembrava il solito mercante dall'ampio caftano, la testa coperta da un turbante. Erano soli, sul minareto. Umberto proseguì: «Immagino tu sia consapevole che tra poco i tuoi nemici sapranno che li attaccherai venerdì. Ci sono anche le loro spie in quella folla».

Baybars annuì pensieroso: «Ci sono spie dappertutto, ser Berto. Proprio di questo dobbiamo parlare».

✠ ✠ ✠

Umberto era sbarcato quando era ancora buio sul pontile del palazzo del sultano. Due giorni prima, la sua nave era giunta ad al-Iskandariyya, proveniente da Trani. Aveva risalito il fiume su una feluca simile a tante altre, con quattro pescatori di cui uno solo autentico. Gli altri erano l'emiro Mohamed e due arcieri di Lucera. Erano arrivati fino ad al-Qahira e avevano proseguito lungo il braccio del Nilo che scendeva verso Dimyat.

Non appena lui e Mohamed avevano messo piede sul pontile, erano stati raggiunti di corsa e circondati da una decina di mamelucchi, gli abiti e gli scudi sporchi di fango e di sangue. Soldati che avevano combattuto da poco. Dal fiume, il barone aveva intravisto le ombre nere di un grande accampamento che si estendeva fin quasi sotto le mura della cittadina. Nulla di buono per gli egiziani. Il gruppo era comandato da un giovane emiro, al quale Umberto aveva mostrato il lasciapassare con il sigillo del sultano, chiedendo di parlare con lui o con Fakhr al-Din. L'ufficiale lo aveva guardato perplesso, ma esaminato il documento si era inchinato dicendo: «Lascia qui le armi e seguimi. Tu solo».

Camminando verso il palazzo con l'emiro e tre mamelucchi, il barone si era reso conto che quella notte ad al-Mansura nessuno doveva aver dormito. La cittadina era piena di gente e c'erano fuochi di bivacco per le strade. Entrati nel palazzo, un emiro della *Bahriyya* aveva confabulato brevemente con il giovane ufficiale. Poi aveva preso una torcia dalle mani di uno dei suoi uomini e l'aveva avvicinata al volto di Umberto, rimasto immobile nonostante rischiasse di bruciarsi la barba. L'ufficiale gli si era quindi inchinato. Aveva riconosciuto il cavaliere dell'imperatore che già in passato era venuto a far visita al sultano: «*Salam alaykum*, mio signore».

«*Alaykum salam, amir.*»

«Vi prego di seguirmi.»

L'aveva condotto verso la grande scala di pietra che dava accesso al primo piano. In contrasto con l'agitazione all'esterno, il palazzo sembrava deserto. Giunti in un salone, il mamelucco si era profuso in un altro inchino e si era allontanato, chiudendo la porta. Umberto era rimasto solo. Si era seduto su un cuscino e aveva atteso.

Baybars era arrivato con il sole. Anche lui non doveva aver dormito quella notte, gli occhi erano arrossati e la veste sporca di sangue.

Umberto si era alzato.

«Ciao, Balestriere...»

«Ser Berto!»

Si erano abbracciati. L'emiro non era riuscito a evitare una smorfia di dolore quando Umberto lo aveva toccato sul braccio destro, subito sostituita da un'espressione che sembrava dire: cose che capitano quando si combatte. «Ho capito di essere arrivato in un momento particolare» commentò il barone.

«Questo è un segno di Allah. Solo poco fa mi stavo chiedendo se saresti arrivato ed eccoti qua. Ho molte spiegazioni da chiederti. Ayyub e Fakhr al-Din sono morti e non so perché ti hanno mandato a chiamare. Ieri i miscredenti hanno attaccato l'accampamento. La loro cavalleria è entrata ad al-Mansura, ma non ne è più uscita. Come ha detto il Profeta, "voi che avete fede ricordate le grazie che Dio vi ha concesso il giorno in cui una banda di delinquenti si preparava a picchiarvi. In quel giorno egli ha fermato le loro mani. E temete Dio". Tra i morti c'è anche uno dei fratelli del re. All'inizio pensavo che si trattasse proprio di Luigi, ma una delle mie spie lo ha identificato come suo fratello Roberto. In ogni caso, la cotta d'armi è simile a quella del re e la gente penserà che ho ucciso Luigi. Vieni con me in città, poi parleremo.»

✠ ✠ ✠

Baybars gettò a terra la cotta d'armi insanguinata e la calpestò. Sul minareto della moschea nessuno avrebbe potuto sentirli. L'emiro non si fidava nemmeno dei suoi uomini e li aveva lasciati da basso, con l'ordine di non far salire nessuno. Il mamelucco si sedette sulla panchetta utilizzata dal *mu'adhdhin* e iniziò a parlare: «Ieri i templari hanno ucciso Fakhr al-Din e hanno perquisito la sua tenda senza accorgersi di un servo che si era nascosto. Hanno portato via qualcosa. Il servo non ha visto nulla, aveva paura persino di guardare, ma quando sono andati via gli è sembrato che mancasse solo la custodia in avorio del Corano. Ascoltando il suo racconto, mi è venuto in mente che avevo visto quello scrigno il giorno della morte di Ayyub. L'*atabak* l'aveva con sé quando era rimasto da solo nella stanza del sultano per pregare, o almeno così disse. Questa notte sono andato nella sua tenda per controllare se era rimasto qualcosa di interessante, ma sono arrivati i franchi. Uno di loro parlava arabo, non bene come te, ma si faceva capire. I miei uomini si sono sacrificati per evitare che fossi catturato. Ne ho abbattuti tre e solo dopo mi sono accorto di aver perso nella lotta alcuni oggetti che avevo trovato in una borsa di cuoio. Una lettera e alcune monetine d'oro. La tua presenza qui conferma che la lettera che ho letto stanotte era solo la copia di quella che Fakhr al-Din e Ayyub hanno inviato all'imperatore. Non mi aspettavo che Allah ti avrebbe fatto arrivare proprio oggi, ma meglio così. Ora spero che tu possa spiegarmi questa storia».

Umberto annuì. Ovviamente non gli avrebbe raccontato tutto.

Foggia, 24 dicembre 1249

Dal salone al primo piano del palazzo imperiale avevano fatto uscire tutti, persino gli onnipresenti saraceni di Lucera. Umberto restò in piedi sotto l'arco d'ingresso. Il suo viaggio verso l'Italia settentrionale era finito prima ancora di cominciare. Era partito all'alba, sotto un cielo grigio. Avrebbe dovuto condurre cento cavalieri tedeschi di rinforzo al vicario imperiale Oberto Pallavicino, impegnato nelle operazioni contro la ribelle Parma. Erano a poche leghe dalla città, quando Raniero di San Germano, uno degli altri cavalieri della *familia*, li aveva raggiunti al galoppo. Avrebbe proseguito lui per Milano perché Umberto doveva rientrare subito a palazzo.

Nella grande sala c'erano solo Federico di Svevia, imperatore del Sacro Romano Impero, re di Italia, di Sicilia, di Gerusalemme e di Arles, e frate Elia da Cortona, a Foggia per festeggiare il Natale e il genetliaco del sovrano, il 26 dicembre. Il religioso, sempre più vecchio e curvo, era ormai parte di una leggenda. Tra i primi compagni e braccio destro di Francesco di Assisi, alla morte di questi ne era diventato il successore ed era stato il primo ministro generale dell'Ordine dei frati minori, attirandosi l'ostilità di ben due papi. Gregorio IX, che pure aveva canonizzato Francesco, lo aveva destituito e scomunicato con l'accusa di eresia. Era stato nuovamente scomunicato da Innocenzo IV con la stessa accusa, ma anche per la sua vicinanza all'imperatore. Lui, però, non si era dato per vinto. Continuava a indossare il saio francescano, si circondava di un gruppo di fedeli e, protetto da una guarnigione imperiale nella sua Cortona, si dedicava a studi di architettura, o almeno così sosteneva. Umberto aveva sentito dire che tra i suoi interessi vi fosse anche l'alchimia, considerata dagli inquisitori come vera e propria stregoneria.

Federico fece cenno a Umberto di avvicinarsi: «Vieni, c'è un lavoro per te».

Il barone attraversò il salone, mentre l'imperatore raggiungeva lentamente il tavolo di quercia dove erano appoggiate due lettere arrotolate. Ne prese una e gliela porse. Era in arabo. Federico lo conosceva bene, avendo trascorso la sua infanzia a Palermo.

«Questa mattina è arrivato un messaggio da mio nipote, il sultano Ayyub. Pur essendo alle prese con Luigi di Francia, scrive di avere un documento straordinario di grande importanza per la Cristianità e l'Islam, rinvenuto a Gerusalemme. Mi chiede di inviarti da lui, come le altre volte. Partirai oggi stesso per Trani, dove t'imbarcherai domani mattina per Alessandria. Sono state già date tutte le disposizioni necessarie.» L'imperatore prese la seconda lettera e proseguì: «Ayyub ha inviato anche un salvacondotto. Il messaggero che ha consegnato queste lettere sigillate, un emiro mamelucco, resterà qui fino al tuo ritorno con i suoi compagni di viaggio. Così desidera il sultano».

«Ho capito.»

La questione doveva essere così segreta che Ayyub non si fidava nemmeno dei suoi uomini e non voleva che l'emiro potesse tornare in Egitto a raccontare dove era stato. Umberto pensò che fosse già molto che non avesse chiesto di ucciderlo.

Elia intervenne, con voce arrochita: «Mio buon barone, so che conosci bene il sultano. Come forse saprai, anche io sono stato in Oriente, la prima volta con Francesco, trent'anni fa. A Damietta conobbi suo padre, al-Kamil. Era un uomo saggio e, grazie forse anche a noi, comprese come la guerra non fosse una soluzione. Possa Dio, nella sua misericordia, perdonare i suoi peccati. La seconda volta fu sei anni fa, inviato dall'imperatore, e in quell'occasione il Signore ci ha manifestato la sua benevolenza facendomi ritrovare un frammento della vera Croce». Indicò la lettera del sultano e proseguì: «Questa è un'altra dimostrazione della benevolenza di Dio. Verrei anch'io volentieri, ma ormai gli anni me lo impediscono. Comunque non sarai solo. Ti accompagneranno le nostre preghiere e ho ancora dei confratelli laggiù che potrebbero esserti di aiuto... Tieni questa».

Tirò fuori dalla tasca centrale del saio una piccola croce di legno. Sembrava un oggetto come tanti altri, ma a guardarla bene vi era finemente intagliata l'immagine di Cristo.

«Era di Francesco, me la riporterai al tuo ritorno. Qualora avessi bisogno di aiuto, ad Acri dovrebbe esserci ancora Rinaldo di Parma. Quando Francesco e io lo lasciammo lì era molto giovane, ora regge il primo convento dell'Ordine in Terrasanta, con circa sessanta frati. Ormai avrà quasi cinquant'anni, ma riconoscerà questa croce, e te come fratello.»

«Vi ringrazio, *magister*.»

Umberto accettò il crocifisso di Francesco d'Assisi dalla mano tremante di frate Elia.

L'imperatore aggiunse, impaziente: «Troverai il posto un po' affollato. Come sai, laggiù c'è Luigi di Francia intento a conquistare l'Egitto per poi conquistare Gerusalemme, in attesa di conquistare anche questo regno. Ha ottenuto l'appoggio dei templari e degli ospitalieri, ma non dell'Ordine teutonico, il cui nuovo maestro è stato eletto un paio di mesi fa ad Acri e dovrebbe essere ancora laggiù. Fai comunque molta attenzione. In questi tempi difficili, potrebbe avere intorno qualche spia».

Al-Mansura, 5 dhu l-qa'da 647 (9 febbraio 1250)

Un piccione si appollaiò sul parapetto. Umberto guardò l'uccello, che volò via.

«E questo è tutto.»

Aveva omesso ogni riferimento a Elia e alla croce di Francesco.

Ce ne era comunque già abbastanza per impensierire Baybars.

«Il tuo racconto conferma i miei timori. Gli infedeli che hanno ucciso Fakhr al-Din erano a conoscenza di quel documento, nonostante fosse custodito nel massimo segreto.»

«Non può essere che il documento si trovi ancora tra le cose del sultano? Sei sicuro che lo abbia preso Fakhr al-Din?»

«Sì. Lo rivedo come se fosse ancora davanti a me. Se ne è impossessato il giorno in cui Ayyub è morto, che Allah abbia misericordia di lui. Ecco perché è voluto entrare da solo nella stanza, altro che preghiera. Deve averlo messo nella custodia del Corano che aveva con sé. E gli infedeli hanno portato via proprio quella custodia.»

«Hai detto che avevi trovato altri oggetti nella borsa di Fakhr al-Din. Potevano avere a che fare con questo documento?»

«Non lo so. Forse. Una vecchia fibula con l'immagine di un toro o di una mucca e una scritta nella lingua degli infedeli, che non comprendo. Alcune monetine d'oro mai viste prima, sempre con scritte degli infedeli e una testa su un lato. Non c'erano però le solite croci. Ne ho ancora una...»

Frugò in una tasca interna della veste e tirò fuori una monetina d'oro. Umberto riconobbe subito l'aureo. L'imperatore ne aveva molti custoditi nei suoi forzieri. NERO CAES AUG GERM TRIB POT.

«È la moneta di un imperatore romano. Ha più di mille anni. Forse il documento di cui stiamo parlando è altrettanto antico. Chi poteva essere a conoscenza della sua esistenza, oltre al sultano e a Fakhr al-Din?»

«Non lo so. Forse il vice di Fakhr al-Din, Izz al-Din Aybak, diventato ora comandante dell'esercito, la moglie preferita di Ayyub, Shajar al-Durr, il comandante della *Bahriyya* Aqtay, o anche il viceré Husam al-Din. In ogni caso, nessuno di loro si trovava ad al-Mansura negli ultimi giorni. Sono tutti ad al-Qahira, tranne Aqtay, che sta rientrando dalla Siria. Potrebbe essere stato anche qualcuno che ha origliato qualcosa...»

«Sicuramente ne era informato anche chi ha ritrovato il documento ad al-Quds. È giunto qualcuno da al-Quds nel periodo in cui è stata inviata la lettera all'imperatore?»

Baybars rimase pensieroso. Poi fece una smorfia e disse: «Il governatore della città, Mohamed al-Salih, nipote del sultano. È arrivato con dei rinforzi proprio in quel periodo».

«Possiamo parlargli?»

«È morto ieri nella battaglia. Forse qualcuno dei suoi potrà dirci qualcosa. Gli altri sono troppo in alto per poterli interrogare.»

«Oppure troppo in basso, un servo cui nessuno fa caso.»

Baybars annuì e Umberto continuò: «L'imperatore si aspetta che io gli porti notizie di quel documento e non sono abituato a deluderlo».

«Io invece devo trovare il traditore e vincere questa guerra. La tua missione non è finita ed è diventata anche la mia, ser Berto. Allah ha voluto salvare me e la *Bahriyya* e con il suo aiuto gli infedeli saranno definitivamente sconfitti. Poi recupereremo il documento di Ayyub e li costringeremo a rivelarci il nome del traditore.»

✠ ✠ ✠

Tornando da solo verso il molo, Umberto ripensava all'imperatore. Nel corso dell'incontro che aveva da poco rievocato, gli era apparso invecchiato. Del resto, aveva ormai cinquantacinque anni e il suo aspetto fisico non era mai stato quello di un uomo prestante: non molto alto, tendeva a ingrassare e stava perdendo gli ultimi capelli, un tempo rossi e ora incanutiti. Umberto ricordava ancora l'irrispettoso commento di un mercante arabo, secondo cui per un tipo del genere al mercato degli schiavi non avrebbero pagato più di duecento *dirhams*. I suoi lineamenti erano regolari, con un'espressione che voleva apparire gentile, ma che i freddi occhi verdi rendevano crudele. Era colto, affascinante nella conversazione, e tuttavia, nonostante le sue doti, non riusciva simpatico. Umberto sapeva bene come quell'uomo potesse essere egoista, scaltro, infido come amico e implacabile come nemico. Era comunque il suo signore, e lo aveva accolto come un figlio, nominandolo *vallettus imperatoris* poco più che bambino, dopo quella notte maledetta che vent'anni prima aveva deviato il corso della sua vita, in un luogo che non esisteva più.

8

Post fata resurgo

Fondi, nei pressi del monastero di San Magno, 19 gennaio 1229

Il ragazzo incespicò e cadde di nuovo. Si rialzò e riprese a correre. Ormai era quasi a valle e non sentiva più le voci dei suoi inseguitori. Era una notte senza luna. Le stelle e il pendio erano stati le sue uniche guide in quella corsa disperata. Il cielo alla sua sinistra era diventato leggermente più chiaro e davanti a sé distingueva la sagoma scura del monte alla cui base sorgeva il monastero di San Magno. Gli parve anche di vedere i riflessi del lago in lontananza. Fondi era vicina.

Era stato svegliato dalle grida in piena notte, nella stanzetta della casa al centro del borgo fortificato di Acquaviva, sulle colline dell'entroterra. Poco dopo, sua madre Angela era entrata in preda a una grande agitazione, anche se cercava di non darlo a vedere.

«Umberto, nasconditi come quando giochi! Non uscire per nessun motivo, qualunque cosa succeda. Vai!»

Gli aveva buttato addosso la coperta di lana grezza che copriva la branda spingendolo fuori dalla stanza, verso la ripida scala a chiocciola che conduceva al tetto. Un forte bacio sulla guancia, poi un ultimo abbraccio.

«Stai tranquillo. Andrà tutto bene.»

Gli aveva fatto segno di salire e si era diretta verso la stanza dove dormiva sua sorella Maria.

Umberto aveva tanti nascondigli per i giochi dei suoi undici anni. Il migliore era in una vecchia casa semidiroccata adiacente alla loro. Vi si accedeva dal tetto, attraverso lo spuntone di un arco di pietra spezzato. Un salto che aveva già fatto tante volte, senza dirlo ai suoi genitori. Mentre saliva veloce, aveva udito lo schianto del portone sfondato, grida e un cozzare di spade. Erano entrati. Dal vicolo giungeva il rumore di zoccoli sul selciato. Si era fermato e aveva cercato di guardare di sotto da una piccola finestra. Aveva intravisto alcuni cavalieri con delle torce. Gli scudi e le cotte d'armi erano azzurri con un'aquila bianca, mai visti prima. Raggiunto il terrazzo, era rabbrividito al freddo pungente della notte stellata. Si era avvolto nella coperta, ma si era subito reso conto che gli sarebbe stata d'impaccio. Se l'era stretta addosso un ultimo istante per incamerarne il calore, poi l'aveva lasciata cadere. Lo spuntone dell'arco diroccato non era lontano. Prima di arrampicarsi, aveva fatto un profondo respiro, inalando l'aria fredda profumata di bosco. Era la prima volta che faceva il salto di notte. Doveva restare calmo. Sapeva che le pietre avrebbero retto il suo peso, ma non c'era molto spazio e col buio avrebbe rischiato di cadere. Non aveva comunque scelta, doveva andare avanti. In basso, poteva vedere gli uomini armati che scaraventavano la gente fuori dalle case. Tre o quattro corpi erano riversi a terra in pozze di sangue davanti alla chiesa di Santa Maria. Per fortuna, nessuno degli assalitori aveva alzato gli occhi verso di lui.

Arrivato alla frattura dell'arco di pietra, si era alzato in piedi. Per farsi coraggio aveva mormorato il motto di famiglia, *Post fata resurgo*,[1] come sempre prima di saltare. Poi si era lanciato. Troppo corto. Con un guizzo, era riuscito ad aggrapparsi all'ultima pietra dello spuntone. Era rimasto per qualche istante a penzolare, riuscendo infine a issarsi. Era quindi sceso fino al primo piano della casa diroccata, in quello che un tempo doveva essere stato il salone principale, con il soffitto a volta e i resti di affreschi sulle pareti scrostate. Una breccia nel muro perimetrale consentiva di vedere il piccolo spiazzo davanti all'ingresso di casa sua.

La scena che vi si stava svolgendo lo aveva gelato. Suo padre, vestito solo di un camicione bianco insanguinato, veniva trascinato fuori da due uomini. Aveva una vistosa ferita vicino all'occhio destro e la barba nera coperta di sangue. Dietro di lui, erano spinte sua madre e Maria, scarmigliate e in camicia da notte.

Ruggero dell'Aquila, conte di Fondi, scese da cavallo e guardò compiaciuto il barone Riccardo di Acquaviva che lo fissava con l'unico occhio che gli era rimasto aperto. Tutto intorno, i suoi uomini radunavano la popolazione del borgo. Il conte pensò che il traditore di fronte a lui sarebbe stato il primo a pagare. Poi all'alba sarebbe piombato di sorpresa su Fondi e avrebbe regolato i conti anche con l'usurpatore Giovanni di Polo.

Erano passati sei anni da quando Federico di Svevia gli aveva tolto la contea, facendolo incarcerare con l'accusa di non aver fornito abbastanza uomini all'esercito imperiale in partenza per la Terrasanta. Tutti sapevano che era stato solo un pretesto. Prima di essere finalmente costretto a partire per la riconquista del Santo Sepolcro, promessa a due papi ma a lungo rinviata, Federico aveva voluto togliere di mezzo i grandi feudatari che avrebbero potuto rialzare la testa durante la sua assenza. Non a caso, erano stati arrestati anche i conti di Caserta e di San Severino. Tutti i beni dei prigionieri erano stati confiscati dal giustiziere della Magna Curia e Ruggero era stato rinchiuso in una fetida cella del carcere di Napoli per un anno. La sua contea era stata affidata a Giovanni di Polo, uno dei cavalieri della *familia* dell'imperatore. Solo l'intercessione di papa Onorio III aveva indotto Federico a trasformare la condanna in esilio, anche se il figlioletto, Goffredo, era rimasto a Napoli come ostaggio.

Il momento della riscossa era finalmente giunto. Il giorno prima, un esercito di cinquecento cavalieri guidato dal cardinale di Anagni e dal conte della Marsica aveva invaso il regno nella zona di Ceccano. La missione di Ruggero dell'Aquila era riprendersi la sua contea. Per farlo, doveva innanzitutto neutralizzare Riccardo di Acquaviva, che controllava il passaggio da Ceccano verso Fondi. Il barone in passato si era schierato con i dell'Aquila, ma stranamente non era stato arrestato da Federico, che anzi lo aveva lasciato al suo posto. Per Ruggero non c'era bisogno di altro: era stato lui a tradirlo, forse sperando addirittura di poter assurgere al titolo di conte.

Ruggero assunse un tono solenne. Voleva apparire lo strumento della giustizia di Dio: «Eccomi qui, Riccardo. Sono venuto a riprendere quello che è mio e a castigare gli empi e i traditori».

Riccardo tossì sputando sangue e rispose con voce arrochita: «Prenditela con me, ma lascia andare mia moglie e mia figlia. Loro non c'entrano...».

«Lo dici tu che non c'entrano. E poi, quale vendetta sarebbe? Ucciderti è troppo poco. Ho aspettato sei anni questo momento.»

«Bastardo. Che vuoi fare?»

«Tu sopravvivrai alla tua famiglia. Non ti preoccupare. Giusto il tempo di vederli morire tutti.»

Riccardo emise un urlo e cercò di divincolarsi facendo cadere a terra uno degli armigeri. Ma gli furono addosso in quattro e lo immobilizzarono al suolo.

Ruggero sorrideva.

«Tiratelo su. Deve guardare.»

Quando lo ebbero risollevato, il conte di Fondi sfoderò la pesante spada che portava al fianco e si avvicinò ad Angela. Le lacrime solcavano il volto della donna, ma il suo sguardo era fiero. Non avrebbe dato alcuna soddisfazione a quell'uomo. Ruggero le strappò la camicia e le immerse il ferro nella pancia. La donna cadde in ginocchio, poi l'altro la spinse indietro con un calcio, estraendo la spada. Maria lanciò un grido altissimo. Aveva solo tredici anni, gli occhi scuri come quelli del fratello, i capelli ricci. Troppo giovane per morire. Il conte si diresse verso di lei e le infilò la spada nel ventre. La ragazza strillò ancora, poi si accasciò a terra e iniziò a rantolare.

Il barone di Acquaviva lanciò un urlo disperato, belluino, mentre le lacrime si mescolavano al sangue. Ruggero gli pulì la spada addosso.

«Non avevi anche un figlio, Riccardo?» domandò.

L'uomo, impazzito dal dolore, era crollato in ginocchio e continuava a gridare. Cercò di raggiungere la moglie e la figlia, ma gli armigeri lo trattennero.

Il conte chiese ai suoi: «Non c'era nessun altro nella casa? Un ragazzino di... quanti anni ha tuo figlio? Dovrebbe averne una decina, se non ricordo male».

Uno dei cavalieri rispose: «No, mio signore. Nessun bambino».

Riccardo gridò tra le lacrime: «Umberto è morto, è morto due mesi fa!».

«Non ti credo... Se fosse morto, non me lo diresti. Si è nascosto qui intorno e tu stai gridando per avvisarlo, ma lo troveremo, stai tranquillo. Acquaviva è piccola.» Alzò la voce: «Umberto, vieni fuori! Vieni fuori o uccido subito tuo padre!».

«Scappa! *Post fata resurgo!*» gridò Riccardo.

Silenzio. Un rumore di ciottoli dall'edificio diroccato.

Ruggero fece cenno a uno dei suoi, che corse verso la casa. Il vecchio portone era malridotto, ma non al punto da poterlo sfondare a calci. Un altro cavaliere giunse con un'ascia e iniziò a colpire. Le tavole di legno marcio non opposero resistenza. Dall'esterno del borgo arrivavano intanto nitriti di cavalli e grida degli uomini rimasti di guardia.

«Ehi, fermo! FERMO!»

Il conte comprese subito ciò che stava avvenendo e urlò a sua volta: «Si è lanciato dalle mura, sta scappando! Fermatelo! Non deve arrivare a Fondi!».

Alcuni uomini corsero verso l'uscita del borgo.

Ruggero si voltò verso Riccardo, che non piangeva più. Nella maschera di sangue, gli sembrò quasi di intravedere un sorriso.

«Non lo prenderanno... E tu non prenderai mai Fondi... Ora puoi anche uccidermi.»

Con uno scatto rabbioso, il conte sollevò la spada e gli tagliò la testa di netto.

Tre anni dopo, in un tardo pomeriggio d'estate nei pressi dell'abbazia di Fossanova

Il rumore delle cicale nel bosco era assordante e sopra il verde delle querce secolari s'intravedeva il tiburio dell'abbazia. Ruggero dell'Aquila si sistemò sulla sella e si rivolse al figlio Goffredo, che cavalcava al suo fianco: «Ci siamo. Sicuramente l'abate avrà già saputo del nostro arrivo e uscirà ad accoglierci».

Il giovane si voltò verso i cavalieri del seguito per accertarsi che fossero tutti in ordine.

Goffredo era stato rilasciato dall'imperatore dopo gli accordi di San Germano con il papa. Grazie alla pace, anche la contea di Fondi era tornata ai dell'Aquila, che tre anni prima non erano riusciti a riconquistarla con le armi.

Si trattava comunque solo di una tregua. Sotto la cenere, era ricominciata la vecchia partita. Da un lato, Federico di Svevia tornato dall'Oriente e le sue aspirazioni all'accentramento del potere. Dall'altro, papa Gregorio che rivendicava la superiorità della sede di Pietro sull'Impero. In mezzo, i feudatari delle terre di confine, sudditi nominali dell'imperatore, ma schierati con il papa per conservare le loro prerogative.

Era proprio per incontrarsi con questi ultimi che Ruggero si stava recando a Fossanova. Una solenne cerimonia religiosa in onore del nuovo abate sarebbe stata l'occasione ideale per una riunione che altrimenti avrebbe destato l'allarme delle spie imperiali.

Dal margine del sentiero giunse un grido, sembrava la voce di un ragazzo: «*Post fata resurgo!*».

Un istante dopo, una quadrella di balestra si piantò con un sordo rumore nel petto di Ruggero, che cadde rovinosamente a terra, mentre una pioggia di dardi investiva la sua scorta.

Durò pochissimo, poi si udì solo il rumore di cavalli al galoppo che si allontanavano.

Il giovane Goffredo era stato travolto dalla caduta del suo destriero, colpito alla testa da un dardo. Si alzò e corse verso il padre, mentre gli altri erano ancora accovacciati al riparo di scudi e animali. Si rese conto subito che stava morendo. Gli sollevò la testa con delicatezza. L'uomo sussurrò, lo sguardo già vitreo: «Hai sentito?... È giunto il momento di espiare i miei peccati. Fammi seppellire a Fossanova... con l'abito di san Benedetto... e stai attento a lui...».

9

Shajar al-Durr

Mansura, 9 febbraio 1250 (5 dhu l-qa'da 647)

Per il maresciallo del Tempio Renaud de Vichiers, una delle regole di vita non scritte era quella di evitare gli inquisitori. Almeno fino a quando non se li fosse trovati davanti, proprio come accadeva in quel momento, fuori dalla tenda del maestro Guillaume. Il templare ricordava bene il suo primo incontro con Yves le Breton a Mons Hysmerum, nella Champagne, undici anni prima. Già allora, l'allievo di Mathieu de Bourbon lo aveva colpito. Non aveva colto in lui il fanatismo così frequente negli inquisitori, ma solo l'intelligente determinazione di un apprendista coscienzioso. Gli aveva fatto pensare a un giovane lupo che stava imparando a cacciare. In seguito, dopo la morte del vecchio *magister*, a Renaud era capitato spesso di incrociarlo a Parigi, nelle messe solenni e nell'anticamera del re.

L'inquisitore era ora accompagnato dal suo giovane allievo e, con il fare falso e garbato che Renaud trovava tipico degli uomini come lui, aveva chiesto di parlare con Guillaume de Sonnac. Il maestro si era tuttavia appena appisolato dopo aver trascorso la notte insonne tra dolori lancinanti. Anche i medici che erano stati premurosamente inviati dal re avevano confermato che l'occhio era ormai perduto.

Il templare fu a sua volta cortese, ma fermo: «Mi dispiace, *magister*, sta riposando. Ieri, come sapete, è stato colpito e ha perso un occhio. Posso esservi utile io?».

«Mi dispiace molto, maresciallo. So che ieri è stata una giornata difficile per tutti. Io e il mio confratello stiamo pregando per i prodi cavalieri che sono tornati alla casa del padre. Pregheremo anche affinché *magister* Guillaume si riprenda presto. Non volevo disturbarlo, ma solo confrontarmi con lui su alcune questioni che si riferiscono allo scontro di ieri. È una fortuna comunque aver incontrato voi, poiché sono certo che potrete essermi di aiuto al pari del vostro maestro. Il re mi aveva incaricato di verificare se tra ciò che resta del padiglione del comandante nemico, Scecedin, vi fossero documenti con informazioni rilevanti per scoprire i piani degli infedeli. Da una prima verifica che ho condotto stanotte, è risultato che la tenda era già stata perquisita. Giacché, a quanto si dice, sono stati i vostri cavalieri a uccidere Scecedin, vorrei sapere se per caso hanno anche trovato qualcosa.»

Renaud sentì un tonfo al cuore. Come faceva quel dannato frate a sapere tutte quelle cose? Cercò di dissimulare la sorpresa.

«Purtroppo ieri da Mansura siamo tornati solo in cinque. Se qualcuno dei nostri è effettivamente riuscito a uccidere Scecedin, sarà motivo di grande orgoglio e consolazione per l'Ordine, ma io non ne so nulla. Posso comunque informarmi presso gli altri superstiti. Anzi, uno di loro è proprio qui, a vegliare il riposo del *magister*, possiamo chiederglielo subito. Scusatemi un attimo...» Il maresciallo del Tempio entrò nella tenda e ne uscì poco dopo con un giovane di neanche vent'anni, alto, magro, i lineamenti delicati, gli occhi azzurri e i capelli talmente biondi da sembrare bianchi. Rivolse un cenno del capo ai due domenicani.

«*Pax vobiscum.*»

«*Et cum spiritu tuo.*»

Fu Renaud a parlare: «Lui è Guillaume de Beaujeu, uno di quelli di cui vi parlavo. Guillaume, questi è frate Yves le Breton, inquisitore e confessore di Sua Maestà. Il *magister* desidera sapere se qualcuno di noi è a conoscenza dell'uccisione del capo degli infedeli, Scecedin, da parte di nostri confratelli e della perquisizione della sua tenda. Tu ne sai qualcosa?».

Il giovane guardò l'inquisitore con aria costernata.

«Purtroppo nulla, *magister*. A dire il vero, non sapevo nemmeno che il capo degli infedeli si chiamasse così.»

Il maresciallo si rivolse a Yves: «Non appena il maestro sarà sveglio, chiederò anche a lui e quindi agli altri confratelli sopravvissuti. Passerò poi io stesso a riferirvi».

Era un congedo. Il domenicano fece un inchino, imitato subito dall'allievo e iniziò ad allontanarsi. Percorsi tre passi, si voltò verso Renaud e domandò, con il tono di chi stava ricordando solo allora qualcosa: «Perdonatemi, maresciallo, avevo conosciuto un vostro confratello alcuni giorni or sono, molto devoto e gentile. Se non sbaglio si chiamava Hugues. Spero che sia tra i superstiti, o è caduto anche lui con gli altri prodi?».

«Hugues... Sapreste descriverlo?»

«Giovane, alto, carnagione chiara.»

«Come tanti. Non c'è purtroppo alcun Hugues tra i sopravvissuti. Mi dispiace, *magister*.»

«Anche a me, molto. Pregherò per lui. *Pax vobiscum*.»

Renaud fece un altro inchino e seguì con gli occhi i due domenicani che si allontanavano verso la tenda del re. Il maresciallo del Tempio era preoccupato. Quel frate sapeva troppo.

✠ ✠ ✠

Yves camminava pensieroso guardando in basso, le mani giunte sotto la tonaca. Fu Nicola a rompere il silenzio: «*Magister*, non siete convinto che abbiano detto la verità?».

L'inquisitore non sollevò gli occhi da terra.

«Sai, Nicola, qualche anno fa, in un convento italiano del nostro Ordine, alcuni novizi, per beffarsi di un confratello particolarmente bravo e studioso, ma già allora abbastanza corpulento, lo fecero uscire dalla cella gridando che c'era un asino che volava, per poi ridere a crepapelle di lui. Smisero di ridere quando lui osservò che gli era parso più verosimile che un asino volasse piuttosto che un frate dicesse una bugia. Il novizio si chiamava Tommaso d'Aquino. Prima di partire da Parigi ho avuto modo di conoscerlo e di apprezzarne l'intelligenza e le doti teologiche. A non più di venticinque anni è già il miglior allievo del grande *magister* Alberto, che lo ha portato con sé nello *studium* generale da poco aperto a Colonia. Questo per dire che anche i templari sono frati. Guerrieri, ma frati, come ha scritto Bernardo di Clairvaux in un testo inquietante, il *De laude novae militiae*. Non dovrebbero mentire. Temo, tuttavia, che lo abbiano fatto. Che senso aveva chiedere la descrizione di Hugues se nessuno dei sopravvissuti si chiama così? Voleva solo capire se io lo conoscessi davvero...»

«E voi lo conoscevate, *magister*?»

«No, non lo conoscevo, ho cercato di descriverlo immaginando come sarebbe dovuto essere. Per quello che gli hanno ordinato di fare, doveva essere giovane, ma non inesperto, poco noto all'esterno dell'Ordine, ma assolutamente fidato per i suoi capi. Il nome è francese, quindi più probabilmente chiaro che scuro. Dalle loro facce, direi che ho indovinato. Renaud de Vichiers lo conosceva bene. E anche quel ragazzo lo conosceva, hai visto come ha guardato il maresciallo?»

Yves ripensò ancora alle ultime parole di Amaury de Troyes. Non ne aveva parlato con nessuno, nemmeno con il suo allievo. Era convinto che il templare non avesse mentito in punto di morte, credendo nel suo delirio di parlare addirittura con il papa. Ora, comunque, Renaud de Vichiers glielo aveva appena confermato. Anche la scena di far uscire il ragazzo dalla tenda per interrogarlo davanti a lui era stata solo un modo per buttargli fumo negli occhi. Dovevano essere bastate poche parole per ordinargli di non rivelare nulla. L'inquisitore aveva anche motivo di credere che Hugues fosse ancora vivo. Amaury tornava da Mansura, se il confratello fosse morto lì non sarebbe stato così inquieto. Del resto, anche i saraceni vittoriosi cercavano quello che era stato sottratto da Hugues. Doveva ringraziare ancora una volta padre Mathieu, cui aveva chiesto consiglio nella preghiera. La scelta di affrontare a viso aperto i templari era stata quella giusta: ora sapevano che sulla loro pista c'era l'inquisizione e forse avrebbero commesso qualche errore. L'inquisizione... Mansura non era nell'Île-de-France. Il Signore aveva voluto che, in quel tempo e in quel luogo, il gravoso *officium* fosse solo sulle sue fragili spalle, nel mezzo di una guerra. Doveva stare attento e forse era anche il caso di portare avanti l'addestramento del suo allievo.

«Dobbiamo trovare questo *frère* Hugues. Ha preso qualcosa nella tenda di Scecedin che mi interesserebbe vedere.»

«Che cosa, *magister*?»

«Non lo so. Ritengo solo che si tratti di un oggetto molto antico. E molto pericoloso.»

«E come faremo a rintracciare Hugues? I templari non ce lo diranno mai.»

«Il mio maestro mi ha insegnato che un inquisitore non si ferma davanti a nulla e a nessuno. Egli serve la causa di Dio e non ne esiste una più giusta. I templari non erano soli nell'accampamento saraceno. C'erano anche i cavalieri di Roberto d'Artois e alcuni di loro si sono salvati. Dobbiamo rintracciarli. Andiamo dal re.»

✠ ✠ ✠

Guillaume de Sonnac aprì il suo unico occhio e vide che era stato Renaud de Vichiers a scuoterlo.

«Che succede?»

«Scusami, Guillaume, ma abbiamo ricevuto una strana visita.»

Il maestro del Tempio si sollevò, con un gemito di dolore si sedette sulla branda e chiese: «Chi?».

«Yves le Breton. Sa che siamo stati noi a uccidere Scecedin e ha domandato chi fosse entrato nella sua tenda. Ha detto che stava raccogliendo informazioni per conto del re. Ha anche chiesto di Hugues.»

Guillaume restò senza parole. Poi fu un solo respiro: «Qualcuno ci ha traditi».

✠ ✠ ✠

I templari cavalcavano ininterrottamente da quasi due giorni, fermandosi solo il tempo necessario a far riposare e abbeverare i cavalli. Si erano tenuti a distanza dalla pista che costeggiava il Nilo e, per ripararsi dal caldo, avevano tolto gli elmi, sostituendoli con turbanti grigi simili a quelli dei beduini.

Hugues de Jouy si era voltato spesso, anche se sapeva che nessuno avrebbe potuto inseguirli. Tutto era filato liscio. Lasciato il padiglione di Scecedin, si erano fatti largo nella confusione dell'accampamento egiziano dirigendosi verso il Nilo, dove li attendeva una barca. Avevano dovuto abbandonare i cavalli, ma i loro confratelli li avrebbero recuperati. Del resto, non c'era alternativa se non tornare indietro al guado, sotto gli occhi di tutto l'esercito. L'imbarcazione aveva disceso il fiume per un paio di leghe, fino a quando l'accampamento cristiano era scomparso dalla vista. Erano quindi sbarcati, raggiungendo una macchia di canne che celava un'altra monta, sorvegliata da alcuni *servientes*. Non sarebbe stato prudente proseguire lungo il fiume, troppo frequentato. Avevano così puntato su Damietta, dove una galera dell'Ordine era pronta a salpare.

Ogni tanto accarezzava nella borsa della sella lo scrigno d'avorio, di cui aveva verificato rapidamente il contenuto dopo averlo trovato in un baule dell'emiro. Non aveva più osato riaprirlo, anche per non attirare troppo l'attenzione dei confratelli, ignari di tutto. Sarebbe stato presto riposto con il tesoro del Tempio e avrebbe atteso l'arrivo del maestro e del maresciallo in una fortezza inespugnabile.

✠ ✠ ✠

La tenda eretta per il re era più piccola del grande padiglione rosso che sorgeva sull'altra sponda del canale, ma comunque spaziosa a sufficienza per accogliere una decina di persone. Yves si avvicinò ai due cavalieri di guardia. Uno di loro si affacciò dentro e poco dopo fece cenno al frate di entrare. Nicola attese fuori, come sempre.

Luigi era solo, seduto su una panca. Yves notò che aveva di nuovo gli occhi lucidi. La tensione lo stava logorando e questo era un pessimo segno. Un uomo in quelle condizioni non avrebbe mai potuto vincere.

«*Pax vobiscum*, sire.»

«*Magister*, mi consola vedervi in buona salute. Godefroy mi ha detto che questa notte i saraceni hanno tentato di uccidervi. Ho appena avuto altre notizie terribili. Oggi a Mansura hanno mostrato al popolo dal minareto della moschea la cotta d'armi di Roberto. Hanno detto che era mia e che mi avevano ucciso. Hanno addirittura annunciato che ci attaccheranno venerdì, consapevoli che le nostre spie lo avrebbero riferito. Hanno voluto sfidarci.»

«Chi li guida, ora?»

«Un mamelucco che chiamano il Balestriere, una specie di gigante.»

«Una specie di gigante, veloce e addestrato: sono le parole di monsignor de Seignelay di questa notte. Potrebbe essere l'uomo che ci è sfuggito nel padiglione di Scecedin, uccidendo due dei nostri.»

«Quindi forse avete incontrato addirittura il nuovo capo di questi maledetti. E che ci faceva nel padiglione di Scecedin?»

«Non lo so, sire. È quello che vorrei scoprire. In quella tenda doveva esserci qualcosa di molto importante, come avevamo intuito già ieri sera. Forse informazioni che potrebbero aiutarci a sconfiggere gli infedeli e a liberare Gerusalemme.»

«Potrebbe essere riuscito a portarle via?»

«Non credo, sire. Li abbiamo sorpresi ed è fuggito dopo essersi scontrato con monsignor de Seignelay. Gli infedeli potrebbero tuttavia essere stati preceduti da qualcun altro. Questa notte c'erano beduini intenti al saccheggio dell'accampamento, ma non penso che fossero ancora entrati in quella tenda. C'era molto denaro a terra e i beduini non lo avrebbero certo lasciato lì. Ieri mattina potrebbero invece esservi entrati i cavalieri del conte di Artois o i templari. Ho appena chiesto a Renaud de Vichiers, ma non ne sapeva nulla. Se lo ritenete, potrei provare a sentire i cavalieri che erano con vostro fratello.»

«Sì, certo, *magister*. Vi occuperete di questo. Ma non ora. Ora devo prepararmi a ricevere i nemici di Dio e ho bisogno del conforto della vostra preghiera.»

Al-Qahira, nella cittadella di Salah al-Din, la sera dello stesso giorno

La ragazza alta e bruna, avvolta in una leggera tunica di seta, si avvicinò lentamente alla finestra della stanza che dava sul cortile e scorse in basso l'emiro Izz al-Din Aybak montare su uno splendido stallone nero e allontanarsi, seguito dai cavalieri della sua scorta. Non poté fare a meno di paragonarlo al defunto Fakhr al-Din. Il nuovo *atabak al-asakir*, per quanto anche lui piuttosto anziano, sembrava più capace del predecessore. Persino troppo. Aveva reagito con prontezza e sangue freddo ai messaggi recati dai piccioni viaggiatori nel pomeriggio del giorno prima, con l'annuncio che al-Mansura era stata attaccata e la richiesta di rinforzi. Non essendovi state altre comunicazioni, tutti avevano pensato al peggio e l'impressione era stata confermata dal racconto dei primi fuggiaschi, giunti in serata in città. La cavalleria franca aveva colto di sorpresa l'esercito accampato. La decisione di Aybak, nonostante il diverso avviso di molti dei suoi emiri, era stata quella di tenere aperta per tutta la notte la porta di Bab an-Nasr per accogliere altri scampati. Ne erano arrivati un gran numero, civili e anche militari, riferendo che gli infedeli erano entrati ad al-Mansura. Era così trascorsa una notte di paura, con Aybak in persona sugli spalti in attesa delle avanguardie nemiche. Al sorgere del sole, era invece arrivato al galoppo un *askari* della *Bahriyya* annunciando una grande vittoria. La città era stata immediatamente parata a festa e la notizia diffusa al rullo di tamburi aveva scatenato scene di giubilo. Erano pervenute in seguito maggiori informazioni, tra cui quella della morte di Fakhr al-Din. Secondo le ultime voci, Baybars si accingeva ad attaccare il nemico.

Baybars. Come sempre, sentire quel nome l'aveva turbata. Lo conosceva da quando erano poco più che bambini, entrambi schiavi di Ayyub, lei nell'harem, lui nella *Bahriyya*. Con l'incoscienza dei ragazzi avevano osato l'inosabile: innamorarsi. Ricordò fugacemente gli sguardi rubati, gli incontri furtivi, il fremito della sua pelle, le carezze e gli abbracci appassionati nella notte più fonda, che precede l'aurora. Dopo i primi incontri, la confidenza aveva prevalso sulla cautela ed erano quasi stati scoperti da un eunuco addetto all'harem. Baybars si era nascosto dietro una tenda, pronto a uccidere. Non era stato necessario, ma quel giorno Shajar aveva deciso che sarebbe stato troppo rischioso continuare.

Così, da allora, quando nei palazzi del sultano le era capitato di incrociare Baybars e il giovane le si era inchinato in segno di omaggio, gli aveva rivolto il cenno fugace riservato agli emiri di basso rango. Quel ragazzo dagli occhi chiari non poteva rientrare nel percorso che si era assegnata, primeggiare nell'harem per diventare la moglie preferita di Ayyub e la madre del suo erede, quindi salire fino alla soglia del potere supremo e ancora più in alto, dove mai nessuna donna era arrivata.

In pochi anni aveva ottenuto risultati straordinari, sbaragliando agguerrite concorrenti e sopravvivendo in un nido di serpi.

Poi era nato Khalil.

Le tornarono alla mente quegli occhioni neri spalancati sul suo viso e i momenti in cui, tenendolo tra le braccia, gli raccontava chi era e da dove veniva: la sua infanzia sui monti della Cilicia armena, i genitori, i giochi con le sorelle. E il giorno in cui tutto le era stato strappato: l'attacco alla città, il rapimento, la violenza, la vendita come schiava ad Ayyub, le umiliazioni, fino agli incontri nascosti con Baybars. Non ne aveva mai parlato con nessuno. Il bimbo era troppo piccolo per capire, ma sorrideva al suono della sua voce. In quei sorrisi, Shajar aveva vissuto tutta la gioia della sua vita.

Purtroppo l'incapacità dei medici del sultano le aveva portato via Khalil dopo appena pochi mesi. Una febbre improvvisa, che nessuno di quei ciarlatani era riuscito a curare.

L'ennesimo dolore, devastante, che l'aveva inghiottita come in un pozzo senza fondo. Aveva desiderato di morire anche lei, di addormentarsi e non svegliarsi più. Ma alla fine si era rialzata. Era giovane, avrebbe avuto altri figli.

I tempi stavano cambiando, come accade sempre durante le guerre. Ayyub e Fakhr al-Din erano morti e il nome del Balestriere era sulla bocca di tutti come nuovo eroe dell'Islam. Si chiese se Dio potesse avere in serbo un futuro per i fanciulli di un tempo.

Si scosse da quei pensieri bruscamente, dicendosi che non poteva inseguire fantasie. Doveva restare fredda e lucida. Solo così era diventata la moglie prediletta del sultano e aveva conquistato i suoi comandanti.

Il giorno dopo, il nuovo *atabak* avrebbe raggiunto al-Mansura con i rinforzi frettolosamente raccolti in città, ma lei sapeva che Baybars non lo avrebbe atteso e avrebbe chiuso la partita prima del suo arrivo. Anche il giovane Turanshah era ancora lontano e non sarebbe giunto ad al-Mansura prima di un paio di settimane. Doveva pertanto restare concentrata e assolvere il compito concordato con i due emiri che si erano succeduti nel suo letto. Controllare la capitale, perché da sempre al-Qahira significava l'Egitto. Poi avrebbe valutato che cosa fare.

Shajar al-Durr accennò un sorriso e due piccole rughe apparvero intorno ai suoi splendidi occhi neri.

10

L'attacco di Baybars

Mansura, 11 febbraio 1250 (7 dhu l-qa'da 647)

Luigi aveva ordinato di armare gli uomini per mezzanotte e di condurli fuori, disponendoli dietro la rudimentale palizzata eretta a protezione del campo. Poi, dopo una breve funzione religiosa, aveva raggiunto il centro dello schieramento con la sua scorta di cavalieri. Yves e Nicola erano rimasti presso la tenda reale. L'esercito crociato aveva trascorso la notte a scrutare il buio, nella segreta speranza che la notizia dell'attacco per il venerdì si rivelasse infondata.

Ai primi bagliori dell'aurora, fu chiaro che non era così. Almeno quattromila saraceni a cavallo avevano circondato l'accampamento cristiano. Dietro di loro si scorgeva la fanteria.

Quando sorse il sole, le file nemiche si aprirono e un cavaliere si fece avanti, coperto dall'armatura blu e oro della guardia del sultano. Era talmente imponente da far sembrare piccolo il cavallo.

Re Luigi esclamò: «È il loro capo, quello che ha mostrato la cotta d'armi di Roberto. Signori, quell'uomo deve morire oggi».

Non molto distante, anche Yves lo aveva identificato.

«Eccoti, dunque...»

✠ ✠ ✠

Dalle mura di al-Mansura, Umberto di Fondi guardava gli eserciti schierati. Per proteggersi dal sole, aveva indossato un turbante.

Mohamed era al suo fianco. Non avrebbero partecipato alla battaglia, ma se le cose si fossero messe male e la città fosse stata di nuovo attaccata, erano pronti a battersi. Del resto, la loro guerra contro i crociati era in corso da tanto tempo.

Un gruppo di mamelucchi a cavallo si spinse avanti e l'emiro osservò: «Sta per iniziare».

Umberto scosse la testa.

«È ancora presto.»

Come se lo avessero sentito, i cavalieri rientrarono nelle linee. Il barone proseguì: «Baybars vuole logorarli. Ecco perché li ha avvertiti del giorno dell'attacco, inducendoli a schierarsi nella notte. Li lascerà a cuocere sotto il sole fino alle ore più calde, alle quali i suoi uomini sono ovviamente più avvezzi. L'unica possibilità che hanno i francesi è quella di attaccare, con il rischio che vada a finire come tre giorni fa».

✠ ✠ ✠

«Ma che aspettano? Perché non avanzano?»

Era stato Sargines a parlare. Luigi si voltò verso di lui lanciandogli uno sguardo di rimprovero, anche se sapeva bene che il cavaliere aveva espresso la frustrazione di tutti. Il sole era ormai alto e i saraceni continuavano a spostare squadroni da una parte all'altra del loro schieramento, suscitando l'allarme tra le fila cristiane. Ogni volta, tutto si arrestava com'era iniziato, mentre il caldo e la stanchezza aumentavano. Il re comprese che rischiava di perdere la battaglia senza nemmeno combatterla e cominciò a pensare di attaccare uscendo dalla protezione della palizzata. Lo frenava tuttavia il dubbio che forse era proprio quello il diabolico piano nemico: attirarli in un'altra trappola.

Finalmente, quando il sole aveva raggiunto il punto più alto, dalle fila nemiche si udì il suono dei tamburi, i *nacaires*, e i saraceni iniziarono ad avanzare in direzione dello squadrone del conte d'Angiò, posto sulla sinistra dello schieramento cristiano. Gli uomini del conte, appiedati, furono attaccati dai lanciatori di fuoco greco, poi dalla cavalleria e cominciarono a indietreggiare incalzati dal nemico. Sul fianco degli attaccanti piombò tuttavia la carica di Luigi e della sua scorta, che respinse i saraceni.

✠ ✠ ✠

Gli ospitalieri e i pochi templari superstiti si erano schierati sulla destra, verso il Nilo. C'era anche Guillaume de Sonnac, che aveva insistito per partecipare alla battaglia e aveva indossato solo un cappello d'arme aperto a causa della fasciatura alla testa. I cavalieri del Tempio si erano trincerati dietro un baluardo realizzato con il legno delle macchine da guerra catturate ai saraceni e rinforzato con assi di pino. Nulla che potesse arrestare il fuoco greco. Il baluardo fu presto in fiamme e i nemici non aspettarono nemmeno che si estinguessero per superarlo.

Renaud de Vichiers abbatté con la spada un saraceno i cui abiti avevano preso fuoco; un altro fu ucciso dal giovane de Beaujeu, ma erano troppi. Guillaume de Sonnac fu colpito al volto da una lancia e cadde all'indietro senza un grido. Renaud fu sull'aggressore e con un fendente lo uccise. Poi si chinò verso il maestro e si accorse subito che era morto. Alzò la testa e vide sopraggiungere a cavallo lo squadrone di ospitalieri rimasto di riserva. Alla loro testa, Jean de Ronay caricò un gruppo di saraceni, ne travolse due ma fu trafitto dalle lance degli altri.

✠ ✠ ✠

Joceran le aveva detto di non uscire per nessun motivo, ma Isabelle era una ragazza curiosa. Il clamore si avvicinava e la tentazione di dare un'occhiata era troppo forte. A diciassette anni, con l'esercito da quando ne aveva quindici, non si era mai trovata ad assistere a una battaglia. Era di Parigi, figlia di uno dei macellai del re, rimasto vedovo poco prima della partenza per la *expeditio crucis*. Non sapendo a chi lasciarla, l'aveva portata con sé, ma era morto anche lui a Damietta. Malaria, le avevano detto. Isabelle non si era persa d'animo. Si era resa subito conto che una ragazza come lei avrebbe trovato facilmente di che vivere. Nonostante la dichiarata ostilità del re alla prostituzione, ribadita in diversi editti, l'armata di Luigi non faceva eccezione e aveva al seguito un buon numero di meretrici, tutte molto più brutte di lei. La giovane, alta, mora, gli occhi azzurri e il volto bellissimo, era diventata quindi *Chérie*, merce pregiata, appannaggio di cavalieri e persino di preti. Fino a quando aveva conosciuto Joceran de Brançon, il siniscalco del re, che se ne era invaghito e l'aveva presa con sé, ospitandola tutte le notti nella sua tenda. All'alba doveva andarsene per non destare scandalo, ma da allora Isabelle aveva smesso di vendersi. Oltre a essere un uomo importante, comandante di venti cavalieri, era giovane, bello, gentile. Quella notte, quando lo aveva visto armarsi, gli aveva chiesto di poter rimanere lì durante l'imminente battaglia e lui aveva acconsentito, anche se questo implicava che tutti l'avrebbero vista. La ragazza era stata felice. Forse le avrebbe permesso di restare per sempre al suo fianco.

Ora nell'accampamento si combatteva. Poco lontano, Isabelle vide Joceran circondato dai saraceni. Il giovane, appiedato, si stringeva con alcuni compagni intorno a un cavaliere dalla cotta d'armi gigliata, il conte di Poitiers, fratello del re. Uno dei francesi fu colpito da un colpo di mazza sull'elmo e stramazzò al suolo, un altro fu trafitto da un dardo di balestra a distanza ravvicinata. Joceran si avventò sul balestriere che stava ricaricando e con un fendente gli staccò quasi la testa. Lo spruzzo del sangue fece chiudere gli occhi a Isabelle. Quando li riaprì, vide un cavaliere saraceno caricare Joceran. Il siniscalco parò l'assalto di lancia con lo scudo, ma fu sbilanciato e cadde. Nello stesso istante, anche il conte di Poitiers veniva disarcionato. I saraceni furono loro addosso. Joceran cercò di rialzarsi, ma un colpo di mazza sulla schiena lo rigettò nella polvere. A quel punto la ragazza uscì dalla tenda urlando: «Noo! Lasciatelo stare!».

Tutti si girarono verso di lei e lo scontro sembrò fermarsi. Joceran gridò: «Scappa, Isabelle!».

Furono le sue ultime parole. Un secondo colpo di mazza lo raggiunse sul collo. Cadde come un sacco di stracci. Due saraceni iniziarono a correre verso la ragazza, rimasta impietrita. L'avevano quasi raggiunta quando si pararono loro davanti due uomini con grembiuli lerci e sporchi di sangue. Isabelle riconobbe i macellai dell'accampamento, compagni di suo padre. Entrambi i saraceni ebbero la testa spaccata. Altri macellai stavano intanto accorrendo, con asce e lunghi coltellacci. Li seguivano le donne che vendevano le derrate alimentari, armate di coltelli. I saraceni che avevano catturato il conte furono letteralmente fatti a pezzi e il fratello del re fu liberato. Era l'unico superstite di tutto lo squadrone. Isabelle si inginocchiò vicino a Joceran coperto di sangue e pianse come non aveva mai fatto, neanche per la morte dei suoi genitori. Uno dei macellai le si avvicinò e le chiese: «Lo conoscevi da molto?».

Lei non rispose.

✠ ✠ ✠

Umberto notò che gli uomini di Baybars iniziavano a ripiegare. Più volte lo schieramento crociato aveva vacillato, in un paio di occasioni si era persino rotto, ma l'intervento di formazioni dalla retroguardia aveva ripristinato la linea. Era stata una battaglia di logoramento, con ingenti perdite da entrambe le parti. Questo non escludeva che un vincitore comunque ci fosse stato. Volse la testa verso Mohamed, che annuì soddisfatto. L'esercito cristiano non era stato sconfitto, ma gli egiziani avrebbero rimpiazzato in qualche modo le perdite subite, gli invasori no. La prosecuzione della crociata diventava sempre più ardua.

✠ ✠ ✠

Il sole stava tramontando e nell'accampamento cristiano la morte era ovunque. Yves e Nicola si avvicinarono ai templari che rientravano mestamente verso le tende, recando su una tavola di legno il corpo senza vita del loro maestro. Renaud de Vichiers aveva gli occhi rossi e lucidi di lacrime. Si rivolse all'inquisitore con tono costernato, ma anche di sfida: «Ci ha lasciato... Purtroppo non potrete più interrogarlo».

Yves non raccolse quella provocazione e descrisse una croce nell'aria benedicendo il cadavere.

«Mi dispiace molto. Era un uomo devoto e coraggioso. In questo momento sarà certamente al cospetto di Dio.»

Fece un inchino. Renaud rispose con un cenno e i templari proseguirono.

Yves li accompagnò con lo sguardo. Si chiese se il maresciallo del Tempio avesse colto l'ambiguità della sua affermazione: al cospetto di Dio implicava il giudizio di Dio.

"Per che cosa dovrai giustificarti, Guillaume de Sonnac?"

✠ ✠ ✠

Davanti alla tenda del re si era formato un circolo di cavalieri sporchi di polvere e sangue. Vedendo arrivare i domenicani, Godefroy de Sargines andò loro incontro. Perdeva sangue dal naso, ma sembrava non darvi alcun peso. Parlò a bassa voce, anche se nessuno avrebbe potuto sentirli: «*Magister*, provate voi a parlare con il re. Siete l'unico che riesce a infondergli fiducia».

«Che succede, monsignore?»

«Lo avete visto. Abbiamo respinto l'attacco, ma non abbiamo vinto. Il conte di Angiò e il conte di Poitiers hanno entrambi rischiato di fare la fine del conte di Artois. Guillaume de Sonnac e Jean de Ronay sono morti, come tanti altri, troppi.»

Il cavaliere guardò Yves in modo eloquente. Non voleva e non poteva aggiungere altro.

«Ho capito. Voi che idea vi siete fatto?»

«Dobbiamo andarcene da qui, *magister*. Rientrare a Damietta. Non siamo più in grado di avanzare.»

L'inquisitore annuì e proseguì oltre.

Con il re c'erano i suoi fratelli, i duchi di Bretagna e di Borgogna, i conti di Fiandra e di Chatillon e l'ospitaliere Hugues de Revel, già castellano del *Crac*,[1] che aveva assunto il comando dopo la tragica fine di Jean de Ronay.

Il sovrano scorse Yves e gli fece cenno di avvicinarsi: «Venite, *magister*».

L'inquisitore si collocò al fianco del duca di Bretagna, il Mauclerc, mormorando «*Pax vobiscum*». Nicola si tenne indietro.

Luigi si rivolse al frate: «Stavamo considerando come procedere dopo la vittoria di oggi. Dicevo che dobbiamo rendere grazie a Nostro Signore che ci concede un tale onore per due volte in una settimana; martedì li abbiamo scacciati dal loro accampamento; oggi ci siamo difesi bene e li abbiamo respinti. Stava parlando il conte d'Angiò».

Il fratello del re era imbarazzato.

«Sì, in sostanza avevo già espresso il mio pensiero. Il miglior partito è attendere rinforzi da Damietta, soprattutto cavalli, prima di riprendere l'avanzata.»

Ci fu un mormorio di approvazione. Yves sapeva che nessuno avrebbe osato manifestare quello che gli aveva appena detto Godefroy, anche se lo pensavano tutti. L'unico che avrebbe potuto farlo era morto nei vicoli di Mansura e il palese rifiuto del re di accettare la realtà derivava anche da quella perdita. Roberto aveva immolato la vita in quell'impresa e per Luigi ritirarsi avrebbe significato tradire il sacrificio del fratello, oltre che riconoscere il fallimento di una missione che era diventata lo scopo della sua stessa esistenza.

«Bene, signori» disse quindi il sovrano. «Invieremo subito una richiesta alla regina a Damietta. Darò l'ordine di requisire tutti i cavalli che trovano e di inviarceli con gli uomini non indispensabili alla difesa della città, anche quelli degli equipaggi delle navi. Vi ringrazio.»

Tutti si inchinarono e il sovrano si diresse alla tenda. Yves si girò verso il Mauclerc.

«Perdonatemi, monsignore. Posso scambiare due parole con voi?»

Pierre de Dreux, alto e ancora vigoroso nonostante i suoi sessant'anni, guardò il frate con aria incuriosita. Yves era bretone come lui e la lontananza dalla patria faceva in modo che lo considerasse come uno dei suoi.

«Dite pure, *magister*.»

«Intanto possiamo avviarci, vi accompagno...»

«Come volete, certo. Andiamo.»

I due si incamminarono mentre nell'accampamento iniziavano ad ardere i fuochi. Nicola li seguiva a distanza.

«Monsignore, sto conducendo alcune verifiche sull'uccisione di Scecedin nella battaglia di martedì grasso. Come sapete, il suo padiglione era sormontato da uno stendardo giallo con l'aquila nera dell'imperatore. Voi eravate con il conte d'Artois quel giorno. Ricordate di aver notato qualcosa, o sapreste indicarmi chi potrebbe sapere qualcosa?»

Il duca arricciò le labbra, pensieroso.

«No, *magister*, mi dispiace. Ricordo quel padiglione, ma quella zona del campo è stata attaccata da Guy de Mauvoisin e dai templari. Io mi sono diretto verso le macchine da guerra e poi ho puntato su Mansura. I templari sono ormai quasi tutti morti, ma forse Mauvoisin o qualcuno dei suoi possono aver visto qualcosa.»

«Grazie, monsignore. Allora, con il vostro permesso vado a cercarlo.»

I due si fermarono. Il Mauclerc era sulle spine.

«Sì... Scusatemi, *magister*, posso rivolgervi una richiesta, da bretone a bretone?»

«Certo, ditemi.»

«Avete sentito il re. Sapete che oggi non c'è stata alcuna vittoria e martedì scorso nemmeno. Non è possibile andare avanti. Ve lo dice uno che ha trascorso in guerra buona parte della sua vita. Dobbiamo ritirarci, se non vogliamo morire tutti qui. Voi siete l'unico che può farlo ragionare... Francamente, mi sembra molto più importante che vi occupiate di questo che di Scecedin.»

Yves annuì come aveva fatto con Godefroy de Sargines. Anche il duca lo prese per un assenso e parve sollevato. Il Mauclerc arrivò persino ad abbozzare un sorriso al frate, che si voltò e raggiunse Nicola.

✠ ✠ ✠

Yves conosceva bene Guy de Mauvoisin, signore di Rosny, nell'Île-de-France. All'inquisitore era capitato di condannare eretici al rogo proprio dalle sue parti. Era un uomo semplice e poco avvezzo ai dubbi. Avanti negli anni, ma non così vecchio come il duca di Bretagna. Accolse i frati con un sorriso cordiale.

«Quale onore avervi qui, *magister*. Permettetemi di dividere con voi il mio pasto quaresimale. Pesce del Nilo arrostito.»

Yves rispose dopo aver lanciato un'occhiata a Nicola, sapendo che il giovane non chiedeva altro.

«È un onore accettare il vostro invito, monsignore.»

I pesci erano bottatrici di fiume, grosse e gustose. Per l'occasione, Guy fece anche portare una caraffa di vino rosso, sopravvissuto chissà come al viaggio, al caldo e alla guerra. Dopo aver conversato dei lavori per abbellire la chiesa di Rosny al loro ritorno in Francia, Yves gli chiese di Scecedin. Guy rimase qualche istante pensieroso. Se l'inquisitore si interessava di quell'argomento, alcuni fatti ai quali sul momento non aveva dato importanza potevano essere rilevanti.

«In effetti, ripensandoci alla luce della vostra richiesta, c'è stato qualcosa di strano. Avevamo attaccato per primi e con il mio squadrone ero entrato al centro dell'accampamento nemico. Che strage di infedeli abbiamo fatto, *magister*...»

«Sì, ho visto» commentò gelido le Breton, ripensando al corpo del ragazzino calpestato dagli zoccoli.

Guy proseguì: «Mentre ci stavamo battendo con alcuni saraceni che avevano tentato una resistenza per coprire la fuga degli altri, un gruppo di templari ci ha superati senza curarsi di noi e senza nemmeno provare ad aiutarci. Li ho rivisti più tardi, da lontano, proprio intorno al padiglione di Scecedin. L'avevano circondato. Non mi sono fermato, tanto c'erano già loro e con i miei uomini ho continuato verso Mansura cercando solo di uccidere quanti più infedeli potevo».

«Capisco... E quanti erano i templari di quel gruppo?»

«Mah, una decina.»

«Ne conoscevate qualcuno?»

«Non avrei potuto riconoscerne nessuno. Erano tutti uguali, con gli elmi pesanti e la veste dell'Ordine.»

✠ ✠ ✠

Più tardi, mentre rientravano in silenzio alla tenda, Nicola osò chiedere: «*Magister*, che cosa vi preoccupa?».

«Molte cose, Nicola. Sono convinto che i templari di cui ci ha parlato Guy siano ormai lontani. Noi invece rischiamo di restare bloccati qui ancora a lungo. Inoltre, non posso accusare l'Ordine del Tempio senza alcun elemento concreto, né prendere Renaud de Vichiers e interrogarlo come vorrei. È stato precettore di Francia, conosce bene il re e l'eroico sacrificio di Guillaume de Sonnac e di centinaia di cavalieri ha accresciuto ancor di più il suo prestigio.»

«Che dobbiamo fare, allora?»

«Dovremmo andarcene da qui e cercare Hugues de Jouy. Certamente avrà raggiunto Damietta, poi chissà. Non possiamo tuttavia lasciare il re. Dovrò convincerlo a ritirarsi, tanto non riusciremo mai ad arrivare a Babilonia.»

«Rinunceremo alla liberazione della Terrasanta?»

«Nicola, come sai, Matteo narra la fuga di Giuseppe, Maria e di Nostro Signore bambino in Egitto, per sottrarsi alla persecuzione di Erode. Giuseppe, guidato dallo Spirito Santo, lasciò la Terrasanta per salvare il Figlio dell'Uomo. Questo significa che nessuna terra è santa e al tempo stesso lo sono tutte. Ciò che conta è dove si trovano Nostro Signore e la nostra fede.»

Nicola lo guardò sbigottito. Il *magister* aveva deciso che dovevano andarsene e stava già elaborando la giustificazione teologica da fornire al re. Gli sembrava che migliaia di uomini fossero appena morti per qualcosa di diverso, ma si guardò bene dal dirlo.

✠ ✠ ✠

Intanto, in uno dei saloni del palazzo del sultano di al-Mansura, Umberto s'inchinò a Izz al-Din Aybak, giunto da al-Qahira con duemila uomini di rinforzo. L'*atabak* era arrivato troppo tardi per partecipare alla battaglia, ma non sembrava contrariato per questo. Anzi, era di ottimo umore. Baybars sedeva al suo fianco.

«*Salam alaykum*, ser Berto.»

«*Alaykum salam*, mio signore.»

«Come sta l'imperatore?»

«Bene. Continua a battersi contro i vostri stessi nemici.»

«Mi dici perché i seguaci del tuo Dio sono così desiderosi di guerra? Dio non dovrebbe volere la pace?»

«Non sono in grado di risponderti, mio signore. Io ho sempre fatto solo la guerra.»

Non aggiunse che non aveva una particolare fede in Dio, poiché sapeva bene che si sarebbe procurato solo il disprezzo del suo interlocutore, come spesso era capitato all'imperatore quando aveva professato il suo ateismo. Un musulmano era disposto a comprendere e a rispettare il seguace di un'altra fede, anche se acerrimo nemico, ma non chi di fede non ne aveva alcuna.

Aybak mostrò il palmo della mano, come per confermare la validità della sua tesi e gli fece cenno di accomodarsi su uno dei cuscini a terra. Umberto si sedette e l'*atabak* proseguì: «Baybars mi ha raccontato della lettera inviata all'imperatore da *al-Malik* Ayyub, che Allah abbia misericordia di lui. Non ne ero informato e, purtroppo, sia lui sia Fakhr al-Din non possono più parlare. In ogni caso, faremo delle ricerche e se vorrai trattenerti come nostro ospite ti aiuteremo a portare a termine la tua missione. Inoltre, tra alcuni giorni dovrebbe raggiungerci *al-Malik* al-Muazzam Turanshah, il figlio del Pilastro della Fede, che avrà certamente piacere di incontrarti».

Umberto comprese che lo volevano lì. Non certo per consentirgli di completare la sua missione, ma per qualche altro motivo, forse connesso all'arrivo del nuovo sultano. Guardò il Balestriere, il quale sembrava assorto dalla trama del grande tappeto di seta che copriva il pavimento, e pensò che fosse proprio un gran figlio di puttana.

11

Il templare

Mansura, 20 febbraio 1250

I cadaveri erano venuti a galla a centinaia, la pigra corrente del canale li ammassava lungo il basso ponte di chiatte realizzato per collegare i due accampamenti. Re Luigi aveva assoldato un centinaio di uomini per ripescarli con dei bastoni muniti all'estremità di uncini di ferro. I corpi dei saraceni venivano ributtati in acqua dall'altro lato del ponte, quelli dei cristiani venivano recuperati e seppelliti in grandi fosse comuni.

Renaud de Vichiers osservava le operazioni immobile, non lontano dalla riva. Notò il ciambellano del conte di Artois tra coloro che cercavano di dare un nome alle salme. Impresa pressoché impossibile, visto che i cadaveri erano ormai irriconoscibili. Pensò che almeno i defunti avessero finito di soffrire.

I vivi erano invece tormentati da una nuova sciagura. Anche a causa della Quaresima, le bottatrici del canale erano state il principale alimento dell'esercito, ma era ormai palese che si fossero nutrite con le salme che stavano affiorando e, secondo molti, proprio questa era la causa di una grave malattia che si andava diffondendo: le gambe si riempivano di chiazze nere e marroni e le gengive marcivano. Quando il naso iniziava a sanguinare, la morte era vicina. I medici del re erano impotenti e si stava spargendo la voce che fosse il castigo divino per chi aveva mangiato i suoi stessi compagni. Renaud era convinto che fosse invece l'acqua del canale a essere ormai appestata.

Ogni giorno che passava, gli infedeli si rafforzavano e loro diventavano più deboli. Il maresciallo del Tempio era appena stato informato dell'imminente arrivo a Mansura del nuovo sultano, Turanshah. Era giovane e avrebbe dovuto guardarsi dai mamelucchi del padre, ma la sua presenza avrebbe probabilmente determinato un nuovo attacco, a cui nessuno sarebbe stato in grado di resistere.

Le uniche notizie confortanti erano arrivate da Hugues. Come previsto, si era imbarcato a Damietta e aveva inviato indietro Jocelyn de Tours, uno dei cavalieri che lo avevano scortato. Almeno lui era in salvo.

Non aveva mai avuto dubbi sul successo della sua missione. Quanto tempo sembrava passato dalla sera in cui lo aveva conosciuto, eppure erano solo dieci anni.

Provins, Champagne, sera del 23 maggio 1239

La pioggia iniziava a diradarsi e il rumore degli zoccoli sul basolato risuonava nei vicoli. Stava calando l'oscurità e i pochi viandanti si facevano da parte al passaggio dei sei cavalieri incappucciati, avvolti in mantelli bianchi con una croce rossa cucita sulla spalla sinistra.

Erano entrati dalla porta settentrionale e avevano attraversato la città bassa sotto un vero e proprio diluvio, affrontando in sella la salita di Le Chatel, la collina dominata dalla torre ottagonale dei conti di Champagne. Con le strade lucide e scivolose, erano pochi quelli che avrebbero osato farlo, ma ci voleva ben altro che un po' di acqua per indurre un templare a scendere dal suo cavallo.

Attraversarono la piazza della città alta. Dalla croce di pietra gocciolava un liquido che nella penombra sembrava scuro come il sangue. Imboccarono quindi la via di Jouy e, poco prima della porta della città, piegarono a sinistra nell'ultima stradina, quasi sotto i bastioni.

Si fermarono davanti alla massiccia struttura del convento della Maddalena, sede della precettoria templare. Una grande casa con una piccola torre cilindrica sul lato.

Mentre uno dei suoi confratelli smontava e iniziava a battere energicamente il pugno guantato sul portone, Renaud de Vichiers, precettore del Tempio in Francia, tirò indietro il cappuccio inzuppato e guardò le mura dell'edificio. Aveva poco del convento, sembrava una minuscola fortezza.

"Meglio così, con i tempi che corrono" pensò.

Respirò a pieni polmoni l'aria della sera profumata di pioggia. Dove era diretto sarebbe stato difficile farlo. Non gli dispiaceva comunque di partire.

Quello a cui aveva appena assistito non lontano da lì, a Mons Hysmerum, gli aveva confermato che i tempi stavano cambiando. Occorreva fare molta attenzione, soprattutto con i *puncta ordinis*, i punti dell'Ordine tanto cari al fondatore Hugues de Payns e ai suoi successori. Avrebbero dovuto con ogni sforzo tenere il mondo fuori dal Tempio, facendo in modo che le sue mura fossero impenetrabili.

Mentre il pesante portone veniva aperto, si disse che da questo punto di vista la precettoria di Provins era perfetta. Smontò, lasciò le redini a un servo ed entrò nell'ampio androne proprio mentre sopraggiungeva *frère* Girard, il precettore di Provins. In tutto, i fratelli cavalieri presenti nella cittadina erano solo tre, coadiuvati da sette *servientes* e da una ventina di famigli. Dovevano dividersi tra quel convento e l'altra casa del Tempio fuori città, a Val de Provins.

Girard era ancora un uomo vigoroso e la sua folta barba aveva pochi fili bianchi nonostante avesse ormai superato i cinquant'anni. Tutto il contrario di Renaud, già incanutito, pur essendo di dieci anni più giovane. Il precettore di Provins indossava un camicione bianco, segno che stava andando a dormire. S'inchinò al precettore di Francia.

«*Pax vobiscum.*»

«*Et cum spiritu tuo.*»

«Perdonami per l'attesa all'ingresso, Renaud, ma vi aspettavamo domani.»

«Sì, abbiamo ridotto le soste.»

«Capisco. Immagino che tu voglia rientrare presto a Parigi.

Quando sono giunte le notizie da Mons Hysmerum siamo rimasti increduli. Poi ho visto i prigionieri, sono passati da Provins e si sono fermati per la notte nella torre del conte. Erano irriconoscibili. Non credo che qualcuno li avesse toccati, ma apparivano letteralmente consumati dalla consapevolezza dei loro peccati. Il siniscalco che guidava la scorta mi ha detto che li giudicherà il papa in persona.»

Era evidente che *frère* Girard avrebbe volentieri commentato a lungo la notizia, ma Renaud tornava proprio da lì, era irritato dall'argomento e stanco per la lunga cavalcata. Andò subito alla ragione che lo aveva portato a fermarsi a Provins: «È arrivato?».

«Sì, fratello. Una settimana fa. Lo ha accompagnato suo padre, che non si è fermato ed è tornato a Jouy. Ha detto che voleva lasciarlo solo a riflettere sulla vocazione. Ci ha chiesto di ricordarlo nelle nostre preghiere e ti lascia devoti saluti.»

Renaud non avrebbe mai ricordato Gilbert de Jouy nelle sue preghiere e non sapeva che farsene dei suoi devoti saluti.

«Dov'è ora?»

«Sta già dormendo. Gli ho detto di ritirarsi.»

«Non mi pare che lo abbia fatto.»

Il templare stava guardando qualcosa alle spalle del confratello, il quale si voltò. Sulla soglia c'era un giovane alto e biondo, gli occhi celesti, l'aria sveglia. Tale e quale a sua madre, pensò Renaud, solo gli occhi erano del padre. Sperò che non fosse insolente come lui da giovane. Affiorarono ricordi lontani, due ragazzi che si sfidavano con le spade di legno nei prati fioriti ai margini del bosco, davanti al piccolo castello di Jouy, e una fanciulla bellissima dai grandi occhi verdi che li osservava.

Frère Girard assunse un tono di rimprovero: «Cavaliere, l'obbedienza... Niente è più caro a Gesù dell'obbedienza. Vi avevo ordinato di andare a dormire e voi avreste dovuto farlo subito, perché sta scritto: "Appena ha sentito la mia voce, mi ha obbedito"».

Hugues, figlio cadetto del barone di Jouy, villaggio di trecento anime a poche leghe da Provins, assunse subito un'espressione costernata.

«Perdonatemi. Stavo recitando le mie preghiere prima di coricarmi e quando ho sentito i cavalli e i colpi alla porta sono sceso, pensando che potesse essere mastro Renaud.»

Il precettore di Francia fece un cenno al confratello che stava per replicare e avanzò verso il giovane. Si avvicinò talmente che questi sentì il suo alito.

«Hugues de Jouy, conosco tuo padre e tua madre da una vita intera, ma ricorda che se vuoi varcare il portone del Tempio non devi prenderti gioco di nessuno. Non farlo mai più.»

Il tono era tranquillo, ma il giovane colse perfettamente la severità del rimprovero.

«Chiedo ancora umilmente perdono. Non intendevo prendermi gioco di nessuno.»

«Hai chiare le conseguenze della tua scelta?»

«Sì, *magister*, mi è stato spiegato tutto. Sono pronto.»

«Vedremo domani se sei pronto. Ora vai nella cappella e prega per tutta la notte. Chiedi a Nostro Signore di aiutarti a leggere nel tuo animo e a trovare l'umiltà dell'obbedienza di un cavaliere templare. Mi aspetto di trovarti lì alle laudi.»

✠ ✠ ✠

La mattina dopo, al centro della sala capitolare dal soffitto a volta, Hugues era in piedi di fronte a nove cavalieri templari assisi sui seggi addossati alle pareti. Era vestito solo di una leggera camicia bianca.

Fuori della sala, un servente vigilava per evitare che qualcuno si avvicinasse e orecchiasse qualcosa. La segretezza dei riti dell'Ordine doveva rimanere assoluta.

Il giovane aveva trascorso la notte nella piccola cappella. Un solo lume e nessuna panca. Si era così steso bocconi, le braccia aperte, disegnando una croce sul pavimento. Non era riuscito ad arrivare neppure a metà del primo *Pater Noster*. Altri pensieri si erano affollati nella sua mente. Il castello di Jouy. Sua madre Blanche che lo salutava con gli occhi lucidi. L'emozione provata la prima volta che aveva visto passare i cavalieri dai mantelli bianchi. La richiesta al padre di entrare nel Tempio, accolta subito di buon grado. Le lezioni solitarie con il curato della piccola chiesa di Saint Aubin per imparare a leggere e a scrivere. Il duro addestramento militare, fino allo schiaffo con l'ordinazione a cavaliere. Quindi Provins, il Tempio, gli ammonimenti di *frère* Girard e lo sguardo severo di mastro Renaud. Sarebbe stato all'altezza delle aspettative di tutte quelle persone? A Jouy non c'era spazio per lui, lo sapeva da sempre. Il barone sarebbe stato Mathieu, il primogenito, destinato tuttavia a restare in quel piccolo castello di legno, mentre a lui sarebbe stata riservata la gloria. Avrebbe fatto parte dell'Ordine più potente della Cristianità, con centinaia di cavalieri e innumerevoli castelli e avrebbe difeso la Terrasanta contro i saraceni. Nessuna missione sarebbe stata più nobile della sua e un giorno, vedendolo tornare a Jouy alla testa di uno squadrone di cavalieri bianchi, Mathieu avrebbe capito a chi era toccata la sorte migliore e... un calcio lo aveva svegliato.

Si era girato di scatto. Nella penombra, Renaud de Vichiers lo sovrastava, ma non scorse severità nei suoi occhi. Per un istante, a Hugues era quasi sembrato di vederlo sorridere.

✠ ✠ ✠

Era giunto il momento. Renaud si alzò e si collocò dietro il leggio su cui era aperto un grande volume. Non ebbe comunque bisogno di leggere le prime domande.

«Che cosa siete venuto a chiedere?»

«Il pane e l'acqua, le povere vesti e la fratellanza del Tempio.»

«Chiedete dunque di entrare a far parte della compagnia della casa?»

«Sì.»

«Vi sono state illustrate le grandi sofferenze alle quali andrete incontro, le caritatevoli norme e l'austera vita della casa?»

«Sì.»

A quel punto, Renaud iniziò a leggere: «Mio buon fratello, chiedete una cosa molto grande, del nostro Ordine non scorgete che l'apparenza. Vedete bei cavalli e splendenti armature, cibi squisiti, buoni vini, vesti eleganti e allora pensate che con noi starete molto bene. Ma ignorate gli aspri comandamenti che si nascondono dietro tutto ciò: sarà penoso per voi, che siete padrone di voi stesso, farvi servo degli altri. E d'ora in avanti sarà arduo per voi fare ciò che desiderate: poiché se volete restare di qua dal mare, sarete inviato di là; e se desiderate stare ad Acri verrete mandato nella terra di Tripoli[1] o di Antiochia, o in Armenia; e anche nell'Apulia, in Sicilia o in Lombardia, o in Francia, in Borgogna o in Inghilterra, o in una delle numerose terre dove abbiamo commende e possedimenti. E se desiderate dormire dovrete vegliare; e se qualche volta vorrete vegliare vi verrà ingiunto di andare a riposare nel vostro letto. Mio buon fratello, non dovete chiedere la compagnia della casa per ottenere possedimenti o ricchezze, né per avere agi o onori. Bensì dovete chiederla per tre ragioni: la prima, per mettere da parte e lasciarvi dietro le spalle i peccati del mondo; la seconda, per compiere l'opera di Nostro Signore; la terza, per essere povero e fare penitenza in questo mondo, ovvero per la salvezza della vostra anima; tale pensiero deve ispirare la vostra richiesta. Volete dunque essere, d'ora in avanti e per tutti i giorni della vostra vita, servo e schiavo della casa?».

«Sì, signore, se a Dio piace.»

«E siete disposto a rinunciare alla vostra volontà per il resto della vita per fare quanto vi viene ordinato dai vostri superiori?»

«Sì, signore, se a Dio piace.»

«Ora uscite e pregate Nostro Signore affinché vi illumini.»

Hugues uscì dalla sala e la porta si chiuse alle sue spalle. Renaud continuò a leggere. La Regola codificava tutto, o quasi.

«Signori, avete veduto con quanto ardore questo uomo onorato desideri entrare nella nostra compagnia; egli afferma di volersi fare, d'ora in avanti e per il resto della vita, servo e schiavo della casa. Se qualcuno di voi fosse a conoscenza di qualche impedimento, lo dica senza indugio, perché dopo la sua ordinazione non sarà creduto.»

Nessuno prese la parola. Renaud incrociò lo sguardo di Girard e comprese il messaggio del confratello: non avrebbe detto nulla, ma lo invitava a riflettere. Decise di ignorarlo e proseguì: «Volete dunque che lo faccia venire in nome di Dio?».

Frère Girard rispose per tutti, secondo la Regola: «Fatelo venire in nome di Dio».

Uno dei cavalieri andò verso la porta, la aprì e fece cenno a Hugues di rientrare. Il giovane si inginocchiò e giunte le mani si rivolse a Renaud: «Signore, sono venuto davanti a Dio, davanti a voi e davanti ai fratelli, per chiedervi e implorarvi, per amore di Dio e di Nostra Signora, di concedermi la vostra compagnia e i benefici spirituali e temporali della casa, perché desidero farmi servo e schiavo della casa per il resto dei miei giorni».

«Siete ben sicuro, mio buon fratello, di voler diventare servo e schiavo dell'Ordine e di voler rinunciare alla vostra volontà per sottomettervi a quella altrui? Siete dunque disposto a sopportare le dure condizioni che regnano nella casa e a eseguire tutti gli ordini che vi verranno impartiti?»

«Sì, signore, se a Dio piace.»

«Signori, alzatevi e pregate Nostro Signore e la Vergine Maria per il suo bene.»

I cavalieri si alzarono e ciascuno recitò un *Pater Noster*, poi Renaud concluse con la preghiera dello Spirito Santo. Furono quindi, ancora una volta, rivolte le domande prescritte: se aveva una donna, se apparteneva a un altro Ordine o aveva preso i voti, se aveva contratto debiti che non era in grado di pagare, se era in buona salute, se aveva dato o promesso a qualcuno oro o denaro per entrare nel Tempio, se era servo di un altro uomo, se era scomunicato, se era cavaliere. Hugues rispose in modo corretto a tutte le domande.

«Ora, mio buon fratello, ascoltate bene ciò che vi diremo: promettete a Dio e a Nostra Signora che da questo momento e per il resto dei vostri giorni obbedirete al maestro del Tempio e a ogni altro vostro superiore?»

«Sì, signore, se a Dio piace.»

«Promettete a Dio e alla Vergine Maria che d'ora in avanti e per il resto dei vostri giorni vivrete nella castità e nella povertà, osserverete le buoni tradizioni e i costumi della casa, sia quelli in vigore, sia quelli che saranno introdotti dal maestro e dai gentiluomini della casa?»

«Sì, signore, se a Dio piace.»

«Promettete, inoltre, a Dio e alla Vergine Maria, di contribuire, per il resto dei vostri giorni, a conquistare con la forza e il potere che Dio vi ha donato la Terrasanta di Gerusalemme; e di fare quanto è in vostro potere per proteggere e salvare quella che è in mano cristiana?»

«Sì, signore, se a Dio piace.»

«E noi, in nome di Dio e della Vergine Maria, in nome di san Pietro e del papa, nostro padre, e di tutti i fratelli del Tempio, vi concediamo tutti i benefici della casa, tanto quelli che le sono riconosciuti sin dagli inizi, quanto quelli che le saranno accordati in futuro fino alla sua fine, e li concediamo a voi, a vostro padre e a vostra madre, e a tutti gli appartenenti al vostro lignaggio che vorrete beneficiare. E anche voi concedete a noi i benefici che già vi appartengono e quelli che vi guadagnerete in futuro. E così noi vi promettiamo il pane e l'acqua e la povera veste della casa, e molta pena e tribolazione.»

Renaud prese il mantello bianco con la croce scarlatta che *frère* Girard gli porgeva e si avvicinò a Hugues ancora inginocchiato, glielo pose sulle spalle e glielo allacciò al collo. A quel punto, tutti i cavalieri intonarono il salmo *Ecce quam bonum*, la preghiera dello Spirito Santo e il *Pater Noster*.

Il precettore di Francia fece quindi cenno a *frère* Hugues di alzarsi e lo baciò sulla bocca, com'era prescritto. Girard si avvicinò e fece altrettanto.

Renaud si rivolse poi al giovane, che aveva gli occhi lucidi per l'emozione: «Mio buon fratello, il Signore ha esaudito il vostro desiderio e vi ha posto nella bella Compagnia della Cavalleria del Tempio. Pertanto dovete evitare a ogni costo di fare qualcosa che ve la faccia perdere, dal che Dio vi guardi. Ora vi dirò alcune cose che è bene che rammentiate. Venite con me».

Il *magister* si avviò verso una porticina sul lato opposto della sala rispetto all'uscita principale. Il giovane lo seguì. Dopo aver percorso un breve corridoio, entrarono in una cappella circolare che Hugues non aveva notato nei giorni trascorsi al convento, ricavata nella torre esterna e illuminata dalla luce che filtrava da una feritoia. Era priva di ogni arredo. Solo l'altare, con sopra un crocifisso di legno.

Renaud chiuse la porta alle loro spalle e senza dire una parola prese in mano il crocifisso. Guardò il giovane, che lo fissava senza riuscire a dissimulare una leggera inquietudine.

«Tu credi a quello che è qui raffigurato?»

«Certo.»

Stese il crocifisso verso di lui.

«Rinnegalo e sputaci sopra.»

«Come? Non ho capito, *magister.*»

La voce del giovane tremava.

«Ti dico che devi rinnegarlo e sputarci sopra. Hai appena promesso obbedienza assoluta ed è necessario che tu faccia tutto quello che ti viene ordinato da un tuo superiore.»

«No, non lo farò. Ho promesso davanti a Dio e alla Vergine Maria, in nome di Nostro Signore. Rinnegarlo significherebbe rinnegare tutto e il figlio del barone di Jouy ha una sola parola. Qualunque cosa, ma non questo, *magister.*»

«È opportuno che tu lo faccia, Hugues. Fa parte dei punti dell'Ordine. Sputa!»

«Voglio parlare con mio padre.»

Il tono del precettore era sereno, ma fermo: «Sai bene che tuo padre se n'è andato. Ora appartieni al Tempio e devi obbedire».

«No. Piuttosto mi uccido, *magister.*»

Si fissarono. Renaud lesse in quegli occhi una determinazione assoluta. Non fede religiosa, ma senso dell'onore derivante dal giuramento prestato in nome di Cristo. Non avrebbe obbedito, a costo di uccidersi. Era proprio come il padre, testardo come un mulo. Decise di tentare un altro approccio e mise la mano sinistra sul crocifisso.

«Sputa almeno sulla mia mano.»

Hugues lo guardò con odio. A Renaud sembrò di leggergli nel pensiero: "Non si fida, teme che io sposti la mano all'ultimo momento".

Il giovane aveva preso la sua decisione. Raccolse la saliva in bocca e sputò a terra, a lato del crocifisso. Poi si gettò in ginocchio.

«Ora uccidetemi pure.»

Renaud restò in silenzio, poi disse: «Mio buon fratello, è raro che un giovane cavaliere venga subito inviato in Terrasanta. Laggiù, la situazione è sempre più difficile e la Cristianità è ormai distratta da altre cose. L'indegno imperatore Federico, invece di combattere, ha fatto la pace con il sultano e Gerusalemme è cristiana solo fino a quando lo vorranno gli infedeli. A difendere Outremer siamo rimasti solo noi e gli ospitalieri, ma le perdite sono sempre più gravi. Se qualcuno di noi viene preso prigioniero i saraceni in genere lo decapitano subito, perché l'Ordine non paga riscatti. Chi è meno fortunato viene invece sottoposto a ogni tipo di tortura per indurlo a rinnegare la vera fede. Io sto andando lì. Sono stato designato precettore di Acri e dovrò sovrintendere la costruzione di una fortezza a Safed, nell'entroterra. Sarà la più grande di tutte, persino di Chastel Pelérin. Quando sarà finita, tornerò in Francia, ma ci vorranno almeno un paio di anni. Tu verrai con me, *frère* Hugues, e se ti prendono i saraceni, peggio per loro».

Ripose il crocifisso sull'altare e si diresse verso la porta. Prima di aprire si voltò verso il giovane ancora in ginocchio, immobile e stupefatto, e gli disse: «Solo una cosa: se qualcuno là fuori te lo chiede, tu hai fatto tutto quello che ti ho chiesto».

Mansura, 20 febbraio 1250

"No" pensò Renaud osservando in lontananza i vessilli neri sventolare sulle mura, "Hugues non tradirebbe mai."

Si chiese per l'ennesima volta chi potesse essere il traditore. Stava diventando la sua ossessione. Erano solo in quattro a conoscere il messaggio inviato dalla loro spia sulla scoperta fatta dagli infedeli a Gerusalemme: Guillaume de Sonnac, Amaury de Troyes, Hugues e lui stesso. Escludendo Hugues, restavano solo Guillaume e Amaury. Era incredibile che uno di loro avesse tradito, ma non c'erano altre possibilità. La consolazione era che, chiunque dei due fosse stato, ora non avrebbe potuto rivelare più nulla.

Si chiese se l'inquisitore ne avesse parlato con qualcuno. Con il re? Probabilmente no, non avendo alcuna prova e conoscendo la stima che Luigi nutriva nei suoi confronti. In ogni caso, fino a quando Yves le Breton avesse continuato a curiosare, la questione sarebbe rimasta aperta. Renaud aveva già capito anni prima, a Mons Hysmerum, che quell'uomo poteva essere pericoloso. Non avrebbe osato attaccare lui, ma avrebbe dato la caccia a Hugues. Forse l'ideale sarebbe stato che il domenicano non uscisse vivo da Mansura.

✠ ✠ ✠

Poco lontano, nella tenda reale, Luigi barcollò e Yves fu pronto a sorreggerlo con un braccio, facendolo sedere. Davanti a loro c'erano Godefroy de Sargines, il conte d'Angiò e un ragazzo di non più di quindici anni, ancora imberbe, sporco e coperto di stracci. Aveva appena finito di raccontare di essere l'unico superstite di una nave del conte di Fiandra, facente parte di una flottiglia proveniente da Damietta con rifornimenti per l'esercito, attaccata e distrutta da navi saracene a nord di Mansura. Si era buttato in acqua quando erano stati abbordati, salvandosi a nuoto.

Il conte d'Angiò osservò: «Sono riusciti a trasportare delle barche nel tratto di fiume da qui a Damietta. Dobbiamo inviare uomini per proteggere i rifornimenti».

Luigi, che aveva ascoltato in silenzio il racconto del ragazzo, si passò una mano sul volto e mormorò: «*Magister*, avrei dovuto darvi ascolto subito. Ora mi è tutto chiaro».

Gli altri guardarono il frate, che rimase in silenzio.

L'inquisitore aveva parlato a lungo con il re tre giorni prima, quando sulle gambe del sovrano erano apparse delle piccole macchie nere e marroni. Gli aveva spiegato che Dio lo stava conducendo sulla via della santità, proprio come aveva fatto con i martiri cristiani e con il suo Figlio prediletto, al quale non erano stati evitati il calvario e la croce. Al termine di questo itinerario, non ci sarebbe stato tuttavia il martirio, ma Gerusalemme, quella celeste e quella terrena. Ciò che si era verificato nelle ultime settimane lasciava trasparire con chiarezza il disegno di Dio: riportare l'esercito della fede verso il mare. Sarebbero poi tornati con nuove forze e avrebbero definitivamente battuto gli infedeli. Restare a Mansura non avrebbe assecondato il disegno divino.

Luigi era rimasto pensieroso e aveva congedato il frate, ma ora l'attacco ai rifornimenti era un ulteriore segnale. Si sarebbe piegato al volere di Dio, come sempre aveva fatto nella sua vita.

12

Al-Azhar

Al-Qahira, 17 dhu l-qa'da 647 (21 febbraio 1250)

Curvo su un tappeto nella sala grande della moschea di al-Azhar, l'*alim* stava completando la preghiera del tramonto. Aveva appena ringraziato ancora una volta Allah per averlo sottratto alla morte, quando avvertì la presenza di qualcuno alle sue spalle. Senza alzarsi, cercò di sbirciare. Due uomini alti e dalla testa rasata incombevano su di lui, avvolti in ampi mantelli blu. Mamelucchi. Lo avevano trovato.

Abu Sayef al-Muluk, già segretario del *qadi* di al-Quds, si alzò in piedi lentamente. Non ci fu bisogno di dire nulla. Uno degli uomini raccolse la pesante borsa che era rimasta sul pavimento e gli fece cenno di uscire. Mentre si avviava, avvertì un caldo soffocante e iniziò a sudare. I due mamelucchi lo seguirono.

Fu condotto in un'ampia stanza con le pareti coperte da codici polverosi. Se le circostanze fossero state diverse, Abu Sayef, appassionato bibliofilo, avrebbe ammirato una delle più grandi raccolte di esemplari del Corano del mondo, ma in quel momento non se ne accorse nemmeno. La sua attenzione era tutta per i due uomini seduti a un grande tavolo. Un emiro mamelucco e un mercante italiano, o almeno così voleva sembrare. Uno dei mamelucchi posò sul tavolo la borsa.

Baybars congedò con un gesto i suoi uomini, poi indicò una sedia all'uomo tremante e madido di sudore. Abu Sayef si sedette.

«Non è stato facile trovarti.»

«Mio signore, quella mattina all'accampamento il *qadi* al-Salih e moltissimi altri credenti sono caduti per la gloria di Allah, che egli abbia misericordia di loro. Allah ha voluto che io sopravvivessi e ho preso la via di al-Qahira, poiché quella per al-Mansura era piena d'infedeli.»

«E tu hai pensato che ci avrebbero battuto.»

«Non ho mai dubitato della vittoria, ma non sono un guerriero. Da quando ho trovato rifugio qui, ho pregato incessantemente per il trionfo dei Credenti. Gli *ulama** della moschea potranno confermartelo.»

Il Balestriere si alzò, aprì la borsa, tirò fuori un sacchetto di pelle e lo rovesciò sul tavolo. Una piccola cascata di monete d'oro si sparse sul legno e alcune rotolarono sul pavimento tintinnando. C'era anche un oggetto bianco. Un foglietto di pergamena spiegazzato. Baybars lo prese, gli diede un'occhiata e con un dito sparpagliò lentamente le monete. Poi guardò Umberto scuotendo leggermente la testa. Nessuna moneta pagana, solo dinari del califfato di Baghdad. Era comunque un tesoro.

«E questi? Li hai tenuti come ricordo del tuo signore?»

«Potente emiro, li ho presi per non lasciarli agli infedeli. Li avrei restituiti...»

«Se mi racconti un'altra menzogna, ti uccido.»

Baybars aveva parlato con calma, ma tutti e tre sapevano che lo avrebbe fatto.

Abu Sayef, pallidissimo e con la fronte imperlata, piegò il capo e portò la mano destra alla testa.

«Perdonami, mio signore. Ho sbagliato. Ho preso il borsello quando ho visto che al-Salih era caduto, che Allah abbia misericordia di lui. Avrei dovuto restituirlo subito.»

Il mamelucco lesse ad alta voce: «"Trecento passi a oriente della piccola chiesa." Che significa?».

«Non lo so. Lo aveva scritto al-Salih.»

«Per lui doveva essere importante, se custodiva questo foglietto con il suo oro. Quali altri oggetti di valore aveva portato il *qadi* da al-Quds? Non c'era nulla per Fakhr al-Din?»

L'uomo sembrò sorpreso dalla domanda. Restò per un attimo

interdetto, poi rispose: «No, non per Fakhr al-Din... che Allah abbia misericordia di lui. C'era una scatola di legno, che il *qadi* ha consegnato a suo zio, il Pilastro della Fede, appena siamo arrivati ad al-Mansura. Non so che cosa contenesse, ma il *qadi* non se ne separava mai. So solo, perché ero presente, che la scatola gli era stata consegnata dall'imam della Qubbat al-Sakhra, Ibrahim al-Nasri, che Allah abbia misericordia anche di lui».

Baybars guardò Umberto per accertarsi che avesse compreso. La Cupola della Roccia era uno dei luoghi più santi dell'Islam, la moschea costruita dai califfi Omayyadi intorno alla Sakhra, la pietra da cui il Profeta era asceso al cielo per l'*Isra*, il suo misterioso viaggio notturno. Con la al-Masjid al-Aqsa, la Moschea Estrema, occupava la spianata santa di al-Quds.

Il barone gli fece un cenno d'intesa. Aveva sentito i racconti sulla visita dell'imperatore alla Città Santa e sulla sua cupola dorata. Il Balestriere proseguì: «L'imam è morto?».

Abu Sayef rispose con un filo di voce: «Sì, mio signore...».

«Come?»

«Era già molto vecchio. È morto all'improvviso, proprio prima che noi partissimo.»

«Era passato molto tempo da quando aveva consegnato la scatola all'emiro?»

«Un paio di giorni.»

«Quanto era grande questa scatola?»

«Non molto.»

Abu Sayef descrisse un piccolo rettangolo con le mani e Baybars pensò che le dimensioni fossero analoghe a quelle del contenitore di avorio di Fakhr al-Din.

«Era pesante?»

«No, non credo. Sembrava leggera, anche se non l'ho mai presa in mano.»

«Descrivici le scene.»

«Quali scene?»

«Quella della consegna della cassetta dall'imam ad al-Salih e quella della consegna da al-Salih al sultano.»

«Non ho assistito alla consegna al sultano. Ad al-Quds abbiamo raggiunto la Qubbat al-Sakhra. L'imam ci attendeva e aveva già pronta la cassetta.»

«L'imam ha detto qualcosa ad al-Salih consegnandogli la cassetta?»

L'uomo esitò, come cercando di ricordare. Baybars insisté: «Qualunque cosa».

«Non ricordo nulla di particolare. Se non sbaglio, disse di aver dormito poco perché aveva passato tutta la notte a scrivere. Ha parlato di un velo che si era aperto.»

«Che velo?»

«Un velo a oriente. Qualcosa del genere...»

«Erano presenti altre persone?»

«No, mi sembra di no. Forse c'era il servo dell'imam.»

«Quale servo?»

«Quello che era sempre con lui. Lo portò con sé ad al-Quds dall'Egitto.»

«È morto anche lui?»

«No, perché?»

«Come si chiama?»

«Omar.»

«Al-Salih non ha mai fatto commenti sul contenuto della cassetta?»

«No, ma era comunque per lui una fonte di preoccupazione. Non se ne separava mai. Una volta disse che quella scatola doveva arrivare al sultano a costo della sua testa.»

Baybars si rivolse a Umberto, come a chiedergli se ci fosse altro. Il barone formulò direttamente la domanda: «Al-Salih conosceva il latino, la lingua degli infedeli?».

«No. Era un grande guerriero, ma non uno studioso.»

«E tu? La conosci?»

«Non benissimo, ma riesco a leggerla e a comprenderne il senso generale.»

«Al-Salih ti ha mai chiesto di tradurgli qualcosa dalla lingua degli infedeli?»

«No, mai. Non era uomo che si interessasse degli infedeli. Gli bastava combatterli.»

«L'imam della Qubbat al-Sakhra conosceva quella lingua?»

«Ritengo di sì. Era l'uomo più sapiente che io abbia mai incontrato.»

«Si è intrattenuto da solo con al-Salih quando gli ha consegnato la scatola?»

Il segretario sembrò di nuovo sorpreso. Poi rispose: «Sì. Sono rimasti a lungo da soli. Io ho aspettato fuori dalla moschea».

«E dopo il tuo padrone ti è sembrato normale? Era preoccupato, contento?»

«Non era per nulla contento. Era preoccupato di dover portare con sé quella scatola. Come se fosse pericoloso.»

«E come ha reagito alla notizia della morte dell'imam? È stato colpito? Sorpreso?»

Abu Sayef esitò ancora, guardò Baybars e quello che vide nei suoi occhi fu sufficiente a sbloccarlo.

«No. Non sorpreso. Direi rassegnato. Disse solo che Ibrahim al-Nasri, che Allah abbia misericordia di lui, aveva vissuto a lungo e aveva visto molto.»

«Molto o troppo?»

«Disse molto, ma credo volesse intendere troppo e forse...»

«Forse?...»

«Forse temeva di aver visto troppo anche lui.»

✠ ✠ ✠

Erano rimasti soli. Abu Sayef era stato portato via. Umberto si alzò.

«Aspetta a farlo uccidere.»

«È un ladro e un vigliacco.»

«Lo so. Ma potrebbe esserci ancora utile. Un particolare, un volto. È l'unico ancora vivo ad aver visto qualcosa.»

«Sì, la lista dei morti si allunga. Il sultano, Fakhr al-Din, il *qadi* di al-Quds e l'imam della Qubbat al-Sakhra. Nei panni del templare, mi preoccuperei. E sia. Lo farò rinchiudere nella cittadella. Quando saremo sicuri che non potrà più esserci utile, morirà. Che pensi di questa storia?»

«La Qubbat al-Sakhra. Una scatola di legno leggera. Le monete di Nerone. L'appunto di al-Salih. L'imam ha trovato lì un documento e l'ha affidato al *qadi* affinché lo consegnasse al sultano. Essendo un uomo molto sapiente, potrebbe anche aver aggiunto una sua lettera. Se qualcuno avverte il bisogno di precisare che ha passato la notte a scrivere, vuol dire che non lo fa spesso. Doveva esserci una qualche urgenza, come quella di consegnare una lettera al *qadi* in partenza. Ha firmato così la sua condanna a morte. Ormai sapeva troppo e al-Salih l'ha fatto uccidere, forse su ordine del sultano o più probabilmente di sua iniziativa, per non lasciarsi dietro un testimone. Se anche lo avesse deciso lui, sarebbe stato comunque solo un buon interprete dei desideri di suo zio.»

«Che cosa potrebbe aver trovato?»

«L'imperatore una volta raccontò che all'epoca dell'occupazione cristiana di al-Quds, i templari stabilirono il loro quartier generale proprio nella moschea di al-Aqsa, nel sacro recinto. Condussero degli scavi, ma senza trovare nulla e ho sentito dire che sono state persino vendute pietre spacciate per pezzi della Sakhra. Evidentemente il vostro imam è stato più fortunato, o sfortunato, visto quello che gli è successo, e i templari si sono presi ciò che consideravano di loro proprietà. Non so di che cosa potrebbe trattarsi, ma Gerusalemme è intrisa di Cristianità e di Islam. In ogni caso, potrebbe essere utile ritrovare questa piccola chiesa citata nell'appunto del *qadi* e magari qualcuno che abbia vissuto a stretto contatto con l'imam e abbia potuto ricevere da lui qualche confidenza, come il suo servo Omar. In genere i sapienti parlano molto, almeno dalle mie parti.»

«Per ora non possiamo andare ad al-Quds, ser Berto. Dobbiamo prima vincere questa guerra.»

«Potrei andare io con i miei uomini ed essere di ritorno nel giro di un mese. Mi basta una guida.»

Baybars si alzò a sua volta e cominciò a raccogliere le monete d'oro riponendole nel sacchetto di pelle. Le sue labbra si piegarono leggermente. Era la smorfia più vicina a un sorriso che Umberto gli avesse mai visto fare.

«Tu ormai fai parte della guerra.»

13

Turanshah

Al-Mansura, pomeriggio dell'1 dhu l-hijja 647 (7 marzo 1250)

«Che vuole Aybak? Ora ho da fare.»

Il giovane dal volto di faina e la barbetta scura ebbe uno dei tic nervosi che gli facevano sollevare la spalla sinistra e contrarre il volto.

L'eunuco dalla pelle nera restò immobile davanti al sultano d'Egitto, al-Muazzam Turanshah. Gli aveva appena annunciato che il comandante dell'esercito chiedeva di essere ricevuto.

L'arrivo del nuovo difensore dei Credenti ad al-Mansura, il 20 di *dhu l-qa'da*,[1] era stato accolto con giubilo dall'esercito. Il giovane aveva attraversato a cavallo le viuzze con un centinaio di cavalieri, i fedelissimi giunti con lui da Hisn Kayfa, tra cui i suoi mamelucchi neri *al-Muazzami*. Il viaggio era stato lungo ed erano eroicamente sfuggiti alla caccia degli uomini del traditore al-Nasir Yusuf di Aleppo, o almeno così aveva fatto annunciare.

I problemi con la *Bahriyya* erano cominciati già alle porte di al-Mansura. Il nuovo sultano aveva ordinato al comandante Aqtay, che lo aveva scortato fin lì, di fermarsi fuori dalla cittadina con il suo squadrone. Non voleva mostrarsi alle truppe sotto la protezione dei mamelucchi del padre.

Anche le prime decisioni del giovane erano sembrate volte più a scardinare il sistema di potere instaurato dagli emiri dopo la morte di Ayyub che a organizzare l'attacco finale ai franchi. Così l'eunuco al-Sabih, ora di fronte a lui, era stato nominato *ustadar*,* capo della casa del sultano, e un altro, Zain al-Din, era diventato capo della *halqa*, nonostante tale incarico fosse stato promesso dallo stesso Turanshah ad Aqtay durante il viaggio. Proprio la promozione di questi funzionari dalla pelle nera era stata considerata un affronto dai dignitari egiziani e dai mamelucchi di origine turca e curda. Il nuovo sultano si era inoltre proclamato erede delle enormi ricchezze del defunto Fakhr al-Din e aveva persino dichiarato che avrebbe richiesto a Shajar al-Durr di restituire i gioielli che le aveva regalato suo padre.

✠ ✠ ✠

«Mio signore, devo dirgli che non puoi riceverlo?» chiese al-Sabih.

Turanshah ebbe un altro tic, poi rispose: «No, fallo entrare».

L'eunuco uscì e rientrò poco dopo con Aybak, che aveva dovuto lasciare la spada all'ingresso. Dietro di loro, due *al-Muazzami* si posizionarono davanti alla porta, le scimitarre sguainate.

Aybak s'inchinò.

«*Salam alaykum*, mio signore.»

«*Alaykum salam*, *atabak*. A cosa devo l'onore della tua visita?»

«Ser Berto, l'inviato dell'imperatore, è qui fuori. Quando ti avevo accennato alla sua presenza ad al-Mansura, avevi espresso il desiderio di incontrarlo.»

«Ah sì, certo. Digli di entrare. Tu puoi andare.»

Aybak non avrebbe assistito al colloquio.

Poco dopo, Umberto si inchinava al sultano. Nel salone erano rimasti i mamelucchi neri.

«Vieni avanti. Ho sentito molto parlare di te. Mi hanno detto che sei il miglior guerriero dell'imperatore e che mio padre, Allah abbia misericordia di lui, si fidava di te. Questa, devo dire, è la cosa che mi ha sorpreso di più. Era molto raro che mio padre si fidasse di qualcuno. Di me, per esempio, non si fidava.»

Umberto si avvicinò al sultano, che ebbe un tic e continuò: «So che l'imperatore aveva messo in guardia mio padre rispetto all'invasione dei franchi. Ti ha inviato qui per farsi poi raccontare da te come li sconfiggeremo?».

Il barone capì che, a quanto pareva, nessuno aveva ritenuto di informare il sultano della sua missione, ponendolo di fronte a una scelta. Se ne avesse parlato, avrebbe messo in imbarazzo i suoi ospiti più pericolosi. Se non ne avesse parlato, si sarebbe trovato in difficoltà davanti al nuovo padrone. Non poteva tuttavia neppure escludere che Turanshah fosse stato informato e avesse deciso di verificare la sua sincerità. Era abituato alle decisioni fulminee e non ebbe esitazioni.

«Mio signore. È stato tuo padre a scrivere all'imperatore richiedendo la mia presenza qui.»

Non aveva mentito, tuttavia non aveva detto tutto. D'altra parte, non sarebbe stato tenuto a saperlo. Il giovane di fronte a lui ebbe un altro tic. Poi la smorfia della bocca si trasformò in sorriso.

«Mio padre sapeva che gli infedeli sarebbero stati sconfitti, anche se Fakhr al-Din si è lasciato sorprendere prima che io arrivassi e ha pagato con la vita questo errore. Ora la spada del difensore dei Credenti è salda nelle mie mani e non ci saranno più errori. Parlami dell'imperatore. Quanti anni ha? È quasi incredibile che abbia conosciuto *al-Malik* al-Kamil, il padre di mio padre che lo considerava un fratello, che Allah abbia misericordia di lui. E sono vere le voci sulla sua straordinaria cultura e sul suo harem?»

Gli occhi del giovane brillavano di cupidigia mentre era scosso dal solito tic. Umberto si chiese se fosse dovuto più alla cultura o all'harem.

«L'imperatore ha cinquantacinque anni, ma nonostante l'età avanzata gode ancora di buona salute. È sempre stato molto curioso e questo è il segreto della sua grande cultura. Ha di recente completato un trattato sulla caccia con il falcone, ma sono un soldato e non saprei intrattenerti su questo argomento. Ora è impegnato in una sfida mortale con il papa e sono sicuro che riuscirà a prevalere.»

Turanshah annuì.

«Il papa. È lo stesso che ha inviato qui i franchi? Perché l'imperatore non lo fa uccidere? Mi hanno detto che sei molto bravo a uccidere, ser Berto. Potresti farlo tu.»

«Mio signore, se l'imperatore me lo ordinerà, lo farò. Per ora non ho ricevuto questo ordine. Forse perché ne eleggerebbero subito un altro...»

Turanshah lo guardò in tralice e gli chiese: «Chi sei venuto a uccidere?».

Il giorno dopo

All'ombra della sua tenda, Yves si rigirava tra le mani la fibula romana, come se toccarla potesse aiutarlo a risolvere il mistero che celava. LEGVI, sesta legione. Com'era collegata al delirio di Amaury? E Nerone, poi? Nell'accampamento non c'erano libri di storia. Nessuno aveva pensato che potessero servire a qualcosa nel delta del Nilo.

Era più facile immaginare dove si fosse diretto *frère* Hugues. In qualche località di Outremer. Lì i templari avevano fortezze inespugnabili e non soggiacevano di fatto ad alcuna sovranità. Chastel Pelérin, Safed, Acri. Renaud de Vichiers sapeva certamente tutto, ma come indurlo a parlare? Si rivolse ancora a Mathieu de Bourbon: "Che cosa faresti, *magister*? Andresti con un crocifisso in mano ad arrestare in nome di Dio il maresciallo del Tempio, a costo di essere considerato pazzo? Eppure, a Mons Hysmerum hai atteso paziente prima di colpire... Certo, Renaud de Vichiers non è il tipo da farsi sorprendere".

Nicola entrò nella tenda.

«Incredibile, *magister*, ho appena visto vendere un bue a ottanta lire. Le pecore e i maiali li vendono a trenta e un moggio di vino a dieci.»

Erano prezzi cento volte superiori a quelli normali.

«È la carestia, Nicola. Ieri le nostre navi hanno catturato sette brulotti saraceni in agguato in uno dei tanti canali tra qui e Damietta. Speriamo che ciò allevi le nostre sofferenze. Comunque siamo in Quaresima. Pane e formaggio andranno bene.»

«Ci sono anche barbieri che staccano la carne morta dalle gengive dei malati per consentir loro di masticare e di nutrirsi. È terribile.»

Yves ripose la fibula nella borsa.

«Stiamo per andarcene. Ci trasferiremo sull'altra sponda del canale. I lavori della fortificazione intorno al ponte sono ormai terminati e l'esercito potrà passare nell'accampamento del duca di Borgogna. Proseguiremo poi per Damietta. Il re ha già fissato la data, le ottave di Pasqua.»

Luigi non voleva trasformare la ritirata in rotta. Aveva quindi deciso di fortificare le estremità del ponte di barche per ritirare in sicurezza tutte le forze sulla sponda settentrionale. Il barbacane di legno era abbastanza grande da consentire l'accesso a cavallo da entrambi i lati. Era stato inoltre deciso di tentare di riaprire la via fluviale e la cattura dei brulotti era stata un ottimo inizio, anche se gli equipaggi nemici erano riusciti a fuggire.

Nei giorni successivi, quaranta navi scortate da dieci galere avrebbero lasciato Damietta per raggiungere Mansura con i rifornimenti necessari per sostenere la ritirata. Avrebbero anche caricato i feriti che non erano in condizione di camminare.

L'inquisitore si alzò, gettandosi la borsa sulle spalle.

«Raccogli le tue cose. Ti aspetto fuori.»

Uscì e si guardò intorno. Da tempo non c'era tanta animazione nell'accampamento. Erano tutti contenti di andarsene.

✠ ✠ ✠

«I franchi hanno iniziato la ritirata. È il momento di attaccarli.»

Turanshah guardò Aybak con aria di sufficienza e rispose: «Mi aspettavo questa notizia. Il mio arrivo ha fatto comprendere a Luigi che la sua rovina è inevitabile e si ritira senza nemmeno combattere».

Il sultano ebbe un tic.

Aybak restò calmo, anche se ogni giorno comprendeva meglio perché il Pilastro della Fede avesse spedito quell'impiastro arrogante ai confini più remoti.

«Mio signore, avevi chiesto di essere informato perché volevi personalmente schiacciare il serpente.»

«Sì, certo. Ma non oggi. Il mio fedele Zain al-Din guiderà l'attacco e tu lo coadiuverai. Ti raggiungerà subito. Raduna gli uomini e aspettalo all'ingresso della città.»

«Udire è obbedire.»

Aybak s'inchinò e uscì cercando di reprimere la rabbia. Era inaudito che il comandante dell'esercito fosse posto agli ordini del capo della *halqa*.

✠ ✠ ✠

I saraceni attaccarono quando ancora era in corso il transito delle salmerie e sulla sponda meridionale del canale lo scontro con la retroguardia fu sanguinoso. Re Luigi aveva deciso di attraversare il ponte tra gli ultimi, restando con gli squadroni degli ospitalieri, di Carlo d'Angiò e di Gaucher de Chatillon. In direzione del Nilo si vedevano le scie nere dei proiettili di fuoco greco lanciati dalle galere. L'attacco nemico si stava sviluppando anche dal fiume.

I due domenicani avanzavano sul ponte di barche sotto una pioggia di frecce. Una si conficcò sulla tavola proprio davanti a Yves, che istintivamente fece uno scarto di lato. In quell'istante, avvertì uno strappo al braccio destro e un dardo si infilò nella schiena di un francescano che lo precedeva. Il frate cadde in avanti. Nicola afferrò il polso sinistro del suo maestro.

«*Magister*, ci uccidono!»

Yves si sottrasse al contatto. Detestava essere toccato e poi c'era qualcosa che non tornava. Mormorò: «Sarà fatta la volontà di Dio. Comunque stai giù».

La manica destra della sua tunica era stata lacerata, ma non era ferito. Si inginocchiò vicino al francescano, al suolo con gli occhi sbarrati. Il dardo lo aveva colpito tra le scapole e la punta era sbucata nel petto. Nicola si accovacciò a sua volta, non capendo bene perché. Quelli che erano dietro di loro proseguirono aggirandoli.

Yves guardò il barbacane. Gli uomini che lo presidiavano erano bersagliati e costretti a ripararsi. Non c'erano comunque saraceni sugli spalti. Le frecce nemiche erano lanciate da lontano verso l'alto e cadevano a casaccio, perlopiù in acqua, ma il dardo di balestra che aveva ucciso il francescano non era piovuto dal cielo. Era stato un tiro diretto e il bersaglio non era certo quel povero frate. Qualcuno aveva tentato di liberarsi di lui e non ci voleva molto a immaginare chi fosse stato.

La voce di Nicola lo scosse: «*Magister!* È morto, non possiamo restare qui!».

Nicola aveva ragione. Yves si alzò e guardò ancora indietro, come a voler sfidare il balestriere a mostrarsi, ma quello non lo fece. L'inquisitore si voltò e riprese il cammino.

✠ ✠ ✠

Renaud de Vichiers ebbe un gesto di stizza. Gli si era presentata un'occasione d'oro per liberarsi senza clamore dell'inquisitore: un dardo nel mezzo di una battaglia. Nessuno ci avrebbe fatto caso e la morte di Yves le Breton sarebbe andata ad aggiungersi a quella di tanti altri. Quando aveva visto i due frati passargli davanti nel barbacane, non ci aveva pensato due volte. Strappata di mano la balestra a uno dei suoi, era salito veloce sugli spalti della fortificazione, il volto celato dall'elmo pesante. Nella concitazione dello scontro e con frecce saracene che saettavano ovunque, nessuno aveva fatto caso a lui. Presa accuratamente la mira aveva tirato, ma il frate si era spostato di colpo e lo aveva mancato. I domenicani si erano subito accovacciati, coprendosi dietro coloro che attraversavano il ponte, come se avessero capito da dove era partito il tiro. Inutile insistere. Renaud scese con calma e tornò dai suoi confratelli.

✠ ✠ ✠

Baybars era a capo scoperto. Gli occhi chiari brillavano. Umberto lo guardò con aria divertita. Erano sul pontile del palazzo del sultano, dove l'emiro era appena sbarcato trovando il barone ad accoglierlo.

«Abbiamo catturato sette galere proprio all'altezza della moschea della Vittoria e siamo piombati come falchi sulle navi dei rifornimenti. Ne abbiamo prese trentadue con tutti gli equipaggi. Ne saranno scappate meno di dieci.»

«Sei diventato anche *amir al-bahr*,* Balestriere?»

«Non scherzare. Sconfiggere la flotta infedele che risaliva il Bahr era il compito più difficile, e l'*atabak* lo ha affidato a me. È stato un grande onore.»

«Lo so, lo so. Scusami. A proposito di Aybak, ho sentito che per l'attacco al ponte di barche è stato affiancato dal nuovo comandante della *halqa*.»

Baybars non rispose. Sputò a terra e disse solo: «Andiamo».

I due si incamminarono tra i vicoli di al-Mansura mentre il sole stava ormai tramontando. Su disposizione del nuovo sultano, il quartier generale della *Bahriyya* non era più nel palazzo.

Gli odori della cucina si diffondevano nelle strette strade. Spezie, carne di pecora arrostita. Tutti si inchinavano al passaggio del Balestriere.

Baybars rimase a lungo silenzioso, poi chiese: «Tu conosci i franchi e sai come ragionano. Ora che faranno?».

«Non hanno molta scelta. Dovranno trattare. Ma non accetteranno subito l'idea.»

✠ ✠ ✠

Luigi era provato dalla fatica del combattimento durato ancora una volta fino al tramonto e da lui sostenuto sempre a ridosso della prima linea. Yves pensò che in un mese fosse invecchiato di dieci anni e si chiese dove trovasse ancora forza.

Era notte fonda e nel grande padiglione reale la consueta riunione era appena terminata. Il trasferimento nel campo del duca di Borgogna era stato portato a termine con perdite inferiori a quelle temute. Il barbacane sulla riva abbandonata era stato dato alle fiamme e quello sulla sponda opposta era presidiato da una compagnia di balestrieri. Il canale si era trasformato in una difesa, anche se il ponte di barche non era stato distrutto. La notizia disastrosa era invece costituita dalla perdita della flotta con i rifornimenti. Durante il consiglio, si erano come sempre confrontati vari punti di vista. Il legato papale e il conte di Angiò avevano suggerito di ripartire subito per Damietta. Guy de Ibelin, invece, con il senso pratico degli uomini di Outremer, aveva proposto l'apertura di una trattativa con gli infedeli, per guadagnare tempo e consentire l'arrivo di nuovi rifornimenti.

Trattare con gli infedeli. Ammettere la sconfitta. La risposta del re era stata che Cristo non aveva mai trattato con il diavolo. Li aveva congedati tutti, facendo cenno solo a Yves di trattenersi.

Rimasti soli, si segnarono per le consuete preghiere serali, poi il re chiese al frate: «Voi che ne pensate?».

«Sire, ripartire per Damietta e affrontare una marcia in queste condizioni sarebbe la fine dell'esercito. Ci occorrono nuovi rifornimenti, scortati da tutte le galere ancora disponibili.»

«Sì, avete ragione. Intanto abbiamo frapposto il canale tra noi e gli infedeli. Domani invieremo un messaggio a Damietta per l'allestimento di una nuova spedizione... C'è altro?»

A Luigi non era sfuggita una lieve esitazione dell'inquisitore.

«Ecco, sire. È un tema che merita un'attenta riflessione da parte vostra ed è mio dovere sottoporvelo. Evitare che gli infedeli ci attacchino mentre siamo così deboli potrebbe essere utile a salvare i tanti buoni cristiani che Dio vi ha affidato...»

«Certo, ma non dipende da noi se quelli decideranno di attaccarci ancora, magari sbarcando dal Nilo alle nostre spalle.»

Il silenzio di Yves a queste parole fu eloquente. Luigi riprese: «Quindi suggerite di trattare? Ma io non sono come Federico. E avete sentito quello che ho detto a Guy de Ibelin: Nostro Signore non ha mai trattato con il diavolo».

«Nostro Signore non ha trattato con il diavolo, ma ha parlato con tutti, anche con i peccatori, non concedendo null'altro che la possibilità di vedere la verità e di convertirsi. Forse potremmo parlare con gli infedeli per salvare l'esercito. Senza fare alcuna concessione. Nella loro religione è obbligatorio accettare una tregua quando il nemico la propone, e noi potremmo proporla. Anzi. Potremmo proporre anche uno scambio: Gerusalemme per Damietta. Trent'anni fa, all'epoca dell'*expeditio crucis* di Jean de Brienne, erano pronti ad accettarlo.»

Il re rimase a lungo a riflettere. Poi mormorò: «Beneditemi, *magister*. Parleremo con quella gente, ma dovrete andare voi. Siete l'unico di cui io mi fidi a parlare la loro lingua... Gerusalemme... Se accettassero di restituire Gerusalemme in cambio di Damietta non avrei fallito. Avrei adempiuto il mio voto. Chi vi accompagnerà? Direi i capi degli Ordini, Renaud de Vichiers e Hugues de Revel. Parlano entrambi l'arabo e sono abituati ad avere a che fare con gli infedeli».

«Come desiderate, sire. Forse anche monsignor de Sargines potrebbe essere utile.»

«Ma non parla arabo.»

«Ci saremo noi a tradurre. Ha una grande esperienza, sire. È una dote importante.»

«E sia. Scrivete un messaggio a mio nome per il sultano chiedendo un incontro tra i nostri consiglieri. Vi apporrò il mio sigillo.»

✠ ✠ ✠

Yves uscì dal padiglione che iniziava ad albeggiare. Nicola dormiva a terra, davanti al fuoco acceso dai cavalieri del re per riscaldarsi dal freddo notturno. L'inquisitore lo scosse con un piede. Il giovane si svegliò di soprassalto, lo guardò per un attimo con gli occhi spalancati, si alzò e lo seguì barcollando. Yves pensò che avrebbe avuto bisogno di dormire anche lui. Quando il re aveva fatto il nome di Renaud, si era chiesto se avrebbe dovuto cercare di escluderlo dalla missione, ma si era risposto di no. In fondo, il templare aveva il suo stesso problema. Nessuno dei due poteva ancora attaccare apertamente l'altro. In ogni caso, si era tutelato chiedendo al re di inserire nella delegazione Godefroy. Non solo per l'esperienza. La sua spada gli aveva già una volta salvato la vita.

✠ ✠ ✠

«Li incontreranno al-Sabih e Zaid al-Din.»

Turanshah era visibilmente soddisfatto. Aybak gli aveva appena portato il messaggio con cui il re dei franchi chiedeva un incontro. Ora il sultano stava escludendo il comandante dell'esercito dalla delegazione che avrebbe condotto le trattative, inserendovi solo i suoi eunuchi neri. Aybak provò a insistere: «Se ritieni, mio signore, posso andare anch'io».

«Tu sei troppo importante per andare, *atabak*. Potremmo dare loro un'impressione di debolezza se si presentasse il capo dell'esercito in persona. Del resto, i franchi non invieranno persone di alto rango, giacché chiedono di venire nel nostro campo e non sono sicuri di come li accoglieremo. In fondo, non possono certo essere nostri ospiti. Sono nemici che hanno invaso le terre dei Credenti.»

Il sultano ebbe un tic. Aybak capì che era preferibile non insistere e gli venne un'idea.

«Udire è obbedire. Gli uomini valorosi e sapienti che invierai conoscono la lingua degli infedeli?»

«No, non credo. Ma a cosa servirebbe? Molti infedeli parlano la nostra lingua: invieranno certamente qualcuno in grado di farsi capire.»

«Non c'è dubbio, mio signore, ma potrebbe essere molto utile comprendere anche quello che si diranno nella loro lingua, ignari che noi siamo in grado di capirla.»

Il giovane ebbe un altro tic.

«Non sapevo che tra le tue innumerevoli virtù ci fosse anche quella di comprendere la lingua dei miscredenti.»

Aybak finse di non cogliere il sarcasmo.

«No, mio signore. Non comprendo la loro lingua, ma abbiamo tra noi qualcuno che la comprende bene. Potrebbe andare ser Berto, travestito da emiro mamelucco.»

Il sultano ci pensò un attimo. L'inviato dell'imperatore gli era piaciuto.

«Sarebbe disponibile a fare questo a quelli della sua stessa religione?»

«Non credo che abbia una religione.»

Il tono di Aybak non nascondeva un certo disprezzo, ma ciò parve divertire Turanshah.

«E sia. Se è disponibile, procuragli un vestito da mamelucco.

Potrei nominarlo emiro comandante di mille uomini, o addirittura capo della *Bahriyya*. Che ne dici?»

Era e voleva essere l'ennesimo affronto, ma Aybak ancora una volta finse di non coglierlo.

«Udire è obbedire.»

14

La trattativa

Mansura, 11 marzo 1250 (5 dhu l-hijja 647)

Yves e Nicola giunsero alla barriera eretta sull'estremità settentrionale del ponte di barche mentre il sole sorgeva. Un gruppo di arcieri e balestrieri montava la guardia. Si inchinarono tutti all'inquisitore che con la destra tracciò nell'aria una croce. Già in piedi quando era ancora buio, dopo le laudi avevano mangiato velocemente un po' di pane e formaggio, ormai il loro unico alimento. Nicola sbadigliò assonnato. Yves lo guardò con benevolo rimprovero. Gli aveva detto tante volte che un frate predicatore non doveva mai dimostrare stanchezza, ma anche lui aveva dormito poco quella notte a causa della riunione finale nel padiglione del re, protrattasi come al solito fino a tardi.

L'incontro con il nemico era fissato per quella mattina sulla sponda meridionale, in una tenda eretta di fronte ai resti del barbacane. I saraceni stavano già aprendo un varco nella struttura bruciacchiata per consentire il loro passaggio. Yves cercò di immaginare la posizione precisa del balestriere che aveva ucciso il povero francescano. Gli parve quasi di vederlo accovacciato a prendere la mira, la croce rossa sulla cotta d'armi bianca. La voce di Nicola lo scosse.

«Arrivano.»

Si voltò. Godefroy de Sargines, Hugues de Revel e, più arretrato, Renaud de Vichiers si avvicinavano, tutti disarmati. Concentrò lo sguardo sul maresciallo del Tempio. Arrivava da solo, con passo fermo, avvolto nel mantello candido dell'Ordine, quasi a volersi ancora riscaldare dal freddo della notte. Il templare accelerò il passo e li raggiunse. Si rivolse all'inquisitore: «Eravate qui da molto? Avevo inteso che dovevamo incontrarci all'alba».

«No, non preoccupatevi, avevate inteso bene. Siamo abituati a svegliarci molto presto e ne ho approfittato per dare un'occhiata ai resti del barbacane. Sapete, l'altro ieri sul ponte sono stato sfiorato da un colpo di balestra che ha ucciso un povero frate minore davanti a me. Cercavo di capire come fosse potuto accadere, visto che era un tiro diretto e non c'erano saraceni da questo lato del barbacane.»

Non sembrava un'accusa, ma l'altro avrebbe dovuto percepirla come tale. Renaud non era comunque tipo da scomporsi. Guardò anche lui i resti della struttura di legno sull'altra sponda e annuì.

«Cose che capitano, purtroppo. Nella concitazione della battaglia, qualche idiota avrà fatto partire un dardo. Non è la prima volta e non sarà l'ultima. Siete stato fortunato, *magister*. Mi dispiace per il francescano. Lo conoscevate?»

«No, ma era comunque un nostro fratello.»

«Certo, pregheremo per lui. Quando volete possiamo proseguire.»

Il templare considerava chiuso l'argomento. Yves si rivolse a Nicola: «Aspettaci qui». Poi agli altri: «Signori, che Dio ci accompagni, ci guidi e confonda le menti degli infedeli».

Risposero all'unisono: «Amen».

Si segnarono, Yves si incamminò verso il ponte e gli altri lo seguirono.

✠ ✠ ✠

«La migliore garanzia sarebbe la persona del re.»

L'*ustadar* al-Sabih aveva pronunciato la frase quasi con noncuranza. Yves la tradusse a Godefroy de Sargines, che replicò: «Non se ne parla nemmeno! È preferibile che ci uccidano tutti piuttosto che lasciare il re in ostaggio».

L'incontro andava avanti da ore. I quattro emissari cristiani, dopo aver dovuto sfilare attraverso due ali di *asakir* della *halqa* del sultano, avevano trovato ad attenderli davanti alla tenda approntata per l'incontro una delegazione di tre persone: un uomo dalla pelle scura di mezza età, riccamente vestito in una tunica di seta nera, che si era presentato come l'*ustadar* al-Sabih, l'emiro Zain al-Din, capo della *halqa*, anche lui dalla pelle scura, e un emiro mamelucco dalla cotta d'armi blu e oro. Quest'ultimo era quello che aveva maggiormente incuriosito l'inquisitore. Sulla trentina, gli occhi scuri dallo sguardo penetrante e una corta barba nera. Non sembrava un egiziano e lo aveva ritenuto turco, come molti emiri mamelucchi. Era molto attento e silenzioso, e quando l'inquisitore si era di proposito rivolto a lui, la risposta era arrivata da uno degli altri due. Yves aveva quindi concluso che quell'uomo non era lì per prendere parte alla trattativa. Che ci faceva, allora?

La discussione era iniziata in modo molto soddisfacente per gli emissari di Luigi. Yves ci aveva visto giusto: per Turanshah, come per suo nonno, Damietta era più importante di Gerusalemme. I consiglieri del sultano, infatti, dopo una serie di schermaglie che sembrava non finire più, avevano acconsentito allo scambio. Inoltre, il sultano si sarebbe preso cura dei feriti e persino delle macchine da guerra dell'esercito cristiano, fino a quando Luigi non avesse potuto mandarli a riprendere. Era stato pertanto chiesto agli uomini del re quali garanzie sarebbero state date sulla restituzione di Damietta. Yves aveva risposto quello che era stato convenuto nella riunione della sera prima, offrendo in ostaggio uno dei fratelli del sovrano: il conte d'Angiò o il conte di Poitiers. A questo, l'*ustadar* aveva replicato suggerendo che l'ostaggio fosse Luigi in persona, ma ciò aveva determinato la reazione di Godefroy.

Yves apostrofò rudemente il capitano, dandogli del tu e utilizzando il dialetto parigino: «Non ti agitare! Capiscono tutto quello che diciamo».

Se ne era accorto guardando il mamelucco, che era sembrato molto interessato alle parole del cavaliere. Yves pensò: "Non so chi sei, ma almeno ho capito che cosa sei venuto a fare". Poi si rivolse all'*ustadar* con tono cortese: «Il re è molto affezionato ai suoi fratelli. Ciascuno di loro è per lui più importante di se stesso».

Al-Sabih sorrise mellifluo.

«Ne sono certo, ma per noi non hanno lo stesso valore. La persona del re costituirebbe la migliore garanzia di rispetto degli accordi.»

«Mio signore. Come potrete comprendere, non abbiamo il potere di decidere su questo. Riferiremo la vostra richiesta al re.»

✠ ✠ ✠

«Non ci daranno mai il re.»

Umberto aveva tagliato corto, rivolgendosi direttamente a Turanshah. Era ancora vestito da emiro. Non appena l'incontro era terminato, i tre membri della delegazione egiziana avevano raggiunto il sultano, che li attendeva a palazzo con Aybak, e al-Sabih aveva sintetizzato la discussione.

Turanshah non sembrò sorpreso.

«Già, lo immaginavo. Che impressione hai avuto, ser Berto?»

«Mio signore, come l'*ustadar* ha già detto, la loro delegazione era guidata da un frate. Yves le Breton, così si è presentato. Un inquisitore. Forse ne avrete già sentito parlare: sono particolarmente aggressivi nella predicazione contro gli eretici, che spesso fanno bruciare vivi.»

Gli altri annuirono, come se ciò rientrasse nella natura delle cose. Umberto si sorprese ancora una volta a constatare che per i suoi interlocutori era più degno di rispetto un fanatico religioso nemico che un uomo senza Dio. Proseguì: «Lo chiamavano "maestro" e dalla deferenza con cui lo trattavano direi che è un inquisitore molto vicino al re, forse persino uno dei suoi confessori. Ha anche capito che comprendevo quello che si dicevano e verso la fine ha usato un dialetto francese. La mia impressione è che siano in gravi difficoltà, ma che pensino ancora di poterne uscire. Sicuramente sono pronti a cedere Dimyat per al-Quds, anzi considererebbero lo scambio un grande successo, ma come vi dicevo non accetteranno mai di consegnare il re. In ogni caso, il loro obiettivo immediato è prendere tempo, forse aspettano rinforzi».

Intervenne Aybak: «Hanno ancora molte navi a Dimyat. Potrebbero tentare di nuovo di risalire il Bahr in forze».

Turanshah aveva ascoltato con gli occhi chiusi. Li aprì e concluse con aria soddisfatta: «Hanno deciso di andarsene e le navi servono per coprire la ritirata. Stanno solo cercando di guadagnare tempo perché non sono in grado di resistere a un'altra offensiva».

Aybak esclamò: «Allora avanziamo subito e facciamola finita».

Turanshah ebbe un tic e lo guardò torvo.

«Decido io come agire. Aspetteremo e li attaccheremo appena inizieranno a muoversi. Sarà il momento di loro massima debolezza e non avranno più l'animo di combattere, ma solo di salvarsi. Potete andare.»

«Udire è obbedire.»

Aybak s'inchinò e così fecero tutti.

Mentre si prostrava, Umberto si ritrovò per la seconda volta in pochi giorni a pensare che quel ragazzo fosse meno stupido di quanto tutti credessero. La sua protervia tuttavia lo avrebbe perduto. Nessuno poteva permettersi di trattare Aybak in quel modo, neppure un sultano.

Al-Qahira, 10 dhu l-hijja 647 (16 marzo 1250)

La ragazza velata, avvolta in un leggero *jilbab** nero, percorreva agile e veloce il labirinto di vicoli nei pressi del Bahr mentre nell'aria si diffondevano gli odori del pasto serale. Riconobbe il profumo della carne di montone arrosto e delle spezie. La folla diurna si era diradata, ma c'era ancora gente in giro. Il portone della grande casa era socchiuso. La giovane vi s'infilò e la porta si chiuse alle sue spalle.

Shajar al-Durr non degnò di uno sguardo l'uomo all'ingresso e attraversò il cortile interno, coperto di mattonelle bianche dalle decorazioni celesti e con una fontana zampillante al centro. Una luce filtrava dalla finestra della stanza al piano terra. La ragazza entrò. Baybars l'aspettava in piedi.

«*Marhaba*, Shajar.»

«*Marhaba, Bunduqdari*. Grazie per essere venuto. È passato tanto tempo...»

La voce suadente, appena esitante, gli diede un brivido leggero.

«Già... ma non mi avrai convocato per parlare del passato, immagino» replicò lui, senza riuscire a controllare un fondo di risentimento nella voce. «Eravamo solo due ragazzini.»

Shajar gli si avvicinò e gli toccò il lembo dell'*hizar** blu. L'uomo poteva sentire il profumo della sua pelle.

«Non ho mai smesso di pensarci.»

«Intanto hai fatto carriera. Il sultano, poi Fakhr al-Din, ora Aybak e sono sicuro che me ne manca qualcuno...»

«Sono stata costretta, è come una danza frenetica in cui se ti fermi cadi.»

«È la danza del potere, Shajar. E tu l'hai imparata bene. Perché mi hai fatto chiamare?»

«Perché quando ho sentito che hai battuto i franchi ad al-Mansura non ho saputo resistere al desiderio di vederti.»

«Sono diventato improvvisamente degno di danzare con te?»

«Non dire così. Lo sai che sei l'unico a cui ho veramente voluto bene, ma non eravamo solo due ragazzini, eravamo due schiavi. Ora, invece, quello che tu chiami potere e che abbiamo conquistato con tanti sacrifici ci rende liberi.»

«Non credo che il potere abbia mai reso libero nessuno. Forse solo più schiavo.»

«Io non mi sento schiava, Balestriere. Io sono libera, e da donna libera ti dico che ti voglio ancora.»

«È rischioso.»

«È sempre stato rischioso, tra noi. Non solo oggi. Lo sapevi anche quando hai accettato il mio invito... Ora sei qui. Se Aybak lo scoprisse, ci farebbe uccidere entrambi, a prescindere da quello che tu possa dire o fare adesso. Meglio che ne sia valsa la pena, non pensi?»

Si fece sempre più vicina.

«Toglimi il *jilbab*, sotto non ho niente.»

15

Isabelle

Tra Mansura e Damietta, 6 aprile 1250 (2 muharram 648)

Era arrivato il momento della partenza. Il buio della notte avrebbe favorito l'evacuazione dell'accampamento e i marinai delle navi avrebbero acceso fuochi a riva per indicare la via verso le imbarcazioni. L'ordine del re era di tagliare le corde del ponte, ma una pioggia di frecce dall'altra sponda lo impedì.

Per i saraceni, quel tentativo doveva essere una specie di segnale di attacco e avanzarono di corsa al grido di «*Allah u'akbar*» e al rullo dei *nacaires*. Sessanta arcieri e balestrieri crociati tentarono di coprire la ritirata. Gli assalitori di testa furono trafitti, ma i soldati che li seguivano scavalcarono i corpi dei caduti, incuranti dei dardi che saettavano. Quando furono addosso ai difensori, lo scontro fu breve e nessuno dei francesi sopravvisse. Gli *asakir* corsero allora verso le tende dell'accampamento cristiano, ormai semideserto. Vi erano solo i malati non trasportabili, che furono immediatamente uccisi. Si scatenò quindi la caccia all'uomo. I primi a essere raggiunti furono i malati meno gravi, diretti alle navi. I falò accesi dai marinai erano stati una guida anche per gli inseguitori. Gli ospitalieri di scorta si lanciarono sul nemico, come cani a protezione del gregge, ma furono travolti e massacrati. Solo in pochi riuscirono a raggiungere le imbarcazioni.

Isabelle aveva lasciato l'accampamento con la colonna delle salmerie. Non vi erano carri. I buoi che avrebbero dovuto trainarli erano stati mangiati nonostante la Quaresima. Durante la notte, un gruppo di cavalieri saraceni li aveva attaccati, uccidendo molte persone e gettando i fuggiaschi nella confusione. Alcuni, perso ogni orientamento, erano addirittura tornati indietro, dritti nelle fauci degli inseguitori. Isabelle era con Elaine e Marie, le ragazze con cui era tornata a condividere la tenda e il mestiere dopo la morte di Joceran. Si erano nascoste in uno dei tanti fossi per l'irrigazione che attraversavano la pianura, aspettando che i saraceni si allontanassero. Poi avevano ripreso la marcia. Il cielo stellato e senza luna era solcato da grosse scie di fuoco: frecce incendiarie lanciate dalle navi. Il fiume non era quindi lontano e Isabelle aveva capito che per procedere nella giusta direzione avrebbero dovuto averlo a sinistra.

All'alba, avevano scorto un gruppo di un centinaio di uomini, tra cui civili e frati. Si erano accodate e nessuno aveva fatto caso a loro.

✠ ✠ ✠

Yves si asciugò il sudore dalla fronte con la manica della tunica. Il sole ormai alto e il caldo non davano tregua. Il re era dietro di lui, su un piccolo ronzino dalla gualdrappa di seta che il barone di Seignelay conduceva per le redini. Aggrappato al pomo della sella, la testa curva, Luigi barcollava biascicando preghiere. Emanava un forte puzzo di feci. Durante la notte era svenuto più volte e la dissenteria lo aveva martoriato a tal punto che avevano dovuto tagliare il fondo delle sue brache per evitargli di scendere continuamente da cavallo per defecare. Tutt'intorno, quello che restava del più forte esercito della Cristianità si ritirava in disordine, incalzato dal nemico, frantumandosi in cento rivoli come il Nilo.

Il re aveva rinunciato a imbarcarsi sulla galera che aveva portato via il legato papale e il Mauclerc, dichiarando che non avrebbe mai abbandonato il suo popolo. Era stato tuttavia il suo popolo ad abbandonare lui. Con il sovrano erano rimasti solo la sua scorta e i resti dello squadrone di Gaucher de Chatillon, uomini laceri e quasi tutti appiedati. Nella prima mattinata avevano subito un attacco di cavalleria e alcuni saraceni erano riusciti ad avvicinarsi al re. Sargines li aveva caricati a colpi di picca allontanandoli e qualcuno lo aveva paragonato a un valletto che difendeva la coppa del suo signore dalle mosche. Yves e Nicola non avevano potuto far altro che pregare. I saraceni erano stati respinti, ma li incalzavano a distanza, sempre più numerosi.

Si trovavano davanti a un borgo di casette di fango e Godefroy si rivolse al re: «Sire, forse è il caso di sostare per cercare di riorganizzarci».

Luigi lo guardò con aria assente senza rispondere. Intervenne Yves: «È troppo stanco. Non possiamo proseguire. Agite voi per il meglio e che Dio ci aiuti».

Sargines annuì e gridò a tutti, come se l'ordine venisse dal re: «Sostiamo in quel villaggio!».

✠ ✠ ✠

«È finita, lo abbiamo preso.»

Il tono di Zain al-Din esprimeva sollievo. A un suo gesto, due manipoli di cavalieri si staccarono per circondare l'abitato.

Al fianco del comandante della *halqa*, Baybars si tolse l'elmo a punta con le piume blu e oro rovente per il caldo, prese dalla tasca della sella un panno bianco e se lo avvolse come un turbante intorno alla testa rasata. Era stato incaricato da Aybak di accompagnare Zain al-Din nell'inseguimento del re dei franchi.

Numerosi messaggeri recavano intanto notizie di vittoria. La marcia notturna aveva completamente disarticolato l'esercito invasore e le imbarcazioni nemiche che avevano cercato di scendere il Bahr si erano date alla fuga alla vista delle navi egiziane, gettando nella disperazione le migliaia di uomini a terra. Gli infedeli iniziavano ad arrendersi senza combattere.

✠ ✠ ✠

«Piano, fate piano.»

Seignelay e un altro cavaliere fecero smontare il re e lo portarono dentro una casupola da cui erano stati fatti uscire gli occupanti. Nella prima stanza c'erano poche suppellettili e un vecchio tappeto polveroso dai colori sbiaditi, su cui lo distesero. Dietro di loro entrarono Yves, Nicola, Godefroy e altri. Luigi aveva chiuso gli occhi. Il medico di corte Brisac fece una smorfia.

«Difficile che arrivi a stasera.»

Nella stanza si era intrufolata anche una delle ragazze che li seguivano dalla mattina. Sentite le parole del medico, la giovane si accovacciò con naturalezza sul tappeto, accarezzò la testa di Luigi e se la adagiò sul grembo, incurante del lezzo.

Tutti rimasero impietriti.

Godefroy si fece avanti per allontanarla, ma Yves, gli occhi fissi su di lei come se avesse visto uno spettro, lo fermò toccandogli il braccio. Proprio in quel momento, il re aveva aperto gli occhi e sorrideva al volto angelico sopra di lui. Mormorò: «Mia signora, siete bellissima».

Godefroy sussurrò a Yves: «*Magister*... è una puttana. La chiamano *Chérie*».

Il frate rispose con voce roca, sempre guardando la ragazza: «Ora è solo un conforto per il re... Ricordate la peccatrice del Vangelo di Luca. Gesù non la mandò via e lei con le lacrime bagnò i piedi di Nostro Signore, asciugandoli poi con i capelli e ottenendo perdono e salvezza. Chi siamo noi per allontanare questa donna?».

Godefroy lo guardò stupefatto. Yves pensò che forse lo avrebbero considerato un debole, ma nessuno lì dentro avrebbe potuto comprendere.

Nicola colse il suo turbamento.

«*Magister*, non vi sentite bene?»

L'inquisitore non rispose. Scosse la testa, pallido come un cencio, e si avvicinò alla ragazza che continuava ad accarezzare i capelli del re assopito.

«Come ti chiami?»

«Isabelle, padre.»

«Da dove vieni?»

«Da Parigi.»

«Come sei finita qui?»

«Sono la figlia di mastro Jean, il macellaio. È morto a...»

Un uomo fece irruzione nella stanza. Era il conte Philippe de Montfort, della scorta reale.

«Siamo circondati!»

Godefroy si avviò subito verso l'uscita, Yves e Nicola lo seguirono.

Un cordone di cavalleria nemica aveva circondato il villaggio. Per il momento, i saraceni erano immobili sotto il sole, ma non lo sarebbero rimasti a lungo. Gli uomini del conte di Chatillon si erano dislocati a protezione dell'abitato e cercavano di erigere barricate. L'inquisitore strinse gli occhi guardando lo schieramento saraceno. Gli parve di riconoscere qualcuno. Sargines sguainò la spada.

«Non possiamo andarcene con il re in quelle condizioni. Non ci resta che morire combattendo.»

«Che moriremo combattendo è certo, monsignore, ma non oggi... Attendetemi qui.»

Yves rientrò nella casa e si accostò al re. Lo scosse delicatamente.

«Sire?»

Luigi aprì gli occhi e sorrise a Isabelle. Vedendo il frate, sorrise anche a lui.

«*Magister*, siete anche voi in Paradiso? Me lo avevate detto tante volte che ci saremmo finiti. Avete visto la Madonna?»

«Sire, perdonatemi, ma purtroppo siamo ancora nella valle delle lacrime e questa non è la Madonna, ma una ragazza di Parigi. I saraceni ci hanno circondato e sono superiori di numero.»

Il re provò a tirarsi su, ma era troppo debole e ripiombò con la testa sul grembo di Isabelle. Yves proseguì: «Non affaticatevi. Li comanda un emiro che ho incontrato a Mansura. Uno dei consiglieri del sultano. Se siete d'accordo, potrei tentare di negoziare con lui una tregua, anche se questa volta temo che non potremo avanzare condizioni».

Luigi non esitò: «Sono d'accordo. Vi prego di andare e che Dio vi benedica».

Yves uscì e raggiunse Sargines e Montfort.

«Il re è d'accordo. Proveremo a negoziare una tregua con il loro capo, l'emiro che abbiamo incontrato a Mansura e che certamente anche voi avrete riconosciuto.»

Godefroy scrutava il nemico e rispose senza voltarsi: «No, non lo avevo riconosciuto, ma in effetti è proprio lui, il capo della guardia di Turanshah. Quello al suo fianco potrebbe essere invece il gigante che li comandava quando ci hanno attaccato a febbraio».

Yves si fece attento.

«Baybars. Lo stesso che ci è sfuggito nel padiglione di Scecedin?»

Era la terza volta che lo incrociava. Ora lo avrebbe finalmente visto da vicino.

«Be', sì, se si trattava di lui. Potrebbe essere pericoloso, *magister*, veniamo con voi.»

«Voi restate con il re, monsignore. Mi accompagnerà il sire di Montfort.»

Il frate si voltò verso il conte.

«Andiamo.»

«*Magister*, vengo anch'io!»

Nicola si avvicinò di corsa.

«No. Tu resta qui.»

Il tono non ammetteva repliche. Del resto, se i saraceni li avessero uccisi, nemmeno gli altri sarebbero sopravvissuti a lungo.

✠ ✠ ✠

Due uomini avanzavano a piedi verso di loro. Zain al-Din riconobbe subito il frate consigliere del re. Era accompagnato da un uomo d'armi. Disse a Baybars: «Chiedono una tregua. Vieni».

Fece avanzare il cavallo al passo. Baybars lo seguì.

S'incontrarono quasi a metà strada. I due emiri restarono in sella. Fu Yves a parlare in arabo.

«*Salam alaykum*.»

Zain al-Din fu attento a non augurargli pace. Il Corano vietava la pace con gli infedeli. Si poteva arrivare solo a una tregua di durata temporanea, massimo dieci anni.

«Sono lieto di vederti in buona salute.»

«Anche io, *amir*.»

Yves indicò Baybars.

«Ho l'impressione di avere già incontrato l'emiro che ti accompagna. Pace anche a te.»

Zain al-Din abboccò.

«L'emiro Baybars al-Bunduqdari della *Bahriyya* è un grande guerriero, forse ti sarà capitato di vederlo in battaglia. Come posso esserti d'aiuto?»

«Il re m'invia a chiedere una tregua.»

✠ ✠ ✠

Il servente Marcel dello squadrone di Chatillon era divorato dal caldo e dalla sete e cercava ombra addossato al muro di una delle casette del villaggio. Durante l'ultimo scontro, era stato ferito a un braccio e il dolore era lancinante. Era inutile continuare. Se voleva avere una speranza di ritornare a casa, dalla moglie e dai due figlioletti, dovevano arrendersi e sperare che i saraceni li lasciassero andare. Aveva seguito da lontano l'incontro di frate Yves con i capi saraceni. Era certamente andato a offrire la resa per conto del re. Così, quando vide l'emiro dalla pelle nera smontare da cavallo, concluse che l'offerta fosse stata accettata. Non c'era tempo da perdere. Marcel iniziò quindi a gridare con tutto il fiato che gli era rimasto: «Signori cavalieri, arrendetevi! Ve lo comanda il re! Non fate uccidere il re!».

Tutti pensarono che quello fosse l'ordine del sovrano e buttarono a terra le armi. Vedendo ciò, i saraceni spronarono i cavalli, entrarono nel villaggio e iniziarono a prenderli prigionieri. Nella rassegnazione generale, l'unico a opporre resistenza fu proprio Gaucher de Chatillon. Spada in pugno, caricò da solo i saraceni gridando «*Chatillon!*». Lo uccisero con un colpo di lancia alla gola.

✠ ✠ ✠

«Ma che fanno?»

Yves e Montfort non riuscivano a capire. L'emiro aveva accettato la tregua ed era smontato per consegnare al frate l'anello che portava al dito, come impegno al rispetto di quanto concordato, quando un clamore dal villaggio aveva richiamato la loro attenzione. I francesi stavano buttando le armi e la cavalleria musulmana galoppava verso le case. Si erano arresi. Il domenicano temette che Luigi fosse morto.

Zain al-Din guardò Baybars e s'infilò di nuovo l'anello al dito.

«Signori, non posso concedere una tregua a gente che si è già arresa. Se volete, voi siete liberi di andare dove volete. Io vado a prendere il re.»

Si accinse a risalire a cavallo e di fronte al volto sorpreso di Yves spiegò: «Siete dei messaggeri».

Montò e spronò al galoppo. Baybars e l'inquisitore si guardarono e ognuno lesse curiosità negli occhi dell'altro, poi il mamelucco seguì l'emiro. Yves restò a fissarlo mentre si allontanava, chiedendosi da dove potesse venire un uomo con quegli occhi chiari e a quale diavoleria fosse dovuta quella macchia bianca.

Montfort non aveva compreso nulla della conversazione in arabo.

«Che succede, *magister*?»

«Succede che i nostri si sono arresi, non so dirvi perché. Noi invece siamo liberi in quanto messaggeri. Possiamo andarcene.»

«Che ne sarà di loro?»

«Li uccideranno, oppure li terranno vivi per il riscatto. Non lo so. Venite. Se l'emiro è un uomo di parola e possiamo andare dove vogliamo, andremo da liberi in mezzo ai prigionieri. Oltretutto, lì nessuno capisce la lingua dell'altro.»

Yves si avviò risoluto verso il villaggio, seguito dal cavaliere che continuava a non capire.

Arrivarono davanti alla casupola dove avevano lasciato il re proprio mentre lo portavano fuori. Sargines e Seignelay lo tenevano per le braccia mentre Baybars e altri mamelucchi dai colori blu e oro avevano formato un cordone con le scimitarre sguainate. Sembrava in condizioni un po' migliori e riusciva a muovere qualche passo. Yves intravide Nicola tra quelli che erano nei pressi della porta. Il comandante della *halqa* fece una smorfia avvertendo la puzza emanata dal sovrano, poi s'inchinò e mormorò qualcosa di incomprensibile.

Luigi guardò interdetto l'emiro.
«In nome di Allah potente e misericordioso, vi prego di seguirmi e dite ai vostri cavalieri di restare calmi.» Era la voce di Yves. Tutti si voltarono verso di lui. Il re lo guardò in lacrime.
«*Magister*, è finita...»
«No, sire. Non è mai finita... Fermatevi! *Qaf!*»
Sollevò il saio e iniziò a correre verso due saraceni che avevano afferrato Isabelle e la stavano portando verso un'altra casa, con intenzioni fin troppo evidenti. La ragazza cercava di divincolarsi, ma era inutile. Nessuno dei cavalieri presenti aveva mosso un dito per salvare una prostituta.
Vedendo sopraggiungere il frate, uno dei due gli si parò davanti sfoderando la scimitarra, mentre l'altro continuò a tenere stretta la giovane.
Yves si fermò e disse in arabo: «In nome di Dio, lasciatela».
L'uomo con la scimitarra la sollevò, puntandola alla gola del domenicano.
«Tu non puoi parlare in nome di Dio, sei solo uno sporco miscredente.»
«Forse io non potrò parlare in nome di Dio, ma il Profeta ha detto che alle donne è dovuto rispetto. "Nel nome di Dio, il Clemente, il Compassionevole. Uomini, temete Dio, il quale vi creò da una persona sola. Ne creò la compagna e da essi suscitò molti uomini e donne. Temete quel Dio nel nome del quale vi chiedete favori l'un l'altro e rispettate il grembo che vi ha portato."»[1]
L'*askari* e l'inquisitore si fissarono, l'attenzione di tutti su di loro, ma era come se la scimitarra, ancora sollevata, avesse cambiato mano. Baybars diede un ordine secco, che Yves non comprese. Il saraceno abbassò la spada, lanciò uno sguardo di odio al domenicano e si allontanò. L'altro aveva già lasciato la donna, che si gettò piangendo sul frate, abbracciandolo.
Yves restò rigido e la respinse. Il contatto con Isabelle lo aveva turbato, ma ciò che lo sconvolgeva da quando l'aveva vista era ben altro. La ragazza somigliava come una goccia d'acqua a un'altra donna, che tanti anni prima gli aveva macchiato di sangue il volto e la tonaca.

16

L'allievo

Mons Hysmerum, 13 maggio 1239 (Mont Aimé, Champagne, Francia)

Era tutto pronto nel campo in leggero pendio sotto la grande torre del castello dei conti di Champagne, incastonato nel promontorio che dominava la pianura boscosa tra Reims e Troyes, illuminata dalla prima luce dell'alba.

Il giovane frate domenicano tirò indietro il cappuccio nero per vedere meglio. Scoprì un volto coperto da lentiggini e da una rada e morbida peluria rossa. Ebbe un brivido. Era l'aria, ancora fredda nonostante la primavera inoltrata, o quello che aveva di fronte?

Dalle diocesi di Reims e di Sens migliaia di persone erano accorse per assistere allo spettacolo. Iniziavano ad assieparsi ai bordi del campo, tenute indietro da numerosi uomini armati. Gli ospiti d'onore non erano invece ancora scesi, primo tra tutti il padrone di casa, Tebaldo, conte di Champagne e re di Navarra. Ci sarebbero stati anche l'arcivescovo di Reims, Enrico di Dreux, il precettore del Tempio di Francia, Renaud de Vichiers, quindici vescovi e i principali nobili della regione.

Il frate contò con attenzione i pali sotto i quali erano già state sistemate le fascine e raggiunse correndo in salita l'anziano confratello Mathieu de Bourbon, che lo attendeva seduto sotto una grande quercia.

«Centottantatré, *magister*.»

Il vecchio inquisitore annuì, rivolse lo sguardo al confratello e gli parve di cogliere in lui un giovanile smarrimento che andava subito fugato. Mestiere difficile, quello che Dio aveva loro riservato.

«Sono eretici, Yves. Non meritano pietà. Il fuoco li purificherà dai loro peccati. Del resto, non siamo qui per loro... Centottantatré, quindi. Hai visto? Ne manca uno, anzi, una. E sappiamo anche chi è...»

Yves le Breton lo guardò con devozione e pensò che fosse giusto, il *magister* aveva sempre ragione. Non doveva cedere alle debolezze istillate dal demonio. Estirpare l'eresia e la corruzione, ovunque si annidassero, era una missione sacra e doveva ringraziare il Signore di avergli assegnato come guida *magister Matteus*.

Mathieu ora guardava qualcosa alle sue spalle, stringendo gli occhi miopi, come per vedere meglio.

«È lui?»

Yves si voltò.

«Sì, *magister*. È Robert le Bougre.»

Alcuni uomini scendevano dal castello verso il campo. Due erano frati del loro Ordine, uno piccolino e rotondo, Robert, l'altro più alto, Giacomo, la sua ombra. Li seguivano tre uomini d'arme, la scorta assegnata dal re all'inquisitore delegato dal papa.

Robert conosceva molto bene l'errore eretico, avendo fatto egli stesso parte da giovane di una setta catara a Milano. Da questo derivava il suo soprannome le Bougre, il Bulgaro, essendo la Bulgaria infestata da bogomili e catari. Poi aveva rinnegato l'eresia ed era entrato nell'Ordine dei predicatori, iniziando una caccia spietata agli eretici, segnata da roghi in tutta la Francia del Nord. Si diceva che avesse capacità straordinarie di raccogliere le confessioni delle persone che interrogava e che riuscisse persino a indurre membri di una stessa famiglia a testimoniare gli uni contro gli altri. Si era anche spinto a indagare su alcuni nobili, tra i quali si vociferava vi fosse addirittura il potentissimo conte di Champagne, sospettato di indulgenza nei confronti delle sette che infestavano i suoi feudi. Lo zelo del Bulgaro aveva quindi destato perplessità nell'episcopato locale, tanto da indurre il papa, cinque anni prima, a stabilire che i frati potessero indagare in una diocesi solo su richiesta dell'arcivescovo.

L'opera di frate Robert nella custodia della fede in quei tempi oscuri era tuttavia talmente preziosa che già l'anno dopo il pontefice gli aveva espressamente confermato il mandato di inquisitore. Da parte sua, il giovane e devotissimo re Luigi, che sosteneva che l'unico modo di trattare con un eretico fosse quello di infilargli una spada nella pancia, aveva fornito al Bulgaro una scorta armata per evitare che cadesse vittima di attentati, come purtroppo iniziava a capitare a diversi inquisitori. In realtà, come Mathieu aveva spiegato al suo giovane allievo, la presenza di soldati del re era anche un modo per far capire al conte Tebaldo, incoronato qualche anno prima re di Navarra, che il suo vasto e prospero feudo era comunque parte del regno di Francia e che su quelle terre, dopo Dio, regnava solo Luigi.

Quella mattina, Robert le Bougre si accingeva a vivere il suo trionfo.

Nulla del genere si era mai verificato prima. Centottantatré eretici sarebbero stati bruciati vivi tutti insieme dopo essere stati processati dal tribunale ecclesiastico di cui, per volontà di re Luigi, aveva fatto parte anche Mathieu de Bourbon. Arrestati in tutte le diocesi del nord, erano ciò che restava dei seguaci di una setta manichea fondata secoli prima da Fortunato, scacciato dall'Africa da sant'Agostino e trasferitosi nella Champagne. Lì aveva convertito un capo brigante che si era insediato proprio su Mons Hysmerum, all'epoca coperto solo da boschi. Sul promontorio era poi sorto il castello dei conti di Champagne. Era quello il luogo scelto da Dio e da Robert le Bougre per la definitiva purificazione degli eretici.

Negli ultimi tempi, nella zona aveva operato una vecchia manichea di nome Arborea, che fedele ai precetti della setta non mangiava carne, uova o formaggi. La popolazione attribuiva la sua astinenza a sentimenti di mortificazione cristiana e la considerava una specie di santa. Così, ogni domenica, c'erano persone che si comunicavano presso di lei, anche se non credeva all'Eucaristia. Arborea era stata arrestata e bruciata viva qualche anno prima, ma l'eresia non era morta con lei. Aveva lasciato un figlio, Tibaldo, che era tra gli arrestati e avrebbe subito la stessa sorte.

Il capo degli eretici era tuttavia un altro, il sedicente vescovo di Moranis. Un uomo di circa quarant'anni, alto e forte, dalla barba ancora nera, arrivato al processo in condizioni pietose a causa delle *quaestiones* alle quali lo avevano sottoposto. Yves era consapevole che quelle procedure erano indispensabili *ad eruendam veritatem*. Era stata una delle prime cose che il *magister* gli aveva spiegato quando era ancora un novizio: l'unico a conoscere la verità è l'accusato e il compito dell'inquisitore è farla venire fuori, in un modo o nell'altro. L'eresiarca aveva tuttavia resistito alla tortura e, per non ucciderlo, gli uomini del Bulgaro si erano dovuti fermare. Serviva vivo per lo spettacolo finale.

Dalle deposizioni dei complici era comunque risultato chiaro non solo che la setta si era ampiamente diffusa nella regione, ma che subiva gli influssi della piaga catara, sviluppatasi nel sud con la complicità del potente conte di Tolosa e ancora non estirpata del tutto, nonostante le spedizioni armate e i roghi. Yves era rimasto colpito dalla perfidia del sedicente «vescovo». Per non attirare sospetti sulle attività della setta e per non costringere i suoi a mentire sulla propria fede perversa, che negava le istituzioni e i sacramenti cattolici, aveva soprannominato alcuni seguaci Battesimo, Matrimonio, Santa Maria, Santa Chiesa, Legge Romana, Santa Comunione. Così, negli interrogatori, gli eretici avevano subdolamente dichiarato di credere nella Santa Chiesa e nella Legge Romana. Ciò, ovviamente, aveva confermato agli inquisitori la pericolosità dell'insidia che allignava nelle terre del conte di Champagne. Il vescovo di Moranis e le sue megere avrebbero quindi meritatamente subito il castigo divino.

Un'altra giovane donna di non più di vent'anni, tale Roxanne, interrogata da Robert le Bougre durante il processo, aveva addirittura dichiarato che la notte del venerdì santo, mentre dormiva al fianco di suo marito, era stata trasportata fino a Milano, dove aveva servito alla mensa di eretici lì riuniti. Durante la sua assenza, un demonio, assunte le sue sembianze, aveva avuto rapporti carnali con il marito, minuziosamente descritti al tribunale. Una storia incredibile, ma la giovane era stata ritenuta sincera dal Bulgaro e dagli altri giudici, profondamente impressionati. Solo Mathieu aveva lanciato uno sguardo a Yves, attento a non tradire alcuna emozione, come gli era stato insegnato.

Frate Robert aveva risparmiato anche un'altra ragazza, la sedicente «abbadessa» di Provins, di nome Giselle. L'inquisitore aveva spiegato che la donna aveva confessato i propri peccati e promesso di rivelare i nomi di molti altri eretici.

Yves vide che il Bulgaro li aveva notati e si dirigeva verso di loro con la sua inconfondibile andatura saltellante. Frate Giacomo, invece, proseguì con le guardie verso i pali.

«*Pax vobiscum.*»

Invece di rispondere con il consueto *Et cum spiritu tuo*, Mathieu citò Geremia: «*Pax erit vobis, non veniet super vos malum*».[1]

Robert restò un attimo perplesso. Era un uomo che riusciva a percepire i pensieri del proprio interlocutore in modo quasi animalesco e qualcosa, in Mathieu, lo metteva a disagio. Era come se avvertisse che per il vecchio frate la veste domenicana non aveva cancellato l'eretico di un tempo. Forse dipendeva dal fatto che, quando il Bulgaro era a Milano, l'anziano inquisitore bruciava quelli come lui proprio in quelle zone. Un atavico rapporto tra cacciatore e preda che la trasformazione delle loro vite non aveva mutato, se non nelle apparenze.

Il Bulgaro cercò comunque di essere ossequioso, come era dovuto a uno dei compagni di san Domenico.

«Siete sceso presto, *magister.*»

«Sai, Robert, alla mia età ormai si dorme e si mangia poco. Il problema è sempre quello di buttare giù dalla branda Yves per le *vigiliae*,[2] ma ci si abituerà. E tu come hai dormito? Non ti ho visto alle laudi.»

«Non ho chiuso occhio tutta la notte, *magister*. Ho dovuto ultimare i preparativi.»

Si voltò verso il campo disseminato di pali e ai cui bordi veniva in quel momento eretta un'alta croce e proseguì: «Oggi è un grande giorno. Per la Chiesa e per il nostro Ordine. La purificazione della Champagne dall'errore eretico. La conclusione di anni di duro lavoro *ad maiorem Dei gloriam*. Non sarei comunque riuscito a dormire».

«Già, lo immagino... Quando scenderanno?»
«Tra poco, sono già raccolti nel cortile del castello. Aspettano solo il mio segnale. Dove vi collocherete, *magister*? Sarebbe un onore avervi al mio fianco, tra re Tebaldo e l'arcivescovo Enrico.»
«Preferisco restare sotto quest'albero. Non amo la calca. Le mie membra sono stanche e tra poco il sole sarà alto. Da qui, comunque, riuscirò a seguire tutto.»
Il Bulgaro restò interdetto. Non si era mai verificato che qualcuno lo considerasse parte di una calca, ma non era il caso di chiedere spiegazioni. Non a quell'uomo.
«Come preferite, *magister*. Ora, con il vostro permesso, vado a verificare che sia tutto pronto.»
Mathieu lo congedò con un cenno e l'inquisitore si allontanò in fretta verso la croce. Poco dopo, uno degli uomini della scorta del Bulgaro risalì verso il castello e alzò il braccio. Era il segnale.
Una lunga processione iniziò a scendere. Prima una croce seguita da due preti e da altri chierici, quindi gli stendardi del re di Francia e del re di Navarra e conte di Champagne, poi Tebaldo al fianco dell'arcivescovo, i vescovi, alcuni cavalieri templari e i baroni della regione. Dietro di loro, a una certa distanza, gli eretici legati gli uni agli altri, spinti rudemente dai loro guardiani. Yves li aveva visti al processo: povera gente, contadini ignoranti, qualche artigiano del ferro o della lana.
Il Bulgaro attendeva in una posa solenne nei pressi della croce, le mani infilate sotto la tonaca in atteggiamento orante. Sembrava persino più alto e Yves notò che aveva avuto cura di posizionarsi su un piccolo rilievo del terreno.
Gli eretici furono legati ai pali. Alcuni gridavano, altri piangevano, molti sembravano assenti, inebetiti. Due o tre, non appena sciolti dagli altri, cercarono di fuggire urlando, ma furono immediatamente bloccati, malmenati e condotti ai pali. La folla osservava trepidante, mentre sotto la croce Robert le Bougre, Tebaldo, l'arcivescovo e il precettore del Tempio, circondati da stendardi, prelati e uomini d'arme, erano l'incarnazione dell'autorità.
Mathieu de Bourbon osservava la scena con indifferenza, seduto a terra. Yves era invece in piedi e recitava una preghiera:

«*Pater noster, qui es in caelis, sanctificetur nomen tuum, fiat voluntas tua...*».

Una voce possente si levò improvvisamente sulle altre. Il vescovo di Moranis, legato al palo, si rivolgeva per l'ultima volta alla sua gente: «Non abbiate paura. Sarete tutti salvi perché vi assolvo! Sarò dannato solo io, che non ho un superiore ad assolvermi!».

A quelle parole, Robert strappò a un servo una fiaccola già accesa e si diresse verso l'eresiarca brandendola come una spada. A Yves sembrò di vedere il sogno premonitore attribuito alla madre di san Domenico: un cane bianco e nero con una torcia in bocca che dava alle fiamme il mondo. Mormorò: «"Sono venuto a portare il fuoco sulla terra, e quanto vorrei che fosse già acceso"».[3]

Mathieu guardava, le palpebre socchiuse, sembrava quasi divertito.

«Il cane di Domenico non è quello, Yves.»

Il Bulgaro, intanto, si era fermato davanti al vescovo e, dopo aver sollevato verso il cielo la fiaccola, la porse a un servente, che l'immerse subito nella fascina alla base del palo. La procedura era stata rispettata. La bolla del papa non consentiva ai frati di infliggere direttamente la pena.

Altre fiaccole iniziarono ad appiccare fuochi. Si levarono subito grida altissime, che si trasformarono in lamenti atroci. Ben presto, tuttavia, il fumo nascose completamente la scena. La legna lasciata all'aperto era ancora intrisa dell'umidità notturna. Non si riusciva nemmeno a respirare.

Il fumo stava rovinando lo spettacolo tanto a lungo preparato e non era stato messo in conto da nessuno. D'altra parte, non c'erano precedenti di roghi di quelle proporzioni dai quali trarre insegnamento. Tebaldo, l'arcivescovo e gli altri risalirono precipitosamente verso il castello in una fuga poco dignitosa. Robert le Bougre e frate Giacomo rimasero soli e, dopo qualche istante di esitazione, li seguirono. Anche la folla indietreggiava e iniziava a disperdersi delusa.

Nella nube si intravedevano solo lingue di fiamme e la grande croce, quasi spettrale.

Il fumo non arrivava fino alla quercia e Yves non poté fare a meno di pensare che il *magister* lo avesse previsto, scegliendo di non muoversi da lì. Iniziava comunque a sentirsi un forte odore di carne bruciata, anche se non erano sottovento. Fu Yves a rompere il silenzio: «È finita, *magister*».

«Già, proprio così. "Chi non fu trovato scritto nel libro della vita venne gettato nell'abisso di fuoco." Ora tocca a noi...»

Due giorni dopo

Il cigolio di una porta ruppe il silenzio che avvolgeva il castello nella notte. Frate Giacomo spinse dentro la figura incappucciata avvolta in un mantello nero. Poi chiuse la porta e restò fuori di guardia.

La piccola stanza era illuminata da due candele accese ai lati di un crocifisso. Robert le Bougre si alzò dalla branda e si avvicinò a Roxanne. Le sciolse il legaccio che chiudeva la cappa, facendo scivolare a terra l'indumento. La ragazza rimase completamente nuda. Tremava dal freddo.

Giacomo l'aveva prelevata dalla cella nei sotterranei, dicendo alle guardie che il maestro doveva interrogarla. L'aveva condotta nella stanza del Bulgaro, come era già accaduto con lei e con altre ragazze.

Quelle meno collaborative erano state bruciate due giorni prima. Roxanne e l'abbadessa Giselle erano invece state risparmiate, in attesa degli approfondimenti istruttori. Per Roxanne, in effetti, la decisione era stata presa dal Bulgaro solo la notte prima dei roghi, quando la ragazza gli aveva fatto capire che la sua morte sarebbe stata per lui una grave perdita.

Era bella, Roxanne. Alta, lunghi capelli neri, occhi azzurri. Bella e intelligente. Aveva intuito che l'unico modo di sopravvivere era compiacere in tutto e per tutto l'onnipotente *magister* Robert. Così non aveva esitato a ripetere davanti al tribunale la storiella della mensa di eretici a Milano e degli amplessi del marito con il demonio che aveva assunto le sue sembianze, proprio come le era stato chiesto di fare.

Il Bulgaro si tolse il camicione e restò a sua volta nudo. L'attirò a sé e iniziò a stringerle i grandi seni. Pronunciava parole incomprensibili, in una lingua che Roxanne non conosceva. Lei, del resto, non aveva mai sentito una parola di dialetto italiano e non aveva mai sentito nominare Milano o le eresie prima dell'arrivo degli inquisitori.

Il Bulgaro la spinse bocconi sulla branda e le fu sopra con un grugnito. Nella foga, non si accorse del rumore soffocato che giungeva da fuori. Un attimo dopo, la porta fu spalancata con un calcio e la luce di una torcia illuminò il corpo nudo del frate su quello della ragazza.

Robert le Bougre si voltò di colpo lanciando un grido gutturale, come quello di una belva ferita a morte. Due *servientes* con le cotte gigliate di Francia lo afferrarono, sollevandolo di peso ed esibendolo in tutta la sua eccitata nudità allo sguardo di Mathieu, di Yves e dell'arcivescovo di Reims, che si segnò. Altri *servientes* di re Luigi attendevano fuori. Uno di loro immobilizzava Giacomo, ormai cianotico, tenendogli una mano sulla bocca.

La voce di Mathieu de Bourbon risuonò grave: «Robert, con l'autorità che mi deriva dal servo dei servi di Dio, Gregorio, ti destituisco dall'ufficio di giudice delegato contro gli eretici. Il capitolo dell'Ordine dei predicatori provvederà alla tua espulsione. Resterai sotto la custodia del re e sarà il Santo Padre a decidere la tua sorte».

Il Bulgaro tentò una difesa disperata: «*Magister*, posso spiegare! È stata questa strega a irretirmi. È il demonio che ha assunto le sue fattezze, come ha già confessato anche davanti a voi...».

Mathieu fu reciso: «Risparmia ulteriori offese alla nostra intelligenza. Questa cagna è solo una tua complice, non sa neppure dove sia Milano e ha ripetuto la frottola che tu le avevi preparato. Comunque, stai tranquillo, ci occuperemo anche di lei. Qualcuno la attende già da due giorni».

Mathieu fece un cenno alle guardie, che portarono via di peso il Bulgaro.

Roxanne si era alzata dalla branda e li guardava, senza capire cosa stesse succedendo. Non comprendeva il latino in cui si era tenuto il dialogo, ma l'istinto le diceva che la sua situazione non era migliorata.

Alla vista del corpo della ragazza, Yves sentì di sprofondare nella vertigine del peccato. Con un gesto rapido, prese la cappa a terra e la coprì. Il fugace contatto con la spalla nuda accrebbe tuttavia il suo turbamento.

Iniziò a recitare mentalmente una preghiera, la prima che gli venne in mente: "*Ave dulcissima et immaculata Virgo Maria, gratia plena, Dominus tecum. Benedicta tu in mulieribus...*".

Si sforzò di distogliere gli occhi dalla ragazza e guardò il suo maestro. Ciò che vide fu uno spettacolo grandioso e terribile, che non avrebbe mai dimenticato. Le ombre descritte dalla fiamma della torcia scavavano il volto del vecchio e il naso aquilino lo faceva assomigliare a un grande rapace. Yves avvertì dentro di sé la forza promanata da quell'uomo e, lentamente, se ne sentì pervaso. Giurò a se stesso che sarebbe stato come lui, inflessibile e spietato contro i nemici di Dio.

Fu sufficiente uno sguardo del *magister* a uno degli armigeri per suggellare il destino di Roxanne. Il servente si dispose dietro la ragazza, estrasse un pugnale e, senza alcuna emozione, con un gesto rapido ed esperto le tagliò la gola da parte a parte. Il fiotto di sangue caldo macchiò il volto e la tonaca bianca di Yves e l'aria contenuta nei polmoni uscì dallo squarcio con un suono osceno. La giovane si afflosciò a terra, con un'espressione di stupore sul volto.

17

Interrogatori

Mansura, 18 aprile 1250 (14 muharram 648)

Nell'ampio cortile circondato da un muro di argilla erano stati ammassati i prigionieri cristiani. C'erano cavalieri, preti e povera gente. Tutti uomini. Le donne erano state radunate altrove, in ossequio alla morale islamica. Erano stati scrupolosamente registrati al loro arrivo e i nobili per i quali sarebbe stato possibile ottenere un riscatto erano già stati portati via. Quelli per cui nessuno avrebbe pagato, compresi templari e ospitalieri, sarebbero stati venduti come schiavi. Il tanfo di urina, feci e sudore era talmente forte che gli arcieri musulmani di guardia sul muro si erano coperti il volto con i lembi dei turbanti. Non c'era riparo dal sole e l'acqua sporca dei barili lasciati la mattina era finita. Alcuni erano già morti per gli stenti, altri, che avevano osato ribellarsi, per le frecce delle sentinelle.

Renaud de Vichiers e i suoi confratelli erano ancora nei pressi del muro dove avevano cercato un po' d'ombra, scomparsa con il sole alto. Erano stati catturati tra al-Mansura e Damietta tre giorni prima. Nella notte della ritirata, si erano imbarcati su una nave dell'Ordine, ma all'alba il forte vento proveniente da nord li aveva sospinti in uno dei tanti canali. A terra c'erano cavalieri nemici e Renaud aveva ordinato di gettare l'ancora al centro del corso d'acqua, in attesa che il vento si placasse e si potesse tornare sul fiume. Proprio dal Nilo, tuttavia, erano giunte quattro galere saracene. Il maresciallo aveva allora radunato i cavalieri in coperta.

Erano rimasti solo in otto. Il più anziano dopo di lui era Jocelyn de Tours, che aveva poco meno di trent'anni; il più giovane, Guillaume de Beaujeu, solo diciotto. Come al solito, fu esplicito: «Non abbiamo alcuna possibilità di scampo. Preferite che ci arrendiamo alle galere o ai cavalieri a terra?».

Guillaume, rosso in volto, aveva risposto: «*Magister*, perdonatemi l'ardire, ma poiché chiedete il nostro parere non sono d'accordo con questa decisione».

Il maresciallo lo aveva guardato con un'espressione rassegnata. Quel ragazzo gli ricordava Hugues.

«E, di grazia, che cosa proponi?»

«Credo che dobbiamo combattere e lasciarci uccidere, così andremo insieme in Paradiso.»

Non gli aveva dato retta. Si erano arresi alle galere, pensando che li avrebbero tenuti uniti, mentre a terra sarebbero stati più facilmente divisi e venduti ai beduini come schiavi. E così erano finiti in quel cortile arroventato.

Quando il sole iniziò ad abbassarsi, altri arcieri apparvero sul muro con le frecce incoccate e il silenzio calò sulla massa dei prigionieri. Il cancello di ferro si aprì cigolando e alcuni balestrieri vestiti di nero entrarono disponendosi a semicerchio. Li seguivano due mamelucchi neri e altri *asakir* con le scimitarre sguainate, che spinsero fuori una decina di prigionieri, presi a caso.

Dopo un po', delle grida provenienti da fuori ruppero il silenzio. Lo smarrimento si diffuse nel cortile.

Jocelyn de Tours esclamò preoccupato: «Che succede, in nome di Dio?».

Renaud rispose con calma: «Stanno chiedendo loro di rinnegare la nostra fede. Quelli che si rifiutano di farlo vengono uccisi».

Guillaume de Beaujeu mormorò, ricordando quello che gli era stato detto quando era entrato a far parte dell'Ordine: «È opportuno che tu lo faccia».

Renaud ripensò all'iniziazione di Hugues a Provins, poi commentò: «Forse non ci daranno scelta. Potrebbero anche ucciderci subito. Ad Hattin, Saladino fece tagliare la testa a tutti i cavalieri del Tempio e dell'Ospedale senza chiedere loro nulla». Preferì non riferire ai confratelli il commento con cui il sultano aveva giustificato la strage: «Un cattivo cristiano non potrà mai essere un buon musulmano».

Poco dopo, un giovane emiro mamelucco dall'armatura blu e oro entrò nel cortile, scortato da una ventina di uomini, facendosi largo tra la folla e puntando dritto verso i templari. Sapeva che il più anziano del gruppo avrebbe compreso la sua lingua e si rivolse a lui. Renaud lo ascoltò con attenzione e tradusse: «Vuole che andiamo con loro».

I templari furono circondati e costretti a seguire l'emiro. Fuori dal cortile, fecero una sosta. Qualcuno voleva che assistessero allo spettacolo che vi si svolgeva.

Alcuni prigionieri sostavano in fila tra due ali di saraceni vestiti di nero con le scimitarre sguainate. Uno per volta, venivano trascinati davanti a un vecchio *alim* con la barba e i capelli bianchi, anche lui in nero. In quel punto, la terra polverosa era intrisa di sangue. Poco distante avevano accatastato dei corpi e in un cesto s'intravedevano alcune teste mozzate.

Davanti al vecchio c'era un cavaliere di mezza età con la cotta d'armi lacera e sporca, su cui erano tuttavia ancora visibili scacchi gialli e azzurri. Renaud lo riconobbe a stento, era Gerard de Josselin, il siniscalco del Mauclerc.

Un prigioniero piccolo, curvo, vestito con una tunica celeste di foggia saracena, fungeva da interprete. A Renaud ricordò un ospitaliere che aveva incontrato al *Crac* all'epoca della sua missione per la costruzione del castello di Safed. Forse era proprio lui, preso prigioniero sei anni prima a La Forbie e sopravvissuto rinnegando la sua fede. Non ne ricordava il nome. Jean, forse.

L'*alim* chiese stancamente al siniscalco: «Tu credi in un Dio che è stato catturato, torturato e messo a morte e al terzo giorno è resuscitato?».

Quando il rinnegato ebbe tradotto, il cavaliere, consapevole di quello che lo attendeva, rispose con tono di sfida: «Io credo in Nostro Signore Gesù Cristo, che è morto e risorto per la nostra salvezza».

«Vuoi rinnegare la tua fede e vivere d'ora in avanti seguendo le parole del Profeta dell'unico vero Dio?»

«Non rinnegherò mai la mia fede.»

«Come desideri. Il tuo Gesù è morto per voi e tu ora morirai per lui. Non preoccuparti, comunque, se ha davvero il potere di resuscitarti, ti risveglierai presto...»

Il vecchio fece un gesto. Il rinnegato non aveva ancora finito di tradurre che un colpo di scimitarra decapitò il siniscalco. Dal busto che si afflosciava come un sacco sprizzò un getto di sangue. La testa fu raccolta e buttata nel cesto.

Un altro prigioniero fu sospinto avanti, i colori della lacera cotta d'armi erano stati quelli dello squadrone di Carlo d'Angiò.

L'emiro della *Bahriyya* guardò i templari. Erano rimasti impassibili, ma lui sapeva che quello per loro era solo l'inizio.

«*Ha nahn!*»[1]

✠ ✠ ✠

«Per la protezione dalle forze oscure Signore, manda tutti i santi angeli e arcangeli. Manda il santo arcangelo Michele, il santo Gabriele, il santo Raffaele, affinché siano presenti e difendano e proteggano questo tuo servo, tu che...»

«*Asif.*»[2]

L'eunuco al-Sabih entrò senza cerimonie nella stanza dove Luigi e Yves stavano pregando. Si trovavano in una delle abitazioni più grandi e confortevoli di al-Mansura, appartenuta a Ibn Luqman, il capo della segreteria di Ayyub, e dotata di ampie stanze disposte intorno al cortile interno. La sorveglianza era strettissima, il perimetro esterno era presidiato da non meno di un centinaio di *asakir*, mentre nella casa si era addirittura stabilito l'*ustadar* al-Sabih, il braccio destro del sultano, con una ventina di mamelucchi neri *al-Muazzami*. Anche se una fuga sarebbe stata impossibile, a Luigi non era stata risparmiata l'umiliazione della catena al piede, come se fosse un volgare delinquente. Era stato comunque lavato con acqua profumata da petali di rosa e il sultano gli aveva fatto confezionare un abito di raso nero con i bottoni d'oro. Era stato consentito a Yves di restare con lui, come confessore e interprete. Nicola, invece, era finito con gli altri prigionieri e non si avevano più sue notizie. Yves ne aveva chieste ad al-Sabih, il quale gli aveva risposto che si sarebbe informato.

Il re si era ripreso dal punto di vista fisico, a onta di quelli che lo davano per spacciato appena pochi giorni prima. L'umore era invece più tetro che mai. La più imponente spedizione mai allestita dalla Cristianità per liberare il Santo Sepolcro si era risolta in un completo fallimento, con migliaia di morti e un esercito di prigionieri. Yves era convinto che solo la profonda fede avesse impedito al sovrano di togliersi la vita.

Luigi riteneva che fosse stato Dio a volerlo mettere alla prova e si era così dato alla preghiera incessante, quasi estraniandosi dalla realtà. Non aveva mai chiesto nulla dei suoi fratelli e nemmeno della moglie Margherita, che stava per partorire. Solo di una persona aveva domandato notizie.

«*Magister*, sapete che ne è stato di quella devota ragazza che abbiamo incontrato? Ne ho un vago ricordo, ma il suo volto mi infondeva tanta serenità e mi piacerebbe poterla rivedere. Come si chiamava?»

«Lo ignoro, sire.»

Il re lo aveva guardato perplesso.

«Non siete stato voi a dirmi che era di Parigi?»

«Non credo, sire. Non mi pare.»

Quella notte, Yves aveva come sempre faticato a prendere sonno. Aveva mentito al re e un frate non poteva mentire. Anche se il suo maestro diceva che a volte, nello svolgimento dell'*officium*, un inquisitore poteva anche omettere di dire la verità *ad maiorem Dei gloriam*. Ma lì, Dio non c'entrava.

Il frate tradusse le parole di al-Sabih: «Sire, il mio signore *al-Malik* Turanshah al-Muazzam, difensore dei Credenti, chiede se volete essere lasciato libero».

Il re annuì. Se lo aspettavano. Chissà cosa gli avrebbero chiesto in cambio. Rispose cautamente: «Certo che voglio tornare libero e sono pronto a fare per questo tutto ciò che è in mio potere e che sia ragionevole, ma dovranno essere liberati anche tutti i cristiani che erano con me, uomini e donne. Non intendo lasciare in schiavitù nessuno di quelli che mi hanno seguito».

«In cambio della vostra libertà, il mio signore vi chiede di far consegnare i castelli della Bilad al-Sham, quella che voi chiamate Outremer.»

Udita la traduzione, Luigi restò in silenzio. Senza i castelli, per Outremer sarebbe stata la fine. Rispose netto: «Non se ne parla nemmeno».

«Posso provare a spiegarglielo a parole mie, sire?» chiese Yves al sovrano.

«Certo, ma deve essere chiaro che non posso cedere nemmeno un castello.»

Il frate si rivolse all'*ustadar*: «Il re di Francia non ha potere sui castelli della Bilad al-Sham perché i baroni sono vassalli del re di Gerusalemme, ovvero l'imperatore Federico».

L'inquisitore ebbe l'impressione di aver usato una parola magica: Federico. Al-Sabih cambiò argomento: «E i castelli dei templari e degli ospitalieri?».

Yves tradusse la domanda al re, il quale replicò: «La risposta è la stessa. Non posso e non voglio».

Ancora una volta, il frate fornì una traduzione libera: «Vedete, mio signore, il re mi ricorda che quando i castelli degli Ordini vengono affidati a un castellano, questi giura sulle reliquie che non consegnerà la fortezza in cambio della liberazione di alcun uomo. Il prezzo della libertà non può quindi essere costituito da alcun castello».

L'*ustadar* parve deluso.

«Riferirò al mio signore. Mi dispiace molto. Non vorrei che qualcuno tentasse di superare questo rifiuto sottoponendo il re a quelli che voi chiamate *bernicles*. Dovreste conoscerli bene. Li abbiamo trovati nel vostro accampamento, con tanti altri giocattoli simili.»

Yves rispose senza tradurre: «Il re non c'entra. Lo sapete anche voi».

«Sì, ma ci sono molte persone che non lo sanno. Sarebbe un peccato che il re pagasse per colpe di altri. Colpe di quelli come voi, per esempio.»

Fissò Yves. L'inquisitore sostenne lo sguardo e tradusse tutto.

Luigi rispose con fierezza: «Sono loro prigioniero. Facciano quello che vogliono, ma non avranno da me un solo castello».

Al-Sabih proseguì: «Riferirò al mio signore. Ragionando comunque in via del tutto ipotetica, quale somma di denaro sareste disposto a pagare per la vostra liberazione, oltre alla restituzione di Damietta?».

Yves continuò a tradurre.

«Se si tratta di una somma ragionevole, chiederò a mia moglie Margherita di pagarla per la liberazione mia e di tutti i miei uomini.»

L'*ustadar* parve interdetto. Che il re dovesse chiedere denaro a una donna gli sembrava inconcepibile.

«Perché dovete chiedere a vostra moglie? Non potete ordinare voi stesso che il riscatto sia pagato?»

Udita la traduzione, Luigi replicò: «Vedete signore, voi non conoscete mia moglie. Io non posso sapere se la regina farà ciò che io le chiederò perché è sì la mia dama, ma è una donna padrona delle sue azioni».

Al-Sabih era sconcertato. Sembrava pensare che quelle dei franchi fossero strane usanze. Comunque s'inchinò e uscì.

✠ ✠ ✠

La porta era socchiusa e dall'interno giungeva un bagliore. Yves entrò con cautela. La cella del castello sul Mons Hysmerum era la stessa, ma gli armigeri avevano il volto coperto e trattenevano Mathieu de Bourbon. Il *magister* era completamente nudo. Il lungo corpo del vecchio assomigliava a un gigantesco verme bianco rinsecchito. Un filo di bava gli pendeva dalla bocca aperta senza denti. Di spalle, un frate domenicano incappucciato reggeva una torcia.

Nel vederlo entrare, il *magister* implorò con un filo di voce: «Salvami, Yves... salvami».

Il frate si voltò lentamente e Yves vide i capelli corvini, il volto angelico, gli occhi azzurri, il seno prorompente di Roxanne, ma avrebbe potuto essere anche Isabelle. La ragazza gli sorrideva trionfante. Il sangue le scendeva ancora dall'orrido taglio alla gola, macchiandole la veste dell'Ordine. La sua voce era maschile: «Sto aspettando anche te, Yves le Breton...».

Si svegliò di soprassalto. Impiegò qualche istante a capire dove si trovasse. Era ancora notte fonda. Si alzò e aprì la finestra nel tentativo di calmarsi. Era stato solo un incubo o un messaggio dagli inferi? Cercò una risposta nella preghiera, fissando il cielo stellato. *Pater noster, qui es in caelis...* Al termine, decise che Mathieu de Bourbon gli aveva affidato l'ultima missione.

✠ ✠ ✠

Quando gli tolsero il cappuccio nero, Renaud de Vichiers socchiuse gli occhi per riabituarsi alla luce. Le torce illuminavano una grande stanza dalle pareti di pietra bianca e dal soffitto a volta. Sembrava la stalla di un castello, vuota e senza finestre. Era legato con la catena a un anello di ferro fissato al muro. Quella mattina li avevano fatti salire su una galera che era salpata subito. Erano stati tenuti sottocoperta e, dopo circa mezza giornata di navigazione a remi, la nave era approdata in quello che, dal vociare e dai rumori, sembrava un porto. Avevano aspettato la notte per farli sbarcare, dopo averli incappucciati. Un carro li aveva condotti in un luogo più silenzioso, dove li avevano fatti scendere. Renaud era rimasto solo a lungo, cercando di immaginare le ragioni di quel trattamento.

Davanti a lui c'erano ora due emiri della *Bahriyya*. Il più basso lo conosceva. Aveva fatto parte della delegazione del sultano, ma non aveva detto neppure una parola. Secondo Yves le Breton era un interprete, in grado di comprendere latino e francese. L'altro era una specie di gigante dagli occhi chiari e la testa rasata. Non lo aveva mai incontrato prima, ma non potevano esserci dubbi: aveva di fronte Baybars, l'uomo che li aveva quasi annientati a Mansura. Fu lui a parlare: «So che capisci la mia lingua e che sei uno dei capi dei templari, Renaud de Vichiers. Abbiamo preferito parlare con te prima di sentire gli altri. Da quello che ci racconterai dipenderà anche se i tuoi compagni saranno vivi al termine dei colloqui che avremo con loro».

«Che volete?»

«I tuoi uomini hanno preso qualcosa che ci appartiene. Una custodia d'avorio per il Corano. L'aveva Fakhr al-Din, che Allah abbia misericordia di lui. Lo avete ucciso e l'avete rubata nel suo padiglione. Dovete restituirla con il suo contenuto. Dov'è?»

«Non so di che parli. Tutto quello che avevamo con noi era sulla barca dove siamo stati catturati. Chiedi ai tuoi uomini.»

«La barca è stata perquisita, ma non c'era nulla.»

Renaud simulò stupore: «Mi stai dicendo che ci avete portato fin qui per una custodia del Corano?».

Il tono di Baybars fu severo: «Sai benissimo che non è per la custodia, ma per il suo contenuto. Dov'è?».

«Ripeto. Non so di che stai parlando. Quando abbiamo attaccato Mansura non ho visto nemmeno da lontano il padiglione di Fakhr al-Din. Non ero lì e non so chi ci fosse. È stata una giornata molto difficile, come sai bene anche tu.»

«Così non aiuti te stesso e nemmeno i tuoi uomini.»

Renaud pensò a come guadagnare tempo.

«I miei confratelli non possono sapere nulla. Erano a Damietta e sono giunti a Mansura solo dopo la battaglia. Siamo rimasti in cinque, quel giorno, e non c'era nessuno di loro. Se, come dici, sono stati i cavalieri del Tempio a prendere quello che cerchi, devono essere morti poco dopo.»

«Mi dispiace. Lo hai voluto tu...»

Baybars si diresse verso la porta e uscì. L'altro emiro rimase lì, immobile. Renaud si rivolse a lui: «State commettendo un errore. Noi non sappiamo nulla di quella custodia. Uccidendoci perdereste comunque una fortuna. Il Tempio ha grandi risorse».

L'uomo rispose in perfetto latino: «Stai cercando di corrompermi?».

Renaud ribatté nella stessa lingua: «A quanto pare, l'Egitto pullula di rinnegati. Sei il secondo che vedo in due giorni».

«L'Egitto pullula di un sacco di gente. Ladri, spie... e falsi cristiani con la croce rossa.»

«Tu non sei un interprete e non sei nemmeno uno dei prigionieri di La Forbie. Chi sei?»

«Ha importanza?»

Renaud fece una smorfia. L'emiro proseguì: «Il predicatore e gli altri, ad al-Mansura, ti chiamavano *magister*. Sei anche il maestro dei templari?».

«Il maestro è morto.»

A Renaud era chiaro che quell'uomo doveva godere della fiducia del sultano e degli emiri, visto che Turanshah lo aveva inserito nella delegazione e Baybars lo aveva lasciato da solo con lui. Una spia di alto rango o, più probabilmente, l'emissario di qualcuno di molto importante. Chi? La risposta non era difficile. C'era un solo uomo in tutta la Cristianità che godeva di una tale considerazione tra i saraceni: Federico di Svevia, lo scomunicato, la bestia precorritrice dell'Anticristo. Se fosse stato così, avrebbe avuto di fronte a sé la prova vivente che l'imperatore stava complottando con gli infedeli, contro re Luigi e l'intera Cristianità. Si sforzò di non far trasparire nulla, anche se quell'uomo si stava comportando con lui come se fosse certo che nessun prigioniero sarebbe uscito vivo da lì. Quanto avrebbe desiderato che le parti fossero invertite e fosse toccato a lui condurre l'interrogatorio.

«Che volete fare? Torturarmi? Non potrò mai dirvi ciò che non so.»

«Perché non pensi ai tuoi giovani compagni?»

«Sarebbe un gesto di pura codardia. Loro non sanno nulla. Sono innocenti.»

«Qui nessuno è innocente, Renaud de Vichiers. Non lo sei tu, non lo sono io, non lo era Fakhr al-Din e non lo sono quei ragazzi, volenterosi carnefici di musulmani. Ma tu hai la possibilità di salvarli, *magister*. Non hai nulla da dire?»

«Tu brucerai nelle fiamme dell'Inferno.»

«Può darsi, ma quando arriverò tu sarai già lì da un pezzo.»

Mansura, la mattina del giorno dopo

«Un milione di bisanti d'oro.»

Yves tradusse l'importo del riscatto comunicato da al-Sabih e Luigi chiese: «A quanto corrisponde?».

«Circa cinquecentomila lire.»

Erano due anni di entrate della monarchia francese.

«Chiedetegli di giurare che il sultano libererà tutta la nostra gente, se accetteremo di pagare» disse il re.

Al Sabih rispose mettendosi la mano sul petto: «La parola del mio signore è una sola».

Udita la traduzione, il re dichiarò: «Sta bene, allora potete dire al sultano che accetto. Pagherò cinquecentomila lire per la liberazione della mia gente e consegnerò Damietta per la liberazione della mia persona. Non è dignitoso che il re di Francia si riscatti con il denaro».

Yves glielo disse e al-Sabih s'inchinò.

L'inquisitore soggiunse, in francese: «Sire, pensate che la regina abbia a disposizione un importo del genere?».

Il re rimase per un attimo interdetto, anche se cercò di non darlo a vedere. Yves, che conosceva la sua situazione finanziaria meglio di lui, pensò che era tipico del suo carattere generoso disporre anche di quello che non aveva. Luigi rispose senza cambiare tono: «Avete ragione, *magister*. Quando abbiamo lasciato Damietta, sulla *Montjoie* c'erano trecentocinquantamila lire. Se anche mia moglie non le ha spese, ce ne mancherebbero comunque centocinquantamila».

Il domenicano aveva già in mente la soluzione. Avrebbe reso la cortesia a Renaud de Vichiers. Non proprio un dardo di balestra, ma era certo che gli avrebbe fatto male.

«Forse potremmo chiedere un prestito ai templari. Si dice che le loro navi a Damietta siano ben stipate, tanto che non le hanno sguarnite neppure per inviare rinforzi dopo il disastro di Mansura. Il loro comandante, *frère* Étienne de Otricourt, è il tesoriere del Tempio. Certamente saranno lieti di partecipare al vostro nobile sacrificio.»

Luigi annuì.

«Certo. Ottima idea, *magister*. Dite a quest'uomo che se hanno catturato Renaud de Vichiers devono fare in modo che non gli venga torto un capello per poter organizzare con lui la raccolta della somma. Speriamo che si sia salvato.»

«Speriamo, sire...»

Il frate si rivolse all'*ustadar*: «È assolutamente necessario rintracciare subito tra i prigionieri il maresciallo dei templari, Renaud de Vichiers, e tutti i cavalieri catturati con lui. Come sapete, il Tempio dispone di grandi risorse e il re intende utilizzarle per il pagamento del riscatto, ma abbiamo bisogno della loro collaborazione per convincere i comandanti templari rimasti a Damietta».

Al Sabih s'inchinò e uscì.

Yves lo seguì nel cortile e lo chiamò: «Perdonatemi, mio signore».

L'*ustadar* si voltò.

«Dite.»

«Devo rivolgervi due preghiere. Il mio confratello e allievo, Nicola di Hanapes, di cui vi ho già parlato... Vi prego di fare in modo che sia liberato con noi.»

«Certo. Non è un problema, l'ho già fatto rintracciare. La seconda preghiera?»

L'*ustadar* aveva notato l'imbarazzo del frate.

«Be'... Nel villaggio, quando il re è stato catturato, c'era anche una ragazza che lo aveva soccorso... Si chiama Isabelle, ma la conoscono anche come *Cherie*. Sui vent'anni... Il re... noi tutti... ci siamo affezionati a lei. Ci terremmo a saperla in buona salute e a rivederla presto libera.»

Al Sabih annuì comprensivo.

«Il vostro intervento a favore di una ragazza nel villaggio di Munya non è certo passato inosservato. Sono stati già impartiti degli ordini. State tranquillo.»

Rawda, pomeriggio dello stesso giorno

Umberto aveva dovuto contemplare tante volte l'orrore di un corpo torturato, l'ultima appena l'anno prima, quando l'imperatore aveva fatto accecare con un ferro rovente il suo logoteta e amico Pier delle Vigne, accusato di tradimento. Tuttavia, non aveva ancora mai visto scorticare vivo qualcuno.

L'interrogatorio dei templari cominciò in mattinata, quando Baybars rientrò alla caserma della *Bahriyya*, nell'ormai disabitato palazzo di Ayyub sull'isolotto di Rawda.

Le stalle al pianterreno erano tre, comunicanti tra loro attraverso ampi archi. Nella prima, i sette giovani templari erano stati incatenati lungo una parete, completamente nudi. Davanti a loro, una decina di mamelucchi armati di lance. L'ambiente successivo era destinato agli interrogatori. L'ultimo era quello dove si trovava Renaud, imbavagliato per evitare che incitasse i suoi a tenere duro. Non era visibile dagli altri, ma poteva sentire tutto. Un *askari* era con lui. Gli avevano detto che se avesse voluto far cessare l'interrogatorio dei suoi confratelli, gli sarebbe bastato alzare una mano.

Il primo a essere condotto da tre *asakir* nella sala centrale fu un giovane sui vent'anni, magro, con la barba rossa. Lo legarono mani e piedi con stretti lacci agli anelli fissati alla parete.

Baybars esordì in arabo. In genere, i templari e gli ospitalieri in oriente comprendevano quella lingua: «Come ti chiami?».

Quello scosse la testa, rispondendo in latino: «Non capisco».

Sarebbe toccato a Umberto fare da interprete. Ne avrebbe fatto volentieri a meno, ma non c'era alternativa.

«Come ti chiami?»

«Gerard de Senlis. *Miles Templi.*»

La domanda successiva andò direttamente al punto.

«Che cosa sai di una custodia in avorio del Corano trafugata da alcuni templari nella tenda di Fakhr al-Din ad al-Mansura durante l'attacco?»

«Nulla. Non so chi sia questo Fakrdin.»

«Ti conviene pensarci bene. Sei sicuro?»

«Certo che ne sono sicuro!»

«Mi dispiace, cavaliere...»

A Baybars bastò uno sguardo: uno dei suoi uomini fece un inchino all'emiro ed estrasse un affilatissimo coltello ricurvo, avvicinandosi al templare. Gerard de Senlis gridò e tentò di divincolarsi. Altri due *asakir* intervennero a immobilizzarlo. L'uomo gli tagliò un pezzo di pelle e di carne da un braccio. Il sangue uscì copioso dalla ferita. Il giovane lanciò un urlo disperato e l'*askari* gli diede uno schiaffo sulla guancia. Dalla stanza adiacente, anche gli altri templari iniziarono a gridare: «Bastardi! Vigliacchi!».

Umberto chiese di nuovo: «Allora?».

«Non lo so! Sono arrivato a Mansura solo dopo la battaglia di martedì grasso, con i rinforzi da Damietta. Prima ero di guardia alle navi!»

Andarono avanti così, una striscia di carne dopo l'altra. Domande, sangue e grida disumane. A un certo punto, Umberto si rivolse a Baybars: «Basta! È un inferno. Inutile continuare».

«L'inferno in cui loro ci hanno trascinato, ser Berto. Comunque hai ragione.»

Baybars fece un cenno all'*askari* che con un gesto veloce tagliò la gola del templare. Il giovane si afflosciò con un rumore strozzato, mentre un fiotto di sangue fuoriusciva dallo squarcio. Gli *asakir* lo slegarono e lo trascinarono via nella prima stanza, dove li accolsero le grida altissime e gli insulti dei prigionieri. Il Balestriere si affacciò sotto l'arco di comunicazione e indicò un altro prigioniero, quello che sembrava il più anziano. Sui trent'anni, alto, robusto, capelli e barba neri.

Lo trascinarono nella stanza. Era terrorizzato, pallido come un cencio. Lo legarono alla parete con i piedi nella pozza del sangue lasciata dal confratello. Iniziò a piangere come un bambino. Per quanto grande e grosso, era molto più debole dell'altro.

Baybars gli si rivolse in arabo: «Cerca di fare l'uomo, cavaliere. Come ti chiami?».

Il prigioniero rispose: «Jocelyn de Tours».

«Cosa sai di una custodia in avorio del Corano presa da alcuni templari nella tenda di Fakhr al-Din il giorno del vostro attacco ad al-Mansura?»

Il prigioniero esitò.

«Allora?»

L'*askari* con il coltello ancora insanguinato si avvicinò e il templare sbottò quando la lama stava per toccargli la pelle, esprimendosi in ottimo arabo: «Ero lì! Gli altri non c'erano e non sanno nulla, come non c'era e non sapeva nulla il povero Gerard che avete appena massacrato. Una morte inutile... È stato Hugues de Jouy. Ha preso lui la cassetta d'avorio. Noi avevamo avuto solo l'ordine di proteggerlo».

Umberto e Baybars si scambiarono un'occhiata. Il Balestriere chiese: «Noi chi? Racconta tutto dall'inizio».

«La mattina del martedì grasso, io e altri nove cavalieri abbiamo avuto l'ordine di seguire e proteggere *frère* Hugues de Jouy, qualunque cosa avesse fatto. Quel giorno avremmo dovuto essere all'avanguardia, come sempre, ma il conte d'Artois andò avanti e fummo costretti a rincorrerlo. Hugues ci disse di spronare e recuperammo terreno rispetto agli uomini del conte. Entrammo nell'accampamento quasi insieme a loro. Hugues sapeva come muoversi in quel labirinto di tende. Non gli interessava attaccare i saraceni, ma solo arrivare prima degli altri alla tenda di Scecedin. Ci riuscimmo. Era sormontata da una bandiera gialla e nera, come quella dell'imperatore...»

Fece una pausa. Era indeciso se raccontare qualcosa che avrebbe potuto irritare molto i suoi interlocutori. Uno sguardo di Baybars all'*askari* con il coltello lo indusse a proseguire: «Un vecchio a torso nudo stava montando in sella, aiutato da alcuni mamelucchi. Li abbiamo... abbattuti. Non sapevamo che il vecchio fosse Scecedin. Ce lo disse in seguito Hugues. Sono entrato anch'io nella tenda, ma ha fatto tutto lui. Gli ho solo guardato le spalle. Ha frugato nelle casse e ha tirato fuori da un baule una cassetta d'avorio lavorato. L'ha aperta per controllarne il contenuto, poi l'ha chiusa e mi ha detto che potevamo andare».

«Che cosa conteneva?»

«Non lo so. L'ha aperta in modo da non farmi vedere che cosa ci fosse dentro. Non ne ho capito il motivo.»

Umberto pensò che il motivo fosse fin troppo chiaro. Questo Hugues doveva conoscere bene lo scarso coraggio del suo confratello e temeva che ne avrebbe parlato, proprio come stava facendo in quel momento.

«Vai avanti...»

«Siamo usciti e ci siamo diretti verso il Nilo. Abbiamo abbandonato i cavalli e siamo saliti su una barca. A nord, dopo il nostro accampamento, ci attendevano alcuni *servientes* con altri cavalli. Abbiamo così raggiunto Damietta tenendoci lontani dalle piste battute e Hugues si è imbarcato su una nave dell'Ordine.»

«Per dove?»

«Acri, credo, ma non ne sono certo.»

«E tu? Perché sei tornato indietro?»

«Dovevo riferire al maestro che Hugues si era imbarcato. Solo questo.»

«Quale maestro?»

«Il maestro dell'Ordine, Guillaume de Sonnac, ma quando sono arrivato era morto.»

«E quindi a chi hai riferito il tuo messaggio?»

«A Renaud de Vichiers.»

«E ti ha risposto qualcosa?»

«No, nulla.»

Umberto guardò ancora Baybars. Era la conferma che Renaud era al corrente di tutto, altrimenti avrebbe chiesto spiegazioni sulle ragioni per cui Hugues e gli altri si erano comportati in modo così strano. Fu il barone a parlare: «Credo che per ora con lui possa bastare. Vorrei invece tornare a fare quattro chiacchiere con il maresciallo».

Baybars stava per rispondere, quando un giovane emiro comandante di cento uomini entrò nella stanza, inchinandosi al Balestriere.

«Mio signore, ho un messaggio urgente per te.»

Baybars gli si avvicinò e confabularono brevemente. Poi il Balestriere tornò verso Umberto e gli parlò a bassa voce: «Aybak ha inviato un messaggio con un piccione. Mi ordina di riportare subito i templari ad al-Mansura. In particolare, vuole proprio Renaud de Vichiers. Vivo».

Umberto capì subito ciò che stava accadendo.

«L'oro dei templari deve far gola a qualcuno. Ma quell'uomo è l'unico a conoscere la verità e a sapere che cosa c'era nella custodia d'avorio. Di certo sa anche chi è la spia che stai cercando.»

«Proverò a parlarne con Aybak, ma ora non posso farci nulla e lo sai anche tu. Udire è obbedire...»

18

Colpo di Stato

Accampamento del sultano a sud di Dimyat, 16 muharram 648 (20 aprile 1250)

La scimitarra decapitò con un sibilo i cinque ceri del prezioso candelabro d'argento.

«Così tratterò con la *Bahriyya* e con i suoi complici. Aybak, Aqtay, Baybars, Husam al-Din e quella puttana di Shajar al-Durr!»

Turanshah fece cadere l'arma su un cuscino ed ebbe uno dei suoi tic nervosi.

Si rivolse ad al-Sabih, immobile di fronte a lui: «Lo hanno fatto per tenermi ancora dipendente da loro».

«Non lo so, mio signore. Le spiegazioni di Aybak sono state piuttosto vaghe. Ha detto che i templari erano stati portati ad al-Rawdah per essere interrogati.»

«Interrogati su cosa? E perché io non ne sapevo nulla? No. Volevano l'oro, oppure volevano ostacolare il pagamento del riscatto per guadagnare tempo. Hanno intuito che la fine della guerra sarà anche la loro. Ora li hanno riportati ad al-Mansura?»

«Sì, mio signore. Li tengono in custodia nel palazzo.»

«Dobbiamo prenderli in consegna noi, con il re e i nobili più importanti. Quanti dei miei *al-Muazzami* sono ad al-Mansura?»

«Quelli di guardia al re, mio signore. Venti uomini.»

Era un'aliquota importante. In tutto, gli *al-Muazzami* erano meno di un centinaio.

«Allora mandane altri dieci, con quattrocento *asakir*.»

Turanshah si avvicinò alla finestra della torre di legno. Dal grande accampamento ai suoi piedi giungeva l'odore della carne arrostita delle centinaia di pecore e capre che venivano macellate quotidianamente per sfamare l'esercito. Sibilò: «Gli uomini fidati sono ancora troppo pochi. Appena tutto questo finirà, dovremo formarne altri».

Dopo la vittoria sugli infedeli, se qualcuno avesse supposto che Turanshah si ponesse immediatamente alla testa delle sue truppe e si dedicasse con energia alla riconquista di Dimyat, sarebbe rimasto deluso. Il sultano aveva lasciato al-Mansura con l'esercito, diretto verso nord, ma si era fermato a Fariskur, non lontano da Dimyat. Lì si era accampato e aveva fatto erigere una residenza fortificata. Vi si accedeva attraverso una struttura realizzata con tronchi di pino e coperta da teli di cotone colorati. C'era quindi un padiglione, nel quale tutti coloro che si recavano da Turanshah dovevano lasciare le loro armi. Da lì si entrava in un altro padiglione, che fungeva da sala per le udienze ed era collegato a un torrione, da cui si passava a un cortile recintato di graticcio, coperto da teli blu in modo da proteggerlo da occhi curiosi. Al centro del cortile, si ergeva la torre più alta, da cui si poteva dominare la piana circostante. Era lì, tra arredi di lusso, che si era stabilito il giovane sultano. Un corridoio recintato la collegava al fiume, sulla cui riva erano stati eretti un piccolo molo e un ultimo padiglione.

L'eunuco sapeva che Turanshah aveva almeno tre buoni motivi per comportarsi così, nessuno dei quali confessabile. Innanzitutto, le torri di Fariskur erano più sicure e difendibili del palazzo di al-Mansura, visto anche il numero esiguo di uomini fidati. Inoltre, da lì il sultano poteva sostenere di essere pronto ad attaccare i franchi a Dimyat, pur non avendone in realtà alcuna intenzione. Come aveva spiegato ai suoi, la città era di fatto già conquistata e non c'era alcuna necessità di perdere altri *asakir*. La terza ragione era che in quella torre il giovane poteva fare quello che voleva con alcuni giovani *al-Muazzami*, scelti più per l'avvenenza che per l'abilità militare.

Sentendosi al sicuro, il sultano aveva voluto concludere rapidamente i negoziati di pace con il re prigioniero, in modo da poter avviare la resa dei conti con gli emiri, dietro i quali si stagliava l'inquietante ombra di Shajar al-Durr. Secondo gli ultimi rapporti, la giovane vedova aveva addirittura una relazione con Aybak.

Il sequestro dei templari aveva trasformato tutti i dubbi del giovane in un'esplosione di rabbia. Per ora ne avevano fatto le spese solo le candele, ma al-Sabih sapeva che presto ben altro sarebbe stato tagliato.

Mansura, la sera di due giorni dopo

Yves annunciò al re: «Sire, sarete libero all'Ascensione, il 5 maggio. L'*ustadar* è arrivato con alcune galere che ci porteranno all'accampamento del sultano nei pressi di Damietta. Da lì una nostra nave giungerà a prelevarci. Saranno liberati anche i vostri fratelli, i duchi, i conti, i templari e gli ospitalieri. Gli altri resteranno prigionieri fino al pagamento completo del riscatto».

Luigi parve sollevato e rispose: «Ringraziamo Dio, *magister*. Egli ha voluto limitare le nostre sofferenze. La nostra preghiera è stata ascoltata. E quella fanciulla? Che ne è stato di lei? Vi siete informato?».

Yves fu brusco: «Sire, perdonatemi, non è il momento di badare a lei. Non sono finora riuscito ad avere informazioni sulla sua sorte. Venite, ci attendono».

Si disse che quella volta non gli aveva mentito. Chiese comunque perdono a Dio per il suo peccato di omissione. Non gli aveva detto nulla del colloquio con al-Sabih.

✠ ✠ ✠

Aybak aveva ascoltato in silenzio la richiesta di Umberto di poter interrogare ancora il capo dei templari. Erano nella stessa stanza del palazzo di al-Mansura dove si erano incontrati la prima volta, illuminata fiocamente da una sola torcia. L'*atabak* era seduto su un cuscino, Umberto e Baybars in piedi.

Il comandante dell'esercito sospirò, scuotendo la testa.

«Ser Berto, come sai, non è dipeso da me. È stato un ordine del sultano. Ora il templare è a Fariskur, con il re e i nobili. Turanshah dice che li libererà il primo giorno di *safar*, ammesso che sia vero. Pare che per i cristiani sia una festa.»

«L'Ascensione...»

«Già, dimenticavo che sei un cristiano anche tu. O sbaglio?»

Umberto avrebbe voluto rispondere che aveva visto troppi orrori per poter ancora credere in qualcosa, ma il suo interlocutore non lo avrebbe compreso. Restò quindi in silenzio e Aybak preferì non indagare oltre.

«I franchi cederanno Dimyat e verseranno un milione di bisanti d'oro a Turanshah. Anzi, ottocentomila. Un gesto di generosità del sultano, visto che il re non ha voluto pagare un solo bisante per la sua personale liberazione, sostenendo che fosse poco dignitoso. Si scambiano cortesie, come vedi.»

«Mio signore, come ti ho detto, quel templare è l'unica traccia che abbiamo per recuperare il documento trafugato a Fakhr al-Din e consentirmi di portare a termine la missione che l'imperatore mi ha affidato.»

«Certo, la tua missione... Come hai visto, abbiamo fatto di tutto per aiutarti e compiacere l'imperatore e abbiamo inviato anche messaggeri per informarlo della cattura del re. Se fosse per noi, il templare sarebbe ancora nelle tue mani. Il problema è Turanshah. Mi ricorda suo zio, al-Adil. Sta commettendo gli stessi errori e rischia di condividerne il fato. Sai chi era al-Adil?»

Umberto scosse la testa, anche se iniziava a intuire dove il discorso di Aybak andasse a parare. L'emiro proseguì: «Era il fratello maggiore di Ayyub. Divenne sultano alla morte del padre al-Kamil, che Allah abbia misericordia di lui, e mandò in esilio Ayyub, ma la sua condotta dissoluta fece sì che Ayyub e Fakhr al-Din ponessero fine al suo potere, rinchiudendolo in una prigione in cui non sopravvisse a lungo. Io allora ero il comandante della *Bahriyya* e ricordo bene quei giorni. Molto simili a questi».

Umberto lanciò un'occhiata a Baybars, il cui volto era indecifrabile. Era tutto concordato. Forse persino il modo con cui Renaud de Vichiers gli era stato sfilato non era stato casuale. Fece finta di non aver capito.

«C'è un fratello di Turanshah che potrebbe prenderne il posto?» chiese.

Aybak sorrise.

«C'era un altro figlio del nostro signore Ayyub. Si chiamava Khalil, ma Allah lo ha chiamato a sé da bambino. C'è però ancora sua madre. E poi ci siamo noi. E ci sei tu.»

«Io? E che cosa dovrei fare?»

«Lo hai già capito, ser Berto. La cosa che sai fare meglio: uccidere. Uccidi Turanshah e avrai il capo dei templari.»

Fariskur, 2 maggio 1250

Nicola era seduto sotto il telone che proteggeva i prigionieri cristiani dal sole, sulla tolda di una delle quattro galere saracene ancorate davanti al grande accampamento del sultano. Aveva sentito dire che solo il re e pochi altri erano stati portati a terra.

Forse stava per finire, ma era stata dura. Riconosciuto come frate domenicano dai saraceni, era stato maltrattato e picchiato. A stento era scampato alla micidiale selezione attuata nel cortile arroventato di Mansura. Si erano stancati di uccidere prima che toccasse a lui, subito dopo aver portato via i templari. Poi li avevano rinchiusi in prigioni umide e buie. Nicola, tuttavia, non aveva smesso di pregare, senza perdere la speranza. Rammentava sempre le parole del suo maestro, il giorno della cattura: «Stai tranquillo. Dio è con noi e ci tirerà fuori. Non smettere mai di pregare». Non poteva che essere così, sta scritto: *Invoca me in die tribulationis tuae, eripiam te et magnificabis me.*[1]

Il giorno che erano venuti a prelevarli non gli era sembrato strano che i guardiani pronunciassero anche il suo nome, insieme a quelli dei più grandi signori di Francia: il duca di Borgogna, il conte di Soissons e altri. Era sicuramente opera del *magister*. Quindi era vivo e stava bene. Prima dell'imbarco a Mansura lo aveva rivisto da lontano, sul molo. Era con il re e stava salendo su una galera, scortato da saraceni vestiti di nero. Aveva lanciato un grido, «*Magister!*», attirandosi una bastonata delle guardie. Yves si era voltato. Aveva alzato la mano in segno di saluto e di benedizione, abbozzando persino un sorriso. Ce l'avrebbero fatta.

L'attenzione del giovane fu attirata da una barca che discendeva il Nilo e che accostò la galera. Poco dopo, salirono a bordo due saraceni con cotte d'armi blu e oro. Confabularono con il comandante prontamente accorso e gli mostrarono un foglio. Quello, un uomo basso e panciuto, s'inchinò e li condusse sottocoperta. Riemersero spingendo un vecchio claudicante, vestito solo di un sacco, la barba e i capelli lunghi. Nicola riconobbe Renaud de Vichiers. Lo sentì biascicare in arabo quelli che gli sembrarono degli insulti. Lo portarono via mentre il comandante si profondeva in inchini.

✠ ✠ ✠

Più tardi, quella sera, nel padiglione del sultano iniziò il ricevimento con il quale Turanshah aveva voluto festeggiare la vittoria, alla vigilia dell'imminente capitolazione di Dimyat. Oltre ai due eunuchi neri, al-Sabih e Zain al-Din, c'erano i principali dignitari ed emiri, tra cui Aybak, Baybars, il comandante della *Bahriyya* Aqtay e il viceré Husam al-Din. Tutti avevano dovuto consegnare le armi all'ingresso e numerosi mamelucchi *al-Muazzami* sostavano lungo il perimetro del padiglione.

Aybak lanciò un'occhiata preoccupata a Baybars e poi ad Aqtay. Pensavano tutti la stessa cosa: quello era il luogo ideale per una strage.

Al-Sabih si avvicinò al comandante dell'esercito, come un gatto al topo.

«Non hai toccato cibo. Qualcosa ti impensierisce, *atabak*?»

«No, nulla di particolare... Sono giornate difficili. Non sarò tranquillo fino a quando gli infedeli non avranno lasciato la nostra terra.»

L'eunuco chiese: «Pensi che i franchi stiano tramando qualcosa?».

«Sai anche tu che sono degli infidi serpenti, capaci di tutto. Il loro re è ben sorvegliato?»

«Certo. È in un padiglione qui vicino, guardato a vista dagli *al-Muazzami*.»

«Ha altri uomini con lui?»

«Solo il frate e il suo valletto.»

Turanshah, intanto, vestito di una ricca veste di seta verde, prendeva la parola, non senza essere stato scosso prima da un tic.

«Con l'aiuto di Allah potente e misericordioso, l'esercito degli infedeli che ha osato attaccare la terra santa dell'Islam è stato annientato. Tra pochi giorni Dimyat ci sarà consegnata senza combattere, con tutto l'oro dei miscredenti. Il re dei franchi andrà dall'imam degli infedeli e gli racconterà quanto sia stato stolto attaccare l'Egitto. Non ritorneranno. Dopo che Allah ha manifestato la sua volontà in modo così chiaro, non avranno più la forza e la volontà di invaderci. Quella di oggi è stata una vittoria per i secoli a venire. Una vittoria per sempre. Vi ho convocato qui per potervi ringraziare personalmente. Ognuno di voi sarà presto ricompensato come merita.»

✠ ✠ ✠

La notte era senza luna. La leggera increspatura nelle acque del fiume non fu notata dai due *al-Muazzami* di guardia sul piccolo molo del complesso di Turanshah. Pochi istanti dopo, una sagoma scura si materializzò alle spalle di uno dei due, recidendogli di netto la trachea. L'altro non ebbe il tempo di rendersi conto di quello che era accaduto e fu a sua volta sgozzato dalla stessa corta scimitarra. Cadde in avanti aggrappandosi a Umberto, che ne assecondò la caduta per evitare che facesse rumore, mentre il sangue caldo che sprizzava a getti dalla ferita si mescolava all'acqua che impregnava la tuta di lino scura indossata dal barone. Per essere solo un'ombra tra le ombre, si era anche annerito il volto e le mani con del carbone. Sguainò lentamente la scimitarra di uno dei caduti, la soppesò apprezzandone l'ottima fattura e ripose la sua nella cintura. Percorse quindi il molo senza far rumore, avvicinandosi cautamente all'ingresso del padiglione, dal quale giungeva il tenue riverbero di una lucerna. All'interno, contò altri quattro mamelucchi neri. Due sembravano sonnecchiare sui cuscini, gli altri erano svegli e giocavano a scacchi. Ancora una volta fu fulmineo. Con un paio di balzi fu addosso ai giocatori e una testa rotolò a terra. L'altro urlò, ma il grido fu stroncato da un secondo fendente. Quelli appisolati si svegliarono di scatto, ma era troppo tardi. Morirono con la gola tagliata il primo, la scimitarra infilata nel petto il secondo. Umberto si guardò intorno. Non c'era più nessuno. Prese la lucerna e uscì sul molo. La mosse orizzontalmente verso l'oscurità del fiume e le due barche che aspettavano quel segnale iniziarono ad avvicinarsi.

✠ ✠ ✠

Il ricevimento stava volgendo al termine. Turanshah lanciò uno sguardo di intesa ad al-Sabih, ebbe un tic e uscì dal padiglione seguito da un mamelucco nero che portava una torcia e la spada del sultano nel fodero intarsiato di smeraldi. Attraversarono la torre di legno e sbucarono nel cortile interno. Era deserto e gli parve strano. Avrebbero dovuto esserci altri uomini ad attenderlo. Un attimo dopo, l'*al-Muazzami* fu spinto a terra dalla spallata di un gigante. Baybars raccolse il fodero della scimitarra, la sguainò e colpì con un fendente Turanshah, il quale balzò indietro, alzando istintivamente la destra per proteggersi. Il colpo gli aprì in due la mano, al centro tra le quattro dita, fino al polso, mentre l'*al-Muazzami* caduto si rialzava e si gettava addosso al Balestriere. Il sultano, passato il momento di stupore assoluto, tornò indietro di corsa, stringendo con la sinistra la mano grondante sangue. Irruppe nel padiglione dei ricevimenti urlando: «Aiuto! Aiutatemi! Baybars ha tentato di uccidermi!».

Aybak si fece avanti. Il suo tono tranquillo era in stridente contrasto con quello isterico del sultano. Non sembrava neppure far caso alla mano ferita.

«Non è possibile. Sei sicuro che non fosse un franco, o un ismailita?»

Turanshah gridò con voce stridula: «Era Baybars! Ora è qui fuori! Vuole uccidermi! Chiamate un medico!».

Nella tenda si diffuse lo sconcerto. A un cenno di Zain al-Din, gli *al-Muazzami* sguainarono le scimitarre. Sei di loro si schierarono a protezione del sultano urlante e lo condussero via con al-Sabih che cercava di stringergli la mano con un lembo del vestito per fermare l'emorragia.

Nel padiglione restavano circa venti mamelucchi neri, che circondarono minacciosi il gruppo di emiri disarmati. Aybak, sempre molto calmo, si rivolse a Zain al-Din: «Che vuoi fare?».

«Baybars ha cercato di uccidere il nostro signore. Eravate d'accordo con lui. Siete tutti dei traditori.»

Dalla direzione del cortile giunsero grida e rumore di lame che cozzavano. Zain al-Din annunciò: «Il Balestriere sta già pagando. Ora toccherà a voi».

Gli rispose dall'ingresso una voce inconfondibile: «Io non ne sarei così sicuro».

Baybars si stagliava sulla soglia con in pugno la scimitarra di Turanshah, mentre alle sue spalle irrompevano mamelucchi della *Bahriyya* armati di balestre. I dardi iniziarono a saettare in direzione degli *al-Muazzami* e quattro o cinque di loro furono subito trafitti. Gli altri si buttarono a terra cercando riparo, ma in pochi istanti i *Bahriti* furono loro addosso. Non era possibile alcun confronto tra i mamelucchi neri di palazzo e gli uomini che avevano battuto i templari e Roberto d'Artois. Gli *al-Muazzami* furono uccisi uno dopo l'altro. Rimase solo Zain al-Din, impietrito. Aybak raccolse la scimitarra di uno dei caduti e gli si avvicinò.

«Non puoi mai dire a chi tocca davvero.»

Con un gesto rapido, gli infilò l'arma nel petto. Il comandante della *halqa* cadde in ginocchio, con un'espressione di odio sul volto. Restò per qualche istante immobile, poi un fiotto di sangue gli uscì dalla bocca. Strabuzzò gli occhi e morì davanti ad Aybak.

Dall'esterno, giunse il suono dei *nacaires*. Qualcuno stava chiamando a raccolta l'esercito.

Aybak e Aqtay uscirono nel cortile interno, presidiato da una decina di *Bahriti* con delle torce. Baybars andò loro incontro. A terra vi erano diversi corpi, tutti vestiti di nero. L'*atabak* chiese: «Dov'è?».

Il Balestriere indicò la torre.

«È riuscito a entrare e a barricarsi dentro con al-Sabih e gli ultimi *al-Muazzami*. Ora sta facendo suonare i tamburi per chiedere aiuto.»

«Quanti sono gli *al-Muazzami*?»

«Un paio: quelli che sono riusciti a entrare con lui, gli altri si sono fatti uccidere per proteggere la sua fuga. Forse nella torre ce n'è qualcun altro.»

«Appiccate il fuoco. Non abbiamo tempo. Tra poco avremo qui l'esercito.»

Aqtay intervenne: «Vado io fuori. Parlerò con gli emiri. Dirò loro che i *nacaires* suonano perché Dimyat è caduta».

✠ ✠ ✠

Poco lontano, nel padiglione del re, Yves era in preda all'ennesimo incubo. Era solo, in mezzo a una gola polverosa, tra altissime scogliere bianche a strapiombo. Uno squadrone di cavalleria templare stava caricando al galoppo verso di lui. Sentiva la terra tremare sotto i suoi piedi, ma non riusciva a muoversi. Alzò la mano per fermarli in nome di Dio, ma non vide l'effetto del suo gesto.

Il re lo svegliò, scuotendolo con forza. Il rumore degli zoccoli di cavalli al galoppo era reale e dall'esterno giungevano grida concitate.

«Sta succedendo qualcosa, *magister*. Chiedete alle guardie.»

Il frate scese dalla branda, si avvicinò all'ingresso del padiglione e guardò fuori. I mamelucchi neri di guardia erano nervosi. Gruppi di cavalieri spronavano i destrieri verso Damietta. In direzione delle torri del sultano, la notte era illuminata dai bagliori delle fiamme. Uscì e si rivolse all'emiro che comandava le sentinelle: «Che succede?».

«Pare che Dimyat sia caduta. Non ho altri particolari. Vi prego, tornate dentro.»

Yves rientrò.

«Sire, dicono che Damietta è caduta.»
«Non è possibile. Non possono essere così folli da arrendersi proprio ora.»
«Sì. Qui sta succedendo altro.»
«Cos'è questa luce? Un incendio?»

✠ ✠ ✠

I tronchi e i teli della torre bruciavano come stoppini. Al-Sabih era morto, colpito da un dardo di balestra durante lo scontro nel cortile e poi soffocato dal fumo. Ma Turanshah era giovane e voleva vivere. Con la mano destra fasciata, scese di volata le scale di legno premendosi con la sinistra uno straccio bagnato sul volto. Attraversò indenne le fiamme e imboccò di corsa il corridoio che collegava la torre al molo sul Bahr. Si sarebbe buttato nel fiume e avrebbe nuotato fino alle galere ancorate. Lì avrebbe trovato centinaia di uomini per regolare i conti con la *Bahriyya*.

Dietro di lui sentiva le voci degli inseguitori. Attraversò il padiglione sul fiume senza badare ai cadaveri a terra e, giunto sul pontile, si accorse che c'era qualcuno. Un'ombra. Turanshah lo riconobbe nonostante avesse la faccia dipinta di nero.
«Allora sei venuto a uccidere me.»
«No. Tu sei già morto.»
Turanshah restò per un istante interdetto, poi si buttò nel fiume iniziando ad annaspare e a gridare di dolore a causa della mano ferita che gli impediva di nuotare. Due *Bahriti* si tuffarono per recuperarlo. Lo tirarono su e lo gettarono sul pontile. In quel momento, Aqtay uscì correndo dal padiglione, la scimitarra in pugno. Senza un attimo di esitazione, squarciò il petto del sultano e gli strappò il cuore.

✠ ✠ ✠

I mamelucchi neri di guardia al padiglione del re erano stati circondati, disarmati e sostituiti da altri dalle cotte d'armi blu e oro. Un emiro sulla quarantina dall'elaborata barbetta a punta si presentò al re come loro comandante, Faris al-Din Aqtay, e gli mostrò la mano sinistra insanguinata.

«Che mi darai? Ho ucciso il tuo nemico che ti avrebbe fatto morire se fosse vissuto...»

Yves tradusse. Il re lo guardò in silenzio.

La mattina dopo

Umberto camminava di buon passo tra le tende. Dopo essersi lavato e rivestito da emiro, era diretto con Baybars alla galera utilizzata come prigione per prendere in consegna Renaud de Vichiers e proseguire la conversazione iniziata a Rawda.

Con la luce del sole, l'accampamento stava tornando alla normalità. Gli emiri dell'esercito si erano prontamente inchinati ad Aybak e al viceré Husam al-Din, uomini del compianto Ayyub. Era come se Turanshah non fosse mai esistito. Le travi fumanti e il corpo dilaniato abbandonato a sciacalli e avvoltoi sulle rive del Bahr sembravano appartenere a un tempo che nessuno aveva vissuto. Il giovane che per poco più di due mesi era stato sultano d'Egitto non era stato nemmeno visto da gran parte dei suoi sudditi.

In quella lunga notte, Umberto si era conquistato l'ammirazione dei nuovi vertici del potere. Persino Aybak, che non era solito lasciarsi andare a elogi, quando lo aveva visto, nero e coperto di sangue, lo aveva abbracciato dicendogli: «Sei un grande guerriero, ser Berto». Aqtay si era limitato a una pacca sulla spalla, che per lui significava molto, mentre Baybars, che lo conosceva meglio degli altri, aveva commentato con inconsueta ironia: «Te l'avevo detto che ormai facevi parte di questa guerra».

Umberto gli aveva risposto con un «vai a farti fottere».

✠ ✠ ✠

Il comandante della nave, profusosi in dodici inchini, balbettò: «Chiedo scusa, mio signore, ma... il prigioniero è stato prelevato ieri da due *Bahriti*... Avevano un foglio con il sigillo di Aybak che mi ordinava di consegnarlo».

Baybars, allarmato, chiese: «Un foglio con il sigillo di Aybak? Dov'è?».

«Me l'hanno mostrato, poi lo hanno portato via con il templare. L'hanno visto tutti.»

Baybars e Umberto si scambiarono un'occhiata. L'uomo non stava mentendo. Dietro l'aspetto untuoso, non era uno stupido e non a caso aveva richiamato la loro attenzione sul fatto che vi erano stati molti testimoni.

Che Aybak avesse voluto mettere al sicuro Renaud, per evitare che qualcuno glielo sottraesse? Improbabile, ma andava verificato. Il Balestriere annuì.

«Ti ringrazio.»

I due si voltarono e scesero dalla galera. Non si accorsero del giovane frate domenicano che sulla tolda aveva osservato tutta la scena.

✠ ✠ ✠

Baybars congedò con un gesto brusco un emiro della *Bahriyya*. Non potevano più esserci dubbi.

«È scappato. Qualcuno l'ha aiutato.»

Umberto lo guardò severo.

«Qualcuno dei tuoi, Balestriere. Qualcuno che aveva il sigillo del comandante del tuo esercito.»

«Il sigillo sarà stato falso. Figurati se quel tipo era in grado di verificarne l'autenticità. Ha visto due uomini vestiti da *Bahriti*, come te, un foglio con un sigillo e gli è bastato. Il punto è comunque un altro.»

«È vero. Se è stata la spia dei templari a organizzare tutto ciò, ha deciso di correre un grosso rischio. Finora sapevamo solo che doveva trattarsi di qualcuno a conoscenza del documento giunto da al-Quds e del fatto che dopo la morte di Ayyub lo avesse preso Fakhr al-Din, riponendolo nella custodia del Corano. Ora questo qualcuno deve essere stato anche a conoscenza del fatto che

Renaud de Vichiers non sarebbe stato liberato con gli altri, ma interrogato ancora. In una parola, doveva essere a conoscenza del nostro patto, Balestriere. Eravamo solo in tre. Tu, io e Aybak. Sei proprio sicuro che quel sigillo fosse falso, o sei tu la spia dei templari?»

19

Il prezzo di un re

Al-Qahira, 30 muharram 648 (4 maggio 1250)

Nella sala del trono di Salah al-Din era tutto pronto. Shajar al-Durr aveva indossato uno splendido *jilbab* di seta blu con ricami d'oro e attendeva in piedi al centro della stanza. A destra erano schierati gli eunuchi di corte, a sinistra i trenta *Bahriti* che negli ultimi tempi vegliavano su di lei con le guardie della cittadella. Uno squillo di tromba dal cortile aveva annunciato che la cerimonia stava iniziando.

Shajar immaginò quello che si stava svolgendo fuori. Seguì mentalmente Baybars mentre, gradino dopo gradino, saliva la scala di pietra addobbata con teli colorati che conduceva fino a lei.

A entrare per primo fu invece ovviamente Aybak, in una cotta d'armi con turbante blu. Shajar cercò con gli occhi il Balestriere. Era in prima fila, al fianco di Aqtay, davanti agli emiri da mille dell'esercito.

L'*atabak* s'inchinò. Gli emiri lo avevano scelto come nuovo signore d'Egitto. Dal punto di vista gerarchico, sarebbe dovuto toccare al viceré Husam al-Din, il più alto in grado tra gli uomini del vecchio sultano, e a lui pertanto era stato rivolto il primo invito formale ad assumere il comando. Il vecchio era tuttavia troppo esperto delle dinamiche del potere per coltivare ambizioni e aveva prontamente rifiutato, salvando così vita e prestigioso incarico. L'invito era stato quindi rivolto ad Aybak, che aveva accettato. Occorreva comunque mantenere le apparenze, all'interno e soprattutto all'esterno dell'Egitto, garantendo una qualche forma di continuità dinastica. Gli ayyubidi di Dimashq e il califfo di Baghdad erano pronti a schierarsi contro i soldati schiavi che avevano ucciso il loro padrone.

Ecco perché Aybak si trovava ora davanti a Shajar al-Durr. Il comandante dell'esercito prese la parola: «Mia signora, sono qui per annunciarvi che, dopo il castigo che Allah ha voluto riservare all'usurpatore per le sue innumerevoli turpitudini, è stato deciso che sarete voi, quale madre di Khalil e moglie del Pilastro della Fede *al-Malik* al-Salih Ayyub, che Allah abbia misericordia di loro, a essere la *Malikat al-Muslim.** Sarete pertanto la Madre di Khalil e con questo nome saranno emanati i decreti che avranno la vostra sigla reale e sarà pronunciata la *khutba** ad al-Qahira e in tutto l'Egitto...».

Aybak continuava a parlare, ma Shajar non lo stava più ascoltando. Il cuore le batteva forte. Avrebbe voluto urlare e alzare i pugni al cielo, ma restò immobile. Era abituata a non tradire emozioni. Ce l'aveva fatta. Era riuscita nell'impossibile. La piccola schiava armena dell'harem era diventata la sultana d'Egitto. Tutti sapevano che non si era mai verificato nulla di simile: per la prima volta una donna assurgeva al supremo potere. Cercò gli occhi di Baybars, per condividere con lui il trionfo. Ma il Balestriere guardava a terra.

Fariskur, il giorno dopo

Tre emiri mai visti prima attendevano Luigi e Yves sui grandi tappeti stesi a terra fuori dal padiglione. Quello al centro aveva la barba bianca e curata, gli altri due erano più giovani, entrambi con il pizzetto nero. Il re e il frate si sedettero a loro volta. Tutt'intorno, gli onnipresenti mamelucchi blu e oro.

L'emiro più anziano prese la parola e Yves tradusse.

«Vostra alta signoria, sono Husam al-Din, viceré e governatore di al-Qahira. Sarò io a formulare i giuramenti sul trattato per conto della sultana dei musulmani, Madre di Khalil, e del comandante dell'esercito, Izz al-Din Aybak.»

“I nomi dei nuovi padroni” pensò Yves. Non sapeva chi fosse la sultana, ma dal nome di Aybak risultava evidente che era l’esercito ad aver preso il potere. Si chiese che fine avesse fatto il suo amico al-Sabih. Brutta, probabilmente. Il viceré proseguì: «Vi giuriamo che se non rispetteremo il trattato saremo disonorati come quelli che, per i loro peccati, vanno in pellegrinaggio alla Mecca a capo scoperto; come quelli che ripudiano la propria moglie e la prendono indietro successivamente e come quelli che mangiano carne di maiale».

Luigi chiese al frate: «Sono giuramenti forti?».

«Non riesco a immaginarne di più forti, sire. Secondo la loro legge nessuno può ripudiare la moglie senza rinunciare per sempre a riaverla, a meno che, prima di riaverla, non veda un altro uomo giacere con lei.»

Dopo aver giurato, un saraceno portò un foglio di papiro a Luigi. Vi era scritta una formula di giuramento in latino, evidentemente opera di qualche prete rinnegato. Vi si leggeva che, se il re non avesse rispettato il trattato, sarebbe stato disonorato come il cristiano che rinnega Dio e sua Madre, che abbandona la comunione con i dodici apostoli, con tutti i santi e tutte le sante. L’ultimo punto era che se il re non avesse rispettato il trattato sarebbe stato disonorato come il cristiano che rinnega Dio e la sua legge e che, per disprezzo di Dio, sputa sulla croce e la calpesta.

Luigi disse: «D’accordo sui primi punti, ma l’ultimo non lo giurerò mai».

Yves tradusse e Husam al-Din replicò: «Noi abbiamo giurato tutto quello che avete sentito. È offensivo che egli non voglia giurare. Se ha in animo di rispettare il trattato non dovrebbe avere difficoltà a farlo. Altrimenti potremmo pensare che ha in mente di non rispettarlo. In questo caso, è preferibile tagliare la testa a tutti, a cominciare da lui».

Quando il domenicano ebbe tradotto, Luigi rispose: «Ditegli che possono fare quello che vogliono. Preferisco morire da buon cristiano che vivere nella collera di Dio».

Ascoltata la traduzione, l’emiro seduto a destra del viceré sbottò: «Prete, sei tu che gli metti in testa queste cose. Ora ti taglio la testa e gliela butto sulle ginocchia».

Yves non rispose. Mormorò al re: «Pensano che sia io a istigarvi».

L'emiro si alzò, afferrò Yves per un braccio e lo spinse verso il padiglione, mentre il re si alzava a sua volta cercando di fermarlo.

«Fermo. Lascialo stare, vigliacco!»

Due mamelucchi intervennero e lo bloccarono. Luigi ammutolì. Era inaudito che osassero toccarlo. Fu Husam al-Din a intervenire: «Lasciatelo».

Lo liberarono, frapponendosi comunque tra lui e l'ingresso del padiglione.

Spinto all'interno, il frate si inginocchiò e iniziò a pregare.

«Veni Creator Spiritus...»

L'emiro sfoderò la scimitarra. Una voce dall'ingresso lo fermò: «Ha giurato».

Sulla soglia c'era il terzo emiro. Yves fu spinto fuori. Il viceré sembrava soddisfatto. Anche Luigi, ancora in piedi, era sollevato. Il frate gli disse: «Sire, non dovevate sentirvi costretto a giurare».

Luigi lo guardò serissimo e replicò: «Non preoccupatevi *magister*, ho giurato a modo mio e non credo che abbiano capito nulla. Poi mi assolverete per questo peccato».

Husam al-Din si avvicinò e s'inchinò al re, come se nulla fosse accaduto.

«Vostra alta signoria, perdonate i modi un po' bruschi degli emiri. Sono soldati, pensano di risolvere tutto con la forza. Alcuni non hanno neppure letto il Corano. Altrimenti ricorderebbero le parole del Profeta: "Troverai che i più prossimi all'amore per i credenti sono coloro che dicono: 'In verità siamo nazareni'".[1] Domani sarete liberi. Mi dispiace esserci conosciuti in queste circostanze. Siete un uomo devoto e saggio. Lo avete appena dimostrato.»

Il tono era tale da far pensare che si fosse accorto del giuramento per così dire libero del re, ma che avesse preferito non insistere. Il viceré proseguì: «Era comunque inevitabile che finisse così. Posso chiedervi come vi è venuto in mente di attraversare il mare per venire in questa terra piena di musulmani pensando di poterla conquistare con le armi e di diventarne signore? Questa impresa è il maggior rischio al quale potevate esporre voi e i vostri sudditi».

Alla traduzione, Luigi piegò le labbra in una smorfia e non rispose. Husam al-Din aggiunse: «Pensate che nella nostra legge non è ammessa la testimonianza di chi percorre più volte questo mare mettendo a repentaglio la sua persona e i suoi averi».

Il re chiese: «Perché?».

«Perché da quel modo di comportarsi noi deduciamo che sia un deficiente e che non possa quindi rendere alcuna testimonianza.»

Quando Yves ebbe tradotto, il re sorrise amaramente e disse: «Ha ragione... ha proprio ragione».

All'alba del giorno dopo

Damietta fu consegnata ai saraceni quando una galera egiziana con a bordo Godefroy de Sargines attraccò sul molo fluviale recando alla guarnigione cristiana l'ordine di resa del re. I pochi soldati ancora a terra si ritirarono veloci verso le navi. Dalla galera sbarcarono duecento saraceni che assunsero il controllo del molo, dando il segnale di via libera alle navi ancorate nel fiume dalla sera precedente. La regina, che durante la prigionia del marito aveva dato alla luce un bambino, Giovanni Tristano, era già ripartita in precarie condizioni di salute per Acri, distante appena cinque giorni di navigazione.

Re Luigi sbarcò vicino al ponte che collegava le due parti della città, conquistato intatto sei mesi prima e ora riconsegnato ai musulmani. Un padiglione era stato eretto per lui.

Intanto, i saraceni perlustravano le strade e le case. Quando trovarono delle damigiane di vino, ne bevvero contravvenendo ai dettami della loro religione. Bande di soldati ubriachi iniziarono così a sciamare per le strade, saccheggiando la città appena liberata. A farne le spese furono innanzitutto i malati, che non erano stati imbarcati e che secondo il trattato avrebbero dovuto essere curati. Anche le macchine da guerra vennero fatte a pezzi e le carni di maiale salate gettate in strada. Tutto bruciò in pire: il legno delle macchine, le carni salate e i cadaveri.

Le insegne del sultano sventolarono presto su tutte le torri di Damietta, mentre le navi cristiane restavano all'ancora, cariche e pronte a salpare. Colonne di fumo bianco si alzavano intanto nel cielo e nell'aria si diffondeva l'acre odore di carne bruciata.

Il re e gli altri prigionieri vennero raccolti davanti al padiglione. Luigi riabbracciò i suoi fratelli e anche Yves e Nicola si ritrovarono. Il giovane piangeva dall'emozione. Era quasi irriconoscibile, smagrito, lacero, la barba e i capelli lunghi, la puzza di un caprone.

«*Magister*, finalmente. Fino all'ultimo hanno minacciato di ucciderci tutti.»

«Non è ancora detto che non lo facciano. Quest'odore nell'aria è inconfondibile. Comunque, se siamo arrivati fin qui, con l'aiuto di Dio ne usciremo.»

Yves si guardò intorno. Anche gli altri prigionieri erano in condizioni penose. I principali signori di Francia sembravano esserci tutti, ma Yves non cercava loro. Il povero al-Ṣabih non era riuscito a mantenere la sua parola. Isabelle non c'era. Anche il re l'aveva notato.

«*Magister*, non vedo quella fanciulla che...»

Fu interrotto dalle grida.

«Eccoli! Eccoli!»

Tutti guardavano verso il fiume. Una galera genovese puntava verso di loro a forza di remi. A bordo sembrava esserci un solo uomo, vestito di bianco. Non appena vide Luigi sulla riva, emise un fischio. In un attimo, sulla tolda apparvero decine di balestrieri, che presero posizione e incoccarono le quadrelle. Molti saraceni cercarono riparo. Solo i mamelucchi blu e oro vicino al re restarono tranquilli.

Era la nave che veniva a prenderli.

Il conte di Poitiers sarebbe invece rimasto in ostaggio fino a quando non fosse stato completato il pagamento di almeno duecentomila lire, la metà del riscatto.

Mentre genovesi e mamelucchi si scrutavano con le armi pronte, la galera attraccò e un'asse di legno fu appoggiata sul pontile per consentire l'imbarco. Il primo a salire fu il re, seguito da tutti gli altri.

A bordo, Renaud de Vichiers, elegante nella veste immacolata dell'Ordine, s'inchinò al sovrano.

«Sire, sia lode a Dio per avervi restituito al suo popolo.»

Tre giorni dopo

Luigi osservava la città dalla tolda della galera attraccata al molo, vestito con l'abito di raso nero di Turanshah. Yves era al suo fianco. I fuochi delle pire si stavano spegnendo e dai minareti giungeva il richiamo alla preghiera della sera. Dimyat si era ripresa Damietta.

Il re aveva giurato di non andarsene fino a quando suo fratello non gli fosse stato restituito ed era quindi rimasto sulla nave, protetto solo da ottanta balestrieri genovesi e dai pochi cavalieri superstiti della sua guardia del corpo. Gli altri nobili si erano trasferiti sulle navi cristiane nel porto e molti di loro, tra cui il Mauclerc, il conte di Fiandra e il conte di Soissons, erano già ripartiti per la Francia nonostante Luigi avesse chiesto loro di attendere.

In qualunque momento, i saraceni avrebbero potuto catturare di nuovo il sovrano e proprio quella mattina il comandante della *Bahriyya* lo aveva chiaramente fatto intendere a Yves.

Luigi aveva inviato il domenicano a protestare per il mancato rispetto del trattato. Il frate era sceso a terra con Sargines e Nicola e aveva chiesto ai mamelucchi sul molo di poter parlare con l'emiro al comando. Dopo una lunga attesa, era stato ricevuto da Aqtay. Yves gli aveva manifestato lo stupore del re per le indegne violazioni del trattato: i malati uccisi, le macchine da guerra fatte a pezzi, le carni salate bruciate. Il comandante saraceno aveva risposto preoccupato: «Dite al re che non posso farci niente, e questo mi amareggia. Ditegli anche di non manifestare comunque questi sentimenti finché è nelle nostre mani, perché potrebbe significare la sua morte. Quando sarà lontano, potrà ricordarsi di tutto ciò e riflettere sull'errore commesso attaccandoci».

Lo consideravano ancora nelle loro mani.

La raccolta dei soldi era in corso dalla mattina del giorno prima sulla *Montjoie*. Venivano pesati sulle bilance e ogni pesata valeva diecimila lire. Erano arrivati a centosettantamila. Non c'era altro. Circa un mese prima, per evitare che i pisani e i genovesi ripartissero lasciando Damietta indifesa, la regina aveva convocato i loro rappresentanti davanti al suo letto di puerpera, promettendo che avrebbe acquistato i viveri necessari al loro sostentamento. Se ne erano così andate centosessantamila lire. Altre decine di migliaia erano state spese nei mesi trascorsi.

Sargines si avvicinò al re.

«Mancano trentamila lire.»

Luigi mormorò senza voltarsi: «Andate, *magister*».

Poco dopo, una scialuppa accostava sottobordo la *Templum Domini*, l'ammiraglia templare ancorata nella laguna formata dal delta del Nilo. Fu abbassata una scala di corda e salirono a bordo Sargines, Seignelay, il maresciallo di Francia, Jean du Mez d'Argentan e, non senza qualche difficoltà per via delle tonache, Yves e Nicola.

Un cavaliere templare andò loro incontro. Di mezza età, alto e magro, gli occhi castani, la barba striata di bianco. *Frère* Étienne de Otricourt, il tesoriere del Tempio, comandante della piccola flotta templare che aveva trasportato il contingente annientato a Mansura.

Venendo dalla precettoria di Parigi, conosceva bene l'inquisitore e gli uomini del re. Si rivolse al domenicano: «*Pax vobiscum, magister*. Siete qui per il tragico incidente di oggi?».

«No, *frère* Étienne, di quale incidente parlate?»

«Pensavo che lo aveste saputo. Il nostro povero confratello Jocelyn de Tours. Una vera sciagura. Sopravvivere alla prigionia e alle torture dei saraceni e poi morire così...»

«Come è successo?»

«È stato ripescato questa mattina, poco lontano dalla nave. Era di guardia questa notte e deve essere caduto in acqua annegando. Non c'era corrente e il corpo non si è allontanato.»

Yves vide sbucare Renaud de Vichiers dalla stiva. C'era ancora tempo per una domanda a *frère* Étienne: «Dov'è ora il corpo?».

«Lo abbiamo portato nella cappella, non possiamo seppellirlo in terra consacrata. Celebreremo a bordo il funerale e lo seppelliremo in mare aperto domani, quando lasceremo questo...»

«Davvero un tragico incidente. Ma del resto non spetta a noi decidere quando il Signore ci chiamerà al suo cospetto.» Renaud de Vichiers aveva interrotto il confratello, prendendo in mano le redini della conversazione.

Yves si rivolse al maresciallo del Tempio: «*Pax vobiscum*. Sono lieto di rivedervi, anche se da quello che ci raccontava *frère* Étienne le circostanze, purtroppo, non sono le più felici. Preghiamo affinché la tragica morte del vostro confratello sia l'ultima e non cancelli comunque la speranza risorta in tutti noi grazie alla vostra ardita fuga dai saraceni. Anche il nostro buon re è rimasto profondamente colpito dal vostro coraggio».

Renaud aveva raccontato di essere riuscito a fuggire uccidendo due saraceni che lo avevano prelevato per sottoporlo a torture e di essersi poi impadronito di un cavallo con cui aveva raggiunto nottetempo Damietta.

«Be', il Signore ha voluto darmi la possibilità di fuggire e io l'ho colta. Nulla è accaduto che non fosse nella volontà di Dio» si schermì il templare.

«Ne sono certo.» Yves proseguì indicando Nicola: «Il mio allievo, Nicola di Hanapes, era presente quando i saraceni vi hanno prelevato sulla galera. Ricorda anche che le vostre condizioni sembravano molto precarie. Li avete di certo astutamente indotti a sottovalutare le vostre forze, per poterli cogliere di sorpresa. Non deve essere stato facile. Dalla descrizione di Nicola, erano due mamelucchi, i loro uomini migliori».

Renaud lanciò un'occhiata imbarazzata a Nicola. Fu comunque un attimo.

«In effetti, devono avermi sottovalutato. Sarà stato l'aiuto divino a confondere le loro menti. L'importante è essere riuscito a fuggire. Tanti nostri confratelli purtroppo non sono stati altrettanto fortunati.»

A quel punto, Godefroy de Sargines, che aveva già dato qualche segno d'impazienza tamburellando con il piede sulla tolda, ritenne di dover interrompere quello che doveva apparirgli come un semplice scambio di convenevoli.

«Scusatemi, *magister*, ma forse dovremmo comunicare a mastro Renaud e a *frère* Étienne la ragioni della nostra visita. Il re ci aspetta.»

Renaud lo ignorò e continuò a rivolgersi all'inquisitore: «Come possiamo esservi utili, *magister*?».

«Sapete che il re sta raccogliendo il denaro per riscattare suo fratello e gli altri prigionieri ancora nelle carceri saracene. Ha giurato che non lascerà l'Egitto fino a quando il conte di Poitiers non sarà libero. Ha dato fondo a tutte le sue risorse, ma mancano trentamila lire. Conoscendo bene la vostra generosità, gli ho suggerito di chiedere un prestito all'Ordine del Tempio. Il re ci invia quindi a chiedervi trentamila lire e vi anticipa i sensi della sua gratitudine.»

Étienne de Otricourt esclamò sbigottito: «*Magister*, il consiglio che avete dato al re non è buono né ragionevole. Sapete bene che quando riceviamo delle somme giuriamo di restituirle solo a chi ce le ha affidate».

Fu Seignelay a rispondergli, mettendo la mano destra sul pomello della spada: «*Frère* Étienne, voi siete rimasto al sicuro su questa nave mentre noi eravamo in mezzo alla merda e al sangue. Neppure immaginate le inaudite sofferenze cui tanti devoti cristiani sono ancora sottoposti. Il vostro giuramento non può valere in queste circostanze. Mettete forse in dubbio la restituzione della somma? In ogni caso, abbiamo l'autorità per requisire quello che il re vi chiede in prestito. Se occorre, anche con la forza».

Étienne guardò Yves indignato, come a chiedergli conferma delle parole del barone. Il domenicano annuì.

«Monsignor de Seignelay ha esposto le cose in modo brutale, ma corretto. Vi prego di accompagnarci nella stiva a prelevare quanto necessita al re.»

Étienne replicò: «Io non vi accompagnerò da nessuna parte».

«Signori. Non è il caso di litigare tra noi, dopo tutto quello che abbiamo sofferto» intervenne Renaud. «*Frère* Étienne ha espresso un concetto semplice. Noi abbiamo giurato di restituire il denaro solo a chi ce l'ha affidato, ma anche il barone è stato chiaro. Se non vi daremo il denaro di nostra volontà, lo prenderete con la forza. Non vedo nulla di grave o di straordinario. Prendete pure con la forza quanto vi necessita e noi non potremo certo opporci. Del resto, quello che prestiamo oggi al nostro buon re potremo riaverlo ad Acri.»

Étienne lo guardò stupefatto e anche Yves si chiese perché fosse così arrendevole. Seignelay, Sargines e du Mez d'Argentan non persero tempo a interrogarsi e lo interpretarono per quello che era, un via libera. Si diressero verso la stiva. Yves e Renaud li seguirono e anche Étienne si accodò. Nicola rimase invece sulla tolda, mentre altri due *servientes* del re salivano dalla scala di corda.

Non fu difficile individuare la cabina dove era custodito un grosso forziere di legno e fasce di ferro. Seignelay chiese: «Dov'è la chiave?».

Étienne ribatté: «Non vi darò alcuna chiave».

Il barone vide una scure a terra. La raccolse e disse: «Questa sarà la chiave del re».

Ancora una volta fu Renaud a intervenire: «Signore di Seignelay, vediamo bene che volete farci violenza, quindi vi farò avere la chiave».

Poco dopo, il forziere fu aperto e du Mez d'Argentan salì a chiamare i *servientes* per le operazioni di trasbordo. Sargines e Seignelay iniziarono a contare le lire d'oro.

Yves e Renaud osservavano la scena. «Avete dimostrato grande saggezza» disse l'inquisitore.

«Sarebbe stato inutile e soprattutto ingiusto opporsi a una richiesta del nostro buon re. Vi prego di manifestargli i sentimenti della mia devozione.»

Il domenicano notò che aveva parlato a voce alta, in modo che anche Sargines e Seignelay sentissero. Non si fidava di lui e voleva essere sicuro che il messaggio arrivasse al sovrano. Gli fu allora improvvisamente chiara la ragione di tanta generosità. Con la morte di Guillaume de Sonnac, il posto di maestro del Tempio era vacante. Renaud de Vichiers era il candidato naturale alla successione, ma con i templari di Outremer decimati, l'appoggio dei confratelli delle prospere *commanderies* di Francia sarebbe stato decisivo. Molto semplicemente, Renaud non poteva permettersi di perdere il favore di Luigi. "Trentamila lire sono addirittura un ottimo prezzo" pensò Yves, che rispose: «Sarà mio dovere farlo, state tranquillo. Ora, se non vi dispiace, andrei. Saranno gli uomini del re a occuparsi di contare il denaro e di trasferirlo sulla *Montjoie*».

Il maresciallo del Tempio s'inchinò. Era evidente che non gli dispiaceva affatto che l'inquisitore togliesse il disturbo.

«Vi accompagno.»

Percorsi alcuni passi, Yves si portò una mano alla fronte, come se avesse dimenticato qualcosa. Renaud ricordò che a Mansura aveva recitato la stessa scenetta prima di chiedergli di Hugues e si irrigidì.

«Perdonatemi, stavo andando via senza raccogliermi in preghiera sulla salma del vostro povero confratello.»

«Non preoccupatevi, *magister*. Avrete di certo altri gravosi impegni e stiamo già pregando per lui...»

«Nessun impegno può essere più importante che pregare per l'anima di un valoroso cavaliere del Tempio. Sarà come farlo per le centinaia di vostri confratelli che hanno sacrificato la vita per la croce negli ultimi mesi. Vi prego, conducetemi da lui.»

Renaud non poté fare altro che accompagnare il frate a poppa. Mentre camminavano, l'inquisitore chiese: «Il vostro povero confratello era stato a Mansura?».

«Sì.»

«Come avete detto che si chiamava, Jocelyn de Tours?»

«Non l'ho detto.»

«Ah sì, è vero. Lo aveva detto *frère* Étienne.»

Entrarono in una piccola cappella ricavata nella poppa della galera. La salma era su un catafalco, tra due grandi ceri accesi. Inginocchiato in preghiera davanti a lui c'era un cavaliere biondo. Yves riconobbe Guillaume de Beaujeu, il ragazzo incontrato a Mansura, e non gli sfuggì l'occhiata infastidita che Renaud lanciò al giovane.

Guillaume si alzò velocemente, si segnò e uscì. Aveva gli occhi lucidi.

Yves si avvicinò al corpo e lo guardò con attenzione, come per verificare se lo avesse conosciuto. Era un uomo bruno, sulla trentina. Lo toccò sulla fronte per benedirlo. Poi chiese.

«Povero cavaliere. Nessuno l'ha sentito gridare quando è caduto in acqua?»

«Purtroppo no. Una vera sfortuna. Deve aver battuto la testa cadendo.»

L'inquisitore lo toccò di nuovo.

«Sì, avete ragione, ha il collo spezzato. Deve aver battuto la testa cadendo su un oggetto molto duro. Probabilmente era già privo di sensi quando è finito in acqua.»

Renaud assunse un tono grave.

«Sospettate che non sia stato un incidente, *magister*?»

«Cosa ve lo fa pensare? Non può che essere stato un incidente... C'è un'altra cosa che non capisco. *Frère* Étienne diceva che il vostro povero confratello era sopravvissuto alle torture dei saraceni, eppure io qui non scorgo segni di torture, né sul volto, né sulle mani.»

«Siete voi l'esperto di torture, *magister*. Se dite che non ve ne sono i segni, evidentemente *frère* Étienne s'è sbagliato.»

Yves non raccolse.

«Già. Deve essersi sbagliato. Oppure no. A causa del mio gravoso ufficio mi è toccato spesso di dover condurre le *quaestiones* e talvolta il braccio secolare è stato costretto a fare ricorso alla tortura, come prescritto dal Concilio. Ciò non è tuttavia necessario quando l'interrogato confessa. Quest'uomo potrebbe essere sopravvissuto alle torture perché ha parlato, proprio come diceva *frère* Étienne...»

Il volto di Renaud, illuminato dalla luce dei ceri, era terreo.

«Non riesco a seguirvi, *magister*.»

«Non preoccupatevi. Non avete bisogno di seguirmi... *Requiem aeternam dona ei, Domine, et lux perpetua luceat ei. Requiescat in pace. Amen.*»

«*Amen.*»

✠ ✠ ✠

Poco dopo, quando la barca si staccò dalla *Templum Domini*, Nicola si chinò verso il maestro, talmente vicino che questi si tirò istintivamente indietro.

«*Magister*. Devo raccontarvi una cosa. Mentre eravate di sotto, non vedendovi tornare sono sceso a cercarvi e mi sono imbattuto in quel giovane cavaliere, Guillaume de Beaujeu, che piangeva in un angolo. Mi sono avvicinato e mi ha abbracciato stringendomi con forza, continuando a piangere. Ho cercato di consolarlo e mi ha sussurrato: "Di' al tuo maestro che me l'hanno ammazzato. Jocelyn era con Hugues a Mansura".»

20

Acri

San Giovanni d'Acri, 27 maggio 1250

La nave sfilò lentamente nel porto affollato d'imbarcazioni e attraccò tra l'Arsenale e la Boucherie. Batteva la bandiera di Gaeta, alleata storica di Pisa che controllava un intero quartiere di Acri. Gli addetti della Cour de la Chaîne* saliti a bordo non ebbero alcun sospetto. Una nave italiana come tante, proveniente da Alessandria. La guerra non aveva fermato i traffici tra l'Egitto e l'Outremer. Così le galere da combattimento francesi, genovesi e veneziane restavano ancorate al centro della rada, per non ostacolare le operazioni di carico e scarico dei mercantili.

Non appena l'imbarcazione fu assicurata al molo dalle cime, Umberto scese a terra da solo. Non era opportuno portare saraceni nel luogo ove era diretto. Sperò che le indicazioni fornitegli dal comandante della nave, Filippo di Traetto, fossero precise. Avrebbe preferito evitare di chiedere ai passanti.

Non era mai stato ad Acri. La città occupava una piccola penisola ed era circondata da possenti fortificazioni, soprattutto verso l'entroterra. I tetti erano dominati dai campanili di numerose chiese e dalle torri di veri e propri castelli. Il comandante gli aveva spiegato che i quartieri erano divisi tra gli ordini militari e le città mercantili italiane. Quello veneziano era il più esteso e occupava quasi tutta la zona del porto vecchio. C'erano poi il quartiere genovese, il pisano e il templare. Negli ultimi decenni, oltre le mura interne era sorto un nuovo quartiere, Montmusard. Era lì che era diretto.

Il primo impatto a terra fu con un'infinità di odori che la leggera brezza marina non riusciva a dissipare: pesce arrostito, spezie, rifiuti. La lunga banchina brulicava di gente. Facchini che scaricavano e caricavano navi, soldati e prostitute, voci in tutte le lingue da lui conosciute e in altre che non aveva mai sentito. Italiani, marsigliesi, arabi, greci e castigliani. Nessuno si curò del mercante che si incamminò in un vicolo verso le mura. Poco dopo, intravide alla sua destra una struttura fortificata su cui sventolava pigramente una grande bandiera dalla croce nera su fondo bianco, la sede dell'Ordine teutonico. Era sulla strada giusta. Proseguì svoltando a sinistra e quindi a destra, verso la Porta Sant'Antonio che collegava la città a Montmusard. Non lontano, addossato alle mura interne, sorgeva un piccolo castello sormontato dallo stendardo con i gigli di Francia. Era lì che alloggiava re Luigi. Filippo di Traetto lo aveva definito il castello del conestabile del re e avrebbe dovuto pertanto sventolarvi lo stendardo giallo con l'aquila nera dell'imperatore, re di Gerusalemme, ma Umberto sapeva che ad Acri non ne avrebbe trovata nemmeno una.

Attraversata la porta, entrò a Montmusard. Le esigenze difensive in Outremer erano primarie, così le case del quartiere non erano state costruite a ridosso delle mura. Un'ampia strada scendeva dritta verso il mare a ovest, assicurando uno spazio aperto davanti al fossato sotto i bastioni. All'angolo della cinta interna con quella esterna, davanti a una piazzetta, c'era la sua meta. Una grande casa di mattoni di pietra bianca con adiacente una chiesa. Il convento dei frati minori, fondato da Francesco di Assisi e da Elia da Cortona trent'anni prima.

Il portone di legno era chiuso. Si avvicinò e bussò. Il frate rubicondo che socchiuse l'uscio si trovò di fronte un piccolo crocifisso di legno.

«Devo parlare con fra' Rinaldo.»

✠ ✠ ✠

Rinaldo di Parma si rigirò tra le mani il crocifisso di Francesco d'Assisi. I suoi occhi celesti non riuscivano a nascondere l'emozione, ma la voce era ferma.

«Non avrei mai pensato di rivedere questa croce... Come sta Elia?»

Doveva avere quasi cinquant'anni, aveva detto Elia, ma ne dimostrava meno, forse perché era magro, senza barba, e i radi capelli bianchi intorno alla tonsura erano tagliati molto corti. Non c'erano altri frati nella biblioteca, illuminata dalla luce che entrava dalle finestre sul chiostro.

Umberto rispose: «Non si può dire che la scomunica lo abbia piegato, anche se ormai è molto anziano. Vi invia i suoi saluti».

«Nessun uomo dovrebbe sopravvivere al suo tempo. Se fosse morto con Francesco, a quest'ora sarebbe santo anche lui, invece è un eretico scomunicato.»

«Sostiene che i papi non hanno voluto accogliere il messaggio di Francesco e che lo hanno canonizzato per poterlo tradire meglio. È convinto comunque che, prima o poi, Dio invierà un papa che ricorderà a tutti quel messaggio.»

Rinaldo annuì.

«Non ha tutti i torti, basta guardare l'opulenza in cui vivono molti religiosi. Eppure sta scritto che "chiunque non rinuncia a tutti i suoi averi non può essere mio discepolo".[1] Ma anche Elia ha commesso errori. La vera povertà è un atteggiamento dello spirito, oltre che materiale. È umiltà, e lui non è mai stato umile. Dopo la morte di Francesco, ha subito il fascino del potere e la frequentazione con il tuo imperatore fa parte di questo. Non mi risulta che Federico viva in povertà, o sia immune dalle seduzioni. D'altra parte, non credo che le dicerie giunte fin qui circa una recente passione di Elia per la magia e l'alchimia siano vere. La curia riesce a essere perfida...»

Tacque, come a chiedergli conferma dell'infondatezza di quelle notizie. Tuttavia Umberto pensò che il suo interlocutore non fosse così convinto che si trattasse solo di false informazioni. Del resto, anche Rinaldo gli sembrava animato da un'intelligenza curiosa, poco consona all'immagine del frate dedito alla preghiera e alla predicazione in attesa dell'Apocalisse. Decise comunque di rassicurarlo: «Non lo credo neppure io, frate Rinaldo. Non gli ho mai visto dire o fare nulla del genere».

«Certo. È ovvio.»

Il francescano restò assorto. Forse stava considerando che Elia non avrebbe detto o fatto nulla di fronte a Umberto. Ma fu solo un istante. Il frate proseguì: «Veniamo a te, Umberto di Fondi, se questo è il tuo vero nome. Perché tu non sei un mercante, vero?».

«Il nome è quello. Per il resto avete ragione. Non sono un mercante e non lo sono mai stato. Appartengo alla *familia* dell'imperatore. Mi ha affidato una missione e ho bisogno del vostro aiuto.»

«Addirittura... E cosa potrebbe mai fare un povero frate minore per Federico di Svevia, imperatore deposto dal papa, eretico e scomunicato?»

Umberto decise di potersi fidare. Avrebbe tuttavia adottato una cautela.

«Quello che sto per dirvi è sotto il vincolo del sacramento della confessione.»

«E sia.»

«Il giorno della vigilia di Natale, l'imperatore ha ricevuto un messaggio del sultano d'Egitto. Ayyub scriveva di essere venuto in possesso di un documento straordinario trovato a Gerusalemme, di grande importanza per la Cristianità e l'Islam. Giunto in Egitto, mi sono trovato nel mezzo della guerra. Per farla breve, questo documento, custodito dal comandante dell'esercito Fakhr al-Din dopo la morte del sultano, è stato rubato da un cavaliere templare, Hugues de Jouy, che ha ucciso l'*atabak* a Mansura. Hugues ha agito su incarico dei vertici dell'Ordine, il defunto maestro Guillaume de Sonnac e il maresciallo Renaud de Vichiers, informati da una loro spia in Egitto. Il documento era stato rinvenuto dall'imam della Qubbat al-Sakhra, Ibrahim al-Nasri, ed era stato da questi affidato al *qadi* della città, che l'ha consegnato al sultano. Non ne conosco il contenuto, ma potrebbe essere di epoca romana, visto che sono state rinvenute anche alcune monete d'oro, di cui almeno una con il volto di Nerone. L'imam deve aver aggiunto una sua lettera di spiegazioni.»

Rinaldo batté il pugno sul bracciolo della sedia.

«Alla fine, quel vecchio miscredente c'è riuscito. Conosco bene Ibrahim al-Nasri. L'ho incontrato molte volte a Gerusalemme e ho spesso giocato a scacchi con lui. Posso definirlo un buon amico, nonostante la diversità nella fede. Scavava nei sotterranei della Qubbat al-Sakhra, come facevano i templari. Una volta mi disse che secondo lui sotto la roccia sacra per l'Islam non c'è solo il Tempio di Erode, ma anche i resti di un tempio romano e i sotterranei che conducevano a un'antica fortezza, la Antonia, quella di cui parla Giuseppe Flavio o Yusifus, come lo chiama lui, di cui si vanta di aver letto tutte le opere in greco, nonostante le traduzioni in arabo. Questo Flavio era un giudeo che si alleò con i romani durante la rivolta conclusasi con la distruzione del Tempio. Insomma, Ibrahim è un uomo di pace e di straordinaria cultura.»

«Lo era. È morto, probabilmente ucciso proprio a causa di quello che aveva scoperto.»

Rinaldo rimase in silenzio, turbato, poi mormorò una breve preghiera a fior di labbra e si segnò.

«Mi dispiace molto. Era una persona buona e non aveva mai fatto male ad alcuno. Cosa può aver trovato di così pericoloso? Un documento di epoca romana, di grande importanza per la Cristianità e l'Islam...»

«Vi viene in mente qualcosa?»

Rinaldo lo guardò, come sorpreso dalla domanda.

«Umberto di Fondi, non c'è molto da fantasticare. In quel luogo e in quel tempo, per la Cristianità è successa una cosa sola. La passione, morte e resurrezione di Nostro Signore.»

«Quindi riguarda Gesù?»

«Non riesco a immaginare altro.»

«Tutti coloro che sono venuti in contatto con quel documento sono morti, tranne Hugues de Jouy. Credo che sia ad Acri. Ho bisogno del vostro aiuto per rintracciare lui e Renaud de Vichiers.»

«Li hai già trovati. Renaud de Vichiers è il nuovo maestro del Tempio e Hugues de Jouy il nuovo maresciallo. Sono stati eletti pochi giorni fa, con l'appoggio di re Luigi. Li puoi trovare qui in città, nel castello templare, protetti da almeno un centinaio di uomini.»

Umberto non si scompose.

«Allora entrerò in quel castello. Mi aiuterete?»
Rinaldo esitò a lungo prima di rispondere.
«Farò quello che potrò. Ma non per quel peccatore di Elia, né per il tuo imperatore.»
«E per chi?»
«Per questo. Solo per questo.»
Stringeva talmente forte il crocifisso di Francesco che le nocche erano diventate bianche.

Il pomeriggio del giorno dopo

Renaud de Vichiers e Hugues de Jouy erano soli sulla sommità della torre d'angolo della fortezza templare sul mare. Il maestro era assorto nella contemplazione di un'onda che, dopo essersi gonfiata, andò a infrangersi sulle mura. Parlò senza staccare gli occhi dalla spuma della risacca: «Ci hai mai pensato? Con questa fortezza stiamo fermando il mare. Chissà per quanto tempo ci riusciremo...». Poi ritornò all'argomento della loro conversazione: «Il velo del Tempio, quello che copriva il *sancta sanctorum*, era a oriente. Ovvio, ma Elena non lo sapeva».
Hugues osservò: «Quindi potrebbe essere ancora lì».
Renaud spostò gli occhi sull'onda successiva. Attese che si infrangesse e mormorò: «Già... "Vidi scendere dal cielo un angelo che aveva in mano la chiave dell'abisso e una grossa catena. Prese il dragone, l'antico serpente, il diavolo, Satana, e lo legò per mille anni gettandolo nell'abisso, che poi richiuse con un sigillo affinché quello non seduca più gli uomini finché non siano passati mille anni."[2] I mille anni sono passati, Hugues, anche se il diavolo non è come ce lo aspettavamo e farà di tutto per fermarci. Andrai tu, la mia assenza da Acri verrebbe notata. Proseguirai dopo essere stato a Damasco».
«Non posso andare direttamente?»
«No. Devi passare prima da Diya al-Din. Ci sono novità e sono i suoi uomini che controllano ormai Gerusalemme. Partirai domani mattina e porterai con te solo fratelli cavalieri. Non ne sono

rimasti molti, ma è preferibile non correre rischi. Anzi, forse è meglio che i più giovani tra loro restino qui.»

«Che notizie avete avuto?»

«A Damasco si sono presentati due emiri della *Bahriyya* egiziana, chiedendo alla guarnigione ayyubide della *Qaymariyya*, quasi tutti curdi, un giuramento di alleanza. Diya al-Din li ha imprigionati e fatti bastonare. I siriani non riconosceranno mai il governo della bella vedova e di Aybak.»

«Questo significa la guerra.»

«Ma anche la nostra salvezza. Outremer è troppo debole per resistere a un attacco congiunto, anche con il re ad Acri. Dei duemilaottocento cavalieri che aveva con sé quando siamo sbarcati in Egitto, gliene sono rimasti appena un centinaio. Dobbiamo solo convincere il nostro uomo della *Qaymariyya* ad allearsi con al-Nasir Yusuf ad Aleppo. Ecco perché devi andare. A quel punto, gli ayyubidi siriani e i mamelucchi egiziani si uccideranno tra di loro e non avranno tempo né voglia di pensare a noi.»

«Ma il re non vorrà inimicarsi gli egiziani, che tengono ancora prigionieri molti dei suoi uomini.»

«Il re è divorato dai sensi di colpa per il fallimento e ha perso lucidità. Pensa solo ai prigionieri e si illude di salvare Outremer rinforzando le fortificazioni delle città e dei castelli. Non capisce che la vera difesa è la divisione nel campo nemico, quindi l'alleanza tra Aleppo e Damasco, per spingerle contro l'Egitto.»

«Ma vi ha comunque appoggiato per la nomina a maestro...»

«E chi avrebbe dovuto appoggiare, quell'imbecille di Étienne de Otricourt? Persino il predicatore deve essersi arreso al fatto che non c'era alternativa.»

«L'inquisitore?»

«Già. Hai notato come ti guardava quando ti ho presentato al re? Mi aveva chiesto di te a Mansura, eppure non ti aveva mai visto. Non so come abbia fatto, ma sa qualcosa, anche se non abbastanza per accusarci apertamente. Quando lo conobbi, anni fa, era ancora molto giovane. Non so perché, ma ebbi la sensazione che prima o poi me lo sarei ritrovato davanti. Ora è successo e non dobbiamo sottovalutarlo. È l'allievo intelligente di un uomo implacabile. Ho cercato di liberarmi di lui, ma non ci sono riuscito. Almeno finora.»

«Volete che me ne occupi io, *magister*?»

«No. Tu devi partire e sarebbe comunque troppo rischioso. È uno dei confessori del re. L'uccisione di un inquisitore da parte di un seguace del Vecchio della Montagna sarebbe invece nella logica delle cose. Ne parlerò con Ismail.»

Hugues annuì.

«Ci sono poi le notizie che arrivano dall'Egitto. Riguardano quel rinnegato di cui ti ho parlato, l'uomo dell'imperatore» proseguì il maestro. «Ha lasciato Alessandria su una nave mercantile amalfitana, che a quest'ora avrà cambiato tre volte bandiera. La destinazione dichiarata era Trani, ma probabilmente è già qui. Un altro avversario pericoloso.»

Hugues accarezzò il pomello della spada che gli pendeva dalla cintura.

«Non ho paura di lui.»

Renaud sospirò. Era sempre il solito.

«Non si tratta di avere paura o meno, ma solo di capire con chi si ha a che fare. Anche quell'uomo e il suo padrone sono brutti clienti.»

«Che pensate di fare, *magister*?»

«Lui vuole innanzitutto me. Mi ha fiutato come un lupo fiuta la preda e gli sono già sfuggito due volte per miracolo. Starò attento e non girerò da solo per Acri. Inoltre, dopo tutto quello che gli ha raccontato quel codardo di Jocelyn, ora cercherà anche te. Una ragione in più per farti partire al più presto.»

Fece una pausa, seguì un'altra onda infrangersi, poi continuò: «Cercheremo ovviamente di prenderlo. Non sono molti quelli ai quali potrebbe rivolgersi in città. Forse i teutonici, che sono ancora legati a filo doppio all'imperatore nonostante la sua scomunica, ma lì abbiamo buoni amici che ci informerebbero subito. O anche i francescani, visto che il loro convento è un covo di eretici, a incominciare da Rinaldo di Parma, allievo di Elia da Cortona, complice di Federico. Ho appena ordinato di tenere d'occhio la loro casa a Montmusard».

Quella notte

Un lampo illuminò il convento dei predicatori, che si stagliò livido sullo sfondo del cielo coperto di nubi nere. Il temporale era iniziato da poco e la pioggia rimbalzava sul basolato della strada che collegava il quartiere templare con la chiesa di San Michele e Montmusard. Furono illuminate anche le due figure avvolte in mantelli e cappucci che procedevano veloci sotto la pioggia, tenendosi a ridosso degli edifici. Se qualcuno le avesse viste, avrebbe pensato a due religiosi che si affrettavano verso il convento. Raggiunto il portone, uno di loro bussò e il frate che era lì ad attenderli aprì subito. L'ingresso dava sul chiostro, nell'angolo opposto alla scala di accesso al primo piano e al dormitorio. A sinistra, il portico conduceva alla cappella, a destra si aprivano invece tre stanze. Fu nella seconda che i due si infilarono. Era un cenacolo illuminato da una torcia attaccata alla parete e da due candele sul tavolo di quercia, dove era aperto un grosso volume. Yves le Breton alzò gli occhi dalle *Etymologiae* di Isidoro di Siviglia e li posò su Nicola e Guillaume de Beaujeu, che abbassarono i cappucci e si tolsero i mantelli neri grondanti. Il giovane templare disse, un po' trafelato: «*Pax vobiscum, magister*».

«*Et cum spiritu tuo*. Grazie per essere qui.»

«Se mi scoprono sono morto. Non abbiamo molto tempo.»

«Lo so. Cercheremo di fare presto. Partiamo dalla domanda principale. Che avete preso nella tenda di Scecedin a Mansura?»

«Questo non lo so. Credo che gli unici ancora vivi a saperlo siano Renaud de Vichiers e Hugues de Jouy. Si trovava, e credo si trovi tuttora, in una custodia d'avorio per il Corano. I saraceni volevano recuperarla a tutti i costi. Hanno torturato a morte Gerard de Senlis... lo hanno scorticato vivo. È poi toccato a Jocelyn e lui, per evitare di fare la stessa fine, gli ha raccontato quel poco che sapeva. Lo aveva già detto anche a me. A Mansura ha avuto l'incarico di scortare Hugues de Jouy, il pupillo di mastro Renaud, che ha preso questa custodia nella tenda dell'emiro dopo averlo ucciso. Jocelyn lo ha accompagnato a Damietta ed è tornato indietro per riferire al maestro.»

Yves ripensò a Hugues de Jouy, il cavaliere biondo con l'espressione arrogante che Renaud de Vichiers aveva orgogliosamente presentato al re come nuovo maresciallo del Tempio. Sentendo il nome, aveva capito di avere di fronte l'uomo che stava cercando. «Jocelyn de Tours ha quindi pagato con la vita il mancato silenzio con i saraceni» osservò l'inquisitore.

«Sì. Quella notte a Damietta è stato mastro Renaud a ordinargli di restare di guardia sulla tolda. La mattina dopo era morto e avrete notato anche voi i segni del colpo sulla nuca.»

«Perché i saraceni non hanno torturato direttamente Renaud?»

«È successo qualcosa. È arrivato un emiro saraceno e ha interrotto quelli che ci stavano torturando. Da quanto ho potuto capire, gli servivamo vivi. Forse avevano iniziato da noi per indurre mastro Renaud a parlare per salvarci.»

«Possibile, sì.»

L'inquisitore non poté fare a meno di apprezzare la tecnica di interrogatorio nemica e si chiese se fosse stato proprio lui a salvare Renaud e i suoi cavalieri, suggerendo al re di servirsi delle risorse del Tempio per pagare il riscatto. Il domenicano proseguì: «Chi ha condotto gli interrogatori?».

«Due emiri della *Bahriyya*. Mastro Renaud li ha riconosciuti entrambi. Le domande le faceva Baybars, una specie di gigante dalla testa rasata e gli occhi azzurri. L'altro era un cristiano rinnegato. Il *magister* non me lo ha detto, ma credo che abbia anche avuto modo di parlare con lui.»

«Un cristiano rinnegato... Lo puoi descrivere?»

«Piuttosto alto e muscoloso, anche se vicino a Baybars sembrava piccolo, bruno, barba nera curata, occhi scuri e freddi.»

Yves annuì. Era lui, l'interprete. «Renaud ha mai parlato di me?»

«Non in mia presenza, *magister*. Lo vedevo comunque pensieroso dopo ogni incontro con voi.»

«Un'ultima cosa. Che c'era tra te e Jocelyn?»

«So che questo mi renderà ai vostri occhi un peccatore...» Guillaume guardò Nicola, poi proseguì: «Noi... noi ci amavamo».

Yves scosse la testa. La sodomia era diffusa in tutti gli ordini religiosi, compreso il suo, e i templari non ne erano certo immuni.

Anzi, secondo i loro denigratori, era un'usanza diffusa nell'Ordine, testimoniata dallo stesso sigillo del Tempio con due cavalieri in sella allo stesso cavallo, uno dietro l'altro. Anche su questo tema, l'inquisitore ricordava gli insegnamenti di Mathieu de Bourbon, per il quale si trattava di una pravità da estirpare con violenza. Molti dei suoi confratelli erano tuttavia colpevolmente indulgenti. Così la famosa frase attribuita a Adalberto di Brema, *si non caste, tamen caute*,[3] aveva finito per costituire la regola persino per il potente Ordine dei predicatori.

«Anche Renaud de Vichiers e Hugues de Jouy si amano?»

«Non lo so, *magister*. Sicuramente Renaud è molto legato a Hugues, ma non credo sia quel tipo di amore.»

Si udì il canto di un gallo. Il primo della notte.

«Vai.»

✠ ✠ ✠

Dopo aver accompagnato Guillaume all'uscita e averlo seguito con gli occhi fino a quando non era scomparso, Nicola raggiunse il suo maestro sotto il portico del chiostro. Yves camminava lentamente verso l'ingresso della cappella, dove a breve sarebbero iniziate le *vigiliae*, le mani giunte sotto la tonaca. Alcuni frati assonnati iniziavano a scendere lentamente dalla scala in fondo.

«E ora, *magister*?»

Yves si stava ponendo la stessa domanda, ma non aveva ancora risposte.

«Entriamo in chiesa a pregare» disse. Avrebbe chiesto consiglio al suo maestro.

La risposta arrivò con l'alba. Essenziale, forte, chiara come un brillante.

Exsurge Domine, et iudica causam tuam.[4]

Yves contemplò il crocifisso appeso alla parete della cappella sopra il piccolo altare. «Grazie, *magister*.» Si alzò e si segnò.

Non aveva bisogno di altro.

21

Il tesoro del Tempio

San Giovanni d'Acri, 29 maggio 1250

La città non era vasta e, a due settimane dal loro arrivo, Yves e Nicola si orientavano con sicurezza. Usciti dopo le laudi dal convento domenicano senza aver dormito, si erano infilati nei vicoli che iniziavano ad animarsi e avevano costeggiato il mercato del bestiame di Boverel, procedendo per rue de la Carcaisserie, ai margini settentrionali del quartiere genovese. La strada era ancora bagnata e scivolosa per la pioggia della notte. Erano poi passati davanti alla massiccia mole del convento degli ospitalieri, l'unica fortezza della città che potesse reggere il confronto con quella templare. Avevano infine imboccato il vicolo adiacente alla chiesa della Santa Croce, fino al castello del conestabile. I *servientes* di guardia all'ingresso si erano inchinati all'inquisitore, che era entrato senza rivolgere loro il consueto cenno di benedizione.

Lungo tutto il percorso, Yves aveva camminato veloce e in silenzio, le mani raccolte nella tasca centrale della tonaca, badando solo a non calpestare i rifiuti di ogni genere che, come sempre, ingombravano le strade. A Nicola il *magister* era sembrato diverso, più cupo. Eppure quella notte non aveva dormito e non poteva essere stato un incubo.

Come al solito, Nicola rimase nel cortile e Yves salì al primo piano. Luigi era appena rientrato dalla messa mattutina celebrata nella cappella ed era seduto nella sala d'armi, dietro un grande tavolo su cui erano sparse numerose pergamene. Davanti a lui, in piedi, Godefroy de Sargines. Nel vedere il frate, il re di Francia si illuminò.

«*Magister!*»

Yves tracciò un veloce segno di benedizione nell'aria. Il re non notò la luce negli occhi dell'inquisitore e continuò: «Sono contento di vedervi. Spero che nel convento vi troviate bene, ma devo confessarvi che mi mancate. La vostra preghiera e il vostro consiglio mi sono di grande conforto. È il Signore che vi manda proprio ora. È giunto un messaggio da Parigi. La regina mia madre mi chiede di rientrare in Francia. Afferma che il regno è in grave pericolo. Enrico di Inghilterra deve aver saputo della mia cattura da parte dei saraceni e, come se il sacrificio del conte di Salisbury con mio fratello non contasse nulla, lancia di nuovo incursioni nel Poitou. Evidentemente non gli è bastata la lezione di otto anni fa... Che avete? C'è qualcosa che non va?».

Il re aveva finalmente notato l'aria grave del frate.

«Sire, il Signore mi invia a voi non per le meschinerie del re d'Inghilterra, ma per una questione di estrema importanza. In nome di Dio, quale *iudex a domino papa contra haereticos in regno Franciae delegatus*, vi chiedo di arrestare il maresciallo dell'Ordine del Tempio, Hugues de Jouy, e di metterlo a mia disposizione, affinché io possa sottoporlo alle *quaestiones*.»

Luigi restò a bocca aperta. Anche Godefroy era sbigottito. «Ma *magister*, non capisco...» mormorò il sovrano. «Sarebbe una cosa inaudita. Il maresciallo del Tempio... Cosa vi spinge a chiedermi questo?»

Yves mise una mano nella tasca centrale della tonaca. Ne estrasse le piccole monete d'oro e la fibula di bronzo rinvenute a Mansura e le gettò sul tavolo del re, facendole rimbalzare. Le monete caddero a terra, la fibbia restò sul tavolo.

«Monsignor de Sargines le riconoscerà. Sono le monete e la fibula che ho trovato a terra a Mansura, perse da Baybars nella colluttazione con il barone di Seignelay mentre scappava dal padiglione di Scecedin. Sono di epoca romana, il volto che è raffigurato sulle monete è quello di Nerone, emissario di Satana e persecutore di cristiani, l'assassino dei santi Pietro e Paolo. La fibula reca la scritta LEGVI, sesta legione. Non erano i soli oggetti custoditi in quel padiglione. Ho accertato che Hugues de Jouy, dopo aver ucciso Scecedin, si è impossessato di un documento dissepellito dai saraceni a Gerusalemme per utilizzarlo contro la vera fede. Baybars lo vuole a ogni costo. Per questo ha torturato a morte un cavaliere templare in Egitto e avrebbe ucciso anche gli altri se Turanshah non lo avesse fermato, probabilmente a causa della vostra richiesta di tenerli indenni per farli contribuire al riscatto. Un altro templare che era con Hugues de Jouy a Mansura è morto in circostanze non chiare. La volontà di Dio è che voi arrestiate e mi consegniate il maresciallo del Tempio per evitare l'avvento dell'Anticristo!»

«Di che documento si tratta?»

La pausa di Yves prima della risposta fu voluta. Poi le sue parole risuonarono dure e solenni: «Potrebbe trattarsi di una lettera scritta dal diavolo in persona».

Il silenzio scese nella stanza. L'inquisitore sapeva di aver trasformato tutti i suoi dubbi in certezze, ma quella notte il suo maestro gli aveva fatto capire proprio questo. Chi parla in nome di Dio non deve dimostrare nulla a nessuno. La forza di Dio è trasformare il dubbio in verità.

Luigi era scosso e spaventato, gli sembrava di avere di fronte il vecchio Mathieu de Bourbon e non il mite Yves le Breton. Prese la fibula con mano tremante, poi si alzò per raccogliere una delle monete. Vedendolo chinarsi, Sargines si gettò a terra precedendolo. Raccolse le monete e le porse al re, che contemplò il profilo di Nerone.

«Una lettera scritta dal demonio... trovata dai saraceni a Gerusalemme... Di che si tratta, *magister*?»

«È quello che devo scoprire, sire.»

«Non potremmo parlarne con Renaud de Vichiers?»

Il frate si aspettava la richiesta. Luigi si fidava di Renaud, lo conosceva da quando era precettore di Francia e ne aveva apprezzato il coraggio durante l'*expeditio crucis*. Era stato lui, inoltre, a superare gli ostacoli frapposti da Étienne de Otricourt all'utilizzo del denaro del Tempio per il riscatto. Il re lo aveva appoggiato nella nomina a maestro e il templare era stato padrino di suo figlio Giovanni Tristano. Ora la regina e il piccolo erano al sicuro nella fortezza templare di Chastel Pelérin, a sud di Acri.

L'inquisitore replicò: «Renaud è molto legato a Hugues de Jouy e Dio non ammetterà debolezze da parte di nessuno. Tocca a noi. "Effondi su di loro la tua indignazione e li avvolga il furore della tua ira"».[1]

Il re chinò la testa.

«Amen.»

Yves lo sapeva. Luigi non avrebbe mai osato sfidare un inquisitore.

✠ ✠ ✠

Il frate francescano con la borsa di panno grigia rattoppata e il cappuccio sollevato per coprirsi dal sole di fine maggio si avvicinò all'imbarcazione.

Era quella, ne era sicuro. Non era impegnata in alcuna attività di carico o scarico. Avevano ritirato la passerella e due uomini dalla pelle scura sostavano in piedi sulla tolda, troppo attenti a quello che si svolgeva sulla banchina per essere veri marinai.

Parlò direttamente in arabo: «Devo vedere il cavaliere».

Uno di loro si allontanò senza rispondere. Poco dopo, venne gettata una passerella.

Mentre saliva a bordo, Rinaldo di Parma pensò di non avere più l'età per certe cose. Arrivare fin lì senza correre il rischio di essere seguito era stato molto laborioso.

Quando i suoi confratelli si erano accorti che il convento era sorvegliato, aveva deciso che non era opportuno ricevere altre visite da Umberto. Così, al mattino erano usciti due frati incappucciati, che avevano imboccato la strada verso il mare costeggiando le mura. Ciascuno portava la borsa destinata a raccogliere le elemosine. Poco dopo, un terzo frate li aveva seguiti. Giunti alla Porta Balnei, i primi due si erano fermati conversando tra loro, mentre uno squadrone di cavalleria templare sfilava al passo. L'altro aveva raggiunto i confratelli. Scambiate poche parole con loro, si era chinato a sistemarsi un sandalo. I primi avevano quindi attraversato la porta facendo ingresso nella città vecchia. Erano passati davanti alla chiesa di San Michele e al convento dei predicatori, svoltando a sinistra nei vicoli del quartiere genovese, fino alla chiesa di San Lorenzo. Si erano così incamminati verso il quartiere veneziano ed erano entrati nel grande e affollatissimo fondaco. Negozi con mercanzie da tutto il mondo, spezie, tappeti, ceramiche, tessuti, persino sete dal lontano oriente. Odori di tutti i generi. Qui si erano divisi. Rinaldo di Parma era rimasto a lungo in un negozio di articoli religiosi per pellegrini, pieno di improbabili reliquie che sarebbero state vendute a peso d'oro per diventare oggetto di venerazione in qualche chiesa francese o italiana. Poi era uscito spingendosi ancora più a sud, fino al fondaco di Pisa e alla Cour de la Chaîne, dove aveva incontrato il confratello dal quale si era separato a Montmusard. Questi gli aveva fornito la conferma che nessuno lo seguiva. Il vecchio novizio di Francesco d'Assisi, come amava definirsi, aveva finalmente potuto risalire la banchina del porto, fino alla nave attraccata dopo l'Arsenale.

Salito a bordo, scese la scaletta che conduceva sottocoperta e trovò Umberto ad accoglierlo, abbastanza sorpreso.

Il frate sorrise: «*Pax et bonum*».

«Come avete fatto a trovare la nave?»

«Con l'aiuto di Dio si può fare tutto. Ho passeggiato lungo il molo e non è stato difficile. Doveva essere una nave del regno di Sicilia e di questi tempi non se ne vedono molte ad Acri. La prossima volta, inoltre, fai caricare o scaricare qualcosa.»

Umberto era divertito.

«A quanto pare, con uno come voi, Dio non ha dovuto affaticarsi.»

«Dio non si affatica mai, al contrario di qualche vecchio frate...»

«Venite.»

Umberto lo condusse nella cabina di poppa. Una branda, un tavolo e due panche inchiodati al pavimento per evitare che si rovesciassero durante la navigazione, una piccola finestra aperta dalla quale entrava un penetrante odore di mare, o meglio di terra e di porto. Si sedettero e Umberto chiese: «Che succede?».

«Due cose. La prima è che a qualcuno improvvisamente interessa la nostra povera casa al punto di sorvegliarla.»

«Come ve ne siete accorti?»

«Questa notte due confratelli sono usciti quando era ancora buio per prendere parte alle laudi al Patriarcato e hanno notato due uomini che sostavano in strada. Hanno finto di allontanarsi, ma poi sono tornati sui loro passi. Come hai visto, la nostra casa è in un luogo poco frequentato. Non avevano alcun motivo per essere lì, se non quello di sorvegliarci. Non era mai successo prima. L'unica spiegazione possibile è la tua visita di un paio di giorni fa. Mi chiedo come potrebbero averlo saputo. Escludo che qualcuno dei miei abbia potuto dire qualcosa, oltretutto eravamo soli nella biblioteca.»

Umberto guardò istintivamente la porta d'ingresso della cabina.

«Vi hanno seguito fin qui?»

«No. I miei confratelli mi hanno guardato le spalle. Non sono comunque venuto direttamente, ma ho fatto un largo giro.»

Umberto rifletté ad alta voce: «Possono essere solo i templari. Sanno di me e hanno una spia in Egitto che sembra al corrente di qualunque cosa. Forse mi hanno riconosciuto quando sono sbarcato, oppure stanno andando per tentativi e sorvegliano tutti i miei possibili contatti in città. Una ragione in più per fare presto».

«C'è una seconda cosa, ma devo tuttavia prima ricordarti che il suicidio è un peccato mortale.»

«Quando avremo un po' di tempo e mi confesserete davvero, vedrete che di peccati ne ho già commessi tanti, e tutti mortali. Quindi non preoccupatevi dell'unico che non potrei confessarvi.»

«Ho acquisito qualche informazione. C'è un modo per entrare nel Tempio. Un passaggio segreto che collega il castello al porto. Una galleria[2] sotterranea che deve essere lunga più di seicento cubiti[*] e che finisce in una casa di Ruga Palearia, un vicolo tra il fondaco di Pisa e la Cour de la Chaîne, a pochi passi dal mare. È la seconda casa dopo il forno all'angolo, sempre sorvegliata. Nella galleria ci sarà sicuramente qualche altro posto di guardia, ma non so a che altezza, né so dove il passaggio sbuchi nel Tempio.»

«Quanti uomini ci sono nella casa?»

«Non so nemmeno questo. Non credo siano in molti. La loro difesa principale è la segretezza.»

«Se voi lo avete scoperto in soli due giorni, non deve essere poi una gran difesa.»

Il frate sorrise.

«I templari sono ossessionati dalla segretezza. Ma non puoi tenere una casa ai margini del quartiere pisano e pensare che i pisani, sempre in allarme contro genovesi e veneziani, non se ne accorgano e non capiscano che cosa nasconde. Quando ho chiesto ai miei confratelli tutte le notizie che avevano sul Tempio, frate Gilberto, che è di Pisa, mi ha raccontato le confidenze raccolte tempo fa da un suo concittadino su questo passaggio segreto.»

«Mai sottovalutare i seguaci di Francesco...»

«È un errore che commettono in molti. Purtroppo a volte si scambia l'umiltà per ingenuità.»

«Potete mostrare la casa a uno dei miei uomini?»

«Ci sono passato davanti questa mattina, con frate Gilberto. Sarà lui ad accompagnarlo.»

«Bene, ora raccontatemi tutto quello che potete sulla fortezza del Tempio.»

«Certo, ma prima ho un regalo per te.»

Aprì la sportula e ne tirò fuori un vecchio saio francescano in lana grezza, in cui il colore grigio cenere originario era sbiadito in grigio polvere. C'era anche un cingolo di corda.

«Dovrebbe andarti bene. È come quella di Francesco. Fu proprio lui a immaginare questa veste. Simboleggia la croce e per tenere lontane tutte le seduzioni del demonio la fece ruvidissima, in modo da crocifiggere la carne e tutti i suoi vizi e peccati, e talmente povera e grossolana da rendere impossibile invidiargliela.» Gliela porse con un sorriso. «Ove mai decidessi di pentirti e di convertirti, oppure avessi bisogno di tornare da me.»

✠ ✠ ✠

Quando Rinaldo discese la passerella con Mohamed, si guardò intorno. Frate Gilberto era poco lontano e lo aveva già visto. Il priore mormorò al confratello: «Vai alla casa di Ruga Palearia, lui ti seguirà. Quando ci sei davanti, chinati a sistemare il sandalo e vattene».

Gilberto annuì.

Rinaldo si incamminò lentamente verso Montmusard e chiese perdono a Dio per i suoi peccati. Non aveva mai avuto simpatia per i templari, privi di umiltà, assetati di potere e di ricchezze, e il racconto di Umberto lo aveva profondamente turbato. Aveva tuttavia la sensazione di aver appena aperto la porta del Tempio a un lupo.

✠ ✠ ✠

Il giovane cavaliere templare Armand de Villiers salì di corsa la scala di pietra ed entrò trafelato nello *scriptorium* al primo piano della torre centrale del Tempio, dove Renaud de Vichiers era intento a dettare una lettera per il precettore di Safed. Il maestro lanciò uno sguardo di rimprovero a chi lo aveva interrotto. Il giovane non se ne curò.

«*Magister*... gli inquisitori!»

«Che significa gli inquisitori?»

«Ci sono di sotto due frati predicatori con monsignor de Sargines e un gruppo di soldati del re. Hanno detto di essere inquisitori delegati dal papa e hanno chiesto di *frère* Hugues.»

Mentre scendeva veloce Renaud cercava di riflettere. Era l'unica mossa che restava a Yves le Breton: uscire allo scoperto e convincere il re ad appoggiarlo. Eppure il pagamento di parte del riscatto, la sua elezione a maestro, il battesimo di Giovanni Tristano e l'ospitalità offerta alla regina e al bambino a Chastel Pelérin gli avevano fatto sperare che Luigi non si sarebbe schierato contro di loro, neppure per compiacere il suo frate prediletto. Non c'era invece da illudersi. Il re di Francia si era ancora una volta rivelato completamente succube del domenicano. Questi non poteva avere in mano nulla di concreto, ma Renaud sapeva bene quali erano i risultati delle *quaestiones*. Un inquisitore determinato dimostrava quello che voleva. Rivide l'istante in cui il frate era davanti alla sua balestra e si pentì ancora una volta di averlo mancato. Era comunque venuto il momento di rimediare. Per fortuna, Hugues era già partito.

Yves le Breton e il suo allievo erano nel cortile del castello, davanti all'entrata principale, sotto la torre sormontata dai leoni dorati. Li scortavano Godefroy de Sargines e una ventina di balestrieri reali con le quadrelle innestate, come se temessero una resistenza armata. Un esile cordone templare sbarrava loro il passo. Altri *servientes* del Tempio erano davanti all'entrata, le mani appoggiate al pomello delle spade. La guarnigione era ridotta all'osso. Mansura pesava ancora e Hugues aveva portato con sé i ventiquattro cavalieri più esperti. Ad Acri erano rimasti solo i ragazzi, i *servientes* e i turcopoli. L'allarme nel castello si era comunque diffuso e altri uomini uscivano dalla torre centrale, guidati da Guillaume de Beaujeu.

Renaud incrociò lo sguardo dell'inquisitore e capì che l'approccio sarebbe stato diverso dal solito. Meglio così, si disse. Era stufo della finta affabilità di quell'uomo. Per un attimo, il maestro del Tempio ebbe l'impulso di ucciderli tutti e di strangolare personalmente Yves, poi si sforzò di restare calmo. Uccidere l'inquisitore del papa e i soldati del re avrebbe significato la fine dell'Ordine. Nessuno lo costringeva comunque a essere gentile.

«Posso chiedervi perché entrate nella casa del Tempio come se fosse un castello saraceno?»

«Potete chiedere quello che volete, ma io non sono tenuto a rispondervi. Quale giudice delegato dal papa contro gli eretici, in nome di Dio, vi chiedo di consegnare a monsignor de Sargines *frère* Hugues de Jouy, affinché io possa interrogarlo.»

«*Frère* Hugues è il maresciallo del Tempio, non certo un eretico. Non vi è alcuna ragione per cui voi dobbiate interrogarlo.»

«Ripeto che non sta a voi giudicare le ragioni di Dio. Intendete opporre resistenza al papa e al re di Francia?»

Renaud guardò Godefroy, come a cercare un aiuto in quella follia, ma il cavaliere restò impassibile. Nel silenzio carico di tensione, i balestrieri francesi iniziarono lentamente a distanziarsi l'uno dall'altro. Sceglievano i bersagli. La stessa cosa fecero i templari, ormai leggermente superiori di numero. Yves sembrò leggergli nel pensiero e soggiunse: «Ho altri duecento uomini qui fuori».

Renaud fece un gesto con la mano, come a dire che non aveva importanza, e replicò: «Il vostro è un comportamento incomprensibile, di cui dovrete rendere conto a Dio e al papa. Non riesco a immaginare quale menzogna abbiate potuto raccontare al nostro buon re per indurlo a fornirvi il suo sostegno. Ricordatevi la fine di Robert Le Bougre».

«Eravate anche voi a Mons Hysmerum. Pensate a quello che è successo a Mansura e chiedetevi chi di noi rischia di più.»

«A Mansura? Ancora una volta, non riesco proprio a seguirvi. *Frère* Hugues comunque non è qui.»

«Dov'è?»

«In missione contro i saraceni e a protezione dei pellegrini, per la gloria di Dio. È partito questa mattina all'alba con uno squadrone di cavalieri. Chiedete alle guardie della città, dovrebbero essere passati dalla Porta Balnei e da Montmusard.»

«Richiamatelo!»

«Prima voglio sapere di che cosa lo accusate.»

«È sospettato di eresia.»

«Eresia? Ma è impossibile! È una follia!»

«Sapete che non è una follia e non spetta comunque a voi stabilirlo. In ogni caso, dobbiamo perquisire la sua stanza e tutti i luoghi da lui frequentati.»

«Fate pure. Perquisite dove volete, ma non troverete nulla. Poi io andrò dal re.»

Renaud aveva il tono di chi era rassegnato a subire un'ingiustizia, ma dentro di sé sapeva di avere vinto la mano. Aveva fatto bene a essere prudente. Non avrebbero trovato nulla e questo si sarebbe ritorto contro l'inquisitore. In ogni caso, appena se ne fossero andati, avrebbe convocato Ismail e inviato un messaggio a Hugues ordinandogli di tenersi alla larga da Acri fino a quando la questione Yves le Breton non fosse stata definitivamente risolta.

✠ ✠ ✠

«Qui non c'è nulla, *magister...*»

Godefroy lo aveva sussurrato, ma Yves sapeva che Renaud de Vichiers non aveva bisogno di sentire. Gli sarebbe bastato guardare il volto imbarazzato del cavaliere del re. Si trovavano al terzo piano di una delle torri circolari sul mare, quella più a sud, verso la chiesa di Sant'Andrea. L'ingresso, sorvegliato notte e giorno da due *servientes*, era sbarrato da una porta massiccia di cui solo il maestro, il maresciallo e il tesoriere avevano la chiave. L'intero piano era occupato da un unico grande ambiente con colonne dai capitelli lavorati e i soffitti a volta, illuminato dalla luce che filtrava dalle numerose feritoie che si aprivano nelle spesse mura. Sul pavimento di pietra erano accatastate casse di legno con rinforzi in ferro come quella della *Templum Domini*. Le avevano aperte tutte. Erano zeppe di bisanti d'oro di Costantinopoli, lire d'oro francesi, *dirhams* saraceni, arredi sacri in oro e argento, gioielli di ogni genere e dimensioni. Gli scaffali alle pareti erano ricolmi di codici, incunaboli e antichi rotoli. Il mitico tesoro del Tempio.

Dopo aver perquisito la cella di Hugues de Jouy, una branda con un paglericcio coperto da un telo di cotone, un armadio di legno con le vesti dell'Ordine, un crocifisso appeso alla parete e due spade appoggiate al muro, l'inquisitore aveva chiesto: «Voglio esaminare le stanze in cui custodite il vostro tesoro».

La gravità dell'insinuazione che si celava dietro quella richiesta era chiara. Significava ipotizzare che quello che stava cercando non riguardasse solo Hugues, ma l'intero Ordine. Del resto, entrambi sapevano che era proprio così. Yves si aspettava che la vera resistenza si sarebbe manifestata su questa pretesa, ma quando Renaud rispose con un secco «Seguitemi», capì che la custodia del Corano e il suo contenuto non erano neppure lì. Dovevano averli nascosti con cura, come era ovvio. Con le perquisizioni non avrebbe risolto nulla. I metodi da usare erano ben altri, magari sullo stesso Renaud, ma nessuno lo avrebbe seguito su quella strada. Non aveva elementi concreti e un conto era accusare di eresia lo sconosciuto Hugues de Jouy, un altro il maestro del Tempio, amico personale del re e padrino di suo figlio.

C'era comunque qualcosa che in quella stanza lo incuriosiva. I libri. Perché tenerli con il tesoro? Erano forse testi eretici?

Si avvicinò a uno scaffale e prese un codice a caso. Non essendovi un leggio, dovette posarlo a terra. Si inginocchiò sul pavimento e lo aprì. Era una copia della Regola di San Benedetto, proveniente dall'abbazia di Montecassino. Le miniature erano state realizzate in oro e non ne avevano fatto economia. Un segno dell'opulenza di quell'abbazia, che da sola possedeva mezza Italia centrale. Ripose il pesante codice e cambiò scaffale, prendendo un rotolo. A quel punto, Renaud disse: «Fate attenzione. È materiale molto delicato».

Yves lo poggiò a terra, si inginocchiò ancora e iniziò a srotolarlo con cautela. Era in greco, riconobbe alcuni passaggi del Vangelo di Giovanni. Un oggetto dal valore inestimabile. La tranquillità di Renaud gli fece capire che non avrebbero trovato nulla. Se il Tempio custodiva libri proibiti, non li teneva lì con le casse dell'oro. Continuò a lungo a esaminare i volumi, uno per uno, più per ammirarli che sperando di trovare qualcosa. Pensò anche a quello che avrebbe raccontato al re. Non sarebbe stato difficile: Hugues de Jouy si era sottratto all'arresto ed era fuggito, prova evidente della sua colpevolezza.

✠ ✠ ✠

Era il tramonto quando i domenicani e la loro scorta lasciarono la fortezza templare. I duecento uomini fuori ovviamente non c'erano mai stati, anche se Yves ne aveva annunciata la presenza con tale convinzione che persino Nicola aveva creduto che ci fossero davvero. Fu proprio il giovane allievo ad affiancare l'inquisitore, che camminava silenzioso, badando come sempre a dove mettere i piedi per non calpestare rifiuti.

«Mi ha detto che passerà domani.»

Yves annuì. Quel ragazzo biondo era la loro unica speranza.

22

Il passaggio segreto

San Giovanni d'Acri, tra il 29 e il 30 maggio 1250

Il cielo stellato senza luna consentiva di distinguere solo le ombre delle case. Sotto le alte mura della Cour de la Chaîne dodici marinai, vestiti di scuro con sacchi di tela in spalla, erano arrivati alla spicciolata per non dare nell'occhio. Si trovavano nella zona di confine tra i quartieri pisano, genovese e veneziano, una delle più sorvegliate della città.

Anche se Gaeta e Pisa erano alleate, Umberto aveva preferito non coinvolgere i pisani visto che le spie templari sembravano essere ovunque. Ciò tuttavia implicava che anche le sentinelle pisane avrebbero potuto creare problemi.

Mohamed accese una lampada a olio con un acciarino e la porse a Umberto. Il barone prese sottobraccio l'emiro e i due si avviarono verso Ruga Palearia con andatura incerta. Come due marinai ubriachi. Secondo le indicazioni di Rinaldo, la casa era la seconda dopo il forno, dove qualcuno era già al lavoro. Bassa, simile a tante altre, a non più di cinquanta passi dal porto. Un portone sproporzionato rispetto alle dimensioni dell'edificio costituiva l'unica anomalia. Nessuna finestra visibile dall'esterno. Nessuna luce. Il primo problema sarebbe stato entrare. Poco più avanti, in corrispondenza della casa successiva, c'erano due archi di pietra che dovevano essere stati un tempo il sostegno di una struttura sopraelevata. Un ricordo affiorò nella memoria di Umberto. Il salto di Acquaviva. Si accostò al muro sotto gli archi per urinare e lo esaminò. Come in tutta la città, le pietre non erano lisce, ma presentavano numerosi appigli e rientranze. Porse la luce a Mohamed, sussurrandogli in arabo: «Vado ad aprirvi, prosegui nel vicolo per cinquanta passi, poi torna indietro».

Appena uscito dal cono di luce della lampada, Umberto si arrampicò sul muro, agile come un gatto. Si issò quindi in piedi sull'arco. Era allo stesso livello del terrazzo della casa templare. Valutò il salto. Potevano essere quattro o cinque cubiti. Gli occupanti della casa avrebbero sentito un tonfo sul tetto. Forse qualcuno sarebbe salito a vedere, ma difficilmente avrebbero dato subito l'allarme. Doveva correre il rischio. Mormorò tra sé «*Post fata resurgo*» e saltò. Atterrò sul terrazzo con una capriola, cercando di attutire il colpo. Il rumore comunque c'era stato e di sotto lo avevano certamente sentito. Restò immobile, sguainando la corta scimitarra e scivolando nei pressi della sommità della scala di pietra che scendeva verso un piccolo cortile interno. Si raccolse sul pavimento, pronto a scattare. Poco dopo, il bagliore di una lampada e un rumore di passi sulle scale. Li valutò come quelli di un uomo abbastanza pesante, che infatti sbucò poco dopo sul terrazzo, vestito solo di un paio di brache. Umberto lo prese alle spalle, una mano sulla bocca, la gola tagliata in un istante. Ne assecondò la caduta senza curarsi del getto di sangue che lo bagnò, ma la lampada di coccio si infranse a terra. Osservò il corpo. Un giovane con la barba scura, il bianco degli occhi sbarrati, la bocca spalancata alla ricerca di aria. Per un attimo, pensò di aver sbagliato. Una voce maschile dal cortile, in francese: «Jean? Tutto bene?».

Quanti erano? Uno solo, forse due. Se si fosse affacciato, lo avrebbero visto sullo sfondo del cielo. Doveva essere fulmineo. Guardare e saltare. Si avvicinò al bordo del terrazzo e un attimo prima di lanciarsi vide un altro giovane, anche lui seminudo, con una spada in pugno. Non aveva sbagliato. In un istante fu a terra e, prima che quello potesse fare qualunque cosa, gli piantò la scimitarra nel petto villoso. L'uomo emise un suono gutturale, si piegò sulle ginocchia appoggiandosi alla spada. Il rumore della lama che cadeva sulla pietra, poi il silenzio. Entrò. Un'ampia stanza illuminata da un candeliere, un pagliericcio, quattro sedie e un tavolo con sopra un pezzo di pane, una brocca di vino quasi vuota, due coppe, un piatto con formaggio e datteri. Due tuniche di tela marrone con la croce rossa erano state accuratamente piegate su una madia addossata al muro. *Servientes* del Tempio. Chissà che cosa stavano combinando. Le due tuniche gli diedero un'idea. Raggiunse la porta. Come aveva immaginato, era particolarmente robusta, legno e ferro, sbarrata da una trave. La aprì e, uno dopo l'altro, nove uomini entrarono veloci. Gli altri due sarebbero rimasti di guardia fuori. Mentre i suoi prendevano le balestre e le scimitarre nei sacchi, Umberto ispezionò la stanza alla ricerca dell'accesso al sotterraneo. Non ci volle molto. Metà del pavimento era aperta. Sotto c'era una larga scala di pietra, con i gradini bassi e distanziati. Staccò un cero dal candeliere e scese qualche gradino. Si trovò in un salone in cui si apriva un'ampia galleria dal soffitto a volta, immersa nell'oscurità. I templari avevano fatto le cose in grande, pensando più alla guerra tra i quartieri di Acri che alla fuga verso il porto. Da lì poteva passare la cavalleria.

✠ ✠ ✠

«È un frate predicatore, Ismail. Si chiama Yves le Breton e alloggia nel convento del suo Ordine. Di mezza età, potrà avere trentacinque anni, alto più o meno come me, magro, la barba rossa e gli occhi verdi. Gira sempre con un giovane allievo, meno di venti anni, senza barba, un po' più alto di lui.»

Nel piccolo *scriptorium* illuminato da due candele adiacente alla stanza del maestro, Renaud de Vichiers si rivolgeva a un uomo vestito di nero, i tratti affilati, la barbetta a punta. Tutti quelli che lo conoscevano come Adnan, il mercante di tappeti di Montmusard, sarebbero rimasti sorpresi di vederlo a colloquio in piena notte con il maestro del Tempio. In realtà, il suo vero nome era Ismail ed era l'emissario ad Acri dello Sheikh el Jebel, il Vecchio della Montagna, il misterioso capo della potente e oscura setta degli *Hashishin*, gli assassini, fondata un secolo e mezzo prima da al-Hasan ibn as-Sabbah. Figlio di un mercante persiano, era stato compagno di studi del poeta Omar Khayyam a Nishapur e aveva frequentato le scuole coraniche sciite nell'Egitto dei sultani fatimidi, giungendo ai massimi livelli di conoscenza della «retta via» dell'Islam sciita, nella sua variante ismaelita. Datosi alla lotta armata contro i sunniti, aveva conquistato l'inaccessibile fortezza di al-Amut sui monti persiani ed era diventato lo Sheikh el Jebel. Da lì, la setta si era diffusa in Persia e in Siria, arrivando a contare oltre cinquantamila adepti. Le sue caratteristiche più note erano la cieca fedeltà dei seguaci e l'assoluta determinazione e sprezzo della vita con cui essi, spesso ottenebrati da strane sostanze, uccidevano le vittime designate, soprattutto musulmani sunniti. I rapporti con i templari duravano da oltre un secolo, con alti e bassi. Erano sorti all'epoca del secondo maestro, Robert de Craon, per ragioni economiche legate allo sfruttamento di terreni contesi nella contea di Edessa e nel principato di Antiochia, per i quali la setta aveva infine accettato di pagare un tributo al Tempio. Si erano poi sviluppati e ramificati, e ormai riguardavano anche aspetti politici e religiosi. La comune tendenza a interpretare in modo peculiare i dettami delle rispettive fedi aveva favorito le intese, non intaccate neppure dal rimprovero formale rivolto all'Ordine del Tempio da papa Gregorio circa quindici anni prima, rimasto peraltro privo di seguito. Era così accaduto che gli assassini avessero talvolta provveduto a liquidare importanti personaggi scomodi ai templari, come Corrado di Monferrato, aspirante al trono di Gerusalemme, ucciso per strada a Tiro. Ora era venuto il turno di un inquisitore.

Ismail non si scompose alla richiesta di Renaud. Per lui, il frate sarebbe stato un bersaglio come un altro, ma la sua uccisione avrebbe consentito allo Sheikh el Jebel di acquisire un credito importante nei confronti del maestro del Tempio.

«Quando?»

«Appena puoi. E fai attenzione, potrebbe essere scortato. Hai già qualcuno a portata di mano?»

L'ismaelita sorrise senza rispondere. Renaud capì che aveva sempre qualcuno a portata di mano.

✠ ✠ ✠

Jérôme de Vichy, servente del Tempio, maledisse l'umidità che gli entrava nelle ossa e si avvicinò alla torcia che bruciava appesa alla parete per cercare di scaldarsi. Era in fondo alla galleria, nei sotterranei della torre centrale della fortezza templare, dietro un massiccio cancello di ferro. La struttura era più in basso del livello del mare e le mura grondavano. La stessa galleria era un acquitrino, il pavimento coperto da un piede d'acqua. In tempi normali, di guardia c'erano solo due *servientes*, ma da qualche giorno erano diventati sei. All'inizio, Jérôme non aveva capito. Da molto tempo, nessuno era detenuto nelle vecchie prigioni e in città tutto era tranquillo. Quando tuttavia quella mattina erano arrivati i soldati del re con gli inquisitori ed era stato sfiorato lo scontro, aveva compreso che quelli non erano tempi normali. Aveva allora associato la visita dei domenicani a quello che era accaduto qualche notte prima. *Frère* Hugues de Jouy aveva trasportato una cassetta in una delle celle vuote, chiudendola a chiave. La mattina del giorno dopo, il maresciallo aveva disposto il rafforzamento della guardia. Forse voleva proteggere quella cassetta. Doveva avere a che fare con i misteriosi riti dei fratelli cavalieri. Jérôme non poteva assistervi, ma era un ragazzo sveglio e aveva spesso pensato che normali preghiere non avrebbero giustificato l'assoluto segreto che li avvolgeva.

Una luce nella galleria attirò la sua attenzione. C'era qualcuno che si avvicinava. Il primo pensiero fu quello di chiamare gli altri. Si voltò e salì di corsa i gradoni bassi della scala di pietra che conduceva al salone centrale dei sotterranei. Arrivato in cima, diede una voce ai compagni, cercando di non gridare.

«Venite! C'è qualcuno nella galleria!»

Ridiscese, la luce era più vicina. Veniva da una torcia che illuminava due *servientes* del Tempio, uno curvo sotto il peso dell'altro, apparentemente inanimato. Quello esanime sembrava Claude. Doveva essersi sentito male e Jean lo stava portando.

Jérôme staccò la chiave del cancello dal chiodo sul muro e gridò ai compagni che scendevano la scala: «Sono Claude e Jean. Claude sta male!».

In quel momento Jean scivolò, i due caddero e la fiamma si spense nell'acqua. La galleria tornò nell'oscurità. Jérôme sfilò la torcia dall'anello alla parete, infilò la chiave nella serratura del cancello e lo aprì, mentre gli altri lo raggiungevano. Tutti corsero verso i corpi a terra.

I dardi arrivarono dal buio e quattro di loro trovarono il bersaglio. Altrettanti *servientes* furono scaraventati a terra senza neppure capire che cosa li avesse colpiti. Alcune sagome nere armate di scimitarre emersero rapide dall'oscurità, finendoli. Saraceni. Era incredibile. Intanto l'uomo che Jérôme aveva scambiato per Jean si alzò, mentre un altro templare cadeva con la testa quasi staccata da un colpo di scimitarra. Jérôme si rese conto di essere rimasto solo e capì anche perché non lo avevano ancora ucciso. La torcia: stava facendo luce ai saraceni. La buttò nell'acqua e l'unico bagliore divenne quello che giungeva dalla porta aperta in cima alle scale. Il templare corse verso il cancello. Se fosse riuscito a chiuderlo avrebbe potuto salvarsi. Gridò con quanto fiato aveva in corpo: «All'armi! I saraceni!».

Non avrebbe mai potuto farcela. Erano più veloci di lui. Sentì che lo afferravano per le gambe e cadde a terra, la faccia nell'acqua scura. Cercò disperatamente di divincolarsi, ma fu inutile. Lo tirarono su quando, in preda al panico, pensava ormai che sarebbe morto affogato. Due saraceni lo tenevano per le braccia. Altri avevano superato il cancello ed erano appostati in cima alle scale davanti alla porta, le armi in pugno. L'uomo vestito da servente era di fronte a lui e con uno sguardo nero come l'inferno gli puntava una scimitarra alla gola. Gli disse con calma, in francese: «Se gridi ancora, ti uccido».

«Che volete?»

«Hugues de Jouy. Dov'è?»

«È partito questa mattina con uno squadrone.»

Sul volto dell'uomo si disegnò una delusione che preludeva al peggio.

«Non uccidermi, se cerchi la sua cassa, io so dov'è.»

✠ ✠ ✠

Poco dopo, la pesante porta della cella si aprì lentamente. Mohamed si voltò soddisfatto verso Umberto. Era riuscito a smontare la serratura e a forzarla con un sottile ferro ripiegato, evitando così di doverla rumorosamente sfondare a colpi di ascia. Il barone, sorpreso e divertito, mormorò in arabo: «Hai un futuro come ladro».

All'interno, la luce della torcia illuminò un piccolo baule di legno con rinforzi in ferro. Umberto lo sollevò. Era leggero, sembrava vuoto. Lo agitò e sentì battere contro le pareti un oggetto solido. Indicò la serratura a Mohamed. Questa volta per aprirla bastarono un paio di colpi di scimitarra. Umberto sollevò il coperchio. Gli apparve una custodia d'avorio lavorata. La toccò, quasi accarezzandola. Poi la tirò fuori e l'aprì. Dentro c'era un piccolo rotolo di pergamena ingiallito, nient'altro. Richiuse la scatola e l'affidò a Mohamed.

«Prendi cinque uomini e portala alla nave. Non lasciarla per nessun motivo.»

Uscì dalla cella. Nello stretto e umido corridoio il servente templare era tenuto per le braccia da due arcieri. Gli avevano messo uno straccio in bocca per non farlo gridare. Si avvicinò e glielo tolse.

«Adesso mi accompagnerai da Renaud de Vichiers.»

✠ ✠ ✠

Ismail era appena uscito dalla sua stanza e Renaud si sfilò la tunica. Era stanco, ma soddisfatto. Una giornata intensa, nel complesso positiva: Hugues era ormai lontano, mentre il domenicano non aveva trovato nulla e avrebbe presto pagato con la vita quell'affronto. Si sarebbe trattato poi di rinsaldare il rapporto con il re, ma non sarebbe stato difficile. Si era meritato qualche ora di sonno, anche se non mancava molto all'alba. Non avrebbe presenziato alle laudi. Pazienza.

✠ ✠ ✠

Umberto socchiuse il portone in cima all'ampia scala che dal sotterraneo dava accesso al piano terra della grande torre. Un salone con colonne e soffitti a volta, illuminato fiocamente da un paio di torce appese alle pareti. Nessuno. Il servente templare aveva detto la verità. Era ancora alla base della scala con i suoi uomini. Scese, lo prese per un braccio e lo trascinò su. Prima di aprire la porta, gli sussurrò: «Ricordati. Un solo grido, un solo gesto sbagliato e sei morto».

✠ ✠ ✠

Jérôme de Vichy non si faceva illusioni. Il rinnegato lo avrebbe ucciso comunque. Mentre salivano la scala a chiocciola della torre, diretti verso la stanza del maestro, la disperazione aumentava a ogni gradino. A quell'ora non c'era nessuno. La sorveglianza del Tempio era organizzata sul perimetro esterno e sui sotterranei. Nessuno aveva previsto che qualcuno potesse riuscire ad arrivare fin lì senza essere scoperto. All'improvviso il silenzio fu rotto da un rumore di passi in discesa e un attimo dopo si trovarono di fronte Adnan, il mercante di Montmusard, che, vedendo due *servientes* salire, si addossò al muro per farli passare. Non era la prima volta che Jérôme lo trovava di notte nel castello e aveva ipotizzato che avesse una tresca con qualche fratello cavaliere. Pensò che la sorte non gli fosse stata propizia: un venditore di tappeti era l'ultimo che avrebbe potuto fare qualcosa per lui. In ogni caso non aveva scelta, doveva provarci. Si lanciò in avanti, cercando di afferrare un braccio del mercante.

«Adnan! È un rinnegato! Ci sono i sa...»

Non fece in tempo a finire, un colpo alla nuca lo stese.

✠ ✠ ✠

La corta scimitarra in pugno, Umberto fissò l'uomo che il templare aveva chiamato Adnan, immobile qualche gradino più in alto. Nella sua destra era comparso un pugnale e lo guardava attento, come un predatore. Il barone capì subito di non avere di fronte un mercante. Del resto, anche lui si travestiva spesso e ora indossava addirittura un abito templare. Il corpo inanimato del servente ostacolava i movimenti di entrambi. Con un guizzo fulmineo, la scimitarra cercò la gola di Adnan, ma l'avversario parò il colpo. Era da tanto tempo che non succedeva. Subito dopo, l'uomo fece un balzo cercando di affondare il pugnale nella pancia di Umberto, che lo evitò di un soffio appiattendosi alla parete. Adnan atterrò con eleganza qualche gradino più in basso, nei pressi di una delle torce attaccate alle pareti. La staccò con la sinistra, puntandola verso Umberto come una spada. Iniziò cautamente a scendere all'indietro, un passo dopo l'altro. Gli era bastato guardare la scala mentre saltava per memorizzarla.

"No" pensò Umberto, "decisamente non sei un mercante." Non erano in molti quelli che sapevano battersi così. "Forse un ismaelita o un uomo degli ayyubidi siriani." Non aveva comunque tempo per indagare. Doveva andarsene e tornare di sotto. Il servente aveva deciso di morire subito e lui non aveva idea di dove si trovasse la stanza di Renaud de Vichiers. Ma ora tra lui e il sotterraneo c'era quell'uomo.

Andò ancora all'attacco. La corta scimitarra era comunque più lunga del pugnale. Con un colpo, gli fece cadere la torcia, poi affondò verso il petto. Per evitarlo, Adnan fece un guizzo all'indietro che lo fece ruzzolare fino al pianerottolo del primo piano. Umberto lo raggiunse con un balzo, ma l'altro, svelto come un gatto, si era già rialzato. Il barone aveva però guadagnato un maggiore spazio di manovra.

Una voce dall'alto della scala.

«Che succede? Chi è là?» Qualcuno stava scendendo e presto avrebbe visto il corpo sui gradini. Trascorsero infatti pochi istanti, poi: «All'armi!».

Poco dopo, un grosso servente templare con la spada in pugno apparve in cima alla scala. Umberto si girò dandogli le spalle e gridò in francese: «È un ismaelita! Vuole uccidere il maestro!».

Dopo una finta al volto, puntò ancora al petto di Adnan. Il suo avversario parò di nuovo e la scimitarra lacerò solo la veste di seta nera. Umberto decise che non c'era più tempo. Con un salto laterale infilò la scala verso il piano terra esclamando: «Vado a cercare aiuto! Non fartelo scappare!».

Adnan intanto gridò a sua volta in arabo, schivando il primo fendente del templare che gli si era avventato contro: «No. Fermo! È lui il traditore!». Ma sapeva di non avere molte possibilità di essere creduto. Le apparenze erano tutte contro di lui: lo aveva trovato in piena notte a duellare con un altro templare. Schivò un colpo di spada e con l'impugnatura del pugnale centrò la tempia del servente. L'uomo vacillò, poi cadde in ginocchio e crollò al suolo. L'ismaelita sperò di non averlo ucciso, sarebbe stata una seccatura con il maestro. Risalì veloce verso il secondo piano, mentre grida di allarme si diffondevano nel castello.

✠ ✠ ✠

Renaud era ancora in piedi e stava urinando nel vaso da notte quando qualcuno bussò con violenza alla porta della stanza.

«Chi è?»

«Ismail. Aprimi!»

Il tono non gli piacque. Prese la spada appoggiata alla parete e tolse con la sinistra la sbarra che da qualche giorno era solito sistemare dietro la porta.

L'ismaelita era trafelato. Renaud lo guardò con un'espressione stupita.

«Che succede?»

«C'è un traditore nella torre. È vestito come uno dei tuoi *servientes*, ma non combatte come un templare. In verità, ho visto pochi uomini combattere come lui. Ha ucciso un servente e poi ha cercato di uccidere anche me.»

«Non è possibile!»

«Il corpo del tuo uomo è ancora qui fuori. Stavo scendendo la scala, loro salivano. Due *servientes*. Improvvisamente uno dei due ha cercato di raggiungermi gridando: "È un rinnegato!", ma quello lo ha colpito. Forse stavano venendo qui...»

Renaud comprese.

«Sui trent'anni, media statura, bruno, barba e occhi scuri?»

«Lo conosci?»

«Purtroppo sì. Ora dov'è?»

«Non lo so. È sceso verso il piano terra, aizzandomi contro un altro servente, che ho dovuto rendere innocuo. Spero di non averlo ucciso.»

«Aspettami qui.»

Vestito solo del camicione da notte, la spada ancora in pugno, il maestro del Tempio uscì nel salone centrale e imboccò la scala. Dopo pochi gradini trovò bocconi il corpo di un servente. Lo rovesciò e lo riconobbe. Era Jérôme de Vichy. Sperò di sbagliarsi, ma in genere era uno di quelli di guardia nei sotterranei. Corse verso il basso. Sul pianerottolo del primo piano c'era un altro dei suoi a terra. Proseguì verso il piano terra e si scontrò con Guillaume de Beaujeu che saliva di corsa.

«*Magister!* Siamo sotto attacco!»

«Lo so. Dove sono?»

«Sono entrati dai sotterranei! Hanno ucciso tutti quelli che erano lì!»

«Andiamo.»

Davanti al portone dei sotterranei c'erano parecchi servi, che fecero subito largo a Renaud e Guillaume. In basso, nel salone, Armand de Villiers andò loro incontro, scuotendo la testa.

«Qui ci sono solo cadaveri. Sei dei nostri.»

Renaud non lo ascoltava. Staccò una torcia da una parete e corse nel corridoio sul quale si aprivano le celle. Guillaume e Armand lo seguirono. Si fermò davanti alla porta aperta ed entrò. Proprio come temeva. Un baule forzato a terra. "Maledizione" pensò.

«Armand, quanti morti hai detto che ci sono?»

«Sei, *magister*, tutti quelli che erano di guardia.»

«No. Ce n'è uno in più. Jérôme de Vichy è di sopra, morto anche lui. Il rinnegato deve essere arrivato dalla galleria. Prendete tutti gli uomini disponibili e inseguitelo.»

«Ma chi è stato?» chiese Armand.

Guillaume mormorò: «"Ed ecco un cavallo pallido, e chi lo cavalcava si chiamava morte e l'Inferno lo seguiva"».[1]

«Finiscila!» sbottò Renaud. «È un uomo come noi, un emissario dell'imperatore. Tu lo hai già visto, Guillaume. Era con Baybars nelle stanze della tortura, travestito da emiro mamelucco. Probabilmente non è solo e in ogni caso è molto pericoloso. Se non doveste trovarlo, cercate la sua nave. Deve essere un mercantile da non molto in città. Potrebbe battere qualunque bandiera. Abbordatelo e riportatemi...» Guardò i due giovani confratelli, poi decise che era inutile continuare a coltivare troppi misteri con loro e ordinò: «Riportatemi la custodia del Corano in avorio di Fakhr al-Din e il manoscritto che c'è dentro».

✠ ✠ ✠

Albeggiava, in città e sulla banchina stavano riprendendo le consuete attività. Non appena dalla nave fu stesa la passerella, Umberto e i suoi salirono a bordo.

Filippo di Traetto era lì ad attenderli.

«Mohamed è arrivato?»

«Sì, messere.»

«Dov'è?»

«Di sotto. Nella vostra cabina.»

«Bene. Preparati a salpare. Qui tra poco si scatenerà l'inferno.»

✠ ✠ ✠

«Guarda quella nave.»

Guillaume indicò ad Armand un mercantile che si avviava lentamente verso l'uscita del porto. Erano sulla banchina davanti al fondaco veneziano, da poco usciti dalla casa di Ruga Palearia. La nave non aveva bandiere, ma la linea di galleggiamento era alta, segno che non era carica e ciò era strano. Nessun mercantile lasciava Acri vuoto.

Armand annuì.

«Potrebbe essere quella. Fai allertare la *Templum Domini* e manda qualcuno sul molo per vedere che direzione prende. Io vado a chiedere informazioni alla Cour de la Chaîne.»

Poco dopo, la galera templare lasciava a remi il porto, quindi scioglieva le vele puntando veloce verso sud, all'inseguimento della nave di Gaeta.

23

La custodia del Corano

San Giovanni d'Acri, 30 maggio 1250

Attraversata la Porta Sant'Antonio, il marinaio percorse lentamente la piazzetta davanti alla casa dei frati minori e imboccò la strada che scendeva al mare. Il francescano con il saio scolorito e il cappuccio alzato si diresse invece verso l'ingresso del convento. Era uno degli ultimi a rientrare con la borsa dell'elemosina. Il mendicante accovacciato a terra sotto la casa d'angolo non prestò alcuna attenzione ai due. "Meglio per lui" pensò Mohamed travestito da marinaio passandogli vicino. Si posizionò più avanti, in modo da sorvegliarlo senza essere visto. Se l'uomo si fosse alzato, non sarebbe vissuto tanto a lungo da andare lontano. All'*amir* di Lucera era bastata un'occhiata per capire che non era un vero mendicante. Troppo pasciuto.

Il frate, intanto, bussava al portone.

✠ ✠ ✠

«Non pensavo di rivederti così presto. Anzi, per essere sincero, non pensavo di rivederti più. Ti immaginavo a bordo della tua nave.»

Rinaldo e Umberto erano soli, seduti al tavolo della biblioteca. Il barone di Acquaviva rispose: «Le notizie corrono veloci ad Acri».

«Soprattutto per noi, poveri frati...»

«Che cosa avete saputo?»

«Questa mattina presto, dalla casa di Ruga Palearia sono usciti tanti di quei templari da destare allarme nel quartiere pisano. Erano almeno una cinquantina, *servientes* e turcopoli. I pisani hanno temuto un'incursione e stavano per suonare a martello le campane della loro chiesa, quando l'equivoco è stato chiarito dai due cavalieri al comando. Molto giovani, poco più che ragazzi. Strano che fossero loro a guidare un gruppo così numeroso. Hanno spiegato che stavano solo cercando un ladro e si sono diretti verso il porto. In cinquanta per cercare un ladro... Chissà che cosa avrà rubato.» Lo guardò di sottecchi, poi continuò: «Poco dopo, quando la tua nave è salpata, una galera templare si è lanciata all'inseguimento».

Umberto non voleva parlare di morte con quell'uomo. Reputò pertanto inutile dirgli che per ordine di Baybars due galere egiziane lo avevano scortato a distanza da Alessandria e incrociavano ancora a sud della fortezza templare di Chastel Pelérin. Se Filippo di Traetto fosse riuscito a raggiungerle, la nave templare si sarebbe trasformata da cacciatore in preda.

«C'erano dei ragazzi al comando perché Hugues de Jouy è partito e si sarà portato dietro i cavalieri più esperti. Dopo Mansura non devono esserne rimasti molti.»

«Com'è andata questa notte?» chiese il francescano.

Umberto aprì la borsa, tirò fuori lo scrigno d'avorio e lo posò sul tavolo.

«Ecco come è andata. La custodia per il Corano di Fakhr al-Din.»

Rinaldo spalancò la bocca.

«Come hai fatto a trovarla?»

«Pura fortuna, oppure con l'aiuto di Dio. Sceglietе voi.»

«Mmm... Hai ucciso qualcuno per prenderla?»

«Per prenderla no, ma non chiedetemi altro, vi prego.»

Rinaldo si irrigidì e domandò: «Che vuoi da me?».

Umberto aprì la cassetta. Tirò fuori con cautela la pergamena arrotolata e la porse al frate.

«Che mi aiutiate a comprendere questo.»

✠ ✠ ✠

Yves le Breton era perplesso. Seduto nel cenacolo del convento dei predicatori, chiese a Nicola, in piedi di fronte a lui: «Dove lo hai incontrato?».

Nicola rispose, un po' imbarazzato: «Qui vicino, *magister*. Nei bagni nei pressi della Porta Balnei. Mi ha detto che lì nessuno ci avrebbe notato».

Yves fissò l'allievo socchiudendo gli occhi, come a volte faceva durante le *quaestiones*.

«Vi siete quindi spogliati per fare il bagno?»

«Era inevitabile.»

«Vi siete toccati?»

«No!»

Era stato reciso, ma Yves aveva interrogato troppa gente per non riconoscere una menzogna. Assunse un'espressione severa.

«Nicola, è evidente che quel templare, dopo la morte del suo amante, ha messo gli occhi su di te. Non ti starai mica prestando?»

Il giovane arrossì.

«*Magister*, voi stesso mi avete ordinato di conquistare la sua fiducia...»

«Solo la fiducia, Nicola, non altro. Non lo dimenticare. Ti ho detto che Guillaume può essere lo strumento scelto da Dio per portarci alla verità, ma è comunque posseduto da passioni demoniache, di cui un giorno sarà chiamato a rispondere. Non devi farti assolutamente corrompere. Sei un frate dell'Ordine dei predicatori e rappresenti la giustizia di Dio.»

«Sì, certo. Lo terrò sempre presente, *magister*.»

«La prossima volta, incontralo comunque altrove. Che ti ha detto?»

«Mi ha raccontato una storia incredibile. Questa notte c'è stata un'incursione nel Tempio. Sono entrati da un passaggio segreto che collega la torre centrale al porto. Hanno ucciso molte guardie e hanno rubato la custodia del Corano di Scecedin. C'era un manoscritto dentro, che ora Renaud de Vichiers vuole recuperare a tutti i costi.»

«Che manoscritto?»

«Guillaume non lo sa. Renaud non ne ha specificato il contenuto.»

«Chi è stato?»

«A quanto pare, un emissario dell'imperatore. Un uomo sui trent'anni, capelli e barba scuri, con dei complici. Guillaume li ha inseguiti fino al porto, ma sono scappati a bordo di un mercantile di Gaeta. Una galera templare è andata a riprenderli.»

«Un emissario di Federico?»

«Guillaume ha detto di averlo incontrato in Egitto. Era con Baybars nella stanza della tortura.»

Yves ripensò all'interprete di Mansura. Ecco chi era. Sapeva anche come si chiamava. Ser Berto, l'uomo che nella lettera Fakhr al-Din chiedeva all'imperatore di inviare. Del resto, che Federico stesse complottando con i saraceni era chiaro dai ringraziamenti che gli facevano per le informazioni ricevute. Annuì.

«L'ho incontrato anche io. A Mansura si spacciava per emiro mamelucco. E Hugues?»

«È effettivamente partito, come vi ha detto ieri Renaud de Vichiers. È andato a Damasco. I templari vogliono favorire un accordo di pace tra i siriani, Diya al-Din e al-Nasir Yusuf, per aizzarli contro i mamelucchi egiziani.»

«Proprio quello che il re aveva vietato di fare. Tornerà qui?»

«No, *magister*. Andrà a Gerusalemme. È comunque previsto che faccia una sosta al castello templare di Safed per ricevere o inviare eventuali comunicazioni. Guillaume partirà domani mattina per raggiungerlo.»

Yves si alzò e disse: «Dobbiamo andare dal re. Tutto dovrà essere pronto per domani mattina. Andremo anche noi a Safed, seguendo Guillaume».

«C'è un'ultima cosa, *magister*.»

«Quale?»

«Guillaume ha sentito dire che questa notte nel castello c'era qualcun altro che non avrebbe dovuto esserci. Un certo Adnan, un persiano che vende tappeti a Montmusard, abbastanza noto in città. È stato visto nelle stanze del maestro ed è andato via alla chetichella mentre Guillaume inseguiva il ladro. Questo venditore di tappeti avrebbe addirittura affrontato l'intruso e gli avrebbe tenuto testa.»

Yves scosse la testa, dubbioso. «Un venditore di tappeti non avrebbe tenuto testa a quell'uomo nemmeno per un istante. Quello era un venditore di tappeti come l'inviato dell'imperatore era un mamelucco. Renaud de Vichiers sta tramando altro...» Ripensò al francescano trafitto davanti a lui sul ponte di Mansura. Forse volevano riprovarci ed erano troppo vigliacchi per agire in prima persona. Proseguì: «Vieni, andiamo dal re prima che vada a dormire».

II

Chrestiani

Roma, mattina del quinto giorno prima delle calende di agosto (28 luglio 64 d.C.)

Appoggiato a una delle sei grandi colonne di marmo del pronao del tempio di Apollo, Gaio Sallustio contemplava la distesa di cenere che era stata Roma. Il santuario era stato risparmiato dalle fiamme e Nerone era all'interno con i sacerdoti, intento a ringraziare anche Apollo, dopo Vulcano e Cerere. Più in basso, il centurione Casperio passeggiava nel portico delle Danaidi, ammirando la grande statua in marmo del dio.

Gli incendi erano finalmente stati domati. Il primo era durato sei giorni ed era stato fermato solo alle pendici dell'Esquilino, grazie alla demolizione di interi blocchi di edifici e alla creazione di ampi spazi vuoti che le fiamme non erano riuscite a superare. Il secondo era divampato due giorni dopo in una zona completamente diversa, i giardini Emiliani di proprietà del prefetto del Pretorio Ofonio Tigellino, che ricopriva la carica insieme a Fenio Rufo.

Dei quattordici quartieri in cui era divisa la città, solo quattro erano ancora intatti, tre erano stati completamente distrutti e degli altri restavano poche case diroccate. Erano bruciati innumerevoli templi, tra cui quello fatto erigere da Servio Tullio alla Luna, l'ara massima e il tempietto di Ercole, il tempio votato a Giove Statore da Romolo, il tempio di Vesta con i penati del popolo romano e tanti altri.

Molti già accusavano Nerone di aver organizzato tutto per avere mano libera nei suoi grandiosi progetti architettonici. Circolava la voce che mentre Roma avvampava egli fosse salito sul proscenio del Palatium e con la sua cetra avesse cantato la caduta di Troia dall'*Eneide*. Sallustio non credeva che ciò fosse realmente accaduto. Domizio aveva recuperato la cetra sotto i suoi occhi e quel giorno era rimasto con i suoi legionari, cercando di dirigere la lotta alle fiamme e facendo aprire alla gente che aveva perso la casa i suoi giardini personali e i monumenti del Campo Marzio. Dal giorno successivo, su richiesta dello stesso imperatore, Sallustio era stato costantemente al suo fianco, dopo aver lasciato Anahita al sicuro a Tusculum con due *contubernia*. Certo, il tribuno non sapeva che cosa avesse fatto Nerone nelle notti illuminate dal fuoco. Forse l'artista che era convinto di essere non aveva resistito alla tentazione di cantare davanti a uno spettacolo unico al mondo, ma ciò non doveva avere comunque attenuato il suo strazio. In particolare, era affranto per i gravi danni subiti dalla sua nuovissima *domus transitoria* e per la perdita delle innumerevoli e inestimabili opere d'arte che vi aveva fatto stipare. Messaggeri erano già stati inviati ai legati e ai prefetti in Grecia, Asia ed Egitto con la richiesta di inviare altri esemplari o copie degli oggetti andati distrutti. Il principe non parlava invece delle *insulae* bruciate e delle migliaia di morti e continuava a ripetere che avrebbe ricostruito la città più bella di prima.

Era anche partita la caccia ai responsabili, resa più urgente dalle dicerie che si stavano diffondendo. Lo schiavo catturato da Casperio era stato consegnato ai pretoriani e sottoposto a tortura. Le sue risposte erano state frasi senza senso sul fuoco inviato come punizione divina per gli empi. Contro i seguaci della setta cristiana vi erano altri indizi. Essi vivevano in gran parte nel quartiere giudeo, oltre Tevere, dove il fuoco non era arrivato e non avevano partecipato alle cerimonie per placare gli dei. Pertanto, proprio in quel momento, due coorti pretorie al comando di Subrio Flavo li stavano arrestando tutti.

Il tribuno ripensò al momento in cui il pretoriano aveva rinfoderato il gladio vedendolo irrompere nella stanza della *domus ti-*

beriana. Era singolare, inoltre, che la coorte di turno fosse stata ritirata dal Palatino prima ancora che vi arrivassero le fiamme. Tra l'altro, non si riusciva a capire chi avesse dato quell'ordine.

Da qualche giorno Sallustio era roso da un dubbio. Possibile che Flavo fosse stato sul punto di uccidere Nerone e il suo intervento glielo avesse impedito? In quella occasione aveva inconsciamente percepito un pericolo per Domizio e ciò lo aveva indotto a offrirgli una scorta. Forse era tipico dei Sallustii riconoscere i tradimenti. L'avo di cui portava il nome era il famoso storico, autore tra l'altro di un libro sulla congiura di Catilina contro la Repubblica, e in famiglia si vociferava che, all'epoca della delicatissima transizione del potere alla morte del divo Augusto, anche un altro Sallustio Crispo avesse svolto un ruolo cruciale. Era possibile che fosse in atto una cospirazione contro l'imperatore? Non sarebbe stata la prima, né l'ultima. Doveva capire che cosa stava succedendo.

Si chiese se gli incendiari avessero fatto il gioco di qualcuno. Era prudente che fosse proprio Subrio Flavo ad arrestare i seguaci della setta? Sarebbe stato preferibile che fosse lui a interrogare i loro capi e sarebbe stato utile parlare prima con Anahita, che sembrava a conoscenza dei loro riti. Non c'era tempo da perdere. Chiamò il centurione: «Marco!».

Casperio lo raggiunse salendo con agilità i ripidi gradini del tempio.

«Ai tuoi ordini, tribuno.»

«È tempo che Anahita rientri a Roma. La *domus Augusti* non ha subito danni e può di nuovo ospitarla. Questa volta la sorveglieremo noi, chiederò un permesso speciale a Cesare. Invia subito qualcuno a Tusculum.»

Casperio lo guardò con aria complice e Sallustio sospettò che considerasse quell'ordine solo un pretesto escogitato dal tribuno per farsi raggiungere dalla ragazza. Riflettendoci, si sorprese a pensare che poteva anche essere vero, ma non l'avrebbe mai ammesso.

«Andrò io stesso, tribuno.»

«No. Voglio che tu resti con l'imperatore, come ho fatto io finora. So che ti sembrerà strano, ma devi stare attento a non lasciarlo solo con i pretoriani.»

Casperio tornò serio.

«Hai notato qualcosa di strano?»

«Forse sì. Ma non ho alcun elemento concreto.»

«E tu dove andrai?»

«A cercare quell'elemento...»

✠ ✠ ✠

Lasciato Casperio, si diresse verso il Tevere. Attraversò il ponte Fabricio, il vicus censorii dell'isola Tiberina e il ponte Cestio. All'estremità di quest'ultimo, sostavano alcuni pretoriani che, vedendo un tribuno laticlavio, scattarono nel saluto. Pensò che volessero mostrargli quanto fossero bravi a farlo. Quei soldati, in realtà, non avevano mai visto una guerra. L'ultima volta che le coorti pretorie avevano partecipato a una battaglia risaliva a quasi cinquant'anni prima, a Idistaviso in Germania. Se li immaginò a fronteggiare una carica di catafratti parti e gli venne da sorridere.

Era così giunto nel popoloso quartiere di Trastevere. Si era facilmente orientato nei vicoli che aveva conosciuto da ragazzo, così vicini e così diversi dalla grande *domus* sull'Aventino dove era cresciuto e di cui ormai restava solo il ricordo.

Incrociò dei pretoriani che scortavano un folto gruppo di persone, uomini, donne, vecchi e bambini. Sembravano tranquilli e pacifici, non certo pericolosi incendiari. Chiese a un centurione: «Dove li portate?».

«Alla caserma della VII coorte dei vigili, qui vicino.»

«Dov'è Subrio Flavo?»

«Più avanti, segui questa strada fino allo spiazzo.»

Poco dopo, sotto un'*insula*, altra gente era stata radunata senza troppi complimenti. Flavo dirigeva le operazioni come se si fosse trovato in una città armena conquistata e la cicatrice sul volto lo faceva sembrare ancora più spietato. Vedendo avvicinarsi l'amico dell'imperatore, cercò di dissimulare la sorpresa e di essere cordiale.

«Ave, Sallustio. A che cosa è dovuta la tua presenza in questo fetore?»

«Come sai, sono stati i miei legionari a catturare lo schiavo cristiano. Vorrei cercare di essere utile a Cesare interrogando i capi della setta per ricostruire i loro legami con l'incendiario. Li hai già presi?»

Il pretoriano esitò un istante prima di rispondere. Non aveva piacere che il tribuno si intromettesse, ma i rapporti personali tra il suo interlocutore e Nerone non gli lasciavano spazio di manovra.

«Ne abbiamo interrogati, diciamo così, un paio per avere indicazioni sui loro capi. Uno di loro è morto prima di rispondere, l'altro ci ha detto che i capi più importanti sono due. Uno è chiamato Kefa. È un giudeo molto vecchio e dicono che sia stato il primo discepolo del fondatore della setta, quel Cresto, o Cristo, che secondo loro è risorto dai morti. L'altro si chiama Saul, noto come Paolo. Cittadino romano originario della Cilicia, è una nostra vecchia conoscenza. Un sobillatore che era già stato imprigionato e trasferito a Roma qualche anno fa, dopo aver provocato disordini a Hierosolyma.* Purtroppo fu rilasciato ed è ovviamente tornato all'opera. Pare che la mente della setta sia proprio lui. Sono riuscito a prenderli entrambi prima che scappassero. Abbiamo trovato anche parecchie lettere.»

«Lettere?»

«Sì, lettere in greco, scritte e ricevute da loro. Se vuoi, puoi leggerle. Le ho fatte portare ai *castra praetoria*.»*

«Dove sono ora questi capi?»

«Al Tullianum. Gli altri, per ora, li sto facendo concentrare nella...» Fu interrotto da un grido femminile e da un tonfo. A pochissima distanza da loro, una ragazza si era schiantata cadendo dall'*insula* e giaceva immobile in una pozza di sangue che si allargava sotto di lei.

Una voce maschile gridò dall'alto: «Tribuno, si è buttata per non farsi prendere!».

Subrio fece una smorfia, e mormorò: «Forse il suo Dio le ha fatto vedere che cosa li attende».

Tre giorni dopo

Era la prima volta che Sallustio poteva ammirare Anahita a capo scoperto. I capelli erano neri, lisci e lunghissimi. La ragazza li aveva raccolti in una treccia sul petto e se li accarezzava pensierosa, mentre il giovane le esponeva i sospetti che gravavano sulla setta dei cristiani. Si trovavano nelle *Syracusae*, lo studiolo isolato di Augusto al piano superiore della *domus*, accessibile solo da una scala di legno a chiocciola e ancora pieno dei rotoli con i suoi libri.

Dopo il rastrellamento nel quartiere giudeo, il tribuno si preparava a interrogare i capi della setta. Nerone non aveva avuto alcuna esitazione ad acconsentire alla sua richiesta di poterli vedere prima che i pretoriani li torturassero. Si era così recato ai *castra praetoria* e aveva esaminato le loro lettere. Si trattava soprattutto di copie di missive inviate da Paolo, ma ce n'era anche qualcuna di Simone, detto Pietro, da pietra, Kefa nella sua lingua, il primo degli apostoli di Gesù Cristo.

Anahita era perplessa.

«Ho sentito spesso parlare dei cristiani, in Armenia e qui. Da quello che ho capito, rifuggono dalla violenza. Il loro Cristo si è sacrificato sulla croce per la salvezza degli uomini ed è risorto dai morti.»

«Solo lui sarebbe risorto?»

«Per ora, solo lui. Gli altri risorgeranno alla fine dei tempi.»

«Non capisco. Perché la morte di questo Cristo può salvare gli uomini? E che senso può avere risorgere alla fine dei tempi? Non sarebbe troppo tardi?»

«La morte di Cristo è il presupposto per la sua rinascita, che è la salvezza per gli uomini. È una promessa di vita eterna che passa attraverso la morte e la resurrezione. Ti sembra poco, Gaio Sallustio?»

«Come fai a dire queste cose? Sei cristiana anche tu?»

La ragazza esitò, come per decidere se poteva parlarne, e proseguì: «No, non sono cristiana. Sono una fedele di Mitra. Non posso dirti molto, perché solo chi è stato iniziato può conoscere i misteri del Dio, ma il sacrificio di Gesù che salva e rigenera ricorda uno dei punti centrali del nostro culto. È il sacrificio del toro da parte del dio Mitra, nato dalla vergine Anahita. Il sangue della bestia è generatore di vita e consente alla luce di prevalere sulle tenebre».

«Scusami, assurdo per assurdo, posso capire il sacrificio di un uomo che risorge dai morti come ottimo argomento per sostenere la tesi di una rigenerazione a opera divina, ma sul sacrificio del toro non riesco proprio a comprenderti...»

«Non è necessario che tu capisca» rispose Anahita. «Ti basti sapere che il culto dei cristiani ricorda alcuni aspetti della mia fede. Ma non è gente violenta. Non credo quindi che siano stati loro a incendiare Roma.»

«In ogni religione ci sono dei fanatici. Magari persone che prendono alla lettera certe affermazioni e cercano di metterle subito in pratica...»

Al tribuno erano venuti in mente alcuni passaggi delle lettere che aveva esaminato. Ripensò anche a Tiridate che uccideva il toro a Rhandeia e colse il significato religioso del gesto: la sottomissione a Roma era come la morte, ma lo avrebbe fatto risorgere più forte di prima. Si ripromise di parlarne con Corbulone al suo rientro. Decise tuttavia di non farne cenno ad Anahita. L'ultima cosa che avrebbe voluto al mondo era che vedesse di nuovo in lui un comandante nemico. Le chiese comunque del padre. Ci aveva pensato spesso negli ultimi giorni.

«Quando arriverà tuo padre?»

«Non lo so di preciso. Come sai, non ho informazioni da quando abbiamo lasciato l'Armenia. Mi aveva detto che non avrebbe utilizzato le navi della flotta romana, ma sarebbe venuto a cavallo, scortato da un grande corteo con i suoi migliori guerrieri. Credo quindi che partirà a primavera. Ignoro quanto possa essere lungo il viaggio.»

«Con un corteo, almeno sei mesi, forse più. Dipenderà dalla durata delle soste. Partendo a primavera, dovrebbe essere qui tra circa un anno.»

«Che accadrà allora?»

«Si sottometterà a Cesare, come ha già fatto alla sua effigie a

Rhandeia. Sarai quindi libera di tornartene con lui in Armenia. Ti sposerai e avrai dei figli. Hai già un promesso sposo, immagino.»

«Sì, Vologese.»

«Il re dei re?»

«Il figlio. È un ragazzo, poco più grande di me. Mio padre mi ha promessa a lui quando eravamo bambini.»

«Sarai la regina dei parti, quindi.»

«Se questo sarà il volere di Mitra...»

«Che tipo è?»

«Lo vedrai, dovrebbe accompagnare mio padre a Roma. E tu, Gaio? Che farai?»

«Aspetterò di vederti al fianco di tuo padre. Poi tornerò alla mia legione.»

«E non ci incontreremo più?»

«Chi può dirlo? Lo sanno Giano e Mitra. Gli uomini non conoscono quello che li aspetta. Ho sempre pensato che non fosse giusto, ma ora inizio a considerarlo un bene. Forse ci incontreremo quando saremo vecchi.»

«O quando saremo nuvole nel cielo...» La ragazza sorrise e proseguì: «Non riesco a immaginarti vecchio, Gaio».

«Neppure io riesco a immaginarti vecchia. Chissà se ti ricorderai di me...»

«Mi ricorderò per sempre di te. E ti immaginerò a Tusculum, mentre guardi il sole che tramonta su Roma, con tanti nipoti intorno.»

Sallustio posò lentamente la mano sulla sua e lei non la tolse.

✠ ✠ ✠

Il carcere Tullianum era sotto il Campidoglio, nei pressi del tempio della Concordia, dietro il Foro di Cesare e la curia. Lì erano stati strangolati molti nemici di Roma, tra cui Giugurta e Vercingetorige dopo i trionfi in cui erano sfilati in catene, i complici di Catilina e, in epoca più recente, il prefetto del Pretorio Seiano e i suoi figli.

Da ragazzo, Sallustio aveva dovuto ovviamente imparare a memoria l'opera del suo insigne avo, che includeva una descrizione proprio della cella nella quale si trovava ora: «Vi è un luogo nel carcere chiamato Tulliano, un poco a sinistra salendo, sprofondato a circa dodici piedi sotto terra. Esso è chiuso tutt'intorno da robuste pareti, e al di sopra da un soffitto, costituito da una volta in pietra. Il suo aspetto è ripugnante e spaventoso per lo stato di abbandono, l'oscurità, il fetore».

Una descrizione perfetta, anche a distanza di cento anni.

Di fronte al tribuno c'era un vecchio non molto alto, dalla folta barba bianca e quasi senza denti. Doveva essere stato un uomo robusto, ma era ormai piegato dagli anni, almeno settanta, e dava un'impressione di fragilità. Solo lo sguardo non aveva perso il vigore di un tempo. Parlava male il latino e si esprimeva in un greco abbastanza corretto ma dalla pronuncia impossibile, evidentemente imparato in età avanzata. Fu Sallustio a esordire in quest'ultima lingua: «Sono Gaio Sallustio Crispo, tribuno della sesta legione. Tu chi sei?».

«Dovresti sapere chi sono, se mi hai fatto arrestare.»

Come inizio non era molto promettente. Di fronte a una risposta così insolente, in altre circostanze Sallustio gli avrebbe mollato un ceffone, ma Anahita lo aveva convinto a seguire la via del dialogo. Il tribuno quindi replicò con calma: «Mi hanno detto che sei Simone, detto Kefa. Pietro, il capo dei cristiani».

«Io non sono capo di nulla. Sono solo un apostolo di Gesù Cristo.»

«Chi è Gesù Cristo?»

«È il figlio di Dio, il Messia e il nostro Salvatore.»

«Tu lo hai conosciuto?»

Il vecchio tacque, gli occhi gli si riempirono di lacrime. Quando rispose, la voce era rotta dall'emozione: «Sì, l'ho conosciuto. Mi scelse come suo discepolo, l'ho accompagnato nella sua predicazione in Galilea e Giudea, sono entrato con lui a Yerushalaim* e sono stato testimone delle sue sofferenze, della sua morte sulla croce e della sua resurrezione nella gloria di Dio».

«In che senso, resurrezione?»

«Nell'unico senso possibile, fratello. Resurrezione dai morti.»

Sallustio aveva già letto nelle lettere i continui riferimenti alla resurrezione e si era convinto che il suo interlocutore e i suoi seguaci fossero pazzi. Doveva comunque farlo parlare per arrivare al tema che gli stava a cuore: l'incendio di Roma e i suoi autori.

«Tu lo hai visto risorgere dai morti?»

«Io ho visto tutto, fratello... Ho vissuto con lui per tre anni. L'ho visto morire sulla croce. Ho visto la sua tomba vuota. E l'ho visto risorto.»

«Mmm... E com'era, da risorto?»

«Come me e come te.»

«Identico a com'era da vivo?»

Il vecchio sembrò esitare. Poi disse: «Certo, come il giorno che torna dopo la notte, uguale a quello precedente».

«Lo hai toccato?»

«Non avevo bisogno di toccarlo per essere certo che non fosse un'allucinazione, ma c'è stato comunque chi l'ha fatto.»

«Chi?»

«Uno dei discepoli[1] e alcune donne che lo amavano.»[2]

«Si è mostrato anche al popolo e ai romani?»

«No.»

«Perché no? Se si fosse mostrato a tutti, avrebbe dimostrato di essere immortale come gli dei. A quest'ora saremmo tutti cristiani...»

«Perché Dio non vuole e non deve dimostrare nulla a nessuno. Dio non deve convincerti, tribuno. Ti ha invece offerto la salvezza per mezzo di Gesù. Sta a te decidere. Dio l'ha fatto resuscitare e ha voluto che si facesse vedere solo da noi, scelti come testimoni.»

«E dov'è ora?»

«È salito al cielo ed è tornato alla casa del padre.»

«E chi è il padre, Dio?»

«Certo.»

«Ma Dio non può essere padre.»

«Invece lo è. Dio è padre e ci ama.» Il vecchio sembrava sforzarsi di ricordare qualcosa. «Ha inviato suo figlio a prendere su di sé i peccati del mondo, come un agnello senza macchia. L'eredità che ci ha lasciato è resa incorruttibile dalla nostra fede, che la conserva nei cieli per la salvezza nell'ultimo tempo.»

«Non capisco. Hai parlato di cieli... Dio è in cielo?»

«Dio è ovunque.»

«È vero che voi attendete cieli nuovi e una terra nuova?»

«Sì. Cieli nuovi e una terra nuova, dove abita la giustizia.»

«E quale sarà la fine di questa terra vecchia e ingiusta?»

Pietro aveva capito dove il romano voleva arrivare e rispose in modo diretto: «So cosa vuoi sapere. Non siamo stati noi a bruciare Roma, tribuno. Il messaggio di Cristo è solo di amore e pace».

«Abbiamo trovato le vostre lettere. Si parla del fuoco di Dio che distrugge le città dei vizi e che scioglie la terra, proprio per arrivare ai cieli nuovi e alla terra nuova. I ministri di Dio sarebbero come fiamme di fuoco[3] e la fine di tutte le cose sarebbe vicina. Che c'entrano il fuoco e la distruzione delle città con l'amore e la pace?»

«Quello è il giorno del giudizio. Sono riferimenti tratti dalla Scrittura, il testo sacro del popolo di Israele che esiste dal principio dei tempi. Non si tratta del fuoco degli uomini, è il fuoco di Dio.»

«Il fuoco è sempre uguale e brucia allo stesso modo... Dalle lettere si intuisce anche che la vostra comunità è agitata da fanatismi e che tu e gli altri capi, in particolare Paolo, siete preoccupati per questo. Non avrebbero altrimenti senso tutti quei moniti alla cautela, al rispetto dell'imperatore, alla necessità che gli schiavi restino sottomessi.[4] Tu puoi escludere che qualche fanatico abbia deciso di incendiare questa città di empi senza dover aspettare il giorno del giudizio?»

«Nessuno può sostituirsi a Dio. Sarebbe un peccato gravissimo.»

«Non mi hai risposto, Kefa. Lo puoi escludere?»

I due si guardarono negli occhi. A Sallustio parve che quello sguardo gli scavasse l'animo, poi il vecchio parlò, in tono sommesso ma risoluto: «Nessun cristiano può aver incendiato Roma».

«Eppure, dovreste avere sentimenti di vendetta nei confronti di Roma. Non è forse stato il prefetto di Giudea a far crocifiggere Gesù?»

Kefa scosse la testa, come se il suo interlocutore non avesse compreso una cosa ovvia.

«Anche Ponzio Pilato è stato uno strumento di Dio. Non

avrebbe potuto assolvere Gesù. Il Figlio dell'Uomo doveva essere crocifisso per risorgere il terzo giorno. Roma ha solo attuato la volontà del Padre, perché dovremmo portarle rancore?»

«Vuoi dire che Ponzio Pilato era d'accordo con Gesù?»

«Non era d'accordo con lui, non lo conosceva nemmeno. Dico solo che il vostro prefetto è stato lo strumento di Dio. Ha condannato un innocente, ma se lo avesse assolto il disegno di Dio non si sarebbe compiuto.»

«È stato Pilato, quindi, a rendere possibili queste vostre credenze?»

Pietro non rispose e il tribuno cambiò argomento: «Che cosa diceva il tuo Cristo della schiavitù? Nelle lettere si esortano gli schiavi a obbedire ai padroni.[5] Allora gli uomini non sono tutti fratelli?».

«Non ci sono differenze tra padroni e schiavi. Ogni uomo è figlio di Dio. Anche i padroni hanno un padrone in cielo e dovranno rispondere di come avranno trattato i propri servi.»

«Ci sono molti cristiani tra gli schiavi di Cesare?»

«Non ho mai chiesto a nessuno se fosse libero o schiavo. Sono tutti miei fratelli.»

«Ci sono cristiani anche tra i pretoriani?»

✠ ✠ ✠

L'uomo era più giovane di Kefa. Sessant'anni, forse meno. Basso, quasi calvo, una rada barbetta brizzolata, un grosso naso sporgente e occhi neri, intelligenti, che fissavano il tribuno. Condivideva la cella con altri detenuti, così le guardie del Tullianum lo avevano condotto in un locale adiacente all'ingresso, dove lo attendeva Sallustio.

Paolo di Tarso sembrava incuriosito dalla visita. Fu lui quindi a formulare la prima domanda in perfetto greco, la voce leggermente nasale: «Perché sei qui?».

«Il mio nome è Gaio Sallustio Crispo. Vengo dalla Siria.»

«Vieni da molto lontano, allora. Sono nato da quelle parti, a Tarso, e ho vissuto a lungo in Siria, in una vita passata.»

«Mi hanno detto che sei cittadino romano.»

«Sì, ho ereditato da mio padre la cittadinanza.»

«Come cittadino, comprenderai bene la situazione. Durante l'incendio, i miei uomini hanno arrestato uno schiavo di Cesare che era tra quelli che avevano appiccato il fuoco. Era un cristiano. Ha farneticato di cieli nuovi e di terra nuova. Ho letto le tue lettere e quelle di Kefa: annunciate la distruzione degli empi con il fuoco. Il quartiere dove vivete con i giudei non è stato toccato dagli incendi e non avete partecipato alle cerimonie di ringraziamento agli dei. Ti consiglio di convincermi che non siete stati voi, oppure assisterai presto alla distruzione della tua setta.»

«Se hai letto le nostre lettere, avrai capito che respingiamo ogni violenza.»

«Proprio le vostre lettere mi inducono a pensare il contrario. Tu e Kefa dite di essere uomini di pace, ma la vostra religione racchiude un potenziale di violenza di cui dovreste essere consapevoli. Tu hai scritto che, secondo la legge, quasi tutte le cose vengono purificate col sangue e che senza effusione di sangue non vi è remissione.[6] Le tue lettere sono piene di riferimenti al sacrificio di Cristo e al sangue. Arrivi a sostenere che un furore di fuoco sarebbe pronto a consumare i ribelli[7] e che un fuoco ardente farà vendetta su quanti non vogliono riconoscere Dio, né ubbidire all'annuncio di Gesù.»[8]

«In quelle lettere ho esortato a non cessare mai di fare del bene,[9] di perseguire la pace e la santificazione, senza le quali nessuno può vedere il Signore.[10] Ho anche scritto che i cristiani devono essere sottomessi alle autorità, devono essere pronti per ogni opera buona, non devono denigrare nessuno, non devono essere litigiosi, ma arrendevoli e dimostrare piena comprensione verso tutti.»[11]

«È proprio questo il punto che mi ha colpito. Per gli eletti da Dio, quelli che hanno fede in Cristo, ci sono il perdono, la pace e la serenità. In una parola, la perfezione.[12] Per tutti gli altri, c'è il fuoco.»

«Il fuoco dal cielo è quello evocato dalle antiche scritture del popolo ebraico. Il fuoco al quale alludo io è invece lo Spirito Santo, lo spirito di Dio, che non distrugge, ma salva...»

«Non sono concetti facili da comprendere per uno schiavo. Come ho già detto a Kefa, quello conosce un solo tipo di fuoco.»

«Sono in cammino da tanti anni proprio per spiegare a tutti il messaggio di amore e di salvezza, soprattutto alle persone più semplici. Beati i poveri di spirito, perché vedranno Dio, diceva Nostro Signore. Anche il riferimento al sangue è al sacrificio di Cristo per redimere i nostri peccati. Egli è la vittima del sacrificio, non il suo autore.»

«Ma l'autore non è lo stesso Dio? Kefa mi ha appena detto che persino Ponzio Pilato sarebbe stato, a sua insaputa, uno strumento di Dio. Perché Dio sacrifica suo figlio? Mi viene in mente il sacrificio del primogenito praticato a Cartagine, nelle storie di Diodoro che leggevo da ragazzo. Storie terribili, che da sole giustificheranno per sempre la distruzione di quella città da parte di Roma.»

«Al contrario dei cartaginesi, Dio sacrifica suo figlio per farlo risorgere. Per farci comprendere che solo attraverso la morte si può arrivare alla salvezza e alla resurrezione.»

«Anche tu lo hai visto risorto?»

«Non l'ho visto, anche se l'ho incontrato tante volte. La prima proprio in Siria, dopo aver rivolto ad altri domande simili a quelle che tu stai rivolgendo a me, in prigioni come questa. Da allora, egli ha guidato il mio cammino. Lo vedrò certamente dopo la mia morte, nella gloria di Dio...»

✠ ✠ ✠

Era notte fonda quando Sallustio uscì dal Tullianum incamminandosi lungo il clivus lautumiarum, verso la *domus* sul Palatino. Kefa e Paolo non avevano fugato i suoi dubbi sulla possibile iniziativa di un gruppo di fanatici sfuggiti al controllo dei capi e in ogni caso, per come si stavano mettendo le cose, la fine della setta gli sembrava inevitabile. Nel riportare il contenuto dei suoi interrogatori a Domizio, avrebbe comunque fatto in modo che i due non fossero torturati. Gli avrebbe detto che doveva sentirli ancora.

Gli ingressi e l'esterno della *domus Augusti* erano sorvegliati dai suoi legionari. Due *contubernia* montavano la guardia, gli altri erano con Casperio a disposizione dell'imperatore, alloggiati nella caserma della terza coorte dei vigili al Viminale. Il giovane si diresse nel *cubiculum* che utilizzava per dormire, uno di quelli adiacenti all'atrio che dava sul retro del tempio di Apollo. Si tolse l'elmo, il pettorale di cuoio e la tunica, senza riuscire a scacciare la puzza del Tullianum. Avrebbe avuto bisogno di un bagno, ma non c'erano più terme funzionanti in città. Quelle che non erano bruciate ospitavano gli innumerevoli sfollati dei quartieri distrutti. Il rumore dell'acqua corrente nella vasca dell'atrio gli fece venire un'idea. La *domus* era immersa nell'oscurità e non lo avrebbe visto nessuno. Si denudò e sgattaiolò fuori, immergendosi senza fare rumore nell'acqua fredda. Era una sensazione bellissima, alzò gli occhi al cielo e guardò le stelle di quella sera di luglio, chiedendosi dove fosse il Dio di Kefa e di Paolo. Un rumore lo fece trasalire. Una figura vestita di bianco era apparsa ai bordi della vasca.

La veste cadde a terra e Anahita, completamente nuda, lo raggiunse in acqua. Non disse nulla, si strinse forte a lui.

Mattina del terzo giorno prima delle idi di ottobre (13 ottobre 64 d.C.)

La fanciulla coperta da una pelle di gazzella era rimasta sola, immobile al centro dell'arena, sotto l'alto obelisco egizio fatto portare a Roma da Caligola. Intorno a lei, solo cadaveri e le belve che li stavano mangiando. Poteva avere tredici anni, non di più. Guardava atterrita l'enorme leonessa che la puntava. Ce ne erano altre sei e avevano già ucciso i suoi genitori e tutti i suoi compagni. Erano state catturate in Nubia e una nave oneraria le aveva sbarcate a Ostia giusto in tempo per prendere parte ai giochi del *dies imperii* di Nerone, il decimo anniversario del principato. A causa dell'inagibilità del Circo Massimo, si tenevano al Gaianum, negli Horti Vaticani. Le fiere erano state tenute a digiuno per giorni e la vista del cibo era stata più forte del timore della folla. Dopo un'iniziale esitazione, erano balzate nell'arena e avevano fatto scempio del gruppo di cristiani.

La belva iniziò ad avvicinarsi lentamente alla ragazzina, che si mise a cantare. Una voce melodiosa, bellissima. La fiera restò interdetta, come la folla assiepata sulle tribune di legno. Dallo scranno imperiale, Nerone fece un rapido cenno a Fenio Rufo, che diede un ordine. Un attimo dopo, venti pretoriani irruppero di corsa in formazione serrata nell'arena e tennero indietro con le lance le belve ruggenti. La fanciulla fu afferrata da un centurione e portata via in un boato del pubblico.

Sallustio, sulla tribuna dietro l'imperatore, pensò che Domizio avesse la non comune capacità di percepire gli umori della plebe. Lasciare quella ragazzina alle bestie sarebbe stato impopolare e il principe lo aveva capito subito. Magari l'avrebbe fatta uccidere lo stesso, ma in quel momento aveva dimostrato a tutti la sua magnanimità.

I giochi andavano avanti da ore. Nerone si era inizialmente mescolato alla folla vestito da auriga, poi aveva attraversato la pista del circo conducendo una quadriga trainata da splendidi stalloni bianchi ed era salito sulla tribuna, dove lo attendevano i consoli, i prefetti del Pretorio, i flamini degli dei e le altre autorità. Voleva apparire il principe che viene dal popolo e ascende al sommo potere, come se non fosse stato il rampollo della famiglia che reggeva le sorti di Roma dall'epoca di Giulio Cesare.

Dopo la gara delle bighe, il pezzo forte dei giochi era stato l'esecuzione di numerosi cristiani, indicati quali responsabili dell'incendio. Molti di loro avevano già illuminato la notte dell'Urbe, crocifissi e bruciati come torce. Gli altri, a gruppi, erano destinati alla *damnatio ad bestias*.

Sallustio si alzò. Presto sarebbe toccato a lui. Mentre scendeva verso le *carceres* sul lato occidentale dell'arena, ripensò al colloquio che aveva avuto con Nerone.

✠ ✠ ✠

«Allora Gaio, com'è successo?»

«L'incendio è divampato nelle botteghe dei portici intorno al Circo Massimo, tra l'Aventino e il Celio, proprio sotto la *domus transitoria.* Lì erano custodite merci infiammabili e si è subito diffuso.»

«Quindi l'obiettivo era la mia *domus.*»

«Non ci sono elementi che lo dimostrino, ma è possibile. Se l'incendio è stato doloso, il primo obiettivo che viene in mente è quello. Non è certo se il focolaio iniziale sia stato uno solo o se ce ne siano stati diversi. Propenderei per questa seconda ipotesi, vista la velocità con cui le fiamme si sono diffuse in tutta la zona, già durante la prima notte. In ogni caso, il secondo incendio, quello divampato nel quartiere emiliano e nei terreni di Tigellino, è stato certamente doloso.»

«E l'obiettivo in quel caso era il mio prefetto...»

«Possibile anche questo. Molti hanno riferito che, in occasione del primo incendio, uomini armati di bastoni e fiaccole tenevano indietro la gente e appiccavano le fiamme. A chi chiedeva loro perché lo stessero facendo, rispondevano che obbedivano agli ordini ricevuti. Alcuni hanno creduto di riconoscere tuoi schiavi e addirittura pretoriani. È comunque un fatto che il mio centurione abbia arrestato un tuo schiavo addetto alle terme della *domus transitoria.* Si è così diffusa la diceria che saresti stato tu a ordinare l'incendio, per ricostruire la tua *domus* più grande e più bella di prima.»

«Questo è sterco di bue. Non avevo certo bisogno di incendiare Roma per farlo e non avrei mai lasciato alle fiamme tutte le straordinarie opere d'arte della *domus transitoria*!»

«Come sai, hanno anche messo in giro la voce che avresti cantato la caduta di Troia guardando Roma bruciare.»

Nerone non aveva fatto commenti, ma aveva chiesto: «Tu che ne pensi?».

«Lo schiavo catturato è un cristiano che nel suo delirio ha sempre manifestato solo cieco fanatismo. È morto per le torture senza aver confessato per conto di chi aveva agito, ma è un altro fatto che qualcuno abbia colto l'occasione dell'incendio per cercare di distruggere il consenso della plebe nei tuoi confronti.»

«Vuoi dire che ci sono cospiratori in combutta con i cristiani?»

«La questione dei cristiani è abbastanza complicata. Ho interrogato i capi e letto le loro lettere. È una setta di fanatici convinti che i morti possano risorgere.»

«Sì, ho sentito. C'è in giro gente pronta a credere in qualunque cosa...»

L'imperatore restò assorto e Sallustio tacque. Fu Nerone a proseguire: «Sai, Gaio, ho avuto una figlia, Claudia Augusta. Bellissima, è stata la felicità più grande della mia vita, ma è morta dopo appena quattro mesi. Ora avrebbe avuto più di un anno. Le ho fatto dedicare un tempio, ho scritto poesie per lei, ma sarebbe bello pensare di poterla rivedere, un giorno».

Fece una pausa. Aveva gli occhi lucidi. Poi sembrò scuotersi e continuò: «Ma purtroppo così non sarà... Il messaggio di quei fanatici è forte, Gaio, perché tocca il punto più debole della nostra umanità: l'idea di dover finire nel nulla assoluto e di non poter più riabbracciare le persone che abbiamo amato».

«Cesare, ho cercato il rapporto del prefetto di Giudea, Ponzio Pilato, sulla crocifissione di questo Gesù, ma se tale rapporto è esistito, si trovava negli archivi provinciali che erano già stati spostati nella *domus transitoria*. Sono stati tra i primi ad andare in fumo.»

«C'era ben altro che è andato in fumo, purtroppo.»

«I cristiani sono anche convinti che non ci sia differenza tra liberi e schiavi.»

«Sappiamo entrambi che in questo hanno ragione, Gaio. Gli uomini e le donne sono uguali, liberi o schiavi che siano. La schiavitù è solo il sistema che fa funzionare l'impero.»

«È vero, ma sappiamo che metterlo in discussione sarebbe per Roma persino più devastante dell'incendio.»

«Già... Per te sono stati i cristiani, allora?»

«La mia idea è che siano stati dei fanatici cristiani i quali, probabilmente all'insaputa dei loro stessi capi, hanno deciso di distruggere con il fuoco quella che considerano la città dei vizi. Una specie di scorciatoia per il giorno del giudizio divino da loro ardentemente atteso. Alcuni di questi fanatici si annidano tra i tuoi servi e forse persino tra i pretoriani.»

Nerone era rimasto pensieroso. Non erano i cristiani a preoccuparlo.

«Per te c'è anche altro, però.»

«Su questo non ho elementi, Cesare, ma solo sensazioni. Se gli incendiari erano nel tuo palazzo, tra i tuoi servi, è possibile che qualcuno abbia intuito qualcosa, li abbia agevolati o comunque utilizzati per gettare discredito su di te, per toglierti il favore della plebe.»

«L'incendio sarebbe quindi il preludio di una congiura?»

«È una possibilità, Cesare.»

«Ti ringrazio, amico mio. Aumenteremo la vigilanza e intanto regoleremo i conti con questa setta. Hai detto che il loro fondatore è stato crocifisso in Giudea. Voglio che il loro capo sia crocifisso a Roma. E toccherà a te farlo.»

«A me, Cesare?»

«Certo. Lo faremo durante i giochi dei *decennalia*. La mia sensibilità artistica immagina già la scena: il capo della setta crocifisso dai nostri legionari, come il suo fondatore. E di legionari a Roma ci sono solo i tuoi.»

✠ ✠ ✠

«Ci siamo, Kefa...»

Nel carcere adiacente all'arena, il vecchio alzò gli occhi verso Sallustio. Era in piedi, seminudo, i capelli scarmigliati, la barba lunga, circondato da ventiquattro legionari, tre *contubernia* in assetto di guerra con l'insegna della centuria. Gli schiavi addetti all'arena erano pronti con il *patibulum*.*

Pietro si rivolse in greco al tribuno: «Sono pronto, ma non sono degno di morire come lui. Uccidimi tu con la spada».

Sallustio esitò e disse, poco convinto: «Dovrai essere crocifisso. È la decisione di Cesare».

«Ma io non posso essere crocifisso come il *rabbi*. Sono solo un povero peccatore.»

«Perché dici questo? Non sei forse il primo dei suoi discepoli?»

Il vecchio esitò, come indeciso se parlare. Scosse la testa e si limitò a ripetere: «Non sono degno di morire come lui».

C'era qualcosa che lo faceva soffrire. Non il pensiero della morte, forse un rimorso, ma non lo avrebbe mai confessato a un romano. Sallustio decise di rispettare il suo ultimo desiderio.

«Sarai crocifisso in modo diverso, allora» sentenziò.

Pietro non capì. Il tribuno si avvicinò, gli mise una mano sulla spalla e strinse.

Il palo verticale era stato già conficcato nell'arena sgombrata dalle leonesse, proprio sotto l'obelisco. Sallustio si voltò verso gli schiavi e ordinò: «Legate il *patibulum* in basso. Lo crocifiggeremo a testa in giù».

Il vecchio era stato indicato come il capo dei fanatici incendiari e, al suo ingresso nell'arena scortato dai legionari, la folla iniziò a inveire contro di lui. Il tribuno osservava il suo volto. Entrato nel circo con passo risoluto, quando si accorse che i mucchi di stracci insanguinati a terra erano ciò che restava dei suoi compagni sbranati si fermò, attonito e smarrito. Un legionario lo spinse verso l'obelisco. Vedendo la croce rovesciata, comprese. Lo sollevarono e lo legarono. Avrebbero dovuto inchiodargli i polsi e i piedi, ma i chiodi si conficcarono solo nel legno, come Sallustio aveva ordinato. Da quell'estrema prospettiva, Pietro cercò con gli occhi il tribuno, che annuì, quasi a rassicurarlo. Poi sguainò il gladio e con un gesto veloce glielo immerse nel petto. Il pubblico non si aspettava una fine così rapida ed espresse la sua delusione. Sallustio non vi fece caso. Sollevò il gladio insanguinato verso Cesare, lo rinfoderò, ordinò l'attenti e si avviò verso l'uscita seguito dai legionari in formazione.

Mentre procedeva a passo cadenzato, lo sguardo fisso innanzi a sé, si augurò che Kefa avesse già incontrato il suo Dio.

✠ ✠ ✠

Quando il tribuno rientrò in serata nella *domus Augusti*, trovò Anahita chiusa nello stesso *cubiculum* dove si era rifugiata il giorno dell'incendio. Una volta le aveva chiesto perché scegliesse quel luogo così angusto per pregare. La ragazza era stata evasiva. Da quello che il tribuno aveva capito, Mitra non era nei cieli come il Dio cristiano, ma in una grotta.

L'attese nell'atrio e guardò il cielo di quella notte di ottobre, mite come solo a Roma sa essere. Ripensò al sangue salvifico di Gesù, a quello del toro di Mitra, a Kefa e a Paolo. Quest'ultimo, cittadino romano, non poteva essere crocifisso ed era stato ucciso fuori città dalla spada di un pretoriano.

Si chiese se tutto il sangue che era stato versato quel giorno avrebbe salvato qualcuno. Ne dubitava. Le vecchie divinità romane gli sembrarono alla fine più rassicuranti degli dei orientali.

Poco dopo, Anahita lo raggiunse. Colse subito il turbamento del giovane.

«È stato difficile?»

«Ho ucciso un vecchio innocente. Ci sono cose più facili...»

La ragazza gli prese la mano.

«È stata la volontà di Dio. Nessuno di noi vivrà un istante in più di quello che Dio ha stabilito.»

«Dio sa anche che ne sarà di noi due?»

«Dio sa tutto, Gaio.»

«Non voglio pensare di essere solo un burattino destinato a recitare battute scritte da altri. Farò le mie scelte liberamente e ho scelto di restare con te. Di non lasciarti.»

«Un'arsacide e un romano? Non lo consentiranno mai, né gli uomini, né Dio. Quello che possiamo fare è cogliere questi momenti, consapevoli che avranno fine quando arriverà mio padre, vivendo intensamente ogni giorno per conservarne poi la memoria.»

Il tribuno la strinse a sé.

Tredicesimo giorno prima delle calende di maggio, anno del consolato di Nerva Siliano e Attico Vestino, ottocentodiciottesimo dalla fondazione di Roma (19 aprile 65 d.C.)

Il legionario arrivò di corsa nella *domus Augusti* mentre Sallustio si accingeva a uscire per raggiungere il tempio di Cerere, dove quel giorno era previsto lo svolgimento di ludi alla presenza dell'imperatore. Ansimando, annunciò: «M'invia il centurione... Cesare vuole che tu lo raggiunga subito agli Horti Serviliani».

«Che è successo?»

«Non lo so, tribuno, ma tutte le coorti pretorie sono state poste in stato di allarme.»

«Tutte?»

«Sì, tribuno.»

Era dalla morte del divo Claudio che non accadeva.

«Andiamo.»

Uscendo, ordinò ai legionari di guardia: «Chiudetevi dentro. Nessuno entri o esca fino al mio ritorno».

La *domus* di Servilio era oltre Porta Capena, agli inizi della via Appia. Nerone era lì da qualche giorno per supervisionare i lavori di ricostruzione della zona, colpita dall'incendio. Lungo la strada, Sallustio notò un'inconsueta presenza di pattuglie pretoriane a cavallo. All'ingresso della *domus*, i pretoriani erano affiancati da guardie germaniche.

Casperio era nell'atrio, con alcuni legionari. Sallustio non ebbe bisogno di chiedere.

«È stata scoperta una congiura. Cesare ti attende nel *tablinum*. Vieni.»

L'ingresso della stanza era sorvegliato da due germani. Mentre Sallustio entrava, uscivano Fenio Rufo e Ofonio Tigellino, l'aria grave. Non appena Nerone lo vide, esclamò: «Gaio, avevi ragione, c'era una congiura. Volevano uccidermi oggi, ai ludi in onore di Cerere. Il console designato Plauzio Laterano, nell'inchinarsi per rivolgermi una supplica, mi avrebbe afferrato le gambe facendomi cadere e gli altri mi avrebbero trucidato. Il loro piano era di far salire al potere Pisone».

Il tribuno conosceva il senatore Gaio Calpurnio Pisone. Ricchissimo, apparteneva a una delle più nobili famiglie di Roma, imparentata con gli Scipioni e i Licini. Epicureo, noto più per le sue frivolezze che per l'impegno politico, amava le tragedie greche e le donne. Ne aveva sposata una bellissima, sottratta a un amico. Sallustio non lo avrebbe mai immaginato nei panni di un cospiratore.

«Come sono stati scoperti?»

«Ieri due amici di Pisone, Scevino e Antonio Natale, si sono intrattenuti a lungo a casa di Scevino, che al termine dell'incontro ha posto i sigilli al proprio testamento e si è molto innervosito perché un pugnale che teneva in serbo per un grande gesto aveva perso il filo. Ha quindi incaricato un suo liberto, tale Milico, di farlo arrotare subito e ha tenuto un banchetto donando la libertà e denaro agli schiavi più affezionati, pur essendo pieno di debiti. Era tesissimo, come alla vigilia di un evento pericoloso e importante. Il liberto ha intuito qualcosa e ha deciso di tradirlo. Questa mattina all'alba si è presentato qui, dicendo di avere informazioni terribili. L'hanno condotto dal mio liberto, Epafrodito, e questi lo ha portato da me. Ho subito fatto arrestare Scevino, che ha negato e ha accusato Milico di essersi inventato tutto. Per prudenza, ho fatto convocare anche Natale. Lui e Scevino sono stati interrogati separatamente sul contenuto del loro colloquio di ieri e le risposte non sono state le stesse. Ho deciso di farli sottoporre entrambi a tortura, ma alla vista degli strumenti Natale ha vuotato il sacco, facendo tra gli altri i nomi di Pisone e di Seneca.»

Nerone sorrise soddisfatto. Sallustio conosceva il motivo: Anneo Seneca, filosofo moralista nella vita pubblica e ricco usuraio in quella privata, era stato l'educatore al quale Agrippina aveva affidato il giovane Domizio. E, come lei, aveva commesso l'errore di pensare di governare attraverso Nerone, ma negli ultimi tempi si era ritirato in disparte per evitare la stessa fine della donna. Ora il suo coinvolgimento in quell'incredibile congiura, effettivo o presunto che fosse, consentiva all'allievo di un tempo di liberarsi di lui per sempre.

«Un gruppo di senatori, quindi?» chiese Sallustio.

«Così sembrerebbe. In effetti, circa un mese fa, il navarca di una quinquereme della flotta di Miseno, Volusio Proculo, denunciò di essere stato avvicinato da una liberta, tale Epicari, che lo aveva invitato a aderire a una congiura contro di me. La liberta è stata subito arrestata, ma non ha ammesso nulla. Questa mattina mi è tornata in mente e ho ordinato di sottoporla a tortura, ma mi è stato appena riferito che sta continuando a tacere. Evidentemente è più coriacea di senatori rammolliti che parlano alla sola vista degli strumenti.»

Sallustio era perplesso.
«Non sono convinto che si tratti solo di senatori, Cesare.»
«Che intendi dire?»
«Parlo da soldato. Non si può organizzare una cosa del genere e pensare di avere successo senza l'appoggio di una forza armata. Tuo zio Caligola fu ucciso dai pretoriani e anche il tentativo di Messalina e di Silio di togliere di mezzo Claudio aveva l'appoggio del prefetto dei vigili e del procuratore della scuola dei gladiatori. Lo stesso approccio di questa Epicari con un ufficiale della flotta fa capire come i congiurati fossero alla ricerca di un sostegno militare.»
«Secondo te c'è dell'altro?»
Sallustio ripensò alla scena nella *domus tiberiana*.
«Sì, Cesare. Del resto, conosci meglio di me Pisone. Non può essere lui il capo di questa cospirazione.»
Nerone era preoccupato. Sapeva che il tribuno aveva ragione.
«Che facciamo, Gaio?»

Due giorni dopo

Il boia impugnò il ferro rovente e lo avvicinò al petto di Scevino. L'interrogatorio si svolgeva in una delle stanze della *domus* di Servilio e per espresso volere dell'imperatore era condotto direttamente da Fenio Rufo. Sallustio osservava in silenzio, appoggiato alla parete.

La città era piombata nel terrore, percorsa dai pretoriani che arrestavano tutti coloro che fossero in qualsiasi modo legati ai congiurati. Alcuni di questi, tra cui Pisone e Seneca, si erano suicidati; altri, come Plauzio Laterano, erano stati brutalmente uccisi. Quelli che venivano catturati si sentivano imputare l'amicizia con i cospiratori, fugaci incontri con gli stessi o addirittura la presenza contemporanea a un convivio o a uno spettacolo. Solo la liberta Epicari aveva resistito alle frustate e ai ferri roventi, usati con accanimento di fronte alla resistenza di una donna. Il secondo giorno d'interrogatori, mentre la riportavano alla tortura sopra una lettiga a causa degli arti ormai slogati, si era tolta la fascia che le copriva il seno, l'aveva legata alla lettiga come un cappio, vi aveva infilato il collo e si era buttata a peso morto, uccidendosi.

Il ferro era talmente vicino al petto di Scevino che questi poteva avvertirne il calore. Fenio Rufo chiese a voce bassa: «Allora, per l'ultima volta. Vuoi raccontarci tutto?».

L'uomo fissò il ferro incandescente, come ipnotizzato, poi sogghignò e fissò il suo interlocutore.

«Nessuno ne sa più di te, Rufo. Potresti anzi dimostrare la tua gratitudine a Cesare raccontandogli tutto...»

Il prefetto del Pretorio balbettò qualcosa e fece cenno al boia di continuare, ma Sallustio si staccò dalla parete esclamando: «Fermo! Butta quel ferro!».

Il boia obbedì. Scevino accentuò il ghigno. Sarebbe morto lo stesso, ma non da solo. Il tribuno si avvicinò al prigioniero e gli indicò Rufo.

«È lui il capo, vero?»

Scevino annuì. Fenio Rufo avrebbe potuto reagire, negare, ma rimase in silenzio, completamente smarrito, come un animale in trappola. Poi si voltò di scatto e si diresse veloce verso la porta, la spalancò e finì letteralmente in braccio a Casperio, che attendeva fuori. Rufo cercò di scansarlo, ma il centurione, pur essendo più basso, lo immobilizzò senza alcuno sforzo. Sallustio li raggiunse.

«Hai qualcosa da dire, prefetto?»

✠ ✠ ✠

Il tribuno di coorte pretoria Subrio Flavo era in catene davanti all'imperatore, il volto coperto di sangue per i colpi ricevuti. Fenio Rufo non aveva resistito alla minaccia della tortura e aveva fatto i nomi dei tribuni e dei centurioni pretoriani coinvolti. Troppi, anche tra coloro che si erano distinti nel trucidare senza pietà i cospiratori catturati.

Sallustio aveva fatto centro. La vera congiura era quella militare. Era stato lui a suggerire a Domizio di imbastire l'interrogatorio di Scevino in modo tale da trasformarlo in un confronto con Rufo.

Dalla confessione fiume del prefetto era venuta anche la conferma che nei piani dei pretoriani il frivolo tragediante Pisone, utile ad aggregare il consenso dei senatori intorno al complotto, non sarebbe sopravvissuto al tumulto seguito all'uccisione di Nerone. Il nuovo principe sarebbe stato il vecchio Seneca, con il vero potere nelle mani di Rufo e dei suoi uomini.

Subrio Flavo era il primo della lista. Quando aveva visto arrestare il suo capo, si era diretto alla chetichella verso l'uscita della *domus*, forse per fuggire o per organizzare una sollevazione delle coorti pretorie, ma agli ingressi i pretoriani erano stati sostituiti dalle guardie germaniche e dai legionari di Sallustio, con l'ordine di non far entrare o uscire nessuno. Il tribuno aveva tentato di farsi largo con la forza, ma aveva avuto la peggio.

Sallustio notò che il pretoriano non sembrava per nulla pentito e non tradiva alcuna emozione. Forse Domizio aveva commesso un errore a volerlo interrogare davanti a tutti. La domanda dell'imperatore all'uomo che era stato al suo fianco per tanti anni fu una sola parola: «Perché?».

«Perché ti odio. Nessun soldato ti è stato più fedele di me finché hai meritato di essere amato. Ho iniziato a odiarti dopo che hai ucciso tua madre e tua moglie e sei diventato auriga, istrione e incendiario.»

Nerone urlò paonazzo: «Basta! Portatelo via!».

L'interrogatorio era già finito. Flavo fu trascinato via dalle guardie germaniche. Era previsto che venisse giustiziato negli Horti Serviliani da un suo collega, Veianio Nigro, per verificare la fedeltà di quest'ultimo. Se si fosse rifiutato, i cadaveri da seppellire sarebbero stati due.

Nerone lasciò la stanza seguito dai germani. Sallustio rimase a pensare alle ultime parole di Flavo. In quello che aveva detto il tribuno c'erano delle verità. Domizio aveva effettivamente fatto uccidere la madre Agrippina e aveva ripudiato, esiliato e poi ordinato la morte della prima moglie, Claudia Ottavia, figlia di Claudio e di Messalina. Sul fatto che fosse un auriga e un istrione non c'erano dubbi. Era anche un incendiario, oppure quell'accusa era l'ultimo veleno di un condannato a morte? E se le fiamme non fossero state appiccate per volontà del Dio cristiano o dei congiurati, ma dello stesso imperatore? Nessuno lo avrebbe saputo mai. Flavo stava portando con sé nella tomba le risposte.

Si avviò lentamente verso l'uscita e si accorse che tutti si scostavano al suo passaggio. Realizzò solo in quel momento di essere diventato, suo malgrado, uno degli uomini più temuti di Roma.

Neapolis, idi di gennaio dell'anno del consolato di Gaio Svetonio e Lucio Telesino, ottocentodiciannovesimo dalla fondazione di Roma (13 gennaio 66 d.C.)

Neapolis era inondata dal sole nonostante la stagione invernale, ma neppure questo riusciva ad alleviare l'animo cupo di Sallustio. Intorno a lui, fervevano i preparativi per l'incontro tra Nerone e Tiridate. Il re dell'Armenia era partito nove mesi prima con una scorta imponente: tremila cavalieri parti e sei coorti romane. Il re era accompagnato dalla moglie, con la testa coperta da un elmo d'oro anziché dal tradizionale velo. C'erano anche i fratelli di Anahita e il suo promesso sposo, Vologese. Il gigantesco corteo era stato accolto dalle città della Macedonia, dell'Illiria e dell'Italia settentrionale addobbate a festa. Il tesoro imperiale non aveva risparmiato le spese per assicurare tutto il necessario, si parlava addirittura di ottocentomila sesterzi al giorno. Sallustio sapeva che quel viaggio sarebbe stato comunque meno costoso di un'altra guerra.

Era previsto che il re s'inginocchiasse ai piedi di Cesare, ma era insorta una complicazione quando gli era stato chiesto di farlo disarmato. Tiridate si era rifiutato e Tigellino era stato irremovibile. Il ricordo di quello che avrebbe voluto fare Plauzio Laterano bruciava ancora. Si era infine arrivati a un compromesso. Tiridate avrebbe conservato l'acinace, ma la spada sarebbe stata fissata con dei fermi per impedirne l'estrazione.

Sallustio le considerava colossali sciocchezze. Tiridate non aveva alcun motivo per uccidere Cesare, suicidandosi con tutta la famiglia.

La sua missione volgeva al termine e sarebbe presto rientrato alla legione. Non sapeva come lo avrebbe accolto Corbulone. Se fosse venuto a saperlo, il legato non avrebbe approvato ciò che era accaduto tra lui e Anahita, e qualcosa gli diceva che non sarebbe stato entusiasta nemmeno del suo ruolo nella repressione della congiura. Tuttavia non era quello il suo cruccio. Era arrivato il giorno che non avrebbe voluto vivere e che nel pensiero aveva allontanato tante volte.

La sera prima aveva raggiunto a cavallo la *domus* sul mare di Baia che era stata di Agrippina, da dove era prevista all'alba la partenza del corteo di Anahita per Neapolis. L'aveva trovata che passeggiava da sola nel *peristilium*, coperta da una pesante stola di lana. Il suo sorriso era triste.

«Ti stavo aspettando, Gaio.»

«Non è giusto. Non può finire così.»

«Quale finale immaginavi?»

«Sposiamoci. Ci potremmo trasferire a Tusculum o a Casinum, dove mia madre ha una grande casa, con tanta terra intorno. Vivremmo tranquilli, ci occuperemmo di agricoltura e dei nostri figli. Parlerò con l'imperatore, che non potrà dirmi di no, e con tuo padre.»

«Stai sognando a occhi aperti. Mio padre non acconsentirà mai. Io sono stata promessa da bambina al figlio del re dei re. Preferirgli un romano sarebbe un affronto gravissimo e significherebbe la fine della mia famiglia. Mio zio Vologese ha fatto uccidere gente per molto meno. Anche il tuo amico Nerone non potrebbe acconsentire senza scatenare di nuovo la guerra con i parti. No, Gaio, non sarà in questa vita. Magari nella prossima.»

Sallustio sapeva che la ragazza aveva ragione, ma non riusciva ad accettarlo.

«E se fuggissimo insieme? Adesso, a cavallo. Andremo lontano, ci nasconderemo da qualche parte e incominceremo subito la nuova vita.»

«Ci prenderebbero e ci ucciderebbero, lo sai anche tu.»

«Ma io ti amo!»

«Anche io ti amo, Gaio.» Gli occhi di Anahita erano pieni di lacrime.

«Che possiamo fare, allora?»

«Amarci ancora questa notte. Sposerò presto a Roma mio cugino, ma sarà tuo figlio a essere un giorno il re dei re dei parti...»

✠ ✠ ✠

La quinquereme della flotta imperiale di Miseno era sospinta dai remi verso sud. Il ritmo del tamburo che dava il tempo di voga ai rematori martellava la testa di Sallustio, che a poppa cercava ancora di distinguere nel cielo il fumo del Vesuvio, mescolato ormai alle nuvole. Anahita vedeva quello stesso fumo, da qualche parte tra Neapolis e Pozzuoli, dove Nerone e Tiridate si stavano dirigendo per assistere ai ludi gladiatori in onore dell'ospite. Il tribuno aveva preferito partire subito, non appena restituita la ragazza a suo padre, davanti all'imperatore e a Vologese, un giovane bruno dall'aria non molto sveglia. Tiridate lo aveva ringraziato in greco: «Corbulone mi aveva detto che avrebbe affidato Anahita in mani sicure. Non sbagliava. Ti ringrazio, tribuno, per aver protetto mia figlia, anche nei momenti più difficili».

Sallustio aveva annuito restando in silenzio. Poi era scattato nel saluto militare, si era voltato ed era andato via senza guardarsi indietro.

A sera, si era congedato anche da Domizio. L'imperatore era a conoscenza della sua relazione con Anahita, ma non aveva mai ritenuto di dover intervenire. Solo una volta lo aveva ammonito scherzosamente sui pericoli dei veleni orientali. Nel salutarlo, era stato più esplicito: «Allora ci lasci, Gaio. Mi dispiace, ma forse è meglio così. Cambiare aria ti farà bene e ti aiuterà a superare il distacco dalla tua amica. Apprezzo comunque la saggezza di cui stai dando prova e ti invito a riflettere sul tuo futuro. Ormai sei pronto per assumere il comando di una legione o di una provincia, ma sei anche uno dei pochi di cui mi possa fidare e ti vedrei bene a Roma, come collega e successore di Tigellino nella Prefettura del Pretorio. Ci rivedremo presto. Dopo l'estate ho in programma di venire in Grecia, un viaggio a lungo rinviato, e decideremo allora quale sarà il tuo futuro. Quando mi esibirò nel teatro di Corinto ci sarà anche Corbulone. A proposito, devo chiederti un ennesimo favore, amico mio».

Sallustio non aveva risposto. Lo conosceva troppo bene per non capire che tutto quel miele avvolgeva una pietra. Nerone continuò: «Cerca di capire qual è l'atteggiamento di Corbulone rispetto a ciò che è accaduto qui. Tra i congiurati non ci sono suoi parenti, ma è al comando di otto legioni e non possiamo correre rischi».

«Corbulone ti ha sempre manifestato lealtà, Cesare.»

«Sì, lo so. Come puoi immaginare, sono costantemente informato di ciò che accade nel suo accampamento, ma non di quello che ha in mente, purtroppo. Tocca a te scoprirlo, Gaio, e me lo riferirai in Grecia...»

Ecco perché lo stava lasciando andare.

Due delfini saltarono fuori dall'acqua e accompagnarono per un tratto la quinquereme, nuotando affiancati in superficie, poi si immersero. Si chiese se quella sarebbe stata la loro prossima vita.

Hierosolyma, il giorno prima delle none di giugno (4 giugno 66 d.C.)

La due coorti della dodicesima legione *Fulminata* e la mezza ala di cavalleria erano giunte in vista di Hierosolyma. La città si stagliava sulla cima di un monte, come una grande fortezza bianca costellata di torri.

Sallustio procedeva a cavallo in testa alla colonna, davanti alle insegne e al fianco del comandante, il centurione primipilo Metilio. Al contrario di Casperio, era un pusillanime che aveva fatto carriera più per l'adulazione nei confronti dei superiori che per il coraggio in battaglia. Del resto, la dodicesima non era famosa per le sue virtù guerriere ed era scampata per poco alla distruzione con Cesennio Peto. Negli ultimi anni era stata ricostituita in Siria, ma intorno agli stessi centurioni che a Rhandeia si erano salvati fuggendo.

Il tribuno era sbarcato quattro giorni prima a Cesarea, inviato da Corbulone a verificare la situazione in Giudea e i conti del prefetto Gessio Floro. Erano diversi mesi che i tributi dovuti all'amministrazione imperiale non pervenivano con regolarità ed erano anche giunte voci che Floro si stesse arricchendo in modo illecito. Non sarebbe stata una novità. Era purtroppo frequente che i governatori delle province pensassero al proprio tornaconto ed era rimasto celebre il caso di Publio Quintilio Varo, uno dei predecessori di suo nonno nell'incarico di governatore della Siria. Si diceva che all'assunzione dell'incarico egli fosse povero e la Siria ricca, mentre alla sua partenza la Siria fosse diventata povera e lui ricco. Aveva poi tentato di utilizzare gli stessi metodi con i germani, ma quelli lo avevano massacrato nella selva di Teutoburgo con tre intere legioni.

Cesarea era devastata dai recenti scontri tra la comunità greca e quella ebraica, culminati nell'espulsione dei giudei dalla città. Ciò aveva tuttavia provocato disordini a Hierosolyma e Floro vi si era già recato con la coorte ausiliaria e la cavalleria a sua disposizione. Sallustio avrebbe potuto attenderlo nella sontuosa residenza sul mare del prefetto, oppure raggiungerlo aggregandosi ai rinforzi in partenza. Aveva scelto di partire, per due motivi. Il primo, verificare la situazione nella capitale della Giudea. Il secondo, dare un'occhiata agli archivi del Pretorio, alla ricerca della verità sulla storia del risorto.

Del resto, Corbulone non gli era sembrato ansioso di rivederlo presto, tutt'altro.

Il vecchio aveva colto la prima occasione per toglierselo dai piedi. Le spie di Nerone avrebbero riferito a Roma che era sorta la necessità di una delicata ispezione in Giudea per la tutela del tesoro imperiale e che Corbulone aveva inviato il suo uomo migliore, ma Sallustio sapeva che non era così. Lo aveva capito subito, da come il legato lo aveva accolto. Con una fredda cortesia, molto diversa dalla paterna confidenza del congedo di due anni prima. Il tribuno si era chiesto che cosa avesse saputo. Il comandante dell'esercito di oriente aveva buoni informatori a Roma e forse era al corrente non solo della sua condotta pubblica, ma anche di quella privata. Certo, non poteva conoscere l'ultima richiesta che gli era stata rivolta dall'imperatore, ma non doveva averla esclusa. Da qui la missione in Giudea. E ce ne sarebbero state altre, magari in Egitto, nel Ponto o chissà dove. Possibile che Domizio avesse ragione a sospettare anche di lui?

Un cavaliere al galoppo attirò la sua attenzione. Un prefetto di ala ausiliaria. Arrestò il cavallo davanti a Sallustio e a Metilio e sembrò meravigliato di trovare alla testa della colonna un tribuno laticlavio.

«Ave, tribuno, sono Lucio Fonteio Capitone. Il prefetto Floro mi invia a informarti che la città è sull'orlo di una rivolta. Ti chiede quindi di procedere in assetto di guerra e di non rispondere ai saluti che i giudei dovessero rivolgervi, poiché potrebbero cercare di infiltrarsi nelle vostre linee per disarmarvi e attaccarvi.»

"Cominciamo bene" pensò Sallustio. Fece un cenno a Metilio, che diramò gli ordini. I mille legionari si disposero nella formazione prevista per la marcia in territorio nemico: la seconda coorte in testa, poi i carriaggi trainati da buoi protetti da un *manipulus** della terza coorte, che costituì la retroguardia con gli altri due. I centocinquanta cavalieri si divisero in due *turmae** sui lati.

Poco dopo, una folla di qualche migliaio di giudei si fece incontro alla colonna. Davanti a tutti, avanzavano i sacerdoti con paramenti sacri e i suonatori di cetra. Iniziarono a rivolgere ai legionari grida di benvenuto in greco. Forse non volevano essere provocatorie, ma lo sembrarono. Nessuno rispose e l'avanguardia cominciò a farsi largo tra la gente. Non ci volle molto e le espressioni di accoglienza furono sostituite da invettive contro Floro, poi da lanci di pietre che rimbalzarono sugli scudi romani. A un segnale di Sallustio, la cavalleria avanzò utilizzando le lance come bastoni. Alcuni giudei furono travolti e finirono sotto gli zoccoli dei cavalli, gli altri fuggirono. Quando i legionari varcarono la porta della città, si accorsero che la gente si stava scontrando anche con le truppe di Floro. Dai tetti iniziarono a cadere tegole, pietre e altri oggetti. Alcuni militari romani caddero colpiti alla testa e molti cavalli s'imbizzarrirono, aumentando la confusione.

L'entrata a Hierosolyma si stava trasformando in una battaglia.

Sallustio vide a terra un vecchio sacerdote rivestito dei suoi paramenti in una pozza di sangue, la testa sfondata e ordinò a

Metilio: «Non far disperdere gli uomini nei vicoli. I *manipuli* restino compatti. Tengano le posizioni e occupino le case qui intorno». Si rivolse a Capitone: «Portami subito da Floro».

✠ ✠ ✠

Il prefetto di Giudea Gessio Floro apparteneva all'ordine equestre e fu per lui una sorpresa assoluta trovarsi di fronte Gaio Sallustio Crispo, tribuno di rango senatorio, amico personale dell'imperatore e, come se non bastasse, inviato da Corbulone, la massima autorità nelle province orientali dell'Impero grazie alla *potestas proconsulare*.

Erano in uno dei saloni della sontuosa reggia fatta costruire da Erode, nei pressi delle tre torri di Ippico, Fasael e Mariamme che, con le mura perimetrali e la fortezza Antonia, costituivano la difesa di Hierosolyma. Re Agrippa era assente, partito per l'Egitto a rendere omaggio al nuovo prefetto di quella provincia. Sallustio fu brusco: «Allora Floro, mi spieghi che sta succedendo qui?».

«Lo hai visto anche tu. I giudei si ribellano. Già alcuni giorni fa i miei uomini hanno dovuto reprimere una sommossa. Ora mi dicono che i rivoltosi stanno abbattendo il porticato che congiunge il Tempio alla fortezza Antonia, dall'altra parte della città. Gli dei hanno voluto che tu arrivassi oggi. Con le nostre forze riunite potremo attaccare immediatamente e prendere il loro Tempio, il vero nido delle vipere.»

«Quanti uomini hai?»

«Due coorti ausiliarie, quella di guarnigione qui e una che ho portato con me da Cesarea, con un'ala di trecento cavalieri.»

«Hierosolyma quanti abitanti ha?»

«Circa centoventimila.»

Sallustio fece una smorfia. Le forze romane non contavano più di duemila uomini.

«Quelli che ci sono venuti incontro fuori città non sembravano animati da intenzioni ostili. È stata la nostra ottemperanza alle tue indicazioni che ha fatto precipitare la situazione.»

«Era tutto un inganno. Volevano attaccarvi a tradimento e impossessarsi delle vostre armi per uccidervi.»

«Sarà, ma voglio vederci chiaro prima di scatenare una guerra in una città così grande e che gli uomini della dodicesima nemmeno conoscono. Non possiamo andare allo sbaraglio nei vicoli, e un insuccesso scatenerebbe la rivolta in tutta la Giudea. Ti propongo di attestarci per ora in questa zona e di organizzarci. Attaccheremo eventualmente nei prossimi giorni con un piano ben studiato. Nel frattempo, invieremo subito dei cavalieri a Cestio Gallo[13] con la richiesta di rinforzi.»

Floro annuì. La «proposta» dell'inviato di Corbulone costituiva ovviamente un ordine.

✠ ✠ ✠

Più tardi, a notte fonda, Sallustio si rigirava nel letto. Non riusciva a prendere sonno nell'ampia stanza che gli era stata assegnata, così diversa dalle tende degli accampamenti legionari o dai *cubicula* destinati al riposo notturno nelle abitazioni romane. Qualcuno bussò.

Il tribuno chiese: «Chi è?». Il legionario di guardia, torcia in pugno, aprì la porta, entrò e se la richiuse alle spalle. Parlò a bassa voce: «Una ragazza che dice di essere la principessa Berenice chiede di vederti, tribuno».

Sallustio indossò in fretta la tunica con il laticlavio e si infilò i calzari, mentre l'altro accendeva la torcia alla parete.

«Falla entrare.»

Il legionario uscì. Per un attimo, il giovane si aspettò di vedere Anahita, ma la ragazza che entrò era molto diversa. Alta, bruna, capelli ricci, naso aquilino. Solo gli occhi erano neri come quelli della sua principessa. Indossava una stretta tunica bianca di seta che ne esaltava le forme.

«*Shalom*, Sallustio Crispo.»

«Mi conosci?»

«Conosco il tuo nome, so chi ti ha inviato e persino di chi sei amico.»

«Io invece non so nulla di te...»

«Sono Berenice, sorellastra di Agrippa, re di Giudea e fedele vassallo di Cesare. Scusami se faccio irruzione a quest'ora nella tua stanza, ma avevo bisogno di incontrarti da solo.»

«Perché?»

«Perché sono l'unica che può raccontarti quello che è successo a Yerushalaim negli ultimi giorni. Ero in città per sciogliere un voto dopo essere guarita da una grave malattia e sono stata testimone della strage.»

«Quale strage?»

«Quella ordinata da Floro. È stato lui a scatenare tutto. Prima ha scacciato la nostra gente da Cesarea, poi ha fatto prelevare dal tesoro del Tempio diciassette talenti* d'oro. Ciò ovviamente ha suscitato la collera popolare e allora si è presentato di persona con la sua soldataglia, chiedendo al Sinedrio la consegna di chi aveva lanciato ingiurie contro di lui. I sacerdoti gli hanno risposto che erano solo ragazzi e che si erano già pentiti, ma Floro ha inviato le truppe nella piazza superiore, con l'ordine di uccidere. Quelle bestie hanno massacrato centinaia di persone con inaudita ferocia. Avrebbero ucciso anche me, se le mie guardie non mi avessero condotta qui. Mi sono persino presentata scalza davanti al suo tribunale per fermarlo, ma è stato inutile. Ha continuato imperterrito a condannare gente innocente alla crocifissione. I morti contati finora sono oltre seicento.»

«E perché lo avrebbe fatto?»

«Perché si è appropriato di parte dei tributi destinati a Cesare e per recuperare gli importi sottratti ha prelevato i talenti dal tesoro sacro. Di fronte alle proteste, ha deciso che solo l'incendio di una grande rivolta poteva cancellare i suoi misfatti. Ho già scritto a Cestio Gallo ad Antiochia, narrandogli l'accaduto. Né io, né mio fratello vogliamo una rivolta, che sarebbe nefasta anche per Roma. Manda subito via Floro e i suoi sgherri e resta tu qui con la coorte romana che oggi era di retroguardia e non ha combattuto. In questo modo, gli animi dovrebbero rasserenarsi.»

«Ma una sola coorte non è sufficiente a controllare la città.»

«Mio fratello ha duemila cavalieri e altre truppe che potranno coadiuvare i tuoi legionari. Mantenere in città un presidio romano più numeroso potrebbe solo far peggiorare la situazione e, in quel caso, di coorti non te ne basterebbero neppure quattro.»

Sallustio notò che la ragazza era ben informata sulle forze romane. Aveva comunque ragione. Se la città fosse insorta, ci sarebbe stato ben poco da fare. Il tribuno la fissò negli occhi, rivide quelli di Anahita e decise di fidarsi di lei.

Il mattino di tre giorni dopo

Dalla torre più alta della fortezza Antonia, Sallustio ammirava lo splendore dell'oro che ricopriva il Tempio di Hierosolyma. Era uno spettacolo unico al mondo. Nemmeno a Roma o in Grecia aveva mai visto nulla del genere. Erano d'oro persino gli spiedi infissi sulle sommità per impedire agli uccelli di posarsi. Il tribuno non avrebbe potuto farvi ingresso senza scatenare di nuovo la rivolta, ma lo incuriosiva l'idea del Dio giudeo innominabile, invisibile e inaccessibile, al punto che nella parte più interna e sacra del Tempio, chiusa a oriente solo da un gigantesco velo e chiamata il santo dei santi, non c'era assolutamente nulla.

Dopo la partenza di Floro, in città era tornata la calma ed era anche iniziata la ricostruzione del porticato che collegava la fortezza al Tempio. L'Antonia era stata costruita da Erode e doveva il suo nome al triumviro Marco Antonio, grande protettore del re giudeo. Non aveva cambiato nome neppure durante il principato dell'acerrimo rivale di Antonio, Ottaviano. Incastonata nell'angolo nordoccidentale del Tempio, aveva una massiccia forma quadrata, con torri agli angoli. La più alta dominava il Tempio in corrispondenza del cortile dei Gentili. L'interno aveva la sistemazione di una reggia, con appartamenti sontuosamente arredati, portici, bagni e un'ampia caserma. Era stata concepita come difesa per il Tempio e, nello stesso tempo, come difesa dal Tempio, ove questo si fosse trasformato in una minaccia. In genere, vi era acquartierata una coorte ausiliaria, che nelle feste si schierava in armi sopra i portici per vigilare e impedire sommosse. Ora la guarnigione era costituita solo da un *manipulus* della terza coorte della dodicesima legione e da duecento soldati di Agrippa. Gli altri due *manipuli* erano con Metilio, a presidio della reggia di Erode e delle torri vicine. Con Floro erano partiti invece i legionari della seconda coorte e gli ausiliari. Tutti tranne uno, che lo stava aspettando di sotto.

Il sole ormai iniziava a picchiare. Il tribuno scese nel cortile. Vedendolo arrivare, il vecchio centurione che sostava davanti a una porta chiusa scattò nel saluto militare.

«Ave, tribuno.»

«Ave, sei tu il custode degli archivi?»

«Valerio Rodico, prima coorte di Giudea. Al tuo comando.»

«Tu non sei giudeo.»

«No, tribuno, sono greco.»

«Da quanto tempo sei qui?»

«Da quasi trent'anni.»

«Eri qui anche durante il principato di Tiberio Cesare?»

«Be' no, non sono così vecchio. Mi sono arruolato sotto Gaio Cesare.»

«Sai leggere?»

«Certo, sia il greco sia il latino, altrimenti non avrei potuto svolgere questo lavoro.»

«Ascoltami bene. Ho chiesto che tu restassi in città perché ho bisogno di consultare gli atti di un vecchio processo che dovrebbe essere stato celebrato a Hierosolyma ai tempi di Ponzio Pilato, nei confronti di un certo Gesù Cristo.»

Il vecchio parve colpito.

«Lo hai già sentito nominare?» chiese Sallustio.

«Qui tutti hanno sentito nominare Yoshua ben-Hazri, Gesù il Nazareno. Non ha avuto un grande seguito tra i giudei e molti suoi accoliti sono stati uccisi da loro negli ultimi anni.»

«È lui. Devi tirarmi fuori tutto quello che lo riguarda.»

Il centurione aprì la porta con una grossa chiave di bronzo. Entrarono in un vasto ambiente, le cui alte pareti erano rivestite di scaffali pieni di contenitori cilindrici. Con un bastone, Valerio Rodico scostò le tende che coprivano alcune feritoie per fare luce.

L'odore di polvere era impressionante e a Sallustio venne da tossire. Il centurione prese una scala, la appoggiò a uno scaffale e vi salì, cercando al contempo di giustificare lo stato di abbandono.

«Questo è solo un deposito. Il Pretorio non è nell'Antonia e ormai è sempre più raro che il prefetto amministri giustizia a Hierosolyma. Preferisce restarsene a Cesarea.»

«Salvo negli ultimi giorni.»

Il vecchio sogghignò.

«Non credo che degli ultimi processi sia stato conservato qualcosa, comunque qui non è arrivato nulla.»

Sallustio restò serio e il sorriso dell'altro si spense. La ricerca sullo scaffale diede esito negativo. Il centurione scese, spostò la scala e risalì, era agile per la sua età. Questa volta fu più fortunato.

«Ecco, qui ci sono gli atti del periodo di Ponzio Pilato. Dovrai avere pazienza, perché occorrerà guardarli tutti.»

«Abbiamo tutto il tempo. Passameli...»

Uno per volta, i contenitori furono aperti da Sallustio, che esaminava velocemente il loro contenuto e li buttava a terra. Finalmente, srotolando un foglio di pergamena gli apparve davanti agli occhi la parola *Nazarenus*. Si soffermò a leggere. Era quello che cercava: aveva tra le mani la copia del rapporto inviato da Ponzio Pilato a Tiberio, il cui originale era andato in fumo con la *domus transitoria*.

Ultimata la lettura, un'idea assurda lo folgorò. E se qualcuno avesse bruciato Roma solo per distruggere quel rapporto?

Restò pensieroso, lo riavvolse e lo ripose nel contenitore.

«Questo lo prendo io. Vediamo se c'è altro.»

La ricerca non diede ulteriori frutti.

Uscendo, il tribuno non salutò, ma si limitò a dire: «Metti a posto».

Sesto giorno prima delle calende di sestile (27 luglio 66 d.C.)

L'assedio dell'Antonia durava da due giorni. Hierosolyma era insorta contro Agrippa e il Sinedrio, accusati di complicità con i romani. Cestio Gallo non aveva fatto nulla per evitare la guerra e, nel mobilitare la dodicesima e le truppe ausiliarie, aveva persino chiesto altri quaranta talenti per il tributo dovuto a Cesare. I giudei l'avevano presa come una provocazione, ma Sallustio sapeva che non era così e che non dipendeva dal governatore. La ricostruzione di Roma gravava sulle province e se Domizio avesse visto l'oro del Tempio, la richiesta sarebbe stata ancora più esosa.

La rivolta aveva avuto origine proprio nel Tempio, dove alcuni sacerdoti avevano impedito i sacrifici quotidiani in onore di Cesare. I soldati di Agrippa erano intervenuti, ma erano stati sommersi dalla folla urlante e trucidati per le strade. I ribelli erano ben armati con lance, spade, scudi e archi, saccheggiati qualche giorno prima nella fortezza di Masada, una montagna fortificata a circa sessanta miglia a sud di Hierosolyma.

Agrippa aveva fatto intervenire la cavalleria e nella città alta i combattimenti si erano protratti a lungo, ma anche i cavalieri erano stati infine costretti a ripiegare. Il re aveva allora inviato un messaggio a Sallustio. Si accingeva a lasciare la città con Berenice e gli offriva di unirsi a loro. Il tribuno aveva rifiutato. Il suo onore e quello di Roma non glielo consentivano. Avrebbe difeso la fortezza finché possibile, poi si sarebbe ritirato. Nel costruire il Tempio, l'Antonia, la reggia e le torri, Erode li aveva muniti di un sistema di passaggi sotterranei che li collegava. Col tempo e l'incuria, molti erano franati o pericolanti, ma sotto la torre principale della fortezza se ne apriva uno ancora integro che conduceva alla reggia. Avrebbe consentito al *manipulus* di Sallustio di raggiungere Metilio e il resto della coorte.

Gli uomini di Sallustio avevano viveri, armi in abbondanza e una cisterna piena d'acqua. Avrebbero potuto resistere per mesi, fino all'arrivo di Gallo. Lo sapevano anche i giudei, che decisero di non poter attendere.

L'attacco generale si scatenò su tutti e quattro i lati. Con lunghe scale furono assaltate le mura, mentre un gigantesco tronco veniva utilizzato come ariete sul portone.

Il tribuno aveva dislocato una centuria sugli spalti e aveva tenuto l'altra con lui nel cortile, pronta a intervenire dove necessario. Nonostante la pioggia di frecce, il portone non resistette a lungo e una massa di giudei fece irruzione nel cortile. La centuria di riserva contrattaccò e si accese una mischia selvaggia.

Sallustio immerse il suo gladio nel ventre di un giovane e lo scaraventò indietro con un calcio, poi schivò un colpo di lancia, afferrò l'arma, la strappò di mano al ribelle e lo colpì con il gladio alla testa. I rivoltosi, pur nettamente superiori di numero, non si aspettavano di essere attaccati con tale impeto e indietreggiarono, mentre la centuria sugli spalti ripiegava a sua volta nel cortile, incalzata dagli assalitori che erano riusciti a scalare le mura. Sallustio si rese conto che il momento di ritirarsi era ormai arrivato e lanciò il grido convenuto: «*Taurus!*». Il toro era il simbolo della sua legione e gli ricordava Anahita. A quel segnale, i legionari superstiti si raccolsero intorno alla torre principale. Sallustio si fermò con gli uomini che ne presidiavano l'ingresso e che avevano avuto l'ordine di proteggere la ritirata. Fu in quel momento che un giavellotto lo colpì al fianco destro, sotto la lorica, lacerando il corpetto e facendolo cadere a terra. Il dolore fu lancinante e il sangue iniziò a sgorgare copioso. Un centurione lo soccorse e lo aiutò a rialzarsi. Gli era caduta a terra la piccola anfora che portava a tracolla legata con uno spago. La raccolse con uno sforzo. Il centurione gli gridò: «Avviati, tribuno, li teniamo indietro noi!».

Entrò nella torre e raggiunse le scale che davano accesso ai sotterranei, poi sempre più in basso, appoggiandosi alle pareti. Alcuni legionari lo sorpassarono di corsa e lo lasciarono indietro, mentre alle sue spalle i rumori dello scontro scemavano. Cercò di accelerare comprimendosi con una mano la ferita, ma il dolore era troppo forte. Aveva fatto predisporre una catasta di torce all'ingresso della galleria. Ce ne erano ancora. Ne prese una, l'accese da quella appesa al muro e si incamminò. Le forze lo stavano abbandonando. Udiva solo il suo ansimare. Più avanti, il cunicolo si divaricava e gli sembrò di sentire la voce di Anahita che lo chiamava da sinistra: «Gaio, Gaio...». Il giovane gridò: «Dove sei? Sono qui!».

Seguì la voce, ma poco dopo si rese conto di avere sbagliato. In fondo, dove la luce tremolante della torcia non riusciva ad arrivare, gli parve allora di vedere qualcuno. Un vecchio dalla barba bianca, vestito di una tunica chiara. Si avvicinò e lo riconobbe: «Kefa!». Quello si girò e si allontanò. Cercò di accelerare il passo nel cunicolo, che diventava sempre più stretto. Non sentiva più nemmeno dolore, ma non riusciva a raggiungerlo. Gridò: «Aspettami! So quello che è successo...».

Sentiva freddo. Solo freddo. Inciampò e cadde. Tentò di rialzarsi. Si aggrappò a una trave che cedette di schianto facendo crollare la volta della galleria. La frana lo seppellì.

24

Il rapporto di Ponzio Pilato

C. Pontius Pilatus Praefectus Iudaeae Tiberio Iulio Caesare Imperatori salutem dicit.

Ti scrivo da Hierosolyma, dove sono venuto come ogni anno in occasione della festività che i giudei chiamano Pesach. La festa attira un gran numero di persone e la popolazione della città aumenta di tre volte. La zona del Tempio è la più affollata, poiché tutti vi si recano per celebrare gli strani riti di questo popolo. Ho quindi dislocato la coorte della dodicesima legione giunta di rinforzo dalla Siria nella fortezza Antonia, adiacente al Tempio. Il giorno delle calende di aprile,[1] nell'imminenza della festa, ci sono stati disordini in città con alcuni morti. Due zeloti che inneggiavano alla ribellione contro Roma sono stati presi vivi. Nello stesso giorno, un tafferuglio nel cortile del Tempio ha attirato l'attenzione dei legionari sull'Antonia. Informato dal centurione primipilo, ho immediatamente disposto che fossero avviate indagini, anche attraverso i nostri informatori. È risultato che il tumulto nel Tempio era stato provocato da uno dei tanti predicatori giunti a Hierosolyma per la festa, che aveva rovesciato dei tavoli di cambiavalute e aggredito alcuni venditori di uccelli destinati ai sacrifici rituali. Le guardie giudee non erano intervenute per fermarlo, né per disperdere l'assembramento formatosi intorno a lui. Il predicatore era un noto agitatore originario della Galilea, tale Nazareno, il quale, impregnato di superstizione e sedizione, vagava per la Galilea e la Giudea sostenendo di essere il figlio del Dio, il Messia atteso dai giudei per liberarsi dal giogo di Roma. Aveva *fatto ingresso in città alcuni giorni prima a dorso di un asino ed era stato salutato dai viandanti come figlio di Davide, antico re dei giudei. Ciò sulla base di un'antica profezia, secondo cui il liberatore della Giudea sarebbe entrato a Hierosolyma su un asino. Appreso tutto ciò, ho posto in stato di allarme le coorti e ho interpellato il sommo sacerdote giudeo, Kayafa, chiedendogli conto del mancato intervento delle guardie del Tempio per arrestare l'agitatore e sciogliere l'assembramento. Kayafa, con la perfidia che gli è tipica, ha sostenuto che non vi erano stati veri e propri disordini, ma solo una discussione su questioni di osservanza rituale. Egli dunque sottovalutava la questione, oppure era colluso. Con tanta gente in città, ogni indugio sarebbe stato foriero di pericoli. Ho pertanto intimato a Kayafa di rintracciare l'agitatore e di collaborare al suo arresto, altrimenti avrei considerato il Sinedrio complice. Egli ha dovuto accettare. Nella notte del quarto giorno prima delle none di aprile,[2] il primipilo con una centuria e alcune guardie giudee ha arrestato l'agitatore, che si era rifugiato su un monte poco fuori le mura a oriente della città. La mattina del giorno dopo,[3] l'ho processato in camera[4] e condannato al sommo supplizio per lesa maestà con gli zeloti catturati. La condanna è stata subito eseguita sul monte che sovrasta il Tempio, in modo che le croci fossero ben visibili da tutti come monito della sorte riservata a chi si oppone a Roma. Nel pomeriggio, alcuni membri del Sinedrio mi hanno sollecitato il crucifragium[*] affinché le tre salme potessero essere deposte prima di sera, dato che quello che al tramonto stava per iniziare era giorno di festa e si temeva, secondo le loro usanze, una contaminazione per i cadaveri esposti di notte. Disposi quindi che i tre fossero uccisi e staccati dalle croci. La mattina dopo mi veniva tuttavia riferito che l'agitatore era stato sepolto nella tomba di un membro del Sinedrio, con onori quasi regali. Ho pertanto ordinato al centurione di spostare in segreto il corpo in una grotta lì vicino quella notte stessa. L'atteggiamento esitante di Kayafa e le modalità di sepoltura lasciano ritenere che il Sinedrio volesse approfittare di questo agitatore per suscitare una rivolta, ma credo che il mio risoluto intervento abbia frustrato il piano. La città ora è tranquilla e si sta svuotando dopo la*

festività. Presto ripartirò per Cesarea, ma per tutto quello che ho esposto lascerò la coorte legionaria a presidio della Antonia ancora per qualche tempo.
Ho già avvisato di tutto ciò L. Pomponio Flacco.[5]

Vale. Id. Apr.[6]

25

Corpus Domini

San Giovanni d'Acri, 30 maggio 1250

Il volto di Rinaldo di Parma era terreo. Le mani che reggevano il foglio di pergamena tremavano vistosamente. Smise di leggere. La sua voce era incrinata dall'emozione: «Non è possibile. È un falso».

Umberto chiese con calma: «Perché?».

«Perché Nostro Signore è morto e risorto.»

«Ma qui non c'è scritto che non è risorto.»

Il frate non lo stava ascoltando.

«Paolo ha scritto che se Cristo non è risorto è vuota la nostra predicazione ed è anche vuota la nostra fede. Noi risulteremmo falsi testimoni di Dio, perché contro Dio avremmo testimoniato che egli ha resuscitato il Cristo.[1] Tutto quello che siamo si fonda sulla resurrezione. Non sulla rianimazione di un cadavere come Lazzaro,[2] il giovane di Nain[3] o la figlia di Giairo,[4] che Nostro Signore riportò alla vita e che poi morirono naturalmente, ma sulla vittoria definitiva nei confronti della morte e sulla vita eterna. Senza la resurrezione, Gesù sarebbe stato solo un uomo. Un uomo straordinario, certo. Un grande messaggero di amore e di pace, se vuoi anche un profeta, un filosofo, ma non il Cristo, il figlio di Dio.»

«Ma la resurrezione non potrebbe essere stata solo spirituale, dell'anima e non del corpo?»

Rinaldo di Parma guardò con rispetto il suo interlocutore. L'inviato dell'imperatore non era certo un teologo, ma era intelligente e doveva essersi fatto delle domande.

«Cristo è risorto nel corpo» rispose con fermezza. «Certo, la resurrezione implica l'ingresso in una nuova dimensione, di amore e di pace e potrebbe comportare una trasfigurazione. Secondo Luca, i due apostoli che incontrarono Gesù risorto a Emmaus[5] non lo riconobbero; Giovanni afferma che Maria Maddalena lo scambiò per l'ortolano; Matteo scrive che alcuni, quando lo videro, dubitarono.[6] Questo sarebbe stato inconcepibile se Gesù avesse conservato le sue fattezze. Ma noi sappiamo che la resurrezione è comunque carne, quella che Tommaso volle toccare, e la resurrezione della carne passa attraverso una tomba vuota. Se questo pezzo di pergamena fosse autentico e raccontasse la verità, dopo milleduecento anni ci sarebbe una spiegazione al mistero della tomba vuota diversa dalla resurrezione e dalle dicerie messe in giro dai giudei, secondo cui il corpo di Gesù sarebbe stato trafugato dai suoi stessi discepoli.»[7]

«Ma Gesù non ebbe una sepoltura con onori regali.»

Rinaldo osservò: «Be', c'è la questione di Nicodemo». E, di fronte all'espressione perplessa di Umberto, il frate soggiunse: «Come sai, i Vangeli non offrono tutti la stessa descrizione. Secondo Marco, Giuseppe di Arimatea, membro del Sinedrio, a sera chiese a Pilato il corpo di Gesù. Pilato si meravigliò che fosse già morto e fece controllare dal centurione. Giuseppe comprò un panno di lino e vi avvolse il corpo di Nostro Signore, deponendolo in un sepolcro tagliato nella roccia. Matteo aggiunge che il sepolcro sarebbe appartenuto allo stesso Giuseppe di Arimatea e che era stato scavato da poco. Davanti all'entrata fu posta una grossa pietra. La stessa versione è fornita da Luca, che riporta anche come le donne venute con Gesù dalla Galilea seguirono Giuseppe e videro il sepolcro dove era stato deposto il Signore. Se ne tornarono per preparare aromi e unguenti. Il sabato osservarono il riposo e la domenica trovarono la pietra rimossa, la tomba vuota e due uomini con vesti splendenti che annunciarono loro la resurrezione.[8] Giovanni, invece, descrive una sepoltura in parte diversa, inserendo il personaggio di Nicodemo, uno dei capi dei giudei, definito dallo stesso Gesù un maestro di Israele,[9] che affianca Giuseppe di Arimatea portando una mistura di mirra e di aloe di circa cento libbre,* con cui il corpo di Gesù viene trattato e avvolto nelle bende, secondo l'usanza giudaica. Nostro Signore sarebbe poi stato deposto in un sepolcro nuovo, in un orto vicino al luogo della crocifissione».[10]

Rinaldo tacque, ma Umberto non aveva ancora compreso.

«E quindi?» chiese.

«Il punto è che per il Vangelo di Giovanni Gesù viene sepolto da due capi giudei, membri del Sinedrio, e le cento libbre di mirra e aloe portate da Nicodemo dovevano essere qualcosa di straordinariamente prezioso, di unico. La mirra è uno degli aromi portati dai Magi a Nostro Signore ed è citata spesso nella Bibbia, dal Cantico dei Cantici, ai Salmi, alla Genesi e all'Esodo. L'aloe è considerata da tempi antichissimi una pianta magica, idonea a curare ogni male. Ne parlano la Bibbia, Aristotele e Plinio e pare che in Egitto, all'epoca di Mosè, si mescolasse alle bende che avvolgevano i re morti per garantire loro la vita eterna. Forse è da questo che ha origine la tradizione di sepoltura giudaica. In ogni caso, si è trattato di onori regali. Ecco a che cosa allude questo testo. Conferma la narrazione di Giovanni, in una prospettiva romana di sospetto e di inquietudine...»

«Ma la tomba non era sorvegliata?»

«Matteo racconta che il giorno dopo la sepoltura i sacerdoti e i farisei si recarono da Pilato e gli dissero che Gesù aveva affermato che sarebbe risorto dopo tre giorni, chiedendogli di far vigilare il sepolcro per evitare che i discepoli trafugassero il corpo e spargessero la voce di una resurrezione. Pilato si rifiutò, invitandoli a provvedere con le guardie del Sinedrio, se lo avessero ritenuto. Essi quindi sigillarono il sepolcro con una pietra e vi posero un corpo di guardia.[11] L'evangelista prosegue descrivendo la visita al sepolcro di Maria Maddalena con l'altra Maria, al sorgere del primo giorno della settimana dopo il sabato. Le due donne furono testimoni di un grande terremoto e dell'intervento di un angelo del Signore sceso dal cielo, che fece rotolare la pietra e si sedette su di essa, lasciando le guardie esanimi. Il suo aspetto era di folgore e le vesti bianche come la neve. L'angelo disse loro di non temere e che Gesù non era lì perché era risorto dai morti. L'evento della resurrezione si era quindi già compiuto ed era sfuggito completamente sia alle guardie sia alle donne. I soldati riferirono poi ai capi dei sacerdoti ciò che era accaduto e questi li pagarono affinché sostenessero che i discepoli avevano portato via il corpo durante la notte, mentre loro dormivano.[12] Gli altri Vangeli non descrivono la richiesta dei giudei a Pilato di far sorvegliare la tomba, né l'intervento dell'angelo contro le guardie, eppure sarebbe stato un fatto molto eclatante e degno di nota. Oltretutto, se una richiesta di sorveglianza vi fosse stata e Pilato avesse fatto spostare la salma, egli avrebbe paradossalmente accreditato la tesi della resurrezione, ma questa lettera non riporta alcuna richiesta del genere, né alcun cenno alla diffusione di voci sulla resurrezione. Viene anche in questo confermato il racconto di Giovanni. La possibilità che qualcuno potesse pensare a una resurrezione non sembra sfiorare in alcun modo la mente di Ponzio Pilato...»

Rinaldo fece un respiro profondo, sembrava smarrito.

Umberto chiese ancora: «E se fosse risorto lo stesso? Se anche la seconda tomba fosse vuota?».

Rinaldo non rispose. Rilesse in silenzio la pergamena, a lungo. Poi esclamò: «È pazzesco. Pilato, ammesso che sia l'autore, non racconta solo della seconda tomba, ma fornisce altre informazioni sconvolgenti. Qui c'è scritto che non furono i giudei a volere morto Gesù, ma solo i romani. Caifa avrebbe addirittura cercato di difenderlo, almeno in una prima fase, e viene addirittura sospettato di volersi servire di lui. Sarebbe dunque falsa l'accusa di deicidio che per secoli ha afflitto questo popolo, ribadita dal Concilio Lateranense appena una trentina di anni fa, con l'imposizione agli ebrei di cucirsi una rotella gialla sulle vesti».

Rinaldo si alzò e iniziò a camminare nella stanza, continuando a parlare: «Eppure, i Vangeli di Marco, Matteo e Luca descrivono il processo davanti al Sinedrio... In effetti, a ben vedere, sembra esserci ancora una conferma di Giovanni, che pur conoscendo il racconto degli altri ha narrato una storia diversa. Scrive che Gesù fu arrestato dalla *speira*, in greco la coorte romana, con il suo comandante, il centurione primipilo citato in questo testo, e le guardie del Tempio. Non riferisce inoltre di alcun processo innanzi al

Sinedrio, ma solo di uno strano interrogatorio notturno, condotto dal vecchio sommo sacerdote Anna, suocero di Caifa, relativo all'insegnamento di Gesù e ai suoi discepoli. Giovanni, inoltre, attribuisce proprio a Caifa una frase apparentemente inspiegabile, ma che ora potrebbe trovare un senso del tutto nuovo: "È conveniente che un solo uomo muoia per il popolo"».

«Come se quello di Gesù fosse un sacrificio per risparmiare altri lutti al popolo ebraico?»

«Già. Forse Anna e Caifa riuscirono a interrogare Gesù quella notte... magari volevano persino salvarlo, suggerendogli cosa rispondere la mattina dopo al prefetto romano... Incredibile.»

«Addirittura salvarlo?»

«Avrai notato che in questo testo non c'è alcun cenno alla richiesta di Pilato alla folla di scegliere tra Gesù e Barabba, di cui parla anche Giovanni, ma si cita un processo *in camera*, che non prevedeva la partecipazione del pubblico.»

«Sarebbe un altro elemento che scagiona gli ebrei.»

«Certo che lo sarebbe. E noi li stiamo perseguitando da più di mille anni.» Rinaldo era ormai un torrente in piena. Senza fermarsi, occhi fissi sulle mattonelle di terracotta del pavimento, proseguì: «Si indica anche chiaramente il luogo della crocifissione, che non è quello dove oggi sorge il Santo Sepolcro a Gerusalemme, ma il Monte degli Ulivi. La sepoltura di Nostro Signore nella tomba di Giuseppe di Arimatea potrebbe allora essere avvenuta nel cimitero sul Monte degli Ulivi. Lì, del resto, c'era e c'è ancora oggi il cimitero più importante per gli ebrei, nel luogo dove secondo il profeta Zaccaria arriverà Dio.[13] Sembra plausibile. Un membro del Sinedrio non avrebbe predisposto il proprio sepolcro in un luogo diverso. E poi... Aspetta un attimo.»

Si alzò, si avvicinò agli scaffali della biblioteca, scorrendo i libri. La ricerca non fu lunga.

«Ah. Eccolo!»

Prese una scala e la avvicinò allo scaffale. Salì e cercò di tirare fuori un grosso volume impolverato. Era talmente pesante che rischiò di perdere l'equilibrio. Si voltò verso Umberto.

«Aiutami! Che aspetti?»

Umberto si avvicinò. Rinaldo gli passò il codice e gli indicò un leggio.

«Posalo lì.»

Il frate scese dalla scala e iniziò a sfogliare il libro. Senza alzare gli occhi dalle pagine spiegò: «È una copia della *Demonstratio evangelica* di Eusebio, vescovo di Cesarea. È stato uno dei primi storici della Cristianità. Visse in Terrasanta all'epoca in cui Elena, la madre dell'imperatore Costantino, venne a individuare il Santo Sepolcro sotto il tempio di Venere di Aelia Capitolina, come i romani avevano ribattezzato Gerusalemme dopo l'ennesima rivolta giudaica. A quanto pare, fu guidata dai sogni fatti dal figlio a Roma».

«Ma, se non sbaglio, Elena trovò le croci.»

«Trovò tre croci e fu un giudeo a indicarle dove scavare. Un certo Giuda, che dopo si fece cristiano e divenne persino santo, san Ciriaco. Eusebio manifestò invero delle perplessità su questa incredibile storia, segno che le comunità cristiane di Gerusalemme non avevano alcuna memoria della crocifissione avvenuta in quel luogo. Del resto, i romani non seppellivano le croci, non avrebbe avuto alcun senso farlo. Ma la madre dell'imperatore le aveva trovate proprio dove il figlio aveva sognato e lì sorse la basilica del Santo Sepolcro. Ecco il brano che cercavo...»

Iniziò a scorrere con le dita il testo, leggendo ad alta voce: «"Si dice che questo Monte degli Ulivi è di fronte a Gerusalemme, poiché fu costituito da Dio, in luogo dell'antica Gerusalemme terrena e del suo culto, dopo la distruzione di Gerusalemme... Anche il profeta Ezechiele contempla questo evento, avendolo previsto in virtù dello Spirito Divino. Dice infatti: E salì la gloria del Signore dal mezzo della città, e si fermò sul monte che è di fronte alla città. A tutt'oggi si può vedere letteralmente compiuto il senso di questo passo, quando tutti i fedeli di Cristo si sono raccolti da ogni parte della terra... per adorare sul Monte degli Ulivi che è di fronte a Gerusalemme, dove fu presente la gloria del Signore, che aveva abbandonato la città di prima... Veramente si fermarono i piedi del Signore e Salvatore nostro, dunque dello stesso *Logos* di Dio, grazie a quell'abito umano che aveva indossato sul Monte degli Ulivi. Ciò avvenne presso quella grotta, che là viene mostrata, quando pregò e trasmise ai suoi discepoli sulla cima del Monte degli Ulivi, i misteri sul compimento della storia. Di là inoltre salì ai cieli, come insegna Luca negli Atti degli Apostoli"».[14]

Guardò verso Umberto, ma questi non aveva capito granché e chiese: «Che cosa significa?».

«Significa che Eusebio si concentra sul Monte degli Ulivi. Non c'è alcun riferimento a un luogo diverso. Non è solo il luogo dell'Ascensione, perché c'è scritto che "inoltre" salì ai cieli. Il Monte è il luogo della gloria e dell'adorazione.»

«E potrebbe essere quindi il luogo della crocifissione.»

«Ancora all'epoca di Eusebio, vi era una grotta che veniva mostrata ai fedeli. Perché una grotta?»

«La tomba?»

«Non lo so. Non so più che pensare...»

«Il segretario del *qadi* di al-Quds disse che l'imam della Cupola della Roccia aveva parlato di un velo a oriente.»

«Un velo a oriente?»

«Sì. Che avrà voluto dire?»

Il francescano restò pensieroso, poi mormorò: «Il Vangelo di Marco... Quando Gesù spirò, il velo del Tempio si aprì in due, da cima a fondo. Allora il centurione che gli stava di fronte, vedendolo morire in quel modo, disse: "Quest'uomo era veramente figlio di Dio".[15] L'antico Tempio di Gerusalemme si trovava proprio sulla spianata dove oggi sorgono le moschee, la al-Aqsa e la Cupola della Roccia. Il *sancta sanctorum* del Tempio era chiuso da un velo a oriente. Per affermare che Cristo era veramente il figlio di Dio, il centurione che gli stava davanti doveva aver visto qualcosa di straordinario, non certo la morte di un uomo crocifisso, che per lui doveva essere invece un evento normale. Aveva visto il velo del Tempio squarciarsi, proprio come narra Marco, ma allora doveva trovarsi a oriente del Tempio, quindi sul Monte degli Ulivi. Non poteva trovarsi da nessun'altra parte. Certo non poteva essere dove ora sorge il Santo Sepolcro, che è esattamente dalla parte opposta, a occidente del Tempio. In ogni caso, all'epoca in cui fu scritto il Vangelo di Marco, vi era ancora memoria diretta del luogo della crocifissione, dal quale doveva essere possibile vedere il velo del Tempio squarciarsi».

«L'imam lo aveva capito.»

«Già. Ibrahim al-Nasri era un uomo colto, intelligente e curioso. Conosceva bene il Vangelo e, come ti ho già detto, aveva letto anche le opere di Giuseppe Flavio. In particolare, nel libro sulla guerra giudaica, il tempio di Erode è descritto nei minimi particolari. Proprio nel corso del nostro ultimo incontro a Gerusalemme, m'intrattenne a lungo su un argomento che oggi suona quasi profetico. A suo dire, un celebre brano di Giuseppe Flavio, contenuto nel libro sulla storia dei giudei, sarebbe stato interpolato dai cristiani che l'hanno copiato. Si tratta del *Testimonium Flavianum*, l'unica testimonianza non cristiana che abbiamo di Nostro Signore, citata fin dall'antichità, tra gli altri, proprio da Eusebio di Cesarea. Si nomina Gesù, si afferma espressamente che egli era il Cristo e che Pilato lo fece crocifiggere "per denuncia di quelli che tra noi sono i capi", i quali per Giuseppe erano ovviamente i capi giudei. È anche scritto che il terzo giorno egli apparve di nuovo in vita a coloro che lo avevano amato e che non avevano smesso di amarlo. Ebbene, Ibrahim mi disse di aver trovato un vecchio testo storico, scritto in arabo dal vescovo cristiano Agapio di Ierapoli, che lui chiamava Aghabiyus, il *Kitab al-Unwan* o *Storia universale*, nel quale il brano di Giuseppe era riportato con un diverso contenuto. In particolare, Gesù non era definito il Cristo e non vi era alcun riferimento ai capi giudei e alla loro denuncia, ma si affermava solo che Pilato lo condannò alla crocifissione e alla morte. Il resto era abbastanza simile: i discepoli sostenevano che egli fosse apparso loro in vita il terzo giorno dopo la crocifissione e forse avrebbe potuto essere il Messia di cui i profeti avevano raccontato meraviglie. Ibrahim affermava pertanto che Gesù, o chi per lui come sostiene il Corano, fosse stato processato e ucciso solo dai romani e non menzionava i giudei. Lo stesso *titulus crucis*, vale a dire la ragione della condanna indicata sulla croce e riportata dal Vangelo di Giovanni, *Iesus Nazarenus rex Iudaeorum*, avrebbe indicato chiaramente un *crimen laesae maiestatis*, punito appunto con la crocifissione per chi non fosse stato cittadino romano. Secondo lui, i cristiani che si erano trovati di fronte il testo di Giuseppe Flavio da ricopiare avevano deciso che, così com'era, non poteva andare e lo avevano modificato, mentre Agapio avrebbe ricopiato la versione originale, conservata nell'oriente bizantino. Ricordo di avergli risposto che non era detto che l'interpolazione l'avessero fatta i cristiani e che Agapio avesse effettivamente copiato il testo genuino. Questa pergamena sembra dargli ragione, almeno in parte, giacché Caifa avrebbe comunque collaborato con Pilato alla cattura. A proposito di Ibrahim, non hai trovato altro?»

«No.»

«Mi avevi detto che aveva scritto una lettera al sultano.»

«Non era nella custodia d'avorio. L'avranno ancora i templari. Forse aveva scritto tutte queste cose che mi avete raccontato.»

«Non lo so. Non mi sembrano cose che potessero interessare uno come Ayyub, anche se Ibrahim peccava di mancanza di umiltà e amava ostentare la propria erudizione, quindi potrebbe senz'altro averlo fatto e...»

Umberto lo interruppe, portandosi una mano alla fronte.

«Il foglietto!» Continuò di getto: «Nella borsa del *qadi* di cui si era impossessato il suo segretario, tra le monete d'oro c'era anche un foglietto con un appunto scritto dallo stesso al-Salih, evidentemente per lui prezioso quanto l'oro: "Trecento passi a oriente della piccola chiesa"».

«Quale piccola chiesa?»

«Non lo so. Sul Monte degli Ulivi ci sono chiese?»

«Ce ne sono diverse, e tutte piccole. La chiesa dell'Ascensione, la chiesa del Pater Noster, la chiesa... Forse...»

Rinaldo si bloccò, fissando la parete di fronte, gli occhi sbarrati. Umberto completò la frase che era rimasta in gola al frate: «Forse l'imam aveva trovato la seconda tomba».

Rinaldo respirò a fondo. Poi annuì impercettibilmente.

«Forse. E forse i templari la stanno andando a cercare. Dobbiamo andare subito a Gerusalemme, Umberto.»

«Andrò io.»

Rinaldo lo afferrò per il saio.

«Ma io non posso restare qui. Devo venire con te!»

Umberto prese le mani del frate e con delicata fermezza se le tolse di dosso. Gli diede del tu: «Non puoi venire con me, Rinaldo. Non è un pellegrinaggio, e tu lo sai. Tu cerchi la vita eterna. Io porto con me solo morte».

«Come puoi trovare la tomba senza di me?»

«Non devo trovare una tomba, ma una persona...»

✠ ✠ ✠

Luigi si era appena ritirato nella camera da letto, quando Yves entrò nell'anticamera dove Seignelay si accingeva a trascorrere il primo turno di guardia seduto su una panca. Vedendo l'inquisitore, il barone si alzò. Yves annunciò: «Devo parlare con il re».

Il tono era di quelli che non ammettevano discussioni. Seignelay s'inchinò e bussò alla porta della stanza. Una flebile voce dall'interno chiese: «Che c'è?».

«C'è frate Yves, sire.»

«Che entri!»

Il barone aprì la porta. Luigi era già in camicia da notte, ma ancora non si era coricato.

«Buonasera, *magister*. Che succede?»

«Buonasera, sire. Perdonatemi per l'ora, ma ho gravi notizie da riferirvi. Ho scoperto che Hugues de Jouy, il maresciallo del Tempio che stiamo cercando, potrebbe essere in combutta con gli infedeli di Damasco. Domani mattina alcuni templari cercheranno di raggiungerlo. Intendo seguirli per poterlo arrestare, ma mi occorre una forte scorta, perché ha con sé uno squadrone di cavalieri e potrebbe opporre resistenza.»

Il re era sconcertato, ma non sorpreso.

«Questo è un vecchio vizio dei templari. Furono i loro intrighi con i siriani a causare il disastro di La Forbie. Avevo chiesto a Guillaume de Sonnac e poi a Renaud de Vichiers di astenersi da certi contatti, ma evidentemente qualcuno ha ignorato le mie parole. Voi come avete fatto a saperlo?»

La risposta fu sibillina: «Il Signore ha voluto così e ora, mio tramite, vi chiede aiuto».

Yves sapeva che Luigi non avrebbe mai rifiutato una richiesta di aiuto del genere.

«Mi restano solo cento cavalieri. Non posso sguarnire Acri, ma chiederò a Hugues de Revel di fornirvi una scorta di ospitalieri.»

«Non abbiamo molto tempo, sire. Dovremo partire domani mattina all'alba e non vorrei comunque che fossero in troppi a sapere.»

«Ma i miei uomini non conoscono il territorio.»

«Basterà chiedere a Revel alcuni cavalieri come guide per uno squadrone da inviare in esplorazione domattina all'alba, senza per ora spiegargli altro. Parlerò con lui al nostro ritorno.»

Luigi restò in silenzio qualche istante. Poi gridò: «Seignelay!».

Il barone entrò immediatamente.

«Eccomi, sire.»

«Chiamate Sargines e ditegli di raggiungerci. Cinquanta cavalieri si preparino a partire all'alba con lui e frate Yves.»

26

Blanche

San Giovanni d'Acri, fortezza templare, notte del 30 maggio 1250

«Hugues! Hugues!» Era proprio la sua voce e arrivava da una nuvola sul mare spinta dal vento, ma non riusciva a vederla.

«Blanche!»

Renaud de Vichiers si svegliò di colpo. Era tutto sudato. Un sogno, soltanto un dannato sogno. Scese dal letto, prese la brocca dell'acqua e bevve, augurandosi che l'alba arrivasse in fretta.

In un solo giorno era cambiato tutto. Il messaggio di Ponzio Pilato era stato rubato. L'inquisizione e l'impero erano a caccia di Hugues. Per giunta, la *Templum Domini* non aveva ancora fatto ritorno. Nulla era comunque definitivamente compromesso. Del messaggio era ovviamente stata fatta una copia e la lettera di Ibrahim al-Nasri, più importante del messaggio stesso, era stata prudentemente riposta in un altro luogo. Hugues ne aveva portato con sé solo una copia. Mai mettere tutte le uova in un unico paniere, diceva un vecchio proverbio delle sue parti. Senza la lettera dell'imam, l'uomo dell'imperatore, ammesso che fosse riuscito a sfuggire alla caccia della sua nave, non avrebbe potuto fare altro che tornarsene dal padrone, scodinzolando come un cane con un osso tra i denti. Un osso in realtà indigesto, soprattutto per Federico. La propaganda papale già lo bollava come la bestia dell'Apocalisse e si diceva che avesse osato definire impostori i fondatori delle tre grandi religioni, Mosè, Gesù e Maometto. Nel regno di Sicilia circolava persino un misterioso trattato dal titolo

De tribus impostoribus. Di fronte alla pergamena di Pilato, tutti avrebbero pensato all'ennesima provocazione blasfema dell'imperatore. Per quanto riguardava invece il domenicano, ci avrebbe pensato Ismail. Non aveva mai fallito, almeno fino alla notte precedente.

L'Ordine del Tempio sarebbe così rimasto l'unico custode del segreto dei segreti. Era ormai persuaso che la creazione stessa dell'Ordine fosse stata voluta da Dio solo per quel momento. Le forze del male e della distruzione si stavano rivelando comunque più insidiose del previsto e il maestro non riusciva a scrollarsi di dosso l'agitazione. Forse era stato anche il sogno. Ecco perché anelava l'alba, quando Guillaume de Beaujeu sarebbe partito alla volta di Safed per consegnare il suo messaggio sigillato a Hugues.

L'immagine della fortezza in Galilea riuscì ad allontanare i pensieri più cupi. Ne aveva diretto la ricostruzione portandosi dietro il giovane Hugues. Il periodo più bello che aveva trascorso nel Tempio, dopo quel giorno di ventinove anni prima.

✠ ✠ ✠

Era la domenica di consacrazione della cappella presbiteriale, nella cattedrale di Reims in costruzione da oltre dieci anni. Lo stretto vicolo era affollato e i due giovani lo percorrevano provenendo dalle estremità opposte. Lui con la veste candida dell'Ordine, lei con un vestito leggero celeste dai ricami dorati, la chioma bionda coperta da un velo, accompagnata da un'ancella. Si erano quasi scontrati.

«Buongiorno, baronessa.» La voce del cavaliere tradiva l'emozione. La ragazza, invece, apparve solo lieta dell'incontro e sorrise.

«Buongiorno, *frère* Renaud. Che sorpresa vedervi qui!»

«Anche per me è una grande sorpresa. È da un po' che non riesco a passare da Jouy, ma mi ripromettevo di fare visita al barone. Non l'ho più visto dal funerale di suo padre.»

«Sì, sono passati quattro anni, ma voi non siete cambiato.»

«Nemmeno voi, signora. Vostro marito come sta?»

«Bene, siamo venuti per la consacrazione della cappella. Ora è alla riunione dei vassalli del conte di Champagne e io sto andando a confessarmi.»

«Posso suggerirvi la chiesetta di Saint Jean... è qui vicino ed è molto bella.»

«Certo. So bene dov'è.»

«Ossequi, signora...»

Mentre il cavaliere templare proseguiva oltre, Blanche si voltò verso l'ancella.

«Marie, io vado in chiesa, tu puoi andare in quel negozio vicino alla porta sulla strada per Troyes a verificare se ci sono stoffe come quelle che avevamo acquistato lo scorso anno. Ti aspetto più tardi, davanti alla cattedrale.»

«Sì, *madame*.»

La donna s'inchinò e si avviò. Blanche camminò spedita e poco dopo giunse davanti alla piccola chiesa. La porta sembrava chiusa, ma bastò una leggera spinta per aprirla. Una sola navata, l'abside circolare, l'odore di polvere. Doveva essere chiusa da qualche tempo, forse per delle riparazioni. All'interno, nella penombra, c'era Renaud, immobile.

Blanche gli corse incontro, il cuore che le batteva furiosamente, e gli si gettò tra le braccia, stringendolo forte. Si baciarono a lungo.

Il templare pensò che, come sempre, Dio fosse stato più forte della volontà degli uomini.

La ragazza, figlia del barone di Choisy, era stata destinata a Gilbert, primogenito del barone di Jouy, da quando erano bambini. Ma i disegni del Signore sono imperscrutabili ed era così accaduto che Blanche s'innamorasse di Renaud, un nipote del vecchio barone, accolto a Jouy dopo la morte dei genitori. Il giovane non avrebbe tuttavia ereditato un feudo e i sentimenti di due ragazzi non contavano nulla. Blanche aveva così sposato a sedici anni il diciottenne Gilbert e il vecchio barone, per devozione, o forse per aver intuito qualcosa, aveva fatto in modo che il nipote entrasse nell'Ordine del Tempio e si togliesse dai piedi.

Quando si staccarono, il templare si avvicinò alla porta e la chiuse dall'interno.

«Il Tempio ha da poco rilevato questa chiesa. Dovremo risistemarla, ma per ora è chiusa. Nessuno ci disturberà.»

Si avvicinò e le accarezzò il volto. La ragazza aveva gli occhi pieni di lacrime, ma era ancora più bella di quanto ricordasse. I capelli dorati, le lunghe ciglia, le labbra tremanti erano quelli dei suoi sogni, ma aveva qualcosa che non gli era familiare. Un'aria matura, più morbida, e piena.

«Renaud, ho pensato a te ogni giorno e ho chiesto tante volte a Nostro Signore le ragioni di quello che ci è accaduto.»

«Anch'io gli ho chiesto spesso perché non ha ascoltato le mie preghiere. Solo oggi, forse, ho iniziato a capire, mentre ti aspettavo nel silenzio di questa chiesa. Il nostro amore è uno specchio di quello di Dio per noi. Egli l'ha fatto sbocciare, l'ha preservato nel tempo e ora, in attesa di ricongiungerci per sempre al suo cospetto, ci sta offrendo una possibilità. Ci ha fatto incontrare e ci ha condotto qui, da soli.»

«Ma a me non basta questa possibilità. Voglio che la mia vita sia con te e non quella che mi attende fuori... Ho anche avuto un figlio, Renaud. Ora ha due anni, si chiama Mathieu. Lo amo immensamente, ma lo avrei voluto da te, non da lui.»

«Piccola mia... Vieni.»

La prese per mano e la condusse nell'angolo, verso una stretta scala a chiocciola di pietra. Salirono fino alla stanza che avrebbe ospitato la campana. Entrarono e Renaud chiuse anche quella porta. Appena si voltò, Blanche fu ancora tra le sue braccia. Restarono qualche attimo così, senza dire nulla. Fu quindi la ragazza a sussurrare: «Non ho molto tempo, tra poco dovrò tornare o Marie si preoccuperà».

Le posò un dito sulla bocca, incerto, poi le prese il volto tra le mani e la baciò ancora, profondamente. Continuò a baciarla, scendendo fino all'incavo morbido del seno, stordito dal suo odore, dalla sua morbidezza. Il respiro affannoso, lei si slacciò il corpetto, invitandolo a scendere ancora, guidando la sua bocca fino ai capezzoli. Dimentico di tutto, incapace di distinguere la realtà dal sogno, Renaud la prese e la adagiò delicatamente per terra, sul mantello bianco con la croce rossa.

Si amarono, con la consapevolezza disperata che non ci sarebbe stata per loro un'altra occasione.

Hugues era stato il frutto di quell'amore.

Se ne era accorto appena lo aveva visto a Provins. Non aveva nulla di Gilbert. Il barone di Jouy era bruno, con grandi occhi scuri. Il ragazzo era invece biondo come Blanche, ma lei aveva gli occhi verdi, mentre quelli di Hugues erano celesti, proprio come i suoi.

Si era chiesto se Gilbert avesse mai avuto qualche dubbio. Forse il fatto che non si fosse fermato ad attenderlo a Provins non era stato dovuto solo al desiderio di lasciare solo Hugues.

Blanche glielo aveva affidato e ora gli chiedeva di salvarlo.

✠ ✠ ✠

All'alba, nel palazzo del conestabile era tutto pronto. Yves e Nicola non erano rientrati al convento, ma si erano fermati a dormire lì ed erano appena scesi nel cortile, affollato dai cavalieri già in sella.

Godefroy de Sargines indossava i gigli di Francia sulla cotta di maglia. Si era preparato per combattere.

«I vostri cavalli sono pronti, *magister*. I templari sono già partiti e i nostri esploratori li stanno seguendo a distanza con un cavaliere dell'Ospedale.»

L'inquisitore scosse la testa e disse: «Perdonatemi, messere, ma la nostra Regola ci vieta di andare a cavallo. Abbiamo bisogno di due muli».

«Ma *magister*, se dobbiamo seguire dei cavalieri, i muli potrebbero non essere abbastanza veloci.»

«Sono sicuro che chi stiamo seguendo non ha fretta.»

Damasco, cittadella, tarda sera del 31 maggio 1250 (28 safar 648)

«È solo una puttana. Una grandissima puttana, e quelli della *Bahriyya* la manovrano di giorno e se la scopano di notte...»

Diya al-Din, comandante della *Qaymariyya* di Dimashq, non amava i mezzi termini. Hugues de Jouy, seduto su un tappeto davanti a lui, rimase in silenzio. Era arrivato in soli tre giorni, senza risparmiare i cavalli né gli uomini.

Si trovavano in uno dei saloni della cittadella dove era morto il grande Salah al-Din, all'estremità nordoccidentale della città, nei pressi del fiume Barada, che fungeva da fossato alla massiccia struttura costellata da dodici torri.

Aveva lasciato la veste bianca ai confratelli, accampati a una lega dalla città, e poco prima del tramonto si era presentato da solo alla porta di Bab al-Hadid, da cui si accedeva al complesso fortificato. Si era qualificato con il suo nome, chiedendo direttamente di Diya al-Din. Poco dopo, un emiro lo aveva accompagnato dal padrone di Damasco, un uomo di circa quarant'anni, alto e muscoloso. Tutto in lui lasciava intendere che era un guerriero e non un politico. Ma era anche un amico, fin dall'epoca del disastro di La Forbie, e il Tempio era sempre stato molto generoso con lui.

Dopo i saluti, Hugues affrontò subito l'argomento principale: «Saprai anche tu che la cavalleria egiziana è entrata nella Bilad al-Sham. Aybak è imbaldanzito dalla vittoria contro re Luigi e vuole regolare i conti con voi».

«Abbiamo già ucciso molti di quei traditori. Che vengano. Siamo pronti a riceverli.»

«Per ora sono solo esploratori e lo sai meglio di me. Ne arriveranno molti altri, Diya. Sono stato anch'io in Egitto e ho combattuto contro il loro esercito, che è forte e numeroso. Se vuoi vincere, devi unire le tue forze con quelle di Aleppo e attaccare per primo. Dopo la morte di Ayyub non ha senso continuare una guerra fratricida.»

«Al-Nasir Yusuf vorrà essere il sultano e invocherà la parentela con Ayyub.»

«Ma non è uno stupido. Si rende perfettamente conto che da solo non può battere Aybak e voi servite a lui almeno quanto lui serve a voi. Non vi prevaricherà.»

«Lo hai già sentito? Sarebbe disponibile a un'alleanza?»

«Un mio confratello è ad Aleppo. Confidiamo di riuscire a convincerlo.»

«Bene. Ascolterò la sua risposta e poi decideremo. E voi, ci aiuterete?»

«Purtroppo per ora non possiamo muoverci. Ci sono molti prigionieri cristiani in Egitto e il re vuole liberarli. Non farà nulla contro Aybak e non sa nemmeno che io sono qui.»

Hugues non soggiunse che comunque, pur volendo, avrebbe potuto fare ben poco con le scarse forze rimaste. Non voleva suscitare appetiti strani nel suo interlocutore, che peraltro doveva essere già informato di tutto.

Diya al-Din aveva ancora una domanda: «Aspetterai qui l'arrivo delle notizie da Aleppo?».

«No. Ripartirò subito per Safed. Sarà mia cura inviarti la risposta di al-Nasir Yusuf affinché possiate prendere direttamente contatto. Io invece, con il tuo permesso, vorrei spingermi verso sud, fino a Gerusalemme, per verificare se nella zona ci sono già incursori egiziani. Se li dovessi incontrare, ho con me uno squadrone di cavalieri e mi piacerebbe riprendere il discorso che ho interrotto a Mansura... Tanto il re non mi vedrà.»

Il comandante siriano sorrise.

«Invierò subito dei piccioni viaggiatori per segnalare a tutte le guarnigioni di fornirvi ogni appoggio. Che Allah sia con te.»

Poco dopo, Hugues cavalcava nella notte verso sud. Era filato tutto liscio. Il *magister* sarebbe stato fiero di lui.

27

Le rocce di Akhbara

Costa di Outremer, mattina del 2 giugno 1250 (29 safar 648)

Il mare era calmo, solo nei pressi della riva si formavano cavalloni bassi. La nave aveva gettato l'ancora a non più di quattrocento passi dalla spiaggia sabbiosa e la scialuppa si avvicinava veloce, sospinta da due rematori. Umberto e Mohamed riconobbero la sagoma pingue di Filippo di Traetto a poppa. Avevano passato la notte tra i ruderi di una vecchia torre diroccata notata da Umberto durante la navigazione da Alessandria ad Acri. Una testimone di altre guerre, in una terra che da tanto tempo non conosceva pace. Aveva chiesto a Filippo come si chiamasse, ma non aveva avuto risposta. Scendendo dalla nave ad Acri, gli aveva ordinato di farsi trovare sotto quei ruderi tre giorni dopo.

Lasciato il convento dei frati minori e riposto il saio francescano, Umberto aveva ripreso gli abiti da mercante italiano e non gli era stato difficile acquistare un paio di veloci destrieri arabi. Erano arrivati in soli due giorni al luogo dell'incontro, tra Cesarea e Arsuf, città cristiane sulla costa.

La barca raggiunse la riva e Filippo scese a terra, incamminandosi verso la torre. Lo attesero tra i cespugli di macchia mediterranea. Scalata la duna in modo sorprendentemente agile, il comandante della nave sorrise.

«Messere! Mohamed! Sono contento di vedervi.»

Umberto rispose: «Anche noi, Filippo. Sappiamo che una galera templare ti ha inseguito».

«Ora è in fondo al mare. A sud di Chastel Pelérin ci aveva quasi raggiunto, ma evidentemente non si aspettavano di trovare a bordo i miei marinai armati fino ai denti e trenta arcieri guidati da Osman. È stato un leone, degno sostituto di Mohamed.»

Si rivolse a Mohamed e gli fece un inchino, che l'emiro ricambiò. Poi proseguì: «Ci siamo fatti raggiungere e li abbiamo colti di sorpresa. Prima li abbiamo respinti, poi siamo andati all'abbordaggio, mentre cercavano disperatamente di sganciarsi tagliando i rampini che avevano lanciato. Alla fine, non ne è rimasto vivo nessuno e ho affondato la galera. Purtroppo abbiamo avuto otto morti, tre dei miei e cinque arcieri. Ci sono anche sei feriti e due di loro potrebbero non farcela».

«E le galere egiziane?»

«Buone quelle! Le abbiamo incontrate solo quando tutto era finito. Se fosse stato per loro, avremmo potuto esserci noi in fondo al mare. L'emiro che le comandava pensava di trovarvi a bordo e aveva un messaggio per voi. Lo ha riferito a voce a Osman, che me lo ha tradotto. L'ho imparato a memoria: "Il Balestriere vi aspetta sulla collina a un miglio a sud di dove volevate andare da solo, dopo il tramonto del 3 di *rabi al awwal*". È il 5 giugno, l'ho chiesto a Osman.»

Umberto annuì. Mancavano tre giorni. Filippo chiese: «Questo significa che non si riparte?».

«Già. Per ora non si riparte. Ci rivedremo qui tra dieci giorni, il 12 giugno. Se non ci saremo, tornatene a Trani.»

Safed, fortezza templare, sera del 2 giugno 1250

Hugues de Jouy prese il plico arrotolato con il sigillo rosso del maestro e mormorò: «Grazie, Guillaume».

Erano soli nell'ampia sala capitolare della fortezza, illuminata dalle torce.

Il maresciallo era appena arrivato, ancora coperto di polvere dopo la lunga cavalcata da Damasco. Per lui, giungere a Safed era stato come tornare a casa. Lì aveva conosciuto e apprezzato l'Oriente. Lì aveva imparato a stimare Renaud de Vichiers. Un uomo forte, rigoroso, con una fede che non poteva essere scalfita. Erano passati sette anni da quando aveva lasciato quel luogo per tornare in Francia e ora vi rientrava come maresciallo del Tempio. Quando aveva rivisto nella luce rossa del tramonto l'imponente struttura che occupava tutta la collina, con la sua doppia cinta di mura, le sette grandi torri perimetrali e il maestoso dongione, aveva ripensato con orgoglio a come l'aveva vista sorgere, al duro lavoro dei prigionieri saraceni, alle lunghe cavalcate nei dintorni. Era la fortezza più grande che Outremer avesse mai visto e proprio le sue dimensioni costituivano la sua debolezza. Per guarnirla adeguatamente, ci sarebbero voluti almeno mille uomini, ma l'Ordine non li aveva più. La guarnigione comprendeva in condizioni normali sessanta fratelli cavalieri, ma ora ne erano rimasti meno di dieci, mentre i *servientes* erano appena un centinaio. Avrebbe dovuto parlarne al *magister*. Era urgente che nuove forze arrivassero da Occidente, dove invece in molte *commanderies* non si pensava ad altro che a mangiare, a bere e ad accumulare denaro.

Il castellano di Safed era un confratello anziano, che per l'età non aveva preso parte alla *expeditio crucis*. Era ovviamente accorso a riceverlo, ma Hugues, molto stanco, lo aveva liquidato con poche battute, chiedendo quindi se Guillaume fosse arrivato e, alla risposta affermativa, di poterlo incontrare subito.

Ruppe il sigillo e srotolò il foglio. Parlò senza sollevare gli occhi dal messaggio: «Puoi andare a dormire. Ti farò chiamare dopo, se necessario».

«Sì, Hugues. La pace sia con te.»

Il giovane uscì, mentre il maresciallo del Tempio leggeva con crescente sgomento il messaggio di Renaud de Vichiers. Poi fissò la fiamma di una torcia e le accostò il foglio, che prese subito fuoco. Buttando il tizzone sul pavimento di pietra ripensò alle parole del *magister*: «Il diavolo farà di tutto per fermarci». Sembrava proprio così. Il suo primo impulso fu di scendere e di ripartire subito. Nelle scuderie c'erano cavalli freschi, ma i suoi uomini erano stanchi. Decise che li avrebbe lasciati dormire per qualche ora e che avrebbe atteso l'alba nella grande cappella poligonale al piano più alto del dongione. Avvertiva il bisogno di pregare.

San Giovanni d'Acri, fortezza templare, notte del 2 giugno 1250

Ismail non lasciava mai trapelare le sue emozioni, ma a Renaud bastò guardarlo negli occhi per capire che le notizie non erano buone.

«Allora?»

«Il frate ha lasciato Acri. È partito già da qualche giorno con uno squadrone di cavalieri del re e di ospitalieri. Li hanno visti uscire dalla Porta San Nicola e dirigersi verso est.»

«Partito? Quando è partito?»

«Tre giorni fa, il 27 di *safar*. Per voi dovrebbe essere martedì, il 31 maggio.»

«A che ora?»

«Poco dopo l'alba.»

Renaud ebbe la sensazione di non riuscire a respirare. Stavano seguendo Guillaume, che li avrebbe portati fino a Safed. Fino a Hugues.

«Quanti erano?»

«Parecchi, almeno una cinquantina.»

Il doppio dei cavalieri che erano con suo figlio. Uomini del re e ospitalieri. Ripensò al sogno. Blanche aveva voluto avvisarlo. Doveva andare. Raccogliere tutti gli uomini che poteva e partire subito, prima che fosse troppo tardi. Se non fosse riuscito a raggiungerlo a Safed, avrebbe raccolto lì altre forze.

Nei pressi di Akhbara, a sud di Safed, mattina del 3 giugno 1250

"Guai in vista" pensò Hugues.

Frère Richard de Vigny stava rientrando al galoppo. Spronò a sua volta per andargli incontro. Erano partiti all'alba, indossando cotte d'armi grigie e turbanti al posto degli elmi. Avevano anche rimosso le gualdrappe con la croce rossa e sostituito gli scudi bianchi e neri con quelli circolari dei saraceni, prelevati dal bottino di guerra custodito nella fortezza. Da lontano, sarebbero stati scambiati per una banda ayyubide. Scesi dalla collina di Safed, avevano seguito la pista pedemontana a sud e non quella che costeggiava il lago di Tiberiade. Entrambe presentavano insidie. La via del lago era pianeggiante, ma esposta e trafficata. Quella tra i monti era più riparata, ma in alcuni punti rocce ripide come scogliere la rendevano angusta. Nel percorrerla, Hugues si era quindi fatto precedere da due esploratori. Richard era uno di loro.

Il templare arrestò il cavallo che fece uno scarto, sbuffando dalle froge.

«Hugues, cavalieri francesi!»

Nello stesso momento, dalla curva della pista dietro un costone di roccia sbucava un gruppo di cavalieri in assetto di guerra. Vestivano i colori di Francia, ma vi erano anche alcuni ospitalieri e due frati. Hugues riconobbe l'inquisitore e ricordò la definizione che ne aveva dato il *magister*: l'allievo intelligente di un uomo implacabile. Si chiese come avesse potuto scovarli. La risposta poteva essere una sola: aveva seguito Guillaume da Acri.

Conveniva ritirarsi a Safed. Non era lontana e i cavalli erano ancora freschi.

Si voltò indietro, ma ciò che vide in lontananza lo gelò.

Un'altra formazione di cavalieri era in arrivo alle loro spalle. Le insegne sembravano le stesse. Erano in trappola. Non gli restava che attaccare quelli che aveva di fronte e regolare i conti con il predicatore una volta per tutte, prima che il secondo gruppo fosse stato loro addosso. Avrebbe poi raggiunto la pianura, aggirato Nazareth e trovato aiuto nel castello templare di La Fève. Si voltò verso i suoi uomini.

«Fratelli, il demonio si è impadronito della mente di quel frate e vuole distruggere la vera fede e il Tempio. Dobbiamo passare! *Non nobis Domine!*»

Tutti gridarono: «*Non nobis Domine, sed nomini tuo da gloriam!*».

✠ ✠ ✠

Godefroy de Sargines esclamò: «Hanno deciso di combattere, *magister*».

«Lo vedo» rispose Yves.

Il cavaliere sguainò la spada e si voltò verso i suoi uomini.

«Nicolas, Gerard. Restate qui e proteggete il *magister*!»

Poi gridò: «Quei banditi osano attaccarci. *Montjoie!*».

«*Montjoie!*»

Nella gola, lo spazio per schierarsi frontalmente non c'era, così i due gruppi caricarono l'uno contro l'altro in colonna. Erano più o meno pari di numero, visto che lo squadrone francese si era diviso in due. Yves e Nicola smontarono dai muli e rimasero sulla pista.

L'urto fu violentissimo e disarcionò tutti i cavalieri di testa, compresi Hugues e Godefroy. Lo scontro si frantumò subito in venti duelli.

✠ ✠ ✠

Hugues si rialzò in piedi, la spada in pugno, senza turbante e stordito per il volo. Il colpo di lancia diretto a lui aveva colpito il suo destriero, che era stramazzato al suolo trascinandolo con sé. Doveva recuperare la borsa, ma era finita sotto la bestia. Un francese a cavallo armato di mazza lo caricò per finirlo. Schivò il colpo e rispose con un fendente alla gamba. L'uomo gridò. La cotta di maglia non si era spezzata, ma il sangue fuoriusciva copioso. Hugues continuò a colpirlo con furia al braccio destro e poi sull'elmo pesante, disarcionandolo. Con un urlo, gli infilò la spada nella fessura per gli occhi. Balzò quindi in sella, prese le redini e si guardò intorno. Il numero dei duellanti intorno a lui era diminuito e il secondo gruppo di avversari era vicino. Gridò: «*Fratres!* Con me!».

Spronò e scartò un avversario appiedato che cercava di sbarrargli il passo. Si voltò indietro. Nessuno dei suoi era riuscito a seguirlo. Erano tutti impegnati nella lotta o già morti. Davanti a lui vide i frati, protetti da due cavalieri. Pensò che Dio avesse voluto offrirgli l'opportunità di colpire la Bestia.

✠ ✠ ✠

Un cavaliere a capo scoperto era uscito dalla mischia e galoppava verso di loro montando un cavallo dalla gualdrappa con i colori di Francia. Uno dei cavalieri avvertì l'inquisitore: «Cercatevi un riparo, *magister*».

Yves non rispose. Stava cercando di distinguere l'uomo in arrivo. Sulle prime, gli era sembrato Renaud de Vichiers, ma poi si accorse che era più giovane. Hugues de Jouy. Nicola, intanto, cercava riparo dietro il mulo.

I due francesi caricarono. Il cavaliere in arrivo era armato solo di spada, contro lance e scudi. Non avrebbe dovuto esserci partita, ma quello schivò le lance piegandosi sul cavallo con un'acrobazia. Passando in mezzo agli avversari, ne colpì uno alla testa, sbalzandolo di sella. L'altro si girò e spronò all'inseguimento, mentre Hugues puntava verso Yves, la spada sollevata, il volto stravolto da un'espressione di odio. Nicola gridò: «*Magister*, riparatevi!».

L'inquisitore stava rivivendo il suo incubo. Restò immobile, fissando il cavaliere, come ipnotizzato. Durò solo un attimo. Si scosse dicendosi che non era un sogno e che aveva una sola possibilità. Se si fosse mosso troppo presto, sarebbe morto. Attese che lo raggiungesse e si gettò a terra di lato. Il fendente che avrebbe dovuto tagliarlo in due sibilò nell'aria. Il templare proseguì la corsa per un breve tratto, quindi arrestò il cavallo e si voltò. In quel momento, il secondo francese gli fu addosso. Lui fu pronto. Con un colpo di spada deviò la lancia, poi colpì l'avversario sull'elmo e lo disarcionò. Esitò un istante e guardò Yves, che si era rialzato e lo attendeva di nuovo con aria di sfida. Sopraggiungevano intanto altri francesi. Hugues decise che era abbastanza: girò il cavallo e spronò verso sud, scomparendo dietro il costone di roccia. Poco dopo, due cavalieri lanciati al galoppo sfrecciarono davanti a Yves.

✠ ✠ ✠

Godefroy de Sargines, impolverato e sporco di sangue, era ancora dolorante per la caduta da cavallo. Intorno a lui, il terreno era cosparso di cadaveri. L'arrivo della seconda formazione aveva rapidamente posto fine allo scontro e tutti i templari erano caduti combattendo, tranne uno, che era stato catturato. La vittoria era comunque costata cara ai cavalieri del re: dodici morti e dieci feriti. Anche due dei sei ospitalieri erano rimasti uccisi. In pratica, di quelli del primo gruppo non era rimasto illeso nessuno.

Yves e Nicola raggiunsero a piedi Godefroy.

«Come state, monsignore?»

«Sono stato peggio, *magister*. È solo un po' di mal di schiena. E voi? Ho visto che quel bastardo vi ha attaccato. Non vi sospettavo così agile.»

«In verità, nemmeno io mi sospettavo così agile, ma Nostro Signore ha voluto aiutarmi. Dobbiamo prenderlo. Sono certo che fosse proprio Hugues de Jouy.»

«Non andrà lontano. I miei uomini lo cattureranno. Ne ho inviati altri quattro dietro ai primi due.»

«Ne avete preso qualcuno vivo?»

«Uno solo. È stato colpito di striscio alla testa, ma sta bene.»

Lo indicò. Poco lontano, il prigioniero era seduto a terra. Bruno, sui venticinque anni, aveva le mani legate, la faccia insanguinata e la fronte fasciata da uno straccio macchiato di rosso.

Yves si diresse verso di lui, seguito da Nicola.

Il templare tremava nonostante il caldo di giugno e guardava smarrito i cadaveri dei suoi confratelli. Yves chiese: «Come ti chiami?».

«Raymond... *frère* Raymond de Fronsac, *miles Templi*.»

«Perché ci avete attaccati? Non avete visto le nostre insegne?»

«È stato *frère* Hugues a ordinare la carica. Forse non vi aveva riconosciuto...»

«Non osare ostacolare con delle menzogne la giustizia di Dio, che non ha tempo da perdere... E non costringermi a ricorrere alla tortura. Sai che lo farei.»

Raymond de Fronsac esitò. Guardò ancora i corpi dei suoi compagni e parlò a bassa voce, come se non volesse essere sentito da loro: «Hugues ci ha detto che il diavolo voleva distruggere la vera fede e il Tempio e che si era impadronito della vostra mente».

«Della mia mente?»
«Sì. Ha detto così.»
«Dove eravate diretti? Perché vi siete travestiti da saraceni?»
«Non lo so. Forse dovevamo attraversare i loro territori. Lo sapeva solo Hugues.»
«Hugues è scappato, vero?»
«L'ho visto scappare. Ero appiedato e non ho potuto seguirlo.»
«Sapresti riconoscere il suo cavallo?»
«Uno stallone grigio.»
Yves si guardò intorno.
«Quello?» Indicò una carcassa grigia.
«Sì, potrebbe essere quello.»
L'inquisitore si rivolse a Nicola: «Vai a frugare nelle borse della sella».

Il giovane corse. Yves lo seguì con gli occhi mentre cercava di sfilare qualcosa da sotto la bestia, senza riuscirci. Cinque cavalieri accorsero per aiutarlo. L'inquisitore intanto riprese l'interrogatorio: «Dove vi ha condotti dopo aver lasciato Acri?».

«A Damasco. Ma non siamo entrati in città, lo abbiamo atteso fuori. È andato da solo.»
«Con chi si è incontrato?»
«Non lo so, ma...»
«*Magister!*»
Nicola li raggiunse, con una borsa di pelle in mano.
«C'era questa!»
La porse al maestro, che la aprì. All'interno, c'era un foglio di papiro arrotolato e schiacciato dal peso del cavallo. Lo aprì con cautela, cercando di non romperlo. Era scritto in arabo. Una lunga lettera di Ibrahim al-Nasri, imam della Cupola della Roccia, al sultano d'Egitto.

Yves si allontanò da tutti e andò a sedersi su un masso, all'ombra.

28

Ibrahim al-Nasri

In nome di Allah, misericordioso e compassionevole, Ibrahim al-Nasri, imam della Qubbat al-Sakhra, si onora di rendere omaggio al Pilastro della Fede al-Malik *al-Salih Ayyub. Ti scrivo su richiesta del* qadi *Yussuf al-Salih per spiegare il significato della scoperta nel sottosuolo della moschea. Dovrò fare appello alle conoscenze accumulate in una vita di studi e ti chiedo perdono fin d'ora se ci saranno concetti che per mia presunzione risulteranno poco chiari. Come sappiamo, l'Islam, il Cristianesimo e il Giudaismo hanno una base comune e infatti l'Antico e il Nuovo Testamento sono testi sacri anche per noi. Tutti riconosciamo che Dio è unico e ha creato l'universo con un gesto di amore. Dio è buono e misericordioso, ama e perdona. Non abbandona mai l'uomo e la salvezza sta solo nel seguire la sua Parola. Tutti crediamo inoltre nell'Inferno e nel Paradiso, negli angeli, nel demonio e nella resurrezione. Noi sappiamo tuttavia che Dio è inaccessibile e impercettibile. Egli conosce ciò che è stato e ciò che sarà e si è manifestato in modo compiuto rivelando la Parola al Profeta, suo ultimo e definitivo messaggero. Per i cristiani, invece, Dio sarebbe entrato nel nostro universo attraverso suo figlio Gesù, che sarebbe pertanto Dio egli stesso. In questa prospettiva, Dio sarebbe dunque direttamente coinvolto in questo mondo. Ciò spiegherebbe, per esempio, la credenza cristiana dei miracoli, esclusi invece dalla nostra fede. Gesù, come figlio di Dio e Dio egli stesso, sarebbe anche fisicamente risorto nella carne, come aveva annunciato, ascendendo poi al cielo. Di ciò sarebbero stati testimoni i suoi*

apostoli, che affermarono di aver trovato la sua tomba vuota e di averlo incontrato e toccato dopo la resurrezione.
Gesù Cristo e la Vergine Maria sono nominati in cento versetti del Corano, molti dei quali scritti alla Mecca.[1] *Dio inviò il suo Spirito alla Vergine Maria sotto forma dell'uomo perfetto, l'arcangelo Gabriele, per donarle un fanciullo purissimo.*[2] *Gesù Cristo è dunque uno dei Profeti di Dio, nati senza padre grazie al suo intervento misericordioso tramite lo Spirito. Egli è pertanto parola della verità che sarebbe poi stata definitivamente rivelata al Profeta e fa parte della catena dei Profeti da Abramo a Muhammad, collocati al di sopra di ogni creatura,*[3] *ma non è il figlio di Dio. Come dice il Profeta: «O gente del Libro! Non siate stravaganti nella vostra religione, e non dite di Dio altro che la verità. Il Messia Gesù figlio di Maria altro non è che un profeta di Dio. Il suo Verbo immesso da Lui in Maria è uno Spirito emanante da Lui. Credete dunque in Dio e nei suoi profeti e non dite affatto tre; smettete di farlo. Sarà meglio per voi. Dio non è che una sola divinità! Gloria a Lui! A Lui non piace avere un figlio. A Lui appartiene ciò che è in cielo e ciò che è in terra. Lui solo basta a proteggerci!».*[4]
Il Profeta ha anche scritto che in realtà il figlio di Maria non è stato crocifisso e che al suo posto hanno ucciso un altro che gli somigliava.[5] *I cristiani credono invece che egli sia morto sulla croce e poi risorto. È questo il cuore della loro fede.*
La recente scoperta ad al-Quds, per il suo contenuto e per il luogo stesso in cui si è verificata, costituisce l'ennesima conferma della Parola. Circa un mese fa, si è verificato un cedimento nell'ambulacro esterno della moschea. Sotto la supervisione mia e del custode, sono stati immediatamente avviati lavori di consolidamento ed è stato scoperto un ambiente sotterraneo. Contrariamente a quanto si pensava quando le moschee furono erette, la Qubbat al-Sakhra e la al-Aqsa non sorgono sui resti del tempio di Salomone, ma su quelli di strutture romane della città di Aelia Capitolina, come i romani chiamarono al-Quds dopo averne scacciato gli ebrei, all'epoca dell'imperatore Adriano. Tali strutture sono state a loro volta erette su ciò che restava del Tempio costruito da Ero-

de e distrutto durante la grande rivolta giudaica, all'epoca degli imperatori Nerone e Vespasiano. L'ambiente sotterraneo era molto vasto, con pavimenti e colonne di marmo. Doveva trattarsi della sala di un tempio romano. In un punto, il pavimento presentava un foro. Sotto vi era un tratto di galleria ostruito da crolli. Faceva sicuramente parte di uno dei passaggi segreti di cui parla lo storico Yusifus, che collegavano la fortezza Antonia, posizionata un tempo in corrispondenza del margine settentrionale della spianata, al palazzo di Erode, al Tempio e ad altri luoghi della città antica. Esplorando il tratto di galleria, mi sono imbattuto nello scheletro di un uomo, semisepolto dal crollo.
Rimossi i detriti, ho potuto constatare che indossava una corazza militare romana e che aveva in una borsa di cuoio alcune piccole monete d'oro con l'effigie dell'imperatore Nerone. Lo scheletro era di un uomo molto alto e robusto, con tutti i denti e dunque giovane. Una fibbia recava il simbolo di un toro e delle lettere che consentivano di risalire alla sesta legione romana. Si trattava di un giovane soldato romano, rimasto lì per oltre mille anni a causa delle frane nella galleria. Con sé aveva una piccola anfora sigillata. All'interno, era arrotolato il foglio di pergamena che affiderò domani al qadi *affinché possa consegnartelo. Si tratta del messaggio che il prefetto di Giudea Ponzio Pilato inviò all'imperatore Tiberio dopo il processo e la crocifissione del presunto Gesù. Solo Allah sa perché il romano lo portasse con sé. Posso tuttavia presumere che lo avesse trovato nella fortezza Antonia, dove vi era una guarnigione romana e forse erano custoditi gli archivi. Da tale messaggio, risulta che l'uomo che i romani credevano il Profeta di Allah Gesù, figlio di Maria, è stato processato e ucciso da loro. La crocifissione è avvenuta sul Monte degli Ulivi. La sepoltura ha avuto luogo con onori quasi regali nel sepolcro di un membro del Sinedrio ebraico, ma Pilato afferma di aver ordinato lo spostamento in segreto della salma in una seconda tomba.*
Il presunto Gesù ha quindi subito un processo romano e una condanna romana. Pilato afferma che il sommo sacerdote giudeo Kayafa avrebbe infine acconsentito a collaborare alla cattura, ma non cita un processo degli ebrei a Gesù, come invece fanno alcuni

testi del Nuovo Testamento. Potrebbe averlo deliberatamente omesso per non far apparire sminuita la sua autorità, oppure questo processo potrebbe non esservi stato. In quest'ultimo caso, i riferimenti contenuti nel Nuovo Testamento sarebbero spiegabili con l'esigenza di non far apparire i romani come gli unici responsabili della morte di Gesù, visto che il Cristianesimo si stava diffondendo proprio nel loro impero. Peraltro, alla luce dei miei studi, un processo innanzi al Sinedrio non sembra compatibile con le norme procedurali seguite dagli ebrei e fissate dall'Antico Testamento. Non sarebbe stato infatti assolutamente lecito un processo in un giorno prefestivo, come la vigilia della festa ebraica della Pesach, *conclusosi per giunta con una condanna per blasfemia fondata solo sulla confessione dell'accusato, senza che l'accusa fosse confermata da almeno due testimoni, come prescritto. Oltretutto, neppure blasfemia vi sarebbe stata, giacché questa consisteva nel pronunciare il nome impronunciabile di Dio, Yahweh, ma il figlio di Maria non lo aveva fatto, dichiarando invece che avrebbero visto il Figlio dell'Uomo sedere alla destra della Potenza e richiamando così uno dei salmi dell'Antico Testamento.*[6] *Nemmeno Yusifus, infine, menziona un coinvolgimento degli ebrei nella morte di Gesù. Volendo comunque attribuire un senso alle Scritture, non è possibile escludere che alcuni membri del Sinedrio abbiano avuto la possibilità di interrogare il presunto Gesù dopo l'arresto. Dal messaggio risulta in ogni caso l'ambiguità di Kayafa. Del resto, il Profeta ha indicato i pagani e gli ebrei come i peggiori nemici dei credenti, più dei cristiani, tra i quali possono trovarsi monaci devoti alla pace, come anche a me è capitato di constatare.*

Pilato colloca il luogo della crocifissione sul Monte degli Ulivi. Ciò era già evidente a chi avesse letto con attenzione le Scritture. Il Monte degli Ulivi dominava il Tempio e secondo l'evangelista Marco il centurione che stava di fronte al presunto Gesù crocifisso avrebbe creduto che egli era il figlio di Dio dopo che il velo del Tempio si era lacerato da cima a fondo. Alla luce della Parola rivelata al Profeta, il centurione era chiaramente in errore, ma il punto è che il passaggio del Nuovo Testamento implica che dal luogo della crocifissione fosse visibile il velo del tempio, che dava a oriente. Il velo, quindi, non avrebbe potuto essere visto dal luogo in cui i cristiani hanno poi eretto il loro Santo Sepolcro, a occidente del Tempio. Inoltre, l'evangelista Giovanni definisce nel suo testo il Tempio con la parola greca topos, *luogo, e indica il sito della crocifissione come vicino al* topos *della città, vale a dire al Tempio. Vi è infine da considerare come tutti e quattro gli evangelisti chiamino il luogo della crocifissione Golgotha, che significa in aramaico testa, cranio. Matteo parla di monte Golgotha, utilizzando la parola ebraica* har. *L'individuazione di questo luogo con quello a occidente del Tempio dove i cristiani hanno costruito il loro mausoleo, e che non è certo un monte, risale a Elena, la madre dell'imperatore Costantino, che fu fuorviata da un ebreo. Forse gli ebrei, scacciati dalla città già da alcuni secoli, non volevano che il Monte degli Ulivi, per loro sacro, divenisse un luogo di culto cristiano.*

In realtà, nell'Antico Testamento, Samuele definisce la sommità del Monte degli Ulivi con il termine ebraico Rosh, la testa, di cui è sinonimo un altro termine ebraico, Golgolet.[7] *Rosh, Golgotha o Golgolet significano dunque la stessa cosa e indicano lo stesso luogo. Su quel monte, fuori dal campo, cioè fuori dalla porta orientale della città, vi era l'altare detto Miphkad, ovvero dei Numeri, dove le teste venivano contate nei censimenti. Lì avveniva il sacrificio della giovenca rossa e venivano bruciate le carcasse degli animali sacrificati nel Tempio.*[8] *Dovevano pertanto esservi molti teschi di animali. L'uomo che rese il Cristianesimo una religione, Paolo di Tarso, proprio nella lettera agli ebrei ricorda che i corpi degli animali sacrificati venivano portati «fuori dal campo» e che allo stesso modo Gesù fu sacrificato «fuori dalla porta» della città.*[9] *Non può essere stato un riferimento casuale. Il luogo, all'epoca, doveva essere noto a tutti.*

Ho lasciato per ultimo l'argomento più importante toccato da Pilato, la seconda sepoltura del presunto Gesù. La mia vicinanza con i luoghi mi consente di effettuare delle ipotesi. Se effettivamente il Golgotha è il Rosh, la sommità del Monte dove si trovava l'altare Miphkad, la crocifissione potrebbe essere avvenuta nel punto

più alto, dal quale il figlio di Maria è asceso al cielo e dove i cristiani costruirono una chiesa, poi trasformata nella moschea dell'Ascensione da al-Malik *Salah al-Din, che Allah abbia misericordia di lui. Il percorso per raggiungere la sommità dovrebbe essere quello descritto dall'evangelista Luca per la discesa di Gesù in città provenendo da Betania. Il primo sepolcro era la tomba di un uomo ricco, proprio come quella che è nella grotta sotto la piccola chiesa cristiana del Padre Nostro, a sud della moschea dell'Ascensione. Nel messaggio si afferma che il secondo sepolcro era lì vicino e ciò è plausibile. I romani non potevano bruciare il corpo poiché altrimenti avrebbero attirato l'attenzione: sapevano bene quanto è lungo e difficile ridurre in cenere un uomo. Più in basso, sul versante occidentale del monte, c'è un grande e antichissimo cimitero ebraico con migliaia di tombe, ma non credo che si siano spinti fin lì. Pilato dice che c'era moltissima gente in città in quei giorni, qualcuno avrebbe potuto vederli e non era comunque necessario farlo. Lo avranno pertanto sistemato in qualche altra grotta lì intorno, visto che ce ne sono molte.*
Occorre dunque a mio avviso perlustrare con attenzione la zona intorno alla chiesa del Padre Nostro. Dopo oltre mille anni, non sarà facile ritrovare qualcosa, ma non impossibile. Io stesso ho individuato due massi che potrebbero celare l'ingresso di altrettante grotte, a circa trecento passi a oriente della piccola chiesa. Il corpo dell'uomo crocifisso al posto di Gesù potrebbe essere ancora lì.
Non appena avrai trionfato sugli infedeli con l'aiuto di Allah, se lo vorrai, sarà per me un onore accompagnarti nella ricerca.
Possa Allah illuminarti sempre con la sua protezione e la sua guida.

Nei pressi di Akhbara, mattina del 3 giugno 1250

Yves le Breton abbassò il papiro, confuso e agitato. Il demonio in persona aveva vergato quelle oscenità, pensò. Gli vennero in mente le frasi di Amaury de Troyes: il sigillo di Satana sta per essere rimosso, la bestia che sale dall'abisso. Le aveva scambiate per un delirio, non lo erano.

La bestia salita dall'abisso dei mille anni era effettivamente tra loro e a sbarrarle il passo c'era solo lui, con un novizio e un pugno di cavalieri. Lo sgomento lo assalì, ma si disse che quella era la volontà di Dio. Se Dio lo aveva scelto per confrontarsi con il Male assoluto doveva esserci un motivo. Riponeva fiducia in lui. Avrebbe quindi agito come sempre, ragionando, non facendosi confondere da Satana e chiedendo consiglio al suo maestro. Iniziò a pregare a bassa voce.

«*In principio erat Verbum et Verbum erat apud Deum et Deus erat Verbum...*»

Il Prologo del Vangelo di Giovanni era il suo brano preferito. Dio che squarcia le tenebre e si fa carne, sostituendo alla sua perfezione assoluta la sostanza più precaria e mortale, per venire ad abitare in mezzo a noi. Era quella l'essenza suprema del Cristianesimo, un mistero vertiginoso, come diceva sant'Agostino. Non avrebbe vacillato.

«Scusatemi, *magister.*»

Sargines si avvicinò, massaggiandosi ancora la schiena. Yves lo guardò con aria assente e si accorse solo allora di Nicola, che in piedi poco lontano lo osservava preoccupato.

«Che c'è?»

«Hanno trovato morti i due cavalieri che per primi avevano inseguito il fuggiasco. Uno è stato ucciso da un dardo di balestra. Doveva esserci un altro templare in zona, probabilmente un esploratore. Hanno preso i cavalli dei nostri, quindi hanno bestie di ricambio. Temo che sarà impossibile riprenderli.»

«Mi dispiace per i cavalieri, pregheremo per loro, ma non preoccupatevi per i fuggiaschi... So dove stanno andando.»

29

Gerusalemme

A nord del castello templare di La Fève, notte tra il 3 e il 4 giugno 1250

Hugues de Jouy si voltò verso *frère* Jean de Alençon, che cavalcava al suo fianco.

«Coraggio, il castello non è lontano.»

I due si erano fermati solo per cambiare i cavalli e avevano proseguito anche dopo il tramonto. Cavalcare di notte era rischioso e senza luna lo era ancora di più, ma Hugues sapeva di non avere scelta. Avevano certamente altri inseguitori alle spalle, resi furiosi dalla sorte toccata ai primi. Era convinto che se la sarebbe cavata anche da solo, ma l'intervento di Jean era stato comunque utile e per i cavalieri del re non c'era stato scampo. In realtà, era andato tutto storto. I suoi confratelli erano morti, il frate era ancora vivo e soprattutto la lettera di Ibrahim al-Nasri era rimasta sotto il cavallo. Si augurò che nessuno pensasse di sollevare la pesante carcassa, ma non poteva certo confidare in ciò. Meglio pensare che l'inquisitore avesse letto la lettera e fosse già in viaggio verso il Monte degli Ulivi. Non doveva quindi assolutamente perdere il vantaggio accumulato.

A La Fève avrebbe sostato solo il tempo necessario per inviare un messaggio a mastro Renaud, sostituire i cavalli e procurarsi una nuova scorta. Il castello non era grande come Safed, ma assicurava il controllo templare della fertile valle di Esdraelon nella bassa Galilea ed era guarnito da una cinquantina di uomini. Se non ricordava male, tuttavia, anche lì di fratelli cavalieri ne erano rimasti pochi, forse tre o quattro. Il *magister* gli aveva ordinato di non coinvolgere nella missione *servientes* o turcopoli, ma ormai non era più il caso di andare per il sottile.

✠ ✠ ✠

L'unica luce veniva da un mozzicone di candela sul tavolo dove Yves verbalizzava l'interrogatorio, nella sala capitolare del convento di San Giacomo a Parigi. Le due figure si stagliavano sullo sfondo nero della grande stanza immersa nell'oscurità. L'uomo era alto, vestito di bianco, la barba nera e i capelli lunghi. Gli occhi scuri. Mathieu de Bourbon gli stava di fronte, in piedi.

La voce del vecchio inquisitore parve a Yves più roca del solito.

«Gli assomigli, sai? O meglio, assomigli all'idea che mi sono fatto di lui. Ma ovviamente non sei lui. Non puoi essere lui. È andato via e non tornerà mai più...»

Yves si avvide che il suo maestro era nervoso. Non era sua consuetudine parlare tanto, figurarsi con chi era destinato al rogo. In genere, erano gli imputati a giustificarsi, a proclamare la propria innocenza o a confessare qualunque cosa per evitare la tortura. Quello no. Non aveva detto nulla e guardava tranquillo il *magister*.

Il frate proseguì: «Ti accusano di esserti proclamato il figlio di Dio, tornato dopo oltre mille anni. Hai anche predicato contro la Chiesa. Che hai da dire?».

Silenzio.

«Lo neghi, forse? Ti hanno visto e ascoltato in molti.»

Ancora silenzio.

«Non vuoi parlarmi, non sai che ho il potere di liberarti e ho il potere di bruciarti?»

Questa volta l'uomo rispose. Una voce calda, profonda, senza accenti.

«"Tu non avresti alcun potere, se non ti fosse stato dato dall'alto."»[1]

«Ecco! Lo hai confessato. Sei l'ennesimo sobillatore. Insidioso, perché utilizzi le parole di Nostro Signore per creare disordine, contestando proprio i precetti che ci ha lasciato, primo tra tutti, l'obbedienza al vicario di Pietro.»

«Kefa non avrebbe mai approvato tutto ciò.»

Il *magister* tacque, interdetto. L'uomo continuò: «Mi rinnegò. Era umano che lo facesse e accadde, ma non se lo è mai perdonato. Eppure, lo fece solo tre volte. Non c'è uomo che lo abbia fatto di meno. Tu lo fai da una vita».

«Stai bestemmiando.»

«Al contrario. Conoscendo il carattere di Kefa, immagino che cosa dirà al suo sedicente successore, che manda in giro gente come te...»

Il vecchio sembrò vacillare. L'altro proseguì: «Non sono tornato per condannarti, Mathieu de Bourbon, ma per salvarti. Sei convinto di agire in nome di Dio e questo è il tuo peccato più grave. Dio non è il tuo ordine. Dio è amore. La gloria di Dio è amore e si manifesta attraverso il tuo prossimo. Non c'è altro. È questa la parola di salvezza che il Padre ha inviato agli uomini. Ama il Signore Dio tuo e ama il prossimo tuo come te stesso. Dopo di me, Kefa e altri hanno tentato di diffonderla, ma ve ne siete impossessati, sostenendo di esserne gli unici interpreti. L'avete stravolta e trasformata in uno strumento di potere. Avete scelto la gloria degli uomini, non quella di Dio».

L'inquisitore serrò i pugni sulla veste domenicana, come per cercare forza in quel simbolo. Poi replicò: «La nostra fede si regge anche sulle regole, sui riti, sull'ordine. Senza l'ordine, sarebbe la fine. Non ci sarebbero più regole. Non ci sarebbe più il timore di Dio. Non ci sarebbe più Dio».

«Dio è padre, non può fare paura e non vuole che gli uomini abbiano paura. La paura li rende capaci di odiare e li allontana da lui. In realtà, sei tu ad avere paura. Hai paura di me. Hai paura di quelli che non sono come te e li perseguiti.»

La risposta dell'inquisitore fu un sibilo: «Sei stato inviato da Satana... Ti farò bruciare domani mattina».

«Tu non ucciderai più nessuno...»

«*Magister! Magister!*»

Una volta tanto, Yves avrebbe voluto continuare a sognare. Cercò di farlo, ma la voce di Godefroy de Sargines aveva ormai dissolto le ombre. Aprì gli occhi. Il cielo a oriente iniziava a schiarirsi, disegnando le colline della bassa Galilea.

✠ ✠ ✠

All'alba era stato celebrato da Yves un rapido servizio funebre per i morti, coperti con delle pietre, poi erano ripartiti. L'inquisitore non era abituato a cavalcare e cercava di sopportare il dolore pregando. Gli ospitalieri stimavano che, limitando al massimo le soste, sarebbero arrivati al tramonto del giorno successivo, il 5 giugno.

Quando il frate gli aveva comunicato la nuova destinazione, Sargines non aveva nascosto le sue perplessità: «Forse conviene rientrare prima ad Acri, *magister*. Sono rimasti solo trenta uomini in grado di combattere e abbiamo parecchi feriti. Gerusalemme è in territorio saraceno e potremmo essere attaccati in ogni momento. E non ci sono solo gli ayyubidi. Gli ultimi rapporti giunti ad Acri segnalavano anche la presenza di cavalleria egiziana a sud della città».

Yves lo aveva guardato con occhi di fuoco.

«Monsignor de Sargines, il re vi ha ordinato di scortarmi ovunque fosse stato necessario. Se la causa di Dio ci imporrà di scendere all'Inferno, noi scenderemo all'Inferno.»

Il tono era stato tale da non ammettere obiezioni e Godefroy era rimasto in silenzio. I feriti erano stati inviati ad Acri con il templare catturato e sei cavalieri di scorta. Gli altri avevano puntato a sud.

Nicola affiancò il suo mulo a quello di Yves.

«Perdonatemi, *magister*, ma non capisco più quello che sta succedendo. Ammesso che lo abbia capito finora.»

«Hai ragione, Nicola. Sto cercando di comprenderlo anch'io.»

«Dove siamo diretti?»

«Sul Monte degli Ulivi.»

«Sul Monte degli Ulivi? Perché, *magister*? Che c'è lì?»

«Niente. Assolutamente niente, ne sono sicuro, ma proprio per questo dobbiamo andarci...»

Il giovane annuì facendo finta di aver compreso e tacque. Yves pensò che quel ragazzo conosceva la fede. A dargli forza, era bastata la sua apparente sicurezza.

Guardando le colline spoglie, così diverse da quelle francesi, ripensò all'uomo vestito di bianco. Era stato solo un sogno o era stato proprio il Signore a fargli visita? Sarebbe stata una conferma della sua fede, peraltro non scalfita dalle blasfemie che aveva letto. Da dove venivano allora lo sconcerto e la paura che aveva visto sul volto di Mathieu de Bourbon? Non potevano che essere venuti fuori dal suo animo. L'uomo vestito di bianco aveva parlato a lui. Il peccato più grave è essere convinti di agire in nome di Dio. Ama il prossimo tuo come te stesso. Certo, così è scritto. Ma subito prima è scritto: «Amerai il Signore Dio tuo con tutto il cuore, con tutta l'anima e con tutta la tua mente. Questo è il più grande e il primo dei comandamenti».[2] Il suo *officium* traeva origine proprio da questo. Dall'amore totale per Dio. Ogni amore richiede fedeltà, ma l'amore totale implica fedeltà assoluta, da preservare e difendere contro qualunque insidia. Gli eretici erano invece come le piccole volpi che guastavano le vigne del Signore.[3] Era quindi necessario estirpare l'eresia, per fare in modo che tutti gli uomini, anche i più semplici, potessero amare Dio ed essergli fedeli. Missione difficile e gravosa, nella quale lo avevano confortato le parole di Cristo: «Quando avrete fatto tutto quello che vi è stato ordinato, dite: "Siamo servi inutili; abbiamo fatto quello che dovevamo fare"».[4]

Era possibile, tuttavia, che convinto di agire per il bene avesse fatto del male? Hugues de Jouy aveva detto che il diavolo si era impadronito della sua mente per distruggere la vera fede e il Tempio. E se il templare avesse avuto ragione? E se anche lui fosse stato fuorviato dal demonio e non avesse capito? Alla fine, i templari che cosa volevano? Evidentemente prestavano fede a quelle blasfemie e pensavano sul serio di trovare il corpo mortale di Gesù. Ma perché lo cercavano? Per ostentarlo, determinando così la loro stessa fine, o per nasconderlo? E lui che cosa stava facendo? Era possibile che avesse commesso il peccato più grave e fosse diventato uno strumento del maligno?

Akhbara, tarda mattinata del 4 giugno 1250

Renaud li riconobbe subito. Avvoltoi. A decine si stavano levando in volo dalla pista davanti a loro. I suoi esploratori dovevano aver disturbato il loro banchetto. Capì di essere arrivato troppo tardi. Era partito in una folle cavalcata all'alba del giorno prima da Acri, con una cinquantina di *servientes* e turcopoli, lasciando la fortezza ad Armand de Villiers. Lungo la strada, si era imbattuto in Guillaume. Il giovane gli aveva confermato che Hugues era ripartito quella mattina, strabuzzando gli occhi per lo stupore quando il maestro gli aveva chiesto se si fosse accorto di essere stato seguito. A Safed aveva raccolto altri cinquanta uomini della guarnigione, tra cui otto fratelli cavalieri.

Erano effettivamente stati i suoi esploratori a mettere in fuga i rapaci. Due *servientes* sostavano tra le carcasse dei cavalli. A un lato della pista, vi erano cumuli di pietre. Tombe improvvisate. Le gualdrappe lacerate dal becco dei rapaci non lasciavano comunque dubbi sul fatto che Hugues si fosse scontrato con i cavalieri del re e gli ospitalieri. I corpi sotto le pietre avrebbero rivelato chi aveva avuto la meglio. Pregò Dio che suo figlio si fosse salvato.

«Togliete i sassi! Voglio sapere chi c'è sotto. Sebastien, cerca di capire dalle tracce quello che è successo.»

Il servente balzò a terra e proseguì a piedi superando le carcasse, lo sguardo rivolto a terra. Era il miglior cercatore di piste del Tempio. Intanto gli uomini iniziavano a spostare i sassi.

Renaud seguì con ansia il lavoro. Ciascun cumulo copriva quattro o cinque salme e la vista di ognuna fu per lui un sollievo.

Presto il quadro fu più chiaro. Lo squadrone di Hugues era stato annientato, ma aveva venduto cara la pelle. Il maresciallo del Tempio non era tra i caduti. Mancavano anche Jean de Alençon e Raymond de Fronsac. Forse erano riusciti a fuggire, oppure erano stati catturati.

La risposta arrivò al rientro di Sebastien.

«Più avanti c'è un altro cumulo di pietre con sotto i corpi di due cavalieri del re. Le tracce sono confuse, a causa della sovrapposizione di quelle di un secondo gruppo, ma direi che due dei nostri sono riusciti a fuggire con quattro cavalli. Sono andati a sud, in direzione di La Fève.»

«Due e non tre?»

«Dalle tracce, solo due dei quattro cavalli erano montati.»

«Ho capito.»

Uno dei suoi uomini era stato catturato. Il servente proseguì: «Ci sono anche tracce di un gruppo che si è diretto verso ovest, con alcuni cavalli che trascinano barelle. Il grosso si è invece diretto a sud, ma senza seguire la pista dei nostri».

Renaud aveva abbastanza elementi per trarre delle conclusioni. Yves le Breton non stava seguendo i suoi uomini in fuga, ma puntava a sud, dopo aver rimandato i feriti verso Acri.

L'unica spiegazione possibile era che avesse letto la lettera dell'imam.

Questo implicava che Hugues fosse stato catturato. Forse lo avevano torturato e costretto a parlare, oppure gli avevano semplicemente trovato addosso la lettera. Restava solo da capire se era ferito e, soprattutto, se il frate lo stava portando con sé o lo aveva spedito ad Acri con i feriti.

«Quanti sono quelli del gruppo che si è diretto a sud?» chiese.

«Una ventina, *magister*, forse qualcuno in più» rispose il servente.

«E gli altri?»

«I cavalli erano circa venti, di cui alcuni trascinavano barelle, ma non so dirvi quanti fossero i feriti.»

Il maestro ripensò alle parole di Ismail. Erano partiti da Acri oltre cinquanta cavalieri. Considerando i morti, i conti tornavano. Si voltò verso *frère* Henri de Turenne, il vicario del castellano di Safed.

«Henri, prendi trenta uomini e occupati del gruppo che sta rientrando verso Acri. Sono rallentati dalle barelle e dovresti raggiungerli prima di sera. Forse hanno con loro uno dei nostri. Io inseguirò gli altri. Fai in modo che tutti coloro che hanno ucciso i nostri fratelli paghino per i loro peccati...»

Il resto della frase la tenne per sé: "... e non possano andare a raccontare a nessuno quello che è successo qui".

Al-Quds, al tramonto dello stesso giorno

Conclusa la preghiera del tramonto, l'uomo percorse la piattaforma di pietra sulla quale si ergeva la Cupola della Roccia ed entrò nella madrasa* della Qubbat al-Nahawiyya, non lontana dalle porte gemelle di Bab al-Silsila e di Bab al-Sakina, gli ingressi occidentali alla spianata delle Moschee.

La madrasa era stata costruita dai sultani ayyubidi per l'insegnamento delle sette letture del Corano e si sviluppava su due livelli. Al piano terra, l'ingresso e alcune stanze più piccole; al primo, cinque grandi sale, di cui le due esterne a cupola. Proprio in una di queste, quella orientale, vi era l'alloggio dell'imam, ora occupato solo da Omar al-Idrisi, l'anziano e devoto servitore di Ibrahim al-Nasri, al quale il custode della Cupola aveva consentito di restare lì in attesa della designazione del nuovo imam. Da giovane, Omar era stato un soldato, aveva combattuto contro gli infedeli a Dimyat all'epoca di al-Kamil, poi era diventato l'ombra del saggio Ibrahim, prima nella grande moschea di al-Azhar, quindi alla Qubbat al-Sakhra, la moschea più santa dell'Islam dopo quelle della Mecca e di Medina.

Omar entrò nella sua stanza e richiuse la porta. Una voce lo fece sobbalzare.

«*Marhaba*, Omar.»

Nello stesso momento sentì qualcosa di appuntito che premeva sulla sua schiena.

La voce proseguì, tranquilla: «Non gridare. Voglio solo parlarti».

Omar si buttò in avanti cercando di allontanarsi dall'oggetto appuntito, ma uno sgambetto lo fece cadere. Si girò e un attimo dopo un piede sul petto lo spinse al suolo.

✠ ✠ ✠

Umberto appoggiò la scimitarra alla gola dell'uomo a terra. Non era stato difficile acquisire informazioni sul servitore di Ibrahim al-Nasri, entrare nella Cupola della Roccia confondendosi con i fedeli e sgattaiolare nella madrasa in attesa del rientro dell'uomo dopo la preghiera. Mohamed era rimasto fuori con i cavalli, pronto a ripartire per raggiungere Baybars, che li attendeva a sud della città.

«Non ci provare più.»

«Chi sei? Che vuoi da me?»

«Sapere perché lo hai fatto.»

«Fatto cosa?»

«Uccidere l'imam.»

L'espressione dell'uomo gli fece capire di aver indovinato. La risposta suonò scontata: «Io non ho ucciso nessuno».

La pressione dell'arma sul collo aumentò e il sangue iniziò a colare. Omar si affrettò a dire: «Aspetta! Io non volevo, ma è stata colpa sua!».

«Colpa di chi?»

«Dell'imam.»

«In che senso?»

«Negli ultimi tempi era impazzito. Da quando abbiamo trovato quello scheletro non era più lui. Leggeva libri pagani e cercava tombe...»

«Quale scheletro?»

«C'era uno scheletro, in una galleria franata sotto la Qubbat al-Sakhra. Ce ne siamo accorti perlustrando il sottosuolo dopo un cedimento nell'ambulacro.»

«Lo scheletro con le monete d'oro e un rotolo di pergamena?»

Omar lo guardò sorpreso.

«Te l'ha detto il *qadi*? È lui che ti manda? Ma io sono suo amico, ho fatto quello che mi ha chiesto. Puoi dirgli che non ho parlato con nessuno e non parlerò mai.»

«Lo stai già facendo. Ti ha ordinato lui di ucciderlo, vero?»

«Sì, è stato lui, ma solo perché l'imam era ormai preda del diavolo. Il nobile Mohamed al-Salih mi disse che risultava dalla lettera che Ibrahim aveva scritto al Pilastro della Fede, che Allah abbia misericordia di lui...»

«Tu hai letto quel messaggio?»

«Io non so leggere, ma lo avevo già capito per conto mio, mentre lo accompagnavo a cercare tombe.»

«E ne hai parlato al *qadi.*»
«Era mio dovere farlo.»
«Dove lo accompagnavi a cercare tombe?»
«Sullo *Jebel el-Zeitun.*»*
«Alzati. Ci sono degli amici che ci aspettano fuori città. Arrivano da al-Qahira, proprio come te. Faremo una passeggiata e ci mostrerai queste tombe.»

30

Il Monte degli Ulivi

Monte degli Ulivi, sera del 5 giugno 1250

Era il centro del mondo e Hugues de Jouy non l'aveva ancora mai vista. Illuminata da mille luci, sullo sfondo dell'orizzonte ancora chiaro, Gerusalemme era persino più bella di come se l'era immaginata. La cupola dorata sembrava così vicina da poterla quasi toccare. In possesso del suo Ordine per circa mezzo secolo e trasformata in chiesa, era tornata a essere una moschea dopo il disastro di Hattin e la riconquista della città da parte di Saladino. Le chiese che non avevano subito la stessa sorte erano andate in rovina, come quella coperta di rovi di fronte a lui, eretta nel luogo in cui Gesù aveva insegnato ai discepoli il *Pater Noster.*

I pastori arabi che abitavano nelle casupole adiacenti si erano barricati in casa vedendo arrivare uomini armati. Con Hugues e Jean d'Alençon, c'erano sedici *servientes* della guarnigione di La Fève. Altri quattro erano rimasti con i cavalli, alle pendici del monte.

Jean si avvicinò tenendo in mano una torcia ancora spenta.

«E adesso?»

«Da questa parte.»

Hugues iniziò a camminare verso oriente contando i passi ad alta voce. Jean lo seguì perplesso. Gli altri si accodarono. Terreno accidentato, pietre, alberi di ulivo, canto di grilli. Il pendio era dapprima in salita, poi in leggera discesa. Arrivato a trecento, Hugues si fermò. Si era fatto buio, la luna era solo uno spicchio e la terra era diventata nera.

«Fai luce, Jean.»

Il templare armeggiò con un acciarino e poco dopo la torcia illuminò una siepe di more che rivestiva il pendio alla loro sinistra. Hugues tese la mano.

«Dammela.»

Prese la torcia e si avvicinò al cespuglio, cercando di guardare dietro la vegetazione. Ciò che vide lo indusse a dare un ordine: «Togliete i rovi».

Tre *servientes* sguainarono le spade e iniziarono a tagliare, scoprendo presto un masso appena più chiaro incastonato nella parete. Una formazione rocciosa, o l'ingresso di una grotta.

Il maresciallo ebbe un brivido pensando che la missione secolare del Tempio stava per compiersi. Si segnò. Nessuno capì perché lo facesse.

«Spostate quella pietra.»

I *servientes* che avevano tagliato i rovi rinfoderarono le spade e provarono a spostare il masso senza riuscirci. Ne intervennero altri. Nulla.

«Scavate alle estremità.»

✠ ✠ ✠

Era ormai notte fonda quando riuscirono a spostare la pietra, scoprendo uno spazio vuoto. Un ingresso. Hugues avvicinò la torcia. Avvertì odore di muffa, ma la fiamma non si spostò. Non c'erano altre uscite. Ora toccava a lui.

«Jean, aspettami qui.»

Dovette curvarsi in un basso cunicolo, ma più avanti la grotta era abbastanza ampia da consentirgli di assumere la posizione eretta. Illuminò il suolo, spostandosi di roccia in roccia. Nessun segno di una sepoltura o di ossa. Solo pietre. Notò un'altra cavità che si apriva verso il basso e stava cercando di raggiungerla quando da fuori giunsero delle grida. Si affrettò verso il cunicolo di accesso, sguainando la spada.

Appena uscito, si ritrovò davanti tre cavalieri francesi con le balestre puntate contro di lui. Jean giaceva al suolo immobile, gli occhi sbarrati nella morte. Una quadrella di balestra gli spuntava dal petto, al centro di una macchia di sangue. Anche tre *servientes* erano riversi al suolo in pose scomposte. Gli altri erano seduti a terra, disarmati e circondati dai francesi. Quei vigliacchi si erano arresi. Non tutti, comunque. Poco lontano, qualcuno stava ancora combattendo e si sentivano cozzare le lame. Sollevò la spada per colpire quando si levò una voce.

«*In nomine Domini*, Hugues de Jouy, butta quell'arma e non fare altre sciocchezze.»

Il templare si voltò. La sagoma di Yves le Breton si stagliava nella luce della torcia impugnata dall'altro frate dietro di lui. L'inquisitore, il volto nella penombra, proseguì: «È già morta troppa gente per la tua ostinazione e hai di fronte la giustizia di Dio. Non un nemico».

«Tu sei l'incarnazione del diavolo.»

«Se lo fossi, saresti già morto.»

A convincerlo furono il tono pacato del frate e la consapevolezza che battendosi avrebbe potuto solo morire come Jean. Gettò la spada. Poi gridò in direzione del duello ancora in corso: «*Fratres!* Basta!».

Il rumore cessò. Yves fece cenno ai cavalieri di abbassare le balestre e quelli obbedirono. Godefroy de Sargines sopraggiunse spingendo innanzi a sé un servente templare ferito a un braccio.

«Non ce ne sono altri, *magister*.»

Yves si avvicinò al maresciallo del Tempio. Parlò a voce bassa, quasi un sussurro: «Cosa c'è lì dentro?».

«Nulla.»

«Non avrebbe potuto che essere così. Nostro Signore è morto ed è risorto il terzo giorno. Siamo di fronte a un terribile complotto ordito dal demonio con la complicità degli infedeli.»

Hugues lo guardò sbigottito. Il frate continuò: «La superbia dell'Ordine ha tuttavia osato sfidare Dio. Avute le informazioni sul falso rapporto di Ponzio Pilato, avreste dovuto comunicarle a me, inquisitore delegato dal papa, e non agire di vostra iniziativa, attribuendo fede a un messaggio demoniaco che doveva essere invece immediatamente bruciato. Tu sei qui perché hai dubitato della resurrezione di Cristo e della giustizia di Dio e questi sono peccati mortali. Inoltre, il tuo folle attacco di alcuni giorni fa ha causato la morte di tanti prodi cavalieri del re e del Tempio, come quelli che poco fa hanno osato levare le armi contro di noi».

Indicò il corpo di Jean e proseguì: «Anche questo è stato un peccato mortale. Ho tuttavia deciso di non turbare per ora il nostro buon re riferendogli tutto quello che hai fatto. Mi limiterò a rivelargli le tue trame con gli ayyubidi di Damasco. Dovrò parlarne ovviamente anche con Renaud de Vichiers, che certo le ignorava, essendo così devoto al nostro sovrano. Ora raccogli i tuoi uomini e portali via».

Il templare restò in silenzio. Era sconcertato. L'ultima cosa che si sarebbe aspettata da quell'uomo era l'indulgenza che gli stava manifestando. Ci sarebbe voluto mastro Renaud per decifrarne le ragioni. Non gli sembrava comunque di essere stato l'unico a commettere il peccato di aver dubitato, visto che anche l'inquisitore era lì. Si chiese cosa potesse esserci nella cavità che non aveva avuto modo di esplorare. Si rispose che non c'era nulla e che, se pure ci fosse stato qualcosa, dopo la visita del frate non ci sarebbe stato più nulla. Capì che era quella la ragione di tutto: l'inquisitore e il Tempio avevano lo stesso obiettivo.

Si rese anche conto di aver trascinato alla morte Jean e tanti altri fratelli. Fece un cenno ai suoi e si incamminò a testa bassa verso il luogo dove avevano lasciato i cavalli. Gli altri lo seguirono, portando i corpi dei caduti.

✠ ✠ ✠

Yves ringraziò il Signore per averlo illuminato. I templari volevano trovare la seconda tomba e prelevare gli eventuali resti per occultare tutto. Dal loro punto di vista, il messaggio di Ponzio Pilato non costituiva solo una minaccia per il Cristianesimo, ma per l'Ordine del Tempio. Era quello il bene supremo che intendevano tutelare e andava addirittura oltre la figura di Gesù Cristo. Ciò, del resto, era già chiaro nel *De laude novae militiae* di Bernardo di Clairvaux, che aveva letto con crescente disagio. Sotto le spoglie di un ordine di pii monaci guerrieri, il santo abate aveva immaginato una setta destinata a governare il mondo. Pronta a uccidere. *In morte pagani christianus gloriatur, quia Christus glorificatur.*[1] Aveva anche capito perché Renaud de Vichiers era così legato a Hugues de Jouy. Vista la somiglianza, dovevano essere parenti stretti. Un nipote, o forse qualcosa di più. Si rivolse a Sargines: «Monsignore, seguiteli e accertatevi che se ne vadano».

Godefroy si allontanò con una decina di cavalieri. L'inquisitore si voltò verso Nicola.

«Dammi la torcia e aspettami qui.»

Nicola gliela porse, l'aria spaventata. Nonostante il maestro avesse parlato a bassa voce con il templare, il giovane lo aveva sentito evocare complotti demoniaci.

Yves respirò profondamente. Era arrivato il momento della verità.

Ripeté tra sé «*Exsurge Domine*» ed entrò. Percorse il cunicolo e si ritrovò nella grotta. Non gli ci volle molto a capire che Hugues non gli aveva mentito. Era vuota. Si avvicinò alla cavità interna e la illuminò con la torcia. Anche lì nulla. Sassi e basta.

Ma non era finita. Ibrahim aveva riferito di due massi che potevano celare altrettante tombe. Doveva trovare il secondo. Oppure doveva lasciar perdere e andarsene? Ebbe improvvisamente freddo. Si avviò lentamente verso l'uscita, facendo come sempre attenzione a dove mettere i piedi.

Nicola gli chiese: «Tutto bene, *magister*?».

«Sì, tutto bene. Qui non c'è niente.»

«Che cosa cercava il templare?»

Decise di dirglielo, consapevole che Mathieu de Bourbon con lui non lo avrebbe fatto.

«Cercava i resti del corpo di Gesù Cristo, che sarebbe stato nascosto qui secondo un manoscritto attribuito a Ponzio Pilato e ritrovato da un imam a Gerusalemme.»

Nicola lo guardò stranito, impallidì e si afflosciò a terra come un sacco vuoto.

Yves scosse la testa mormorando: «*Magister*, avresti avuto ragione anche stavolta».

Si chinò e schiaffeggiò il giovane sul volto, mentre un cavaliere accorreva.

«Su, su, sveglia!»

Nicola riaprì gli occhi.

«*Magister*... Che mi è successo?»

«Niente, Nicola... Niente.»

Si rivolse quindi al cavaliere: «Portategli dell'acqua e attendetemi qui».

S'incamminò da solo. Percorse un centinaio di passi tra gli ulivi, in leggera discesa, poi la vide.

Sulla parete della montagna una roccia gli sembrò diversa. Avrebbe potuto celare l'ingresso di una grotta simile a quella che aveva appena esplorato. Qualcuno l'aveva già ripulita dai rovi. Ibrahim al-Nasri, probabilmente.

Si avvicinò per guardare meglio e proprio mentre la stava toccando un rumore lo fece sobbalzare. Si voltò di scatto.

L'uomo era vestito come un beduino, con un caftano chiaro e un fazzoletto della stessa stoffa fissato da una corda sulla testa. Yves riconobbe subito quegli occhi scuri e freddi. Nella destra impugnava una corta scimitarra, ma la teneva abbassata. Parlò con calma, in latino: «Ti consiglio di non gridare, Yves le Breton. Faresti morire i tuoi uomini».

Il frate si guardò intorno. Tra i cespugli e gli alberi di ulivo si muovevano molte ombre.

«Ci rivediamo, cavaliere...»

«Già. A quanto pare, siamo arrivati insieme.»

«Continui a travestirti, ser Berto. Chi sei veramente?»

Umberto sorrise.

«"Io sono colui che sono."»[2]

«Non essere blasfemo. Anche per te verrà il giorno del giudizio.»

«Chi lo sa, tu forse?»

«Certo. Io rappresento la giustizia di Dio.»

«Tu rappresenti un sistema di potere, la giustizia di Dio dovrebbe essere ben altro che *quaestiones* e roghi.»

«Faresti meglio a non parlare di torture, cavaliere. Sai a che cosa mi riferisco. Il tuo sistema è comunque peggiore, perché offende Dio.»

«Frate, ho visto abbastanza per concludere che tutto questo non riguarda Dio. A meno che Dio non voglia il male.»

«Dio è un padre buono, non vuole il male. È Satana che induce l'uomo al male, come sta facendo ora con te.» Yves indicò le ombre tra gli ulivi e proseguì: «Sono saraceni, vero? Certamente sei stato battezzato e, da come ti esprimi, hai avuto un'educazione non comune. Perché vuoi essere complice degli infedeli che vogliono distruggere la nostra fede? Questi non vogliono solo annientare i papi, i templari, o anche i predicatori, ma la fede vera, genuina, di milioni di persone che sulla speranza della resurrezione promessa da Cristo fondano tutta la propria vita, spesso breve e fatta di dolore, tra la brutalità degli uomini e quella della natura. E tu, cristiano che non vuoi dire il tuo nome, li aiuterai a fare questo?».

«Mi chiamo Umberto, Umberto di Fondi, figlio di Riccardo, barone di Acquaviva e di Angela dei conti di Ceccano, trucidati davanti ai miei occhi da Ruggero dell'Aquila, devoto cristiano e servitore del papa. Quell'assassino si è addirittura fatto seppellire a Fossanova vestito da monaco. In nome di Dio ho visto uccidere, violentare e torturare. Dovresti saperlo bene, frate. Se Dio è un padre buono, tu di chi sei figlio?»

Yves pensò al suo *magister*, per lui come un padre. Se lo immaginò davanti a Gesù, convinto di essere giudice, ma in realtà imputato e poi nudo nella cella di Roxanne. Riuscì a scacciare quei pensieri. Non era quello il momento di vacillare. Prima o poi, si disse, arriva il giorno in cui ciascuno è chiamato a dimostrare la propria fede e per lui non avrebbe potuto essercene uno migliore. «*Exsurge Domine*» mormorò. Poi esclamò di getto, come a se stesso: «Il Signore mi ha affidato il compito gravoso di difendere la fede per impedire l'avvento dell'Anticristo, proteggere le menti dei semplici dalle insidie del demonio e stroncare l'eresia e il disordine».

«Per questo stai cercando i resti di Gesù?»

«Sto solo cercando di sventare una macchinazione diabolica, di cui ti stai rendendo complice tradendo il tuo battesimo.»

Fece una pausa. Avvertiva di nuovo la forza della fede scorrere dentro di sé. Poi aggiunse: «Qui non ci sono i resti di Cristo. Nostro Signore è morto crocifisso, è risorto e asceso al cielo. Dopo la morte, ci sono la resurrezione e la vita eterna e non sarà certo quello che tu pensi di trovare qui dentro a cambiare questa verità».

Batté forte con il palmo della mano sulla pietra.

Umberto mormorò con un filo di voce: «Vattene».

Il frate sembrò esitare, poi si voltò di scatto e si avviò verso i fuochi accesi dai cavalieri francesi.

✠ ✠ ✠

Umberto restò nel buio a guardare il domenicano che si allontanava incespicando sul terreno nero. La sua mente era affollata dai fantasmi che egli stesso aveva appena evocato. Acquaviva, i volti dei suoi genitori e di sua sorella. E poi le ultime parole di suo padre, gridate a insegnamento o monito: *Post fata resurgo*. Una sensazione del tutto nuova per lui.

Baybars si materializzò al suo fianco.

«Che gli hai detto?»

La voce di Umberto non riuscì a celare l'emozione.

«Gli ho detto di andarsene... che se fossero restati sarebbero tutti morti.»

«Ha capito?»

«Penso di sì.»

«I miei uomini controlleranno che se ne vadano davvero. Se era qui, vuol dire che nell'altra grotta non aveva trovato nulla. Faccio rimuovere il masso?»

Ci fu un attimo di esitazione, poi la sua risposta giunse secca: «No».

«Come no?»

«Sai, Balestriere, se qui dentro ci fossero le ossa di un uomo, il Cristianesimo potrebbe fondarsi su un errore. Ma se invece non ci fosse nulla, Gesù sarebbe risorto come figlio di Dio e potrebbe essere quindi l'Islam a fondarsi su un errore. Sei davvero sicuro di voler rimuovere quella pietra?»

Baybars tacque, poi osservò: «Continueranno a uccidersi per mille anni, ser Berto».

«Già... Ma pensi veramente che noi qui oggi potremmo impedirlo?»

Dopo un attimo di silenzio il Balestriere gli rispose con una pacca sulla spalla che lo fece quasi cadere a terra. Nell'incerta luce della luna, a Umberto parve di vedere per un attimo il bianco dei suoi denti. Che stesse ridendo? Sarebbe stata la prima volta da quando lo conosceva.

La voce di Baybars non tradì comunque alcuna ilarità quando chiese: «E di Omar che ne facciamo?».

«Ha tradito e ucciso Ibrahim, un uomo saggio e buono, amico di una persona che ho imparato a stimare.»

Si rese conto di aver appena pronunciato una condanna a morte. Pensò che nessuno poteva sfuggire al proprio destino e che il suo era sempre stato quello. Uccidere.

31

L'abisso

San Giovanni d'Acri, 10 giugno 1250

Nella biblioteca del convento dei frati minori, Umberto si alzò. Aveva appena finito di raccontare a Rinaldo di Parma quello che era accaduto nella madrasa di Gerusalemme e sul Monte degli Ulivi, senza omettere nulla. Nemmeno la decisione di non aprire la seconda grotta.

Il frate lo aveva ascoltato in silenzio, gli occhi pieni di lacrime. Fece un solo commento, quasi un sussurro: «Avreste dovuto aprire anche la seconda grotta. Dentro non avreste trovato nulla. E comunque il domenicano aveva ragione. La nostra fede va oltre quello che potrebbe esserci lì dentro».

Umberto non rispose. Sapevano entrambi che era un concetto difficile da spiegare alla gente. Tirò fuori dalla borsa che aveva portato con sé la cassetta d'avorio di Fakhr al-Din e la posò sul tavolo. Vi mise sopra la croce di Francesco.

«Vorrei che teneste tutto voi.»

«Perché? E la missione che ti avevano affidato l'imperatore ed Elia?»

«Consegnare questo messaggio all'imperatore e a Elia significherebbe per me fare la fine di Ibrahim al-Nasri. Nessuno dei due è pronto a confrontarsi con qualcosa del genere e nessuno dei due sarebbe comunque disposto ad accettare che io ne fossi a conoscenza. L'imperatore non crede in Dio, ma con gli eretici utilizza gli stessi sistemi degli inquisitori. L'eretico è sempre un ribelle e i ribelli non piacciono a nessun potere, che sia del papa o di Federico di Svevia. Mettere in dubbio la resurrezione della carne significa mettere in dubbio l'idea stessa di un impero cristiano e di un imperatore che sia *Rex Regum* per volontà divina. Federico non sarebbe più nessuno. Gli dirò che ho fallito, per il suo bene.»

Rinaldo era scettico.

«Sono convinto che non sia solo per questo.»

Umberto esitò.

«Forse. Ma ne parleremo un'altra volta. Ora devo andare. Addio, padre.»

«Non ci sarà un'altra volta. Lo sai anche tu. Addio, Umberto di Fondi. Che il Signore sia con te e perdoni i tuoi peccati.»

✠ ✠ ✠

La bestia che saliva dall'abisso lo fissava con l'occhio giallo dall'iride rossa. Era nera con striature dorate, i denti aguzzi e le corna. Emanava ferocia. L'abisso era rosso, come il Tempio di Gerusalemme con l'Arca dell'Alleanza che l'immondo animale stava per attaccare.

Yves rimase assorto a contemplare l'immagine miniata che descriveva l'ultima visione di Amaury de Troyes. Aveva trovato nello *scriptorium* del convento dei predicatori di Acri una copia del commento all'Apocalisse di Beato di Liébana. Un libro dalla potenza evocativa ineguagliata, scritto secoli prima da un abate in odore di eresia, nella Spagna sull'orlo di finire *in partibus infidelium.**

Gli parve che tutto avesse finalmente un senso. La bestia era il dubbio e l'abisso che l'aveva generata non era altro che l'animo umano. Il rapporto di Pilato era riemerso dopo mille anni per distruggere il Santo Sepolcro, ma qualunque cosa ci fosse stata dietro la pietra sul Monte degli Ulivi non avrebbe scalfito la vera fede.

Nicola interruppe il flusso dei suoi pensieri facendo irruzione nella stanza.

«*Magister!* È arrivato Renaud de Vichiers. Chiede di voi.»

L'inquisitore annuì.

«Lo aspettavo. Fallo accompagnare qui.»

«Ma sarà prudente?»

Nicola aveva ancora davanti agli occhi la carica dei templari.

«Tranquillo. Lascia che venga e poi lasciaci soli.»

Poco dopo, il maestro del Tempio fece ingresso nello *scriptorium*.

Yves si alzò in piedi.

«*Pax vobiscum*.»

«*Et cum spiritu vestro*.»

Nessuno dei due amava i convenevoli. Renaud andò subito al punto: «*Frère* Hugues de Jouy mi ha raccontato del vostro incontro».

«In realtà gli incontri sono stati due. Non ve l'ha detto?»

«Sì. So tutto. Ha commesso un grave errore attaccandovi.»

«Già. Chiamiamolo così, grave errore. Si potrebbero usare anche espressioni più forti. Tra l'altro, come certamente sapete, i cavalieri feriti che rientravano ad Acri sono stati assaliti e uccisi. Potrebbe esserci stato un altro grave errore?»

«Lo escludo. Devono essere incappati in qualche formazione saracena. La situazione si sta facendo difficile tra ayyubidi e mamelucchi, e noi siamo in mezzo. Formazioni nemiche lambiscono le nostre città e le strade non sono più sicure.»

«Con loro c'era un vostro confratello, Raymond de Fronsac. Di lui si sono invece perse le tracce. Avevo avuto modo di fare quattro chiacchiere con lui. Un giovane affabile, più del maresciallo. A proposito, *frère* Hugues vi assomiglia molto. È vostro parente?»

Renaud tagliò corto: «Che volete?».

«Un nome.»

«Quale nome?»

«Quello della vostra spia in Egitto. Il nome di chi vi ha informato dello scrigno d'avorio e del suo contenuto.»

«Perché volete quel nome?»

«Non sono io che lo voglio.»

«E se io non ve lo facessi?»

«Sarei costretto a raccontare al nostro buon re tutto quello che è accaduto. Non solo la missione a Damasco e il grave errore di vostro... figlio, vero?»

«Potrei uccidervi qui, ora.»

Yves annuì.

«Certo, potreste farlo, ma se dovesse capitarmi qualcosa, sarà immediatamente recapitata al re una lettera con il mio racconto di tutta questa triste storia.»

Renaud gli lanciò uno sguardo di puro odio. Il domenicano continuò: «Credo che a nessuno più che a voi convenga che io goda sempre di buona salute. Potreste persino assegnarmi una scorta templare. E ora, vi prego di farmi quel nome».

Due settimane dopo

Era la festa di San Giovanni. Dopo la messa domenicale, si erano tutti riuniti nel salone del palazzo del conestabile per ascoltare la decisione del re. C'erano i suoi fratelli, il cardinale de Châteauroux, il patriarca di Gerusalemme, i vescovi, i nobili di Francia, i baroni di Outremer, i maestri degli Ordini e Yves le Breton. Alcuni dei presenti avevano consigliato al sovrano di tornare in Francia, altri di restare per evitare che Outremer fosse definitivamente travolto dagli infedeli.

Luigi si segnò sulla bocca e iniziò a parlare: «Signori, desidero ringraziare sia quelli che mi hanno consigliato di tornare in Francia, sia quelli che mi hanno consigliato di restare. Ho pensato che se restassi non correrei il rischio di perdere il mio regno, perché la regina mia madre ha con sé persone in grado di difenderlo. Ho anche riflettuto su quanto mi è stato detto dai baroni di queste terre, che il regno di Gerusalemme sarebbe perduto se io me ne andassi, perché nessuno oserebbe rimanere senza di me. Per nessuna ragione lascerò che il regno che sono venuto a proteggere e riconquistare si perda. Ho quindi deciso di restare. Dico anche ai nobili uomini che sono qui e a tutti gli altri cavalieri che vorranno rimanere con me di venirmi a parlare con franchezza e io darò loro talmente tanto che non sarà colpa mia, ma loro, se decideranno di non rimanere».

Molti furono sbalorditi da quelle parole e ci fu chi pianse.

Yves le Breton manteneva un atteggiamento ieratico, come si addiceva allo strumento della giustizia di Dio. Conosceva ovviamente in anticipo la decisione del re e sapeva anche che i conti di Angiò e di Poitiers sarebbero presto rientrati in Francia. Ufficialmente, per difendere il regno dalle incursioni inglesi. In realtà, con l'ordine segreto di recarsi dal papa a Lione per convincerlo ad assolvere l'imperatore, l'unico ormai in grado di salvare Outremer. Se il pontefice si fosse rifiutato, avrebbero dovuto addirittura minacciarlo di espulsione dal suolo del regno.

L'inquisitore era consapevole di avere peccato suggerendo al re di impartire quell'ordine ai suoi fratelli, ma Dio ne conosceva le ragioni e lo avrebbe perdonato. Ne era convinto: a quel punto, nemmeno Federico avrebbe osato utilizzare il messaggio di Ponzio Pilato che Umberto di Fondi gli avrebbe consegnato.

A lui, invece, sarebbe toccato recarsi in Egitto come ambasciatore di Luigi per cercare di ottenere la liberazione di altri prigionieri.

La riunione non era ancora finita. Il re guardò Renaud de Vichiers.

«Volevate dirmi qualcosa, *magister*?»

«Sire, *frère* Hugues de Jouy ha commesso un grave errore. Si è recato di sua iniziativa a Damasco e ha concluso un accordo con i saraceni per la spartizione di un territorio da tempo conteso con il nostro Ordine. Ha pertanto trasgredito il vostro ordine di non trattare con i siriani e desidera chiedere perdono e affidarsi alla vostra misericordia.»

Fece un gesto e tutti si scostarono dall'ingresso del salone. Sulla soglia apparve Hugues, a piedi nudi e vestito solo di una tela di sacco. Avanzò verso Luigi a capo chino e si inginocchiò davanti a lui senza dire una parola.

Il re si rivolse a Renaud: «*Magister*, invierete un messaggero ai saraceni di Damasco per comunicare che vi pesa aver concluso un accordo senza avermene parlato, li sciogliete da tutto quello che vi hanno promesso e vi considerate sciolto dalle promesse fatte. Inoltre, *frère* Hugues de Jouy sia bandito per sempre dal regno di Gerusalemme».

✠ ✠ ✠

Renaud s'inchinò al re pensando a Blanche: "L'ho fatto. Ho salvato la vita di nostro figlio".

La storia dell'accordo per la spartizione del territorio conteso era stato solo un pretesto concordato con Yves le Breton, il quale aveva anche lasciato cadere l'accusa di eresia. Hugues, alla fine, stava pagando solo per l'attacco di Akhbara, ed era un prezzo molto basso.

In Spagna erano in corso le operazioni contro i mori, si sarebbe coperto di gloria laggiù. Lo avrebbe accompagnato e presentato a re Ferdinando di Castiglia, ma prima si sarebbero fermati a Jouy, per rivedere Blanche.

✠ ✠ ✠

Anche il domenicano era soddisfatto. Non era stato difficile spiegare al re che si era trattato di un equivoco e che non esisteva alcuna lettera vergata dal demonio. Luigi, che non desiderava sentire altro, non aveva fatto domande.

Era stato invece imbarazzante dover comunicare a Godefroy de Sargines che il maresciallo del Tempio li aveva attaccati a causa di un colpo di sole. Il cavaliere era tuttavia un uomo intelligente e aveva risposto che non sarebbe stato certo lui a ostacolare la missione che Dio aveva affidato all'inquisitore.

Al-Qahira, 24 rabi' ath-thani 648 (26 luglio 1250)

Anche di sera il caldo era soffocante. Yves le Breton si era liberato della cappa, ma non poteva togliersi anche la tonaca. Invidiò il suo interlocutore, fresco e a suo agio nella tunica leggera di seta blu e oro della *Bahriyya*. Come il giorno della resa, la sua attenzione fu attirata dalla macchia bianca nell'occhio azzurro. Non aveva ancora deciso se fosse un segno divino o demoniaco. Erano seduti sui tappeti, in un salone della cittadella di Saladino.

La *Montjoie* e tre navi da trasporto avevano attraccato ad Alessandria due giorni prima. Yves e Nicola avevano risalito il Nilo fino alla capitale su un'imbarcazione egiziana, scortati da Seignelay. Giungevano in un momento di svolta. L'ostilità degli ayyubidi siriani e del califfo di Baghdad ai mamelucchi si era ormai trasformata in guerra aperta e i detrattori del nuovo potere sostenevano che, secondo le leggi dell'Islam, non poteva essere ammissibile il governo di una donna.

Aybak aveva allora deciso di sposare Shajar al-Durr e, pochi giorni prima dell'arrivo dei frati, erano state celebrate le nozze tra l'anziano *atabak* e la giovane sultana. Il nuovo sovrano aveva assunto il titolo di *al Malik* al-Muizz e aveva formalmente regnato appena cinque giorni.

Proprio mentre Yves e Nicola sbarcavano sul molo della riva destra, Aybak aveva annunciato che si considerava solo il rappresentante del califfo di Baghdad e aveva insediato come sultano un bambino di sei anni, Sharaf Muzafer al-Din Musa, di stirpe ayyubide e nipote di al-Nasir Yusuf di Aleppo. Aybak aveva anche annunciato una solenne cerimonia funebre per Ayyub, che sarebbe stato finalmente sepolto nella tomba da lui fatta erigere ad al-Qahira.

La finalità di quelle manovre era evidente. I mamelucchi volevano togliere argomenti alla propaganda di Damasco e Baghdad, ma era chiaro che al potere restava Aybak e che l'Egitto sarebbe stato presto attaccato.

In quella complicata situazione, l'ambasceria del re dei franchi era stata ricevuta con grande deferenza. Un emiro di corte aveva aggiornato i domenicani sugli ultimi sviluppi istituzionali e li aveva scortati nella cittadella, dove era iniziata la lunga e calda attesa.

A sera era arrivato Baybars. Era proprio l'uomo che Yves voleva incontrare.

Si rivolse in arabo ai frati: «*Salam alaykum*».

«*Alaykum salam, amir.*»

«Mi auguro che vi abbiano offerto qualcosa di fresco da bere.»

«Sì certo, vi ringrazio. È un caldo al quale non siamo abituati.»

«Già, a primavera si stava meglio.»

Yves finse di non cogliere il riferimento al periodo della prigionia. L'emiro proseguì: «Il vostro confratello può aspettarci fuori, ci sono i miei uomini».

Una precauzione inutile. Nicola non parlava arabo, ma Yves preferì fare un cenno al giovane, che uscì dal salone mentre l'emiro e l'inquisitore si sedevano sui cuscini.

Il mamelucco chiese: «Come sta il re? È tornato nelle sue terre d'oltremare?».

«Non ancora. Il suo pensiero è rivolto alla gente che langue nelle vostre prigioni. Non potrà ripartire fino a quando non sarà liberata.»

«Siete qui per questo, dunque?»

«Sì.»

«Quanti bisanti avete portato con voi?»

«Nemmeno uno.»

Il Balestriere lo guardò perplesso.

«Che avete da offrire allora?»

«Due cose. La prima è la neutralità del re e del regno di Gerusalemme nella guerra che sta iniziando tra voi e i siriani.»

Baybars scosse la testa e replicò: «Con le forze che vi sono rimaste, non sareste comunque in grado di fare molto. E dovreste anche ricordare che sei anni fa l'alleanza con i siriani è stata per voi un disastro. Sentiamo comunque la seconda offerta».

«Il nome della spia templare che ha tradito Fakhr al-Din. Sapete bene a che cosa mi riferisco.»

Yves capì che il suo interlocutore aveva accusato il colpo. L'emiro restò un attimo in silenzio. Poi chiese: «Quanti prigionieri?».

«Tutti i cavalieri, i preti, i frati e una ragazza di nome Isabelle. Avevo già parlato di lei con al-Sabih, l'*ustadar* di Turanshah, e doveva essere liberata con noi, ma non era sulle navi che ci portarono a Damietta.»

«La rintraccerò. Consideratela libera, come anche i frati. Per i cavalieri, ne libereremo cento. Non vorrei che il vostro re decidesse di utilizzarli contro di noi.»

«Almeno duecento. Il nostro re ha una sola parola e voi dovreste saperlo.»

Baybars annuì. «Duecento cavalieri.»

«Vorrei anche che consegnaste a me la donna. Non deve ripetersi quello che è già accaduto e non partirà con gli altri.»

«Anch'io ho una sola parola.»

✠ ✠ ✠

Era notte fonda quando la ragazza attraversò veloce il pavimento di mattonelle bianche ed entrò nella stanza al piano terra, come tante altre volte. Baybars era in piedi, una luce strana negli occhi. Le chiese con un sussurro: «Perché lo hai fatto?».

Shajar al-Durr rispose con un'altra domanda, anche se aveva già capito: «Fatto cosa?».

«Perché ti sei venduta ai templari? Sei stata tu a rivelare che Fakhr al-Din dopo la morte di Ayyub aveva sottratto il messaggio ritrovato ad al-Quds, riponendolo nella custodia del Corano. Quel vecchio rimbecillito te ne aveva parlato, decretando così la sua fine. Solo Allah sa di quante altre cose li hai informati. Sei una traditrice.»

"E io uno stupido" soggiunse dentro di sé. Per lui, il nome che il frate gli aveva scandito era stato solo una conferma. Aveva sempre saputo che non poteva essere diverso, anche se lo aveva sperato con tutto il suo essere.

La giovane sostenne il suo sguardo.

«Non chiamarmi traditrice. Io non ho tradito nessuno. Tradisce chi ha giurato fedeltà a qualcun altro e io non l'ho mai fatto. Mi presero che ero ancora bambina, uccisero tutta la mia famiglia, mi violentarono e mi risparmiarono solo per vendermi. Deve esserti accaduto lo stesso, Balestriere. Forse tu lo hai dimenticato, io no. Non ho dimenticato nemmeno il mio Dio, che non è Allah, ma quello della mia gente, Cristo risorto. Da allora, ho vissuto solo per vendicarmi e il modo per farlo è stato acquisire sempre più potere su di loro, vederli inchinarsi tutti ai miei piedi. L'oro dei templari mi ha aiutata a vivere meglio e a liberarmi di qualche rivale nell'harem. Nient'altro. Non ho comunque chiesto nulla in cambio dell'informazione sul messaggio. Dovevo impedire che fosse utilizzato per colpire la vera fede, come volevano fare Ayyub e Fakhr al-Din utilizzando Federico di Svevia. Spero che ormai sia solo cenere. Non ho tradito perché non sono mai stata dalla loro parte, ma solo dalla mia, dalla nostra...»

«Io non sono dalla tua parte.»

«Oh, sì che lo sei. E lo sarai. Solo che non lo vuoi ammettere. Sai bene che non hai scelta. Mi uccidi qui, adesso? Dovresti sterminare tutti quelli che sono in questa casa e tutti quelli che sanno di noi. Anche ammesso che tu riesca a farlo, non è escluso che domani ti taglino la testa lo stesso. Mi accusi apertamente davanti ad Aybak? Puoi già iniziare a pensare a che cosa dirgli sui nostri rapporti. No, Balestriere, tu puoi fare solo due cose. O infili quella porta e sparisci dalla mia vita, oppure non tieni conto della guerra, dei templari e di Aybak, resti qui e fai l'amore con me.»

✠ ✠ ✠

Isabelle era spaventata. Era stata condotta in piena notte nella cittadella del sultano, avvolta in un mantello nero, il cappuccio alzato nonostante il caldo. Lasciata sola in un salone dal pavimento coperto di tappeti e cuscini illuminato da quattro candelabri d'argento, si scoprì la testa e restò in piedi, guardinga.

Poco prima, un gruppo di mamelucchi con le scimitarre sguainate l'aveva portata via dalla casa di quello che per quasi tre mesi era stato il suo padrone e che aveva assistito immobile alla scena, il volto terreo. Eppure era uno dei loro comandanti, un emiro della *Bahriyya*. Dal suo sguardo terrorizzato, la ragazza aveva capito che i soldati erano stati mandati da qualcuno ancora più potente di lui e che forse non era previsto che rimanesse vivo.

L'uomo l'aveva notata e fatta prelevare tra i prigionieri francesi che stavano per essere liberati dopo la morte di Turanshah. Lei aveva gridato, ma nessuno di quei prodi cavalieri aveva osato fare o dire nulla mentre la trascinavano via in lacrime. Era rimasta in quella casa come una schiava, serva di giorno, amante di notte. Ci si era abituata, ormai. Alla fine, gli uomini erano tutti uguali, tranne suo padre e il povero Joceran.

La pesante porta di legno si aprì ed entrò un frate predicatore. Isabelle lo riconobbe subito.

✠ ✠ ✠

Yves aveva pregato tutta la sera, mentre Nicola dormiva nella stanza adiacente al salone. Nel pomeriggio, un mamelucco aveva comunicato all'inquisitore che la ragazza lo avrebbe raggiunto presto. Lui aveva atteso recitando i salmi per allontanare la tensione. Appena la vide, il suo cuore accelerò i battiti. Per un attimo, si sentì stupido e si pentì di essere arrivato fin lì, ma fu solo un istante. Pur non essendo per lui naturale, cercò di sorridere per tranquillizzarla.

«Buonasera, Isabelle.»

«Buonasera, padre.»

«Ti ricordi di me?»

«Certo, voi eravate con il re.»

«Sono venuto a prenderti. Sei libera. Partirai domani per Alessandria con il barone di Seignelay e da lì per la Francia. C'è una nave che ti attende.»

Si chinò verso una pesante borsa, la raccolse e gliela porse.

«Tieni. Dentro ci sono trecento lire.»

Era una fortuna. La ragazza non aveva mai visto tanti soldi in tutta la sua vita. Il frate non poteva che volere una cosa in cambio. Quella che volevano tutti. Si sciolse il laccio del mantello scoprendo una sottile tunica di lino bianco.

Yves sospirò.

«Fermati. Non è necessario...»

Isabelle lo guardò sorpresa.

«Perché no? Ci avete ripensato?»

«Non ci ho mai pensato.»

«E allora perché lo state facendo?»

«Perché il passato non ci abbandona mai, e a volte ci chiede qualcosa.»

«Non ho capito, padre.»

«Non importa, Isabelle. Non importa. Vai con Dio.»

Le trecento lire gliele aveva date il re per il riscatto della ragazza. Il sovrano era stato felice di assecondare la sua richiesta di ottenere anche la liberazione di Isabelle. Inizialmente, Luigi aveva chiesto che fosse trasportata subito ad Acri, ma uno sguardo severo dell'inquisitore gli aveva fatto accettare l'idea di inviarla invece al sicuro in Francia, scortata da Seignelay.

Vedendola allontanarsi avvolta nel mantello nero, così simile alla cappa del suo Ordine, Yves si chiese se sarebbe uscita anche dai suoi incubi.

Fiorentino, Puglia, 13 dicembre 1250

L'imperatore stava morendo. Si era sentito male il 25 novembre, durante una battuta di caccia con il falco a nord di Lucera, nei pressi della collina solitaria dove sorgeva la cittadina vescovile di Fiorentino. Era lì che lo avevano portato, sistemandolo in un piccolo palazzo nella parte occidentale della città. La febbre alta, la dissenteria e l'età avanzata avevano fatto subito presagire il peggio. Umberto era arrivato nella notte da Foggia con il medico di corte, Giovanni da Procida. Sentendo una benda fresca sulla fronte, l'infermo aveva aperto gli occhi e aveva chiesto con un filo di voce: «Dove siamo?».

Umberto e il medico si erano guardati, interdetti sul da farsi. Aveva risposto Giovanni: «Siamo a Fiorentino».

Un'espressione di terrore si disegnò sul viso dell'imperatore.

Una volta, quando era ancora giovane, una vecchia strega gli aveva predetto che sarebbe morto presso una porta di ferro, in un luogo con il nome di un fiore. Per questo, Federico aveva sempre accuratamente evitato di recarsi in tutti i luoghi nel cui nome comparisse quella parola, come Firenze. Si era rivolto a Umberto sollevando lentamente la mano sinistra: «Il letto è collocato contro una porta murata... Cosa c'è sotto... una porta di ferro?».

Umberto si era avvicinato al muro. Lo aveva scalfito con l'impugnatura della scimitarra. Era molto sottile e già al terzo colpo si era udito un rumore metallico.

L'imperatore aveva mormorato: «Ecco, dunque, il luogo della mia morte».

Da quel momento, aveva iniziato a dettare il testamento e a impartire le ultime disposizioni per il regno.

Il 12 dicembre, dopo un temporaneo miglioramento, le sue condizioni erano peggiorate. Si era manifestato un forte dolore al basso ventre e il suo ultimo pasto erano state pere cotte al forno molto dolci, prescritte dal *Regimen sanitatis* della scuola medica di Salerno contro i disturbi intestinali.

In quella che sarebbe stata l'ultima notte di Federico di Svevia, erano rimasti nella stanza solo l'arcivescovo Bernardo di Palermo, suo amico di infanzia, e Umberto.

Federico sussurrò: «Vorrei vestire... il saio cistercense».

Bernardo uscì a procurarsene uno. Umberto restò solo con l'imperatore. Gli era stato vicino e lo aveva protetto negli ultimi dieci anni. Lo conosceva bene, forse meglio di chiunque altro. L'uomo era terrorizzato dall'incontro con la morte e cercava ora di aggrapparsi alla speranza dell'esistenza di un Dio nel quale non aveva mai creduto. Una sera di inverno di una vita prima, ad Acquaviva, Umberto aveva ascoltato da sua madre la storia del vaso di Pandora. Conteneva tutti i mali del mondo e per ultima era uscita la speranza. Aveva sempre pensato che ciò fosse accaduto perché era il male peggiore, ma non ne era più così sicuro.

Federico gli fece cenno di avvicinarsi. Mormorò: «*Post mortem, nihil?*».[1]

«Ci rivedremo ancora» lo confortò Umberto.

L'imperatore sorrise. O forse fu solo una smorfia di dolore.

Epilogo

San Giovanni d'Acri, 18 maggio 1291

Un tonfo sul tetto del convento dei predicatori. I proiettili dei mangani egiziani piovevano sulla città.

Il vecchio si voltò con la lentezza che gli consentivano i suoi quasi novant'anni.

«Ah, sei tu...»

Sulla soglia della cella c'era il patriarca di Gerusalemme, Nicola di Hanapes, vestito dell'abito di san Domenico. Indicò lo scrigno d'avorio.

«Lo avevi tu.»

Rinaldo di Parma annuì. «Me lo lasciò Umberto di Fondi, l'uomo dell'imperatore.»

«So chi era... Lo posso leggere?»

Rinaldo aprì lo scrigno. Tirò fuori il foglio di pergamena e lo porse a Nicola con la mano rinsecchita.

Il patriarca lo lesse in silenzio. Poi sollevò la testa. «Chissà che cosa avrebbe dato il *magister* per posare gli occhi su queste righe.»

«Già.»

«Umberto ti disse che cosa c'era nella seconda grotta?»

«Con lui sul Monte degli Ulivi c'era Baybars, quello che poi divenne sultano d'Egitto... Decisero di non aprirla. Di lasciare tutto com'era e di non tentare di cambiare il corso della storia. Perché me lo hai chiesto?»

Un altro tonfo sul tetto, questa volta più forte, seguito dal rumore di tegole che cadevano nel chiostro.

«Il *magister*. Chissà perché, era convinto che non l'avessero aperta. Come avevano fatto a trovarla? Nello scrigno c'era anche l'originale della lettera di Ibrahim al-Nasri?»

«No. Rintracciarono il servo che aveva accompagnato Ibrahim nelle sue ricerche e che poi lo aveva ucciso. È stato lui a condurli sul Monte degli Ulivi, ma temo che questo non gli abbia salvato la vita. Umberto aveva ritrosia a parlare con me di queste cose. Ho sempre sperato, da allora, che questa ritrosia si fosse trasformata in pentimento. Strano che non si sia inteso con Yves le Breton, in fondo per certi versi si assomigliavano...»

Nicola rispose: «Chi lo sa? Forse a modo loro si intesero, anche se nessuno dei due lo ha ammesso parlandone con noi. Il *magister* non era comunque un uomo malvagio».

«Sono sicuro che non si considerasse un uomo malvagio, ma ha ucciso e torturato in nome di Dio e ciò è blasfemo.»

«Tu non puoi giudicarlo. Sei rimasto ad Acri per tutta la vita e ti è toccata la parte più facile. Non hai mai dovuto sporcarti le mani e andare a caccia di Satana negli orrori del mondo. Il *magister* ha solo cercato di opporsi al male.»

«Un uomo non dovrebbe passare la vita cercando Satana. Alla fine, rischia di trovarlo dentro di sé.»

Sul tetto piombò un altro proiettile, quasi a confermare le parole del vecchio.

Nicola tacque. Non poteva dargli torto e lo aveva capito solo invecchiando. Le *quaestiones* e i roghi non servivano a estirpare le eresie, ma solo a garantire l'ordine attraverso il terrore. E per incutere terrore bisogna condannare gli innocenti. Il suo *magister* doveva esserne intimamente consapevole. Era stato quindi un inquisitore riluttante, tormentato dal contrasto tra la sua intelligenza e la fedeltà alla missione affidatagli da Mathieu de Bourbon, ma pur sempre un inquisitore. Per quanto ne sapeva Nicola, aveva sempre scelto di non tirarsi indietro accettando di convivere con i suoi incubi, espressione del senso di fallimento che doveva portarsi dentro. Chissà se Dio lo aveva perdonato.

Restituì la pergamena al vecchio. Aveva altre domande per lui.

«Che ne pensi?»

«Perché me lo chiedi?»

«Perché hai avuto quarant'anni per pensarci.»

Rinaldo sembrò esitare. Poi parlò e la sua voce sembrò a Nicola troppo ferma per quel corpo così fragile: «Non credo che il messaggio di Pilato sia falso. Troppi particolari sembrano autentici. Ma in ogni caso non è importante. La questione è se crediamo che Cristo sia risorto, in una dimensione ovviamente diversa dalla nostra. Io lo credo. Una tomba vuota o piena non può cambiare la nostra fede. Lo disse anche il tuo maestro a Umberto di Fondi, sul Monte degli Ulivi. Come sta scritto, la fede è il fondamento delle cose che si sperano e prova di quelle che non si vedono. Oltretutto, anche la seconda grotta avrebbe potuto essere vuota».

«Ero lì quella notte, anche se all'epoca non capii molto di quello che stava succedendo. Ero poco più che un novizio e addirittura svenni per l'emozione. Il *magister* mi raccontò tutto solo in seguito, prima di tornare in Francia con il re, traducendomi la lettera di Ibrahim al-Nasri che avevo trovato nella sella di Hugues de Jouy.»

«Che fine ha fatto il tuo maestro?»

«Ormai è morto da tempo... Prego spesso per lui. Tra l'altro, ha accompagnato Carlo d'Angiò in Italia e poi Luigi nella *expeditio crucis* a Tunisi.»

«Che strano... Anni fa, un confratello giunto dalla Puglia mi riferì di aver incontrato Umberto di Fondi, che si stava battendo con re Manfredi contro i francesi di Carlo d'Angiò. Chissà, forse si sono incontrati ancora.»

Nicola conosceva la risposta, ma preferì tacere e il vegliardo proseguì: «Tu invece sei rimasto ad Acri per Guillaume, vero?».

«Non pensavo che lo sapessi...»

«Ci sono poche cose che sfuggono ai frati minori, Nicola. Avete fatto carriera entrambi. Tu patriarca di Gerusalemme, lui maestro del Tempio. L'ho visto poco fa. Sai anche tu che sta andando a morire.»

«Non sono riuscito a fermarlo. Mi ha risposto: "Bisogna pur

morire ed è meglio farlo combattendo per la causa di Dio che nel proprio piscio".»

Rinaldo annuì. Poi chiese: «E tu, che farai?».

«Io non sono un guerriero. Ma questa non può essere la fine di tutto. Farò il mio dovere di patriarca. Andrò dal papa, da re Filippo di Francia e da tutti i sovrani della Cristianità. Chiederò loro di bandire una nuova *expeditio crucis* per riconquistare la Terrasanta.»[1]

«Non verranno mai. Ormai pensano tutti ad altro.»

«Devo provarci. Vuoi lasciare a me la pergamena?»

«Per farne cosa?»

«Per evitare che finisca in mano ai mamelucchi.»

«Non ti preoccupare di questo.»

Un rumore di passi veloci li interruppe. Un giovane domenicano trafelato irruppe nella cella e si rivolse al patriarca: «*Magister*, i saraceni sono in città e si combatte per le strade. Dovete andare».

Nicola lo ignorò. Chiese ancora a Rinaldo: «Che ne farai?».

«Quello che avrebbe dovuto essere fatto più di mille anni fa...»

Il vecchio protese la mano tremante verso la candela, ancora accesa.

Note

1. *Il mercante*

[1] Ciao, Balestriere.

2. *La fine di un sultano*

[1] Pierre de Dreux, duca di Bretagna. I suoi tempestosi rapporti con il clero, al quale da ragazzo era stato inizialmente destinato, erano tanto noti da avergli procurato il soprannome Mauclerc, chierico cattivo.

3. *Il guado del beduino*

[1] Salmo 115 (113B), motto dell'Ordine del Tempio: «Non a noi, Signore, ma al tuo nome da' gloria».

5. *Amaury de Troyes*

[1] Apocalisse, 19, 19-21.
[2] Corinzi, I, 13,12.

I. *Il tribuno*

[1] Fermo!
[2] I germani erano le guardie del corpo di Nerone.

8. *Post fata resurgo*

[1] Dopo la morte risorgo.

10. *L'attacco di Baybars*

[1] Il *Crac des Chevaliers* in Siria, la più grande fortezza dell'Ordine ospitaliere, ancora oggi esistente.

11. Il templare

[1] Città del Libano settentrionale.

13. Turanshah

[1] 24 febbraio.

15. Isabelle

[1] Corano, Sura IV, 1.

16. L'allievo

[1] La pace sarà con voi, non verrà su di voi il male.
[2] Prime preghiere della giornata tra le due e trenta e le tre del mattino, in quel periodo dell'anno.
[3] Luca, 12, 49-53.

17. Interrogatori

[1] Andiamo!
[2] Scusate.

18. Colpo di Stato

[1] Salmo 50 (49), 15. «Invocami nel giorno della tua tribolazione. Io ti salverò e tu mi ringrazierai.»

19. Il prezzo di un re

[1] Corano, Sura V, 82.

20. Acri

[1] Luca, 14, 33.
[2] Apocalisse, 20, 1-3.
[3] Se non castamente, almeno cautamente.
[4] Salmo 74 (73), 22. «Risorgi, o Signore, e giudica la tua causa.» Nei secoli successivi sarebbe diventato il motto dell'inquisizione.

21. Il tesoro del Tempio

[1] Salmo 69 (68), 25.
[2] Il tunnel templare di Acri, ancora oggi esistente, è lungo circa 350 metri.

22. Il passaggio segreto

[1] Apocalisse, 6, 8.

II. Chrestiani

[1] Giovanni, 20, 27.
[2] Matteo, 28, 9.
[3] Paolo, Ebrei, 1, 7; concetti analoghi si rinvengono anche nella prima e nella seconda lettera di Pietro, probabilmente pervenuteci in testi rimaneggiati in epoca successiva.
[4] Cfr. ancora la prima lettera di Pietro.
[5] Prima lettera di Pietro, 2, 18-20; lettere di Paolo: Efesini, 6, 5; Corinzi, 7, 20-24; Colossesi, 3, 22-25; prima lettera a Timoteo, 6, 1-2; Tito, 2, 9-10.
[6] Ebrei, 9, 22.
[7] Ebrei, 10, 27.
[8] Seconda lettera ai tessalonicesi, 1, 8.
[9] Seconda lettera ai tessalonicesi, 3, 13.
[10] Ebrei, 12, 14.
[11] Tito, 3, 1.
[12] Colossesi, 3; Filippesi, 3.
[13] Governatore della Siria.

24. Il rapporto di Ponzio Pilato

[1] 1° aprile, calendario giuliano; 12 di *Nisan* secondo il calendario ebraico. L'anno è il 33 d.C., corrispondente all'anno 786 *ab Urbe condita.*
[2] 2 aprile.
[3] 3 aprile, il 14 di *Nisan* del calendario ebraico.
[4] Con rito camerale, senza la presenza del pubblico.
[5] Governatore della Siria.
[6] 13 aprile.

25. Corpus Domini

[1] Paolo, Corinzi, 15, 14.
[2] Giovanni, 11, 11-44.
[3] Luca, 7, 11-17.
[4] Marco, 5, 22-24.
[5] Luca, 24, 13-32.
[6] Matteo, 28, 17.
[7] Matteo, 28, 11-15.
[8] Luca, 23, 50-56; 24, 1-12.
[9] Giovanni, 3, 1-10.

[10] Giovanni, 19, 38-42.
[11] Matteo, 27, 62-66.
[12] Matteo, 28, 1-15.
[13] Zaccaria, 14, 4-11.
[14] Eusebio di Cesarea. *Demonstratio evangelica*, VI, 20-24.
[15] Marco, 15, 38.

28. *Ibrahim al-Nasri*

[1] I versetti scritti per primi alla Mecca sono dedicati ai principi della fede islamica, mentre i versetti medinesi, o scritti a Medina, attengono alle forme dell'organizzazione dello Stato e della società. Nel Corano, i versetti non sono riportati nell'ordine in cui sono stati scritti.
[2] Cfr. Corano, Sura "Maria", 17-33.
[3] Cfr. Corano, Sura "Il gregge", 83-86.
[4] Cfr. Corano, Sura "Le Donne", 171.
[5] Cfr. Corano, Sura "Le Donne", 157-158.
[6] Salmo 110 (109), 1; Marco, 14, 62; Matteo, 26, 64; Luca 20, 42 e 22, 68.
[7] Samuele, II, 15, 30-32.
[8] Numeri, 19, 1-10; Levitico, 16.
[9] Ebrei, 13, 12-13.

29. *Gerusalemme*

[1] Cfr. Giovanni, 19, 10-11.
[2] Matteo, 22, 37; Luca, 10, 27; Marco, 12, 30; Deuteronomio, 6, 5.
[3] Cantico dei Cantici, 2, 15.
[4] Luca, 17, 10.

30. *Il Monte degli Ulivi*

[1] Nella morte del pagano il cristiano si gloria, perché Cristo è glorificato.
[2] Esodo, 3, 14. *Ehyeh-Asher-Ehyeh.* Così Dio definisce se stesso a Mosè.

31. *L'abisso*

[1] Dopo la morte, niente?

Epilogo

[1] Nicola di Hanapes, patriarca di Gerusalemme, sarebbe morto quello stesso giorno, cadendo in mare e annegando nel tentativo di salire a bordo di una nave cristiana.

Glossario

Alim: dotto religioso.
al-Iskandariyya: Alessandria.
al-Malik: sultano.
al-Qahira: Il Cairo.
al-Quds: Gerusalemme.
Amir: emiro.
Amir al-bahr: signore del mare, ammiraglio.
Asakir: plurale di *askari* (vd).
Askari: soldato.
Atabak al-asakir: padre e guida dei soldati, titolo del comandante dell'esercito egiziano.
Augusta: odierna Ayas, nella Turchia sudorientale.
Babilonia: nome crociato del Cairo, dal nome di un antico forte bizantino.
Bahr: Nilo.
Bahriyya: reparto di mamelucchi acquistati dal sultano ayyubide al-Salih Ayyub prima che salisse al potere. Il reparto era accasermato a Rawda, sul Bahr (Nilo).
Beauceant: gonfalone bianco e nero dell'Ordine dei templari.
Bilad al-Sham: la Grande Siria, regione storica nel Vicino Oriente, compresa tra il Mediterraneo e il deserto siriano, comprendente gli odierni Libano, Israele, Siria, Cisgiordania, Giordania, fino al Sinai e alla regione irachena di Mosul.
Casinum: Cassino.
Castra praetoria: caserma dei pretoriani a Roma.
Contubernia: plurale di *contubernium* (vd).

Contubernium: unità base della centuria, costituita da otto uomini.
Cour de la Chaîne: Corte della catena, ovvero la dogana.
Crucifragium: frattura delle gambe dei crocifissi per accelerarne la morte. La crocifissione prevedeva l'affissione di un chiodo tra i piedi; le mani e le braccia, invece, non venivano inchiodate, ma solo legate al *patibulum*, la trave orizzontale della croce.
Cubicula: plurale di *cubiculum* (vd).
Cubiculum: camera da letto.
Cubito: il cubito medievale equivaleva a circa 50 centimetri.
Dimashq: Damasco.
Dimyat: Damietta.
Dirhams: monete d'argento arabe.
Fauces: ingresso principale della *domus* romana.
Halqa al-sultaniyya: corpo di guardia del sultano.
Hierosolyma: nome romano di Gerusalemme.
Hizar: tunica.
Ifriqiyya: denominazione utilizzata dagli arabi all'epoca di Federico II per designare due province romane corrispondenti alle odierne Tunisia e Algeria orientale.
In partibus infidelium: «Nelle terre degli infedeli», erano così designate le regioni cristiane conquistate dai saraceni.
Insula: nell'antica Roma, edificio popolare in cui abitavano le famiglie plebee.
Insulae: plurale di *insula* (vd).
Jamdar: ufficiale di rango elevato.
Jandariyya: reparto di fanteria mamelucca.
Jashnkir: assaggiatore dei cibi.
Jebel el-Zeitun: Monte degli Ulivi.
Jilbab: mantello femminile.
Khawanja: tesoriere.
Khutba: preghiera del venerdì, che era pronunciata in nome del sultano regnante.
Laticlavio: larga striscia di stoffa tinta di porpora che i senatori romani e i loro familiari portavano cucita sul davanti della tunica, come segno della loro autorità.
Lega: una lega corrispondeva a circa quattro chilometri.

Libbra: una libbra romana equivaleva a circa 327 grammi. Nel Medioevo, la libbra francese oscillava tra i 380 e i 552 grammi.

Lorica: corazza che copriva petto, pancia, fianchi e schiena dei legionari.

Madrasa: scuola coranica.

Malikat al-Muslim: sultana dei musulmani.

Manipulus: manipolo, reparto della legione costituito da due centurie. Tre manipoli formavano una coorte e dieci coorti una legione.

Mu'adhdhin: muezzin, addetto alla moschea che, dall'alto del minareto, invita i fedeli alla preghiera.

Outremer: domini dei crociati in Siria e Palestina.

Patibulum: trave orizzontale della croce.

Pesach: Pasqua ebraica.

Qadi: magistrato di nomina politica cui si demandava l'amministrazione della giustizia ordinaria.

Subligaculum: indumento intimo costituito da una fascia di lino che veniva avvolta intorno alle cosce e allacciata alla vita.

Tablinum: parte della *domus* romana adibita a studio o sala.

Talento: un talento corrispondeva a poco più di 34 chili.

Triclinium: sala da pranzo della *domus* romana.

Turma: unità militare romana di cavalleria composta da trenta uomini.

Turmae: plurale di *turma* (vd).

Ulama: plurale di *alim* (vd).

Ustadar: capo della casa del sultano, responsabile della gestione delle spese per le forniture domestiche.

Yerushalaim: nome ebraico di Gerusalemme.

Ringraziamenti

Questo libro, frutto di una storia immaginata da ragazzo, deve la sua pubblicazione alla grande professionalità di Marco Garavaglia, che ringrazio di cuore. Un sincero ringraziamento va anche a Luca Conte, Raniero De Filippis, Antonio Mazzone e Francesca Stefanelli, per l'attenta lettura.

Ringrazio infine Massimo Turchetta, che per primo ha creduto nelle Cronache dell'Inquisitore, e tutta la squadra di Rizzoli, a partire da Federica Magro, che con entusiasmo e competenza mi ha accompagnato alla pubblicazione.

Indice

Finito di stampare nel mese di giugno 2021
presso Grafica Veneta – via Malcanton 2 – Trebaseleghe (PD)
Printed in Italy